TECNOPOLÍTICAS
DA VIGILÂNCIA

COLEÇÃO
ESTADO de SÍTIO

FERNANDA BRUNO, BRUNO CARDOSO, MARTA KANASHIRO, LUCIANA GUILHON E LUCAS MELGAÇO (orgs.)

TECNOPOLÍTICAS DA VIGILÂNCIA

PERSPECTIVAS DA MARGEM

© Boitempo, 2018

Direção editorial	Ivana Jinkings
Edição	Bibiana Leme
Coordenação de produção	Juliana Brandt
Produção editorial	Anna Bentes
Assistência editorial	Thaisa Burani e Artur Renzo
Assistência de produção	Livia Viganó
Preparação	Vivian Matsushita e Thais Rimkus
Revisão	Thaís Nicoleti
Capa	Heleni Andrade (sobre foto de Michael Schwarzenberger, 2014)
Diagramação	Antonio Kehl

Equipe de apoio Ana Carolina Meira, Ana Yumi Kajiki, André Albert, Clarissa Bongiovanni, Eduardo Marques, Elaine Ramos, Frederico Indiani, Isabella Marcatti, Ivam Oliveira, Kim Doria, Luciana Capelli, Marlene Baptista, Maurício Barbosa, Renato Soares, Talita Lima, Thaís Barros, Tulio Candiotto

---

CIP-BRASIL. CATALOGAÇÃO NA PUBLICAÇÃO
SINDICATO NACIONAL DOS EDITORES DE LIVROS, RJ

T253

Tecnopolíticas da vigilância : perspectivas da margem / organização Fernanda Bruno ... [et al.] ; [tradução Heloísa Cardoso Mourão ... [et al.]]. - 1. ed. - São Paulo : Boitempo, 2018.

(Estado de sítio)

gráficos; figuras
ISBN 978-85-7559-662-3

1. Comunicação. 2. Comunicação e tecnologia. 3. Internet - Aspectos sociais. 4. Controle social. I. Cardoso, Bruno. II. Mourão, Heloísa Cardoso. III. Série.

18-53069   CDD: 302.231
                                           CDU: 316.772.5

1ª edição: novembro de 2018; 3ª reimpressão: fevereiro de 2025

Esta obra foi publicada sob a licença de Creative Commons Atribuição Não comercial 4.0 Internacional (CC BY-NC 4.0). Para mais informações, consulte: <https://creativecommons.org/licenses/by-nc/4.0/>.

BOITEMPO
Jinkings Editores Associados Ltda.
Rua Pereira Leite, 373
05442-000 São Paulo SP
Tel.: (11) 3875-7250 / 3875-7285
editor@boitempoeditorial.com.br | boitempoeditorial.com.br
blogdaboitempo.com.br | youtube.com/tvboitempo

SUMÁRIO

Apresentação – *Fernanda Bruno, Bruno Cardoso, Marta Kanashiro, Luciana Guilhon e Lucas Melgaço* 7

Parte I – Governamentalidade e neoliberalismo 15

  Big Other: capitalismo de vigilância e perspectivas para uma civilização de informação – *Shoshana Zuboff* 17

  Securitização, vigilância e territorialização em espaços públicos na cidade neoliberal – *Rodrigo José Firmino* 69

  Estado, tecnologias de segurança e normatividade neoliberal – *Bruno Cardoso* 91

  Governamentalidade algorítmica e perspectivas de emancipação: o díspar como condição de individuação pela relação? – *Antoinette Rouvroy e Thomas Berns* 107

  O que é a governança de algoritmos? – *Danilo Doneda e Virgílio A. F. Almeida* 141

Parte II – Cultura da vigilância 149

  Cultura da vigilância: envolvimento, exposição e ética na modernidade digital – *David Lyon* 151

  Espetáculo do dividual: tecnologias do eu e vigilância distribuída nas redes sociais – *Pablo Esteban Rodríguez* 181

  Você é o que o Google diz que você é: a vida editável, entre controle e espetáculo – *Paula Sibilia* 199

  A América Latina e o apocalipse: ícones visuais em *Blade runner* e *Elysium* – *Nelson Arteaga Botello* 217

Parte III – (In)visibilidades 237

Visões maquínicas da cidade maravilhosa: do centro de operações do Rio à Vila Autódromo – *Fernanda Bruno* 239

#dronehackademy: contravisualidade aérea e ciência cidadã para o uso de Vants como tecnologia social – *Pablo de Soto* 257

Controvérsias acerca da vigilância e da visibilidade: em cena, os *drones – Rosa Maria Leite Ribeiro Pedro, Ana Paula da Cunha Rodrigues, Antonio José Peixoto Costa, Cristina de Siqueira Gonçalves, Jéssica da Silva David, Luciana Santos Guilhon Albuquerque, Paulo Afonso Rheingantz e Rafael Barreto de Castro* 277

Visível/invisível: sobre o rastreio de material genético como estratégia artístico-política – *Flavia Costa* 293

A dimensão forense da arquitetura: a construção estético-política da evidência (entrevista com Paulo Tavares) – *Anna Bentes, Fernanda Bruno e Paulo Faltay* 311

Parte IV – Tecnorresistências 339

Experiências com tecnoativistas: resistências na política do dividual? – *Henrique Zoqui Martins Parra* 341

Multidões conectadas e movimentos sociais: dos zapatistas e do hacktivismo à tomada das ruas e das redes – *Guiomar Rovira Sancho* 355

Espectro livre e vigilância – *Adriano Belisário Feitosa da Costa, Diego Vicentin e Paulo José O. M. Lara* 377

DIO: o mapeamento coletivo de câmeras de vigilância como visibilização da informatização do espaço urbano – *Rafael de Almeida Evangelista, Tiago C. Soares, Sarah C. Schmidt e Felipe Lavignatti* 395

Safer nudes: guia sensual de segurança digital – *Coding Rights e Oficina Antivigilância* 413

Hacking Team na América Latina – *Derechos Digitales (com* design *de Constanza Figueiroa)* 417

Sobre os autores e organizadores 423

APRESENTAÇÃO

Fernanda Bruno, Bruno Cardoso, Marta Kanashiro,
Luciana Guilhon e Lucas Melgaço

Nos últimos anos, as práticas de vigilância vêm se transformando de modo significativo, assim como as questões que mobilizam a pesquisa de temas relacionados a elas. De forma semelhante ao que ocorreu na passagem para o século XXI, com a crítica da remissão recorrente ao modelo panóptico[1], até então referência quase obrigatória no campo, novos arranjos sociotécnicos e geopolíticos têm por efeito o deslocamento do olhar e do interesse de pesquisadoras e pesquisadores das temáticas afins, assim como a emergência de outras reflexões teóricas a respeito do tema. Além de novas questões, despontam desafios, abordagens e campos empíricos ainda a serem explorados. Alguns exemplos significativos são o interesse recrudescido pelo uso de algoritmos, a hipertrofia do modelo de "capitalismo de vigilância", a recorrência dos efeitos preditivos na conduta de indivíduos e populações, assim como o desenvolvimento e a experimentação de formas de resistência e de reversão de assimetrias, sejam elas anteriores, sejam elas diretamente ligadas às especificidades da vigilância contemporânea.

Tanto o desenvolvimento de novas formas de vigilância e controle quanto a experimentação de resistências e subversões que dialogam com elas formam aquilo que chamamos de "tecnopolíticas". Os agenciamentos sociotécnicos emergentes possibilitam inauditas estratégias de disputa sobre o uso de tecnologias e a agregação de atores heterogêneos que visem a criar, a reforçar ou a reverter formas de dominação ou exploração ou mesmo a fazer

---

[1] Para o modelo do panóptico, ver Jeremy Bentham, "O panóptico", em Tomaz Tadeu Silva (org.), *O panóptico/Jeremy Bentham* (Belo Horizonte, Autêntica, 2000), e Michel Foucault, *Vigiar e punir* (Petrópolis, Vozes, 2003). Sobre as críticas ao uso do panóptico para pensar a vigilância, ver, entre outros, David Lyon, *Theorizing surveillance: the panopticon and beyond* (Cullompton/Devon, Willan, 2006).

florescer modos de existência e/ou organização. Nesse sentido, as tecnopolíticas podem ser entendidas amplamente como uma caixa de ferramentas para os embates sociotécnicos do presente. Afirmam-se, portanto, como fundamentais para a análise, a compreensão e a atuação no mundo que vem se constituindo nas primeiras décadas do século XXI, num movimento que tende a ganhar ainda mais importância nos anos vindouros. Assim, em vez de apontarmos para um cenário dominado por distopias tecnológicas, reconhecemos nas tecnopolíticas um estratégico território de disputa entre uma grande diversidade de forças e atores.

Foi a partir desse cenário, que já se tornava então evidente, que em 2009 criou-se a Lavits, Rede Latino-Americana de Estudos sobre Vigilância, Tecnologia e Sociedade. Inicialmente, a rede era composta de um grupo de pesquisadoras e pesquisadores de diferentes áreas, que tinham por objetivo, além de estabelecer diálogos com ativistas e artistas que também estavam pensando e atuando sobre temas relacionados à vigilância, produzir discursos, análises empíricas e reflexões que partissem de contextos e olhares latino-americanos. Os diálogos entre pesquisadores da América Latina, que, por sua vez, estavam inseridos em redes de pesquisa transcontinentais, tornaram ainda mais claras nossas especificidades políticas e sociais e a necessidade de pensarmos a partir delas.

Ao longo desses quase dez anos, a Lavits foi construída a partir de um conjunto diverso de atividades e formas de diálogo. A elaboração de projetos de pesquisa comuns, a constituição de um grupo de pesquisa formalmente reconhecido junto ao Conselho Nacional de Desenvolvimento Científico e Tecnológico (CNPq), a produção de livros e artigos coletivos ou em coautoria, a realização de seminários e simpósios internacionais, cada uma dessas atividades teve papel fundamental na complexa tarefa de constituição de uma rede em que o pensamento, a ação e a contestação sejam realizados de forma coletiva e distribuída. É fundamental para a Lavits que essa rede permita que novas ideias, parcerias, iniciativas emerjam, se acoplem, se questionem e se transformem. Que seja de fato uma rede, em constante (re) composição, cujas conexões, bem mais do que as ligações entre os diferentes elementos que a formam, sejam elas mesmas produtoras de ideias, de ações, de resistências e de alternativas. Como indica a composição das partes deste livro, essa heterogeneidade é, entretanto, perpassada por alguns eixos que refletem os principais temas em torno dos quais têm se concentrado as reflexões da rede Lavits e de suas parceiras e parceiros.

Além disso, outro lugar-comum circunscreve a heterogeneidade das perspectivas que compõem este livro. Designamos por perspectivas da margem a situação desde a qual pensamos as tecnopolíticas da vigilância. Pensar a partir da América Latina implica pensar desde a margem, entendida menos como região periférica do que como região liminar: ora dentro, ora fora dos agenciamentos que constituem os grandes vetores da cultura da vigilância no chamado "Norte global"; ora em consonância, ora em desacordo com a agenda crítica e as pautas de resistência vigentes nesse mesmo Norte.

A construção coletiva dessas perspectivas não poderia, contudo, resultar em um conjunto homogêneo e unificado de reflexões. Pensar desde a margem, ou desde a situação latino-americana, é de imediato manter-se na diversidade. Os textos que compõem este livro são, portanto, perspectivas plurais sobre diferentes aspectos das atuais tecnopolíticas da vigilância. A maior parte dos autores desta coletânea são membros da rede Lavits ou pesquisadores e coletivos que colaboram de perto com os desdobramentos da rede nos últimos anos. Além disso, integram este livro textos de autores internacionais que marcaram o diálogo e a reflexão recente da Lavits. Todas as colaborações resultam do trabalho coletivo e interdisciplinar no âmbito do projeto "Rede Lavits: interseções entre pesquisa, ação e tecnologia", realizado entre 2015 e 2018, envolvendo diversas universidades e laboratórios de pesquisa latino-americanos[2], com o apoio da Fundação Ford.

Agrupamos os textos em quatro partes: "Governamentalidade e neoliberalismo", "Cultura da vigilância", "(In)visibilidades" e "Tecnorresistências". Abrindo o livro e a primeira parte, "*Big Other*: capitalismo de vigilância e perspectivas para uma civilização de informação", de Shoshana Zuboff, em primeira tradução para o português, trata da natureza e dos efeitos de quatro

---

[2] Colaboraram a Universidade Federal do Rio de Janeiro (MediaLab.UFRJ, LED/UFRJ, programa de pós-graduação em psicologia/UFRJ); o programa de pós-graduação em gestão urbana da Pontifícia Universidade Católica do Paraná (PUC-PR); o Laboratório de Estudos Avançados de Jornalismo da Universidade Estadual de Campinas (Labjor/Unicamp); o Pimentalab – Laboratório de Tecnologia, Política e Conhecimento da Universidade Federal de São Paulo (Unifesp); a Facultad Latinoamericana de Ciencias Sociales (Flacso/México); a Faculdade de Ciências Sociais da Universidade de Buenos Aires (UBA); a Universidad de Chile; e o Departamento de Criminologia da Vrije Universiteit Brussel (VUB), de Bruxelas, Bélgica.

práticas derivadas da mediação por computador no capitalismo de vigilância. São elas a de extração e análise de dados, a de estabelecer novas formas de contrato, que permitem um melhor monitoramento, a de personalização e customização e, por fim, a de fazer experimentos contínuos. Para a autora, elas expressam uma nova configuração de poder, o *Big Other*, que prediz e modula comportamentos, impondo desafios às normas democráticas.

No capítulo seguinte, "Securitização, vigilância e territorialização em espaços públicos na cidade neoliberal", Rodrigo Firmino propõe uma reflexão sobre vigilância e espaço, concentrando-se em compreender como arranjos sociotécnicos específicos, associados a práticas contemporâneas de vigilância e securitização, constituem territórios próprios da cidade neoliberal, afetando nossa experiência no espaço. O texto analisa os efeitos de uma nova camada territorial, resultante da atuação de setores privados no domínio público e da aceitação pelo Estado dessa participação de empresas na criação de estratégias de vigilância e securitização no espaço urbano.

A relação entre cidade, vigilância e neoliberalismo também é explorada no texto de Bruno Cardoso, "Estado, tecnologias de segurança e normatividade neoliberal". O autor discute a participação de empresas de tecnologia na construção do Estado brasileiro na segunda década do século XXI, a partir do campo da segurança pública, tendo em vista dois megaeventos esportivos (Copa do Mundo de 2014 e Jogos Olímpicos de 2016) que aceleraram o processo de investimento em tecnologia e construção de centros de controle e monitoramento. Cardoso analisa o Sistema Integrado de Comando e Controle (Sicc) e aponta como esse processo nos leva a uma *normatividade neoliberal* a partir de escolhas e programas de ação inseridos no próprio sistema sociotécnico pesquisado.

Em "Governamentalidade algorítmica e perspectivas de emancipação: o díspar como condição de individuação pela relação?", Antoinette Rouvroy e Thomas Berns fazem uma reflexão sobre as novas formas de vigilância e controle, constituintes de uma governamentalidade algorítmica, que parece prescindir da subjetividade para focar a relação. Se por um lado essa lógica se aproxima de propostas de filósofos como Gilbert Simondon, Gilles Deleuze e Félix Guattari, que apostam na relação como forma de alcançar arranjos rizomáticos emancipadores, por outro se afasta delas ao abordar temas como o papel da diferença, da disparidade e da falha na criação de novos mundos relacionais.

Danilo Doneda e Virgílio Almeida, no capítulo "O que é a governança de algoritmos?", abordam a governança algorítmica não apenas apontando os riscos e efeitos danosos de retirarmos os humanos de espaços decisórios, delegando esse trabalho aos algoritmos, mas também propondo uma governança que leve mais transparência ao processo e busque preservar sua eficácia, reduzindo os resultados indesejáveis.

A segunda parte, "Cultura da vigilância", reúne textos sobre aspectos culturais relacionados à vigilância e abre com uma reflexão de David Lyon, que, desde o início da década de 1990, tem trabalhado com esse tema, sendo uma das principais referências na área. Em "Cultura da vigilância: envolvimento, exposição e ética na modernidade digital", Lyon explora o conceito de cultura da vigilância, englobando as práticas e o imaginário envolvidos na configuração desse campo e elaborando uma análise das práticas de compartilhamento *online* à luz de tópicos como visibilidade, exposição, ética e cidadania digital.

Pablo Rodríguez, em "Espetáculo do dividual: tecnologias do eu e vigilância distribuída nas redes sociais", aborda as relações entre vigilância e novos modos de subjetivação na atualidade a partir da análise deleuziana sobre sociedade de controle e o dividual. O autor defende que essa relação, ao mesmo tempo que redefine as fronteiras do que é público e privado, torna a vigilância mais distribuída e imanente.

No texto seguinte, "Você é o que o Google diz que você é: a vida editável, entre controle e espetáculo", Paula Sibilia discute o direito ao esquecimento, demanda recente de usuários da internet. Ao sentir que certos dados podem prejudicar sua reputação, almejam que sejam apagados esses rastros deixados pela navegação, capturados pelos mecanismos de vigilância, o que põe em cena a possibilidade de uma "memória editável".

Encerrando a segunda parte do livro, temos "A América Latina e o apocalipse: ícones visuais em *Blade runner* e *Elysium*", de Nelson Arteaga Botello. O autor elege dois filmes para analisar como certas distopias cinematográficas põem em cena modelos de sociedades futuras, projetando formas específicas de temor, dominação e tensão nas sociedades contemporâneas, reforçando estigmas discriminatórios e racistas. Nesse cenário, as tecnologias, como computadores e androides, exercem papel central na vigilância da população e no modo como os sujeitos resistem e enfrentam, com resultados variados, esses sistemas de vigilância.

A terceira parte, "(In)visibilidades", volta-se para as diferentes dimensões e dinâmicas de visibilidade que se conectam com os mecanismos de vigilância atuais. O capítulo de abertura, "Visões maquínicas da Cidade Maravilhosa:

do Centro de Operações do Rio à Vila Autódromo", de Fernanda Bruno, e explora formas de visão maquínica da cidade, em especial do Rio de Janeiro, a partir de três movimentos. O primeiro e o segundo – *sobrever* e *antever* – focalizam o modelo de visão tecnologicamente mediada do Centro de Operações do Rio, que atualiza a histórica aliança entre aparatos de visão e sistemas de controle da cidade. O terceiro movimento – *rever* – relata a experiência de realização de uma cartografia aérea da comunidade Vila Autódromo, no Rio de Janeiro, e aponta para outras possibilidades de ver e habitar a cidade.

A cartografia aérea da Vila Autódromo é retomada em detalhes no texto "#dronehackademy: contravisualidade aérea e ciência cidadã para o uso de Vants como tecnologia social", de Pablo de Soto. O autor propõe uma apropriação do uso de *drones* para além do horizonte da vigilância. O texto explora práticas de contravisualidade e narra a experiência da oficina #dronehackademy, que, sediada pelo MediaLab.UFRJ no Rio de Janeiro, envolveu a construção de *drones* como "máquinas voadoras de ciência aberta", a reflexão crítica sobre usos e modos de se proteger dos *drones* no contexto urbano e a realização de uma cartografia aérea que focalizou os conflitos entre a comunidade Vila Autódromo e os cercamentos olímpicos vigentes na cidade na ocasião.

Continuando a reflexão sobre os *drones*, Rosa Pedro e seu grupo de pesquisa analisam, no capítulo "Controvérsias acerca da vigilância e da visibilidade: em cena, os *drones*", uma série de documentos e notícias de jornal para cartografar as controvérsias envolvidas nos usos militar e civil dos *drones*.

No capítulo seguinte, "Visível/invisível: sobre o rastreio de material genético como estratégia artístico-política", Flavia Costa debate questões relativas à vigilância genética, que consiste no rastreamento e na identificação do material biológico nos vestígios de nossa ação diária. O tema é apresentado destacando o trabalho da artista americana Heather Dewey-Hagborg, participante ativa do movimento bio-*hacker*, que decidiu explorar e interrogar essa prática a partir de 2012.

Essa parte se fecha com "A dimensão forense da arquitetura: a construção estético-política da evidência", uma entrevista com Paulo Tavares realizada por Fernanda Bruno, Anna Bentes e Paulo Faltay. Tavares discorre sobre seus trabalhos, principalmente os desenvolvidos com a agência de pesquisa Forensic Architecture, nos quais a arquitetura aparece como eixo para a produção de evidências e são utilizadas tecnologias de visualização diversas para investigar e retraçar situações de conflito em contextos jurídicos, políticos e artísticos.

A quarta e última parte, "Tecnorresistências", é dedicada ao tema da resistência às práticas de vigilância, com alguns textos mais reflexivos e outros mais propositivos. O primeiro, "Experiências com tecnoativistas: resistências na política do dividual?", de Henrique Parra, parte do acompanhamento de coletivos criptoativistas para interrogar sobre as possibilidades de resistência à racionalidade individualista que marca a lógica neoliberal hegemônica.

Em "Multidões conectadas e movimentos sociais: dos zapatistas e do hacktivismo à tomada das ruas e das redes", Guiomar Rovira Sancho faz uma reflexão sobre as transformações no ativismo político conectadas ao uso de redes sociais. Ao mesmo tempo que serve ao paradigma neoliberal, essa nova forma de comunicação coletiva tem sido apropriada pelo hacktivismo, a serviço da mobilização social e de lutas por emancipação.

No capítulo seguinte, "Espectro livre e vigilância", Adriano Belisário da Costa, Diego Vicentin e Paulo Lara abordam um elemento central da infraestrutura de comunicação e informação contemporânea: o espectro eletromagnético. A partir das noções de espectro aberto e espectro livre, propõem uma discussão sobre a possibilidade de construir infraestruturas mais autônomas, que favoreçam o exercício da liberdade.

No último texto, "DIO: o mapeamento coletivo de câmeras de vigilância como visibilização da informatização do espaço urbano", escrito coletivamente por Rafael Evangelista, Tiago Soares, Sarah Schmidt e Felipe Lavignatti, são descritas as regras e a dinâmica do DIO, jogo para celulares, ainda em desenvolvimento, que tematiza a proliferação das câmeras em áreas urbanas, promovendo um mapeamento colaborativo de sua localização geográfica. A partir dessa descrição, é discutido o uso econômico de dados pessoais, sua importância prevista no mercado mundial no futuro próximo e meios de tematizar essa questão fazendo uso da "gamificação".

Encerrando o livro, apresentamos dois materiais gráficos desenvolvidos por duas organizações diferentes, com objetivos bastante diversos. "Hacking Team na América Latina", elaborado pelo coletivo Derechos Digitales, apresenta as relações comerciais entre a empresa italiana Hacking Team e alguns governos latino-americanos. Essa empresa é responsável pela comercialização do Remote Control System, *software* de espionagem altamente invasivo. O infográfico, que tem arte da designer Constanza Figueroa, foi originalmente publicado como parte de um relatório, elaborado pela Derechos Digitales, detalhando o funcionamento do software e seus negócios com diversos países na América Latina[3]. O *zine* "*Safer Nudes*: guia sensual de segurança digital", foi produzido em 2015 pela Coding Rights e pela Oficina Antivigilância, com o objetivo de divulgar estratégias e ferramentas para tornar mais segura a prática de compartilhar *nudes* (fotos do próprio corpo nu) no meio digital e, assim, ampliar o debate sobre a privacidade e o direito de decidir sobre o próprio corpo e a própria imagem[4].

Nos capítulos que se seguem, encontramos algumas das inúmeras questões que vêm entrelaçando tecnologia, vigilância e sociedade neste milênio. Longe de esgotar tais fenômenos em todos os seus aspectos ou possibilidades de resistência, o objetivo maior deste livro é aprofundar as discussões a seu respeito e estimular diálogos e conexões que nos orientem nos obtusos e por vezes assustadores caminhos das tecnopolíticas de vigilância do fim da segunda década do século XXI. Sabemos que não será uma jornada isenta de angústias e temores; entretanto, mantemos a convicção de que esses caminhos ainda estão abertos, sendo em parte impostos, mas também retraçados e subvertidos. Trata-se, afinal, de tecnopolíticas em constante (re)composição.

---

[3] A versão original do relatório e do infográfico está disponível em: <https://www.derechosdigitales.org/wp-content/uploads/malware-para-la-vigilancia.pdf>, acesso em 19 nov. 2018.

[4] O arquivo original do *zine Safer Nudes* foi adaptado à diagramação deste livro. A versão original, colorida e em formato de *zine*, está disponível em: <https://www.codingrights.org/safernudes/>, acesso em 19 nov. 2018.

PARTE I

GOVERNAMENTALIDADE E NEOLIBERALISMO

BIG OTHER: CAPITALISMO DE VIGILÂNCIA E PERSPECTIVAS PARA UMA CIVILIZAÇÃO DE INFORMAÇÃO*

Shoshana Zuboff

Introdução

Um recente estudo sobre *big data* produzido pela Casa Branca concluiu que "a trajetória tecnológica é bastante clara: mais e mais dados serão produzidos sobre indivíduos; a manutenção desses dados, porém, ficará sob o controle de outros"[1]. Essa afirmação nos remeteu a uma entrevista com Eric Schmidt, presidente da Google, em 2009, quando ficou claro para o público em geral que sua empresa retinha históricos de pesquisas individuais em seus servidores e que estes eram compartilhados com agências de governo e instituições públicas de segurança: "Se existe algo que você prefere que outras pessoas não saibam, primeiramente talvez você não devesse estar fazendo isso, mas, se você realmente necessita desse tipo de privacidade, a realidade é que o Google e outros mecanismos de busca retêm essas informações por um certo período... É possível que essa informação seja disponibilizada para as autoridades"[2]. O que essas duas afirmações compartilham é a atribuição de agência à "tecnologia". O *big data* é projetado como a consequência

---

* Tradução de Antonio Holzmeister Oswaldo Cruz e Bruno Cardoso. Dados da publicação original: "*Big Other*: surveillance capitalism and the prospects of an information civilization", *Journal of Information Technology*, v. 30, 2015, p. 75-89. (N. E.)

[1] White House, *Big data: seizing opportunities, preserving values (report for the president)*, p. 9 (Washington, D.C., Executive Office of the President, 2014); disponível em: <http://www.whitehouse.gov/sites/default/files/docs/ big_data_privacy_report_may_1_2014.pdf>, acesso em 29 jun. 2018.

[2] J. Newman, "Google's Schmidt roasted for privacy comments", *PCWorld*, 11 dez. 2009; disponível em: <https://www.pcworld.com/article/184446/googles_schmidt_roasted_for_privacy_comments.html>, acesso em 21 nov. 2014.

inevitável de um rolo compressor tecnológico que possui uma vida própria totalmente exterior ao social. Nós somos apenas espectadores.

A maioria dos artigos sobre *big data* começa por uma tentativa de definir a própria expressão, o que indica que ainda não chegamos a uma definição razoável para ela. Defendo que isso ocorre porque continuamos a ver o *big data* como um objeto, um efeito ou uma capacidade tecnológica. A inadequação dessa percepção nos força a retornar sempre ao mesmo ponto. Neste artigo, adoto uma abordagem diferente, na qual o *big data* não é uma tecnologia ou um efeito tecnológico inevitável. Tampouco é um processo autônomo, como Eric Schmidt e outros querem que acreditemos. O *big data* tem origem no social, e é ali que devemos encontrá-lo e estudá-lo. Explorarei então a proposta de que o *big data* é, acima de tudo, o componente fundamental de uma nova lógica de acumulação, profundamente intencional e com importantes consequências, que chamo de *capitalismo de vigilância*. Essa nova forma de capitalismo de informação procura prever e modificar o comportamento humano como meio de produzir receitas e controle de mercado. O capitalismo de vigilância se formou gradualmente durante a última década, incorporando novas políticas e relações sociais que ainda não haviam sido bem delineadas ou teorizadas. Mesmo que o *big data* possa ser configurado para outros usos, estes não apagam suas origens em um projeto de extração fundado na indiferença formal em relação às populações que conformam tanto sua fonte de dados quanto seus alvos finais.

Algumas pistas importantes para desvendarmos essa nova direção são dadas por Constantiou e Kallinikos no artigo "New games, new rules: big data and the changing context of strategy"[3], no qual desvelam a caixa-preta do *big data* para revelar os conteúdos epistêmicos e suas problemáticas inerentes. "New games" é uma contribuição potente e necessária para este território intelectual ainda opaco. O artigo toma por base avisos anteriores[4] para delinear de forma penetrante as características epistêmicas do *big*

---

[3] I. D. Constantiou e J. Kallinikos, "New games, new rules: big data and the changing context of strategy", *Journal of Information Technology*, v. 30, n. 1, mar. 2015, p. 44--57; disponível em: <https://link.springer.com/article/10.1057/jit.2014.17>, acesso em 16 jul. 2018.

[4] d. boyd e K. Crawford, "Six provocations for big data", *paper* apresentado em A Decade in Internet Time: Symposium on the Dynamics of the Internet and Society, Oxford Internet Institute, 21 set. 2011; disponível em: <https://papers.ssrn.com/sol3/papers.cfm?abstract_id=1926431>, acesso em 16 jul. 2018; Alnoor Bhimani

data – heterogêneo, não estruturado, transemiótico, descontextualizado, agnóstico – e para iluminar as descontinuidades epistemológicas que essas informações implicam para os métodos e mentalidades das convenções formais, dedutivas, introspectivas e positivistas das estratégias corporativas.

Ao desvelarem essa caixa-preta para o mundo, Constantiou e Kallinikos insistem nos mistérios que permanecem sem solução, advertindo que o *big data* anuncia a "transformação da sociedade e da economia contemporâneas [...] uma mudança muito mais abrangente que faz dos dados que são produzidos na cotidianidade um componente intrínseco à vida institucional e organizacional [...] e também um alvo prioritário para estratégias de comercialização [...]". Essas mudanças se relacionam ao "embaralhamento das divisões sociais e institucionais de longa data [...] da própria natureza das firmas e organizações e de suas relações com indivíduos enquanto usuários, clientes e cidadãos. Esses desafios também "remodelam a administração [*management*] [...] como um campo e prática social em um novo contexto, cujos contornos ainda permanecem obscuros [...]".

Minha intenção neste artigo é contribuir com uma nova discussão sobre esses territórios ainda não teorizados, nos quais as efêmeras misturas do *big data* de Constantiou e Kalliniki estão incorporadas: a transformação da cotidianidade em estratégia de comercialização; o ofuscamento das divisões; a natureza da empresa e sua relação com as populações. Começo com uma breve revisão de alguns conceitos fundamentais como base para os argumentos que vou apresentar. Passarei posteriormente a um exame detalhado de dois artigos do economista-chefe da Google, Hal Varian, que divulgam a lógica e as implicações do capitalismo de vigilância, bem como o papel fundamental do *big data* nesse novo regime.

A mediação por computador encontra a lógica da acumulação

Em 1981, desenvolvi a noção de "mediação por computador" em um artigo intitulado "Psychological and organizational implications of computer-mediated work"[5]. Tanto nesse artigo quanto em escritos subsequentes,

---

e Leslie Willcocks, "Digitisation, 'big data' and the transformation of accounting information", *Accounting and Business Research*, v. 44, n. 4, 2014, p. 469-90.

[5] S. Zuboff, "Psychological and organizational implications of computer-mediated work", MIT Working Paper (Massachusetts, Center for Information Systems

distingui o trabalho "mediado pelo computador" da mecanização e automação do trabalho típicas das gerações anteriores, projetadas para simplificar ou até mesmo substituir o trabalho humano[6]. Observei que a tecnologia de informação é caracterizada por uma dualidade fundamental que ainda não havia sido completamente apreciada. Ela podia ser aplicada para automatizar operações de acordo com uma lógica que pouco diferia daquela presente em séculos anteriores: substituir o corpo humano por máquinas que possibilitassem maior controle e continuidade. Porém, na tecnologia de informação, a automação gera simultaneamente informação que proporciona um nível mais profundo de transparência a atividades que pareciam parcial ou totalmente opacas. A automação não somente impõe informação (sob a forma de instruções programadas) mas também produz informação. A ação de uma máquina é totalmente investida em seu objeto, mas a tecnologia de informação reflete tanto em suas atividades quanto no sistema de atividades ao qual está relacionada. Isso produz ação ligada a uma voz reflexiva, pois a mediação pelo computador representa simbolicamente eventos, objetos e processos, que se tornam visíveis, passíveis de serem conhecidos e compartilhados de uma nova maneira. Para simplificar, essa distinção marca a diferença entre "inteligente" e "simples"*.

Para descrever essa capacidade peculiar, criei o termo "*informate*"**. Apenas a tecnologia de informação possui a capacidade de automatizar e de *informatizar*. Como uma consequência do processo de *informatização*, o trabalho mediado pelo computador amplia a codificação organizacional, resultando em uma abrangente textualização do ambiente de trabalho –

Research, 1981); para um histórico desse conceito e de seu significado, ver S. Zuboff, "Computer-mediated work", em V. Smith (ed.), *Sociology of work: an encyclopedia* (Thousand Oaks, Sage, 2013); disponível em: <http://knowledge.sagepub.com/view/sociology-of-work/n41.xml>, acesso em: 16 jul. 2018.

[6] S. Zuboff, "New worlds of computer-mediated work", *Harvard Business Review*, v. 60, n. 5, 1982, p. 142-52; "Automate/informate: the two faces of intelligent technology", *Organizational Dynamics*, v. 14, n. 2, 1985, p. 5-18; *In the age of the smart machine: the future of work and power* (Nova York, Basic Books, 1988).

* A autora usa as palavras "*smart*" e "*dumb*", que no campo das ciências tecnológicas são utilizadas para diferenciar os dispositivos com mais recursos (*smartphones*) daqueles mais simples (*dumbphones*, telefones que só fazem chamadas). (N. T.)

** O termo "*informate*", em inglês, é um neologismo que reúne as palavras "informar" e "automatizar". Optamos por traduzi-lo como "informatizar" para manter o sentido mais próximo do proposto pela autora, ainda que não comporte a nuance presente no termo em inglês. (N. T.)

o que chamei de "texto eletrônico". Esse texto, por sua vez, criou novas oportunidades de aprendizado e, portanto, novas disputas sobre quem aprenderia, como e o quê. A partir do momento em que uma empresa está imbuída da mediação por computador, essa nova "divisão de aprendizado" se torna mais relevante do que a divisão tradicional do trabalho. O texto, mesmo nos anos 1980, estágios iniciais desses desenvolvimentos, era um tanto heterogêneo e refletia os fluxos de produção e os processos administrativos, assim como as interfaces de clientes, mas também revelava comportamentos humanos: chamadas telefônicas, digitações, intervalos do trabalho e outros sinais de continuidades atencionais, ações, localizações, conversações, redes, compromissos específicos com pessoas e equipamentos etc. Lembro que, no verão de 1985, as palavras do capítulo final de *In the age of the smart machine* foram consideradas extravagantes. "Ficção científica", alguns disseram; "subversivas", queixaram-se outros: "O local de trabalho informatizado, que, afinal de contas, pode não ser nem mais um 'local', é uma arena por meio da qual a informação circula, informação para a qual o esforço intelectual é aplicado. A qualidade desse esforço, mais do que a quantidade, será a fonte a partir da qual será derivado o valor agregado [...] o aprendizado é a nova forma de trabalho"[7].

Hoje em dia temos dificuldades de imaginar quando essas condições – mediação por computador, textualização, aprendizado como parte do trabalho – não eram norma, pelo menos para amplos setores da força de trabalho. O aprendizado em tempo real, baseado em informação e mediado pelo computador, tornou-se tão endógeno para as atividades cotidianas dos negócios que os dois domínios já se confundem, sendo aquilo que a maioria de nós faz quando trabalha. Esses novos fatos estão institucionalizados em milhares, se não milhões, de novos tipos de ações dentro das organizações. Algumas dessas ações são mais formais: metodologias de aperfeiçoamento contínuo, integração empresarial, monitoramento de empregados, sistemas de tecnologia da informação e comunicação que proporcionam a coordenação global de operações dispersas de manufatura, atividades profissionais, formação de equipes de trabalho, informações sobre clientes, cadeias de fornecedores, projetos inter-empresas, forças de trabalho móveis e temporárias e abordagens de *marketing* para diferentes configurações de consumidores. Outras são menos formais: o fluxo incessante de mensagens

---

[7] S. Zuboff, *In the age of the smart machine*, cit., p. 395.

eletrônicas, buscas *online*, atividades no *smartphone*, aplicativos, textos, videoconferências, interações em redes sociais etc.

A divisão do aprendizado não possui uma forma pura, contudo. Após vinte anos de pesquisa de campo, encontrei uma mesma lição com centenas de variações. A divisão do aprendizado, assim como a divisão do trabalho, é sempre conformada por disputas sobre as seguintes questões: Quem participa, e como? Quem decide quem participa? O que acontece quando a autoridade falha? Na esfera do mercado, o texto eletrônico e o que se pode aprender a partir dele nunca foram nem podem ser "coisas em si". Eles estão sempre já constituídos pelas respostas a essas questões. Em outras palavras, eles já estão incorporados no social, e suas possibilidades estão circunscritas pela autoridade e pelo poder.

O ponto-chave aqui é que o texto eletrônico, quando estamos tratando da esfera do mercado, já se encontra organizado pela lógica de acumulação na qual está incorporado, bem como pelos conflitos inerentes a essa lógica. A lógica de acumulação organiza a percepção e molda a expressão das capacidades tecnológicas em sua origem, sendo aquilo que já é tomado como dado em qualquer modelo de negócio. Suas suposições são amplamente tácitas e seu poder de moldar o campo das possibilidades é, então, amplamente invisível. Ela define objetivos, sucessos, fracassos e problemas, além de determinar o que é mensurado e o que é ignorado, o modo como recursos e pessoas são alocados e organizados, quem – e em quais funções – é valorizado, quais atividades são realizadas e com que propósitos. A lógica de acumulação produz suas próprias relações sociais e com elas suas concepções e seus usos de autoridade e poder.

Cada época da história do capitalismo rumou em direção a uma lógica de acumulação dominante – o capitalismo corporativo baseado na produção em massa do século XX se transformou no capitalismo financeiro no fim do século, uma forma que persiste até hoje. Isso nos ajuda a compreender por que há tão pouca diferenciação competitiva real entre as indústrias. Companhias aéreas, por exemplo, possuem imensos fluxos de informação que são interpretados em linhas mais ou menos similares, com objetivos e métricas semelhantes, já que as companhias são todas avaliadas de acordo com os termos de uma única lógica compartilhada de acumulação[8].

---

[8] Para um exemplo recente, veja J. Nicas, "JetBlue to add bag fees, reduce legroom", *The Wall Street Journal*, 19 nov. 2014; disponível em: <https://www.wsj.com/articles/jetblue-to-add-bag-fees-reduce-legroom-1416406199>, acesso em 17 jul. 2018.

O mesmo poderia ser dito em relação a bancos, hospitais, empresas de telecomunicações e muitas outras.

O sucesso do capitalismo ao longo do tempo dependeu da emergência de novas formas de mercado que expressassem novas lógicas de acumulação mais bem-sucedidas na tarefa de satisfazer as necessidades sempre em evolução das populações e sua expressão na natureza cambiante da demanda[9]. Como Piketty afirma em *O capital no século XXI*: "Não existe uma variante única do capitalismo ou da organização da produção [...]. Isto sem dúvida continuará valendo para o futuro, pois novas formas de organização e de propriedade ainda estão para ser inventadas"[10]. O filósofo e jurista Mangabeira Unger também escreveu sobre esse assunto:

> O conceito de uma economia de mercado é indeterminado institucionalmente [...] é capaz de ser realizado em diferentes diretrizes legais e institucionais, cada uma com consequências dramáticas para todos os aspectos da vida social, incluindo a estrutura de classes da sociedade e a distribuição de riqueza e poder. Quais de suas realizações institucionais prevalecem tem imensa importância para o futuro da humanidade [...] uma economia de mercado pode adotar formas institucionais radicalmente divergentes, incluindo diferentes regimes de propriedade e de contratos e diferentes formas de relacionar governos e produtores privados. As formas agora estabelecidas nas principais economias representam o fragmento de um campo de possibilidades maior e aberto.[11]

Novas formas de mercado aparecem em diferentes tempos e lugares. Algumas alcançam a hegemonia, outras existem em paralelo à forma predominante, enquanto outras, com o passar do tempo, se revelam becos sem saída.

De que forma esses blocos conceituais podem nos ajudar a tirar algum sentido do *big data*? Alguns pontos são óbvios: 3 bilhões dos 7 bilhões de pessoas do mundo têm uma ampla gama de atividades diárias mediadas, muito além das fronteiras tradicionais do local de trabalho. Para elas, o antigo sonho da computação ubíqua[12] é um truísmo que mal se nota. Como

---

[9] Veja a discussão realizada por Braudel sobre esse assunto em F. Braudel, *The perspective of the world* (Nova York, Harper & Row, 1984), p. 620.

[10] T. Piketty, *Capital in the twenty-first century* (Cambridge, Belknap Press of Harvard University Press, 2014), p. 483.

[11] R. M. Unger, *Free trade reimagined: the world division of labor and the method of economics* (Princeton, Princeton University Press, 2007), p. 8, 41.

[12] M. Weiser, "The computer for the 21st century", *Scientific American*, v. 265, n. 3, 1991, p. 94-104.

24 • Tecnopolíticas da vigilância

resultado da penetrante mediação por computador, quase todos os aspectos do mundo são traduzidos em uma nova dimensão simbólica à medida que eventos, objetos, processos e pessoas se tornam visíveis, cognoscíveis e compartilháveis de uma nova maneira. O mundo renasce como dados e o texto eletrônico é universal em escala e escopo[13]. Há não muito tempo, ainda parecia razoável concentrar nossas preocupações nos desafios de um local de trabalho informacional ou de uma sociedade da informação. Agora, as questões persistentes de autoridade e poder devem ser direcionadas ao quadro mais amplo possível, mais bem definido como civilização ou, especificamente, civilização da informação. Quem aprende com os fluxos de dados globais, como e o quê? Quem decide? O que acontece quando a autoridade falha? Qual lógica de acumulação moldará as respostas a essas perguntas? Reconhecer sua escala civilizacional confere força e urgência a essas novas questões. Suas respostas moldarão o caráter da civilização da informação ao longo deste século, assim como a lógica do capitalismo industrial e seus sucessores moldaram o caráter da civilização industrial nos últimos dois séculos.

Minha ambição neste artigo é dar início à tarefa de iluminar uma lógica emergente de acumulação hegemônica nos espaços interconectados atuais. O foco dessa exploração é o Google, o serviço de busca mais popular do mundo. A Google* é considerada por muitos como a pioneira do *big data*[14]

---

[13] Em 1986, calculamos a existência de 2,5 *exabytes* de informação comprimida, dos quais somente 1% se encontrava digitalizado; M. Hilbert, "Technological information inequality as an incessantly moving target: the redistribution of information and communication capacities between 1986 and 2010", *Journal of the American Society for Information Science and Technology*, v. 65, n. 4, 2013, p. 821-35. No ano 2000, somente 25% da informação armazenada em todo o mundo era digital; V. Mayer-Schönberger; K. Cukier, *Big data: a revolution that will transform how we live, work, and think* (Boston, Houghton Mifflin Harcourt K., 2013), p. 9. Já em 2007, calculamos 300 *exabytes* comprimidos de forma ideal com uma taxa de 94% de digitalização; M. Hilbert, "Technological information inequality as an incessantly moving target", cit. A digitalização e a dataficação (o programa que permite a computadores e algoritmos processar e analisar dados brutos), junto com o desenvolvimento de tecnologias de armazenamento mais baratas, produziram 1.200 *exabytes* de dados armazenados no mundo com uma taxa de 98% de conteúdo digital; V. Mayer-Schönberger; K. Cukier, *Big data*, cit., p. 9.

[*] Ao longo do artigo, o serviço de buscas que funciona a partir de um site será tratado no masculino ("o Google"), enquanto a empresa que criou e gere esse serviço de buscas e muitos outros dos mais importantes negócios da internet será referida no gênero feminino ("a Google"). (N. T.)

[14] V. Mayer-Schönberger; K. Cukier, *Big data*, cit.

e com a força desses feitos também foi pioneira na lógica de acumulação mais ampla que denomino de capitalismo de vigilância, da qual o *big data* é tanto uma condição quanto uma expressão. Essa lógica emergente não apenas é compartilhada pelo Facebook e outras grandes empresas *online* mas parece ter se tornado o modelo-padrão para a maior parte das *startups online* e aplicativos. Como Constantiou & Kallinikos[15], inicio esta discussão detalhando as características dos "dados" do *big data* e a forma como eles são gerados. Ao passo que os autores citados dirigiram seu olhar para as categorias epistêmicas dos dados, quero considerar seu significado individual, social e político.

A discussão apresentada neste artigo é orientada por dois documentos extraordinários escritos por Hal Varian, economista-chefe da Google[16]. Suas observações e afirmações nos oferecem um ponto de partida para a compreensão da lógica sistêmica da acumulação na qual o *big data* está incorporado. Ressalto que, mesmo que Varian não seja um executivo de linha da Google, seus artigos nos convidam a uma inspeção bem próxima das práticas da empresa, que são exemplares dessa nova lógica de acumulação. Varian ilumina seus argumentos com exemplos retirados da Google nesses dois escritos, muitas vezes utilizando a primeira pessoa no plural, como nas seguintes passagens: "A Google tem obtido muito sucesso a partir de nossos experimentos, a ponto de os disponibilizarmos para nossos anunciantes e editores em dois programas", ou então:

> A Google já visualizou 30 trilhões de URLs e percorre 20 bilhões desses URLs em um dia qualquer, e responde 100 bilhões de buscas por mês [...] tivemos de desenvolver novos tipos de bancos de dados que podem armazenar dados em imensas tabelas dispersas em milhares de máquinas que conseguem processar buscas em mais de 1 trilhão de documentos em poucos segundos. Publicamos a descrição dessas ferramentas [...].[17]

Parece justo supor, portanto, que as perspectivas de Varian refletem a substância das práticas de negócios da Google e, até certo ponto, a visão de mundo que está subjacente a essas práticas.

Nos dois artigos que examino aqui, o principal assunto tratado por Varian é a universalidade das "transações econômicas mediadas por

---

[15] I. D. Constantiou; J. Kallinikos, "New games, new rules", cit.

[16] H. R. Varian, "Computer mediated transactions", *American Economic Review*, v. 100, n. 2, 2010, p. 1-10; "Beyond big data", *Business Economics*, v. 49, n. 1, 2014, p. 27-31.

[17] H. R. Varian, "Beyond big data", cit., p. 27, 29.

computador". Ele escreve: "O computador cria um registro da transação [...]. Eu argumento que essas transações mediadas por computador permitiram melhorias significativas na forma como as transações são realizadas e continuarão a impactar a economia no futuro que prevemos"[18]. As implicações da observação de Varian são significativas. A *informatização* da economia, como ele observa, é constituída por um registro persistente e contínuo dos detalhes de cada transação. Nessa visão, a mediação por computador torna a economia transparente e cognoscível de novas maneiras. Isso se configura como um contraste marcante com o clássico ideal neoliberal do "mercado" como intrinsecamente inefável e incognoscível. Na concepção de Hayek, o mercado seria como uma "ordem ampliada" incompreensível à qual os meros indivíduos devem subjugar suas vontades[19]. Foi precisamente a impossibilidade de conhecimento do universo das transações de mercado que ancorou as reivindicações de Hayek quanto à necessidade de liberdade radical da intervenção ou de regulação por parte do Estado. Diante dos novos fatos a respeito de um mercado cognoscível, Varian afirma quatro novos "usos" que se seguem a transações mediadas por computador: "extração e análise de dados", "novas formas contratuais devido a um melhor monitoramento", "personalização e customização" e "experimentos contínuos"[20]. Cada um deles possibilita *insights* sobre uma lógica emergente de acumulação, a divisão de aprendizagem que ela forma e o caráter da civilização da informação para a qual ela conduz.

Dados, extração, análise

O primeiro desses usos é a "extração e análise de dados [...] aquilo de que todos estão falando quando o assunto é *big data*"[21]. Examinarei cada palavra dessa frase – "dados", "extração" e "análise" – uma vez que cada uma delas nos traz alguns *insights* sobre a nova lógica de acumulação.

---

[18] H. R. Varian, "Computer mediated transactions", cit., p. 2.

[19] F. A. Hayek, *The fatal conceit: the errors of socialism* (Chicago, University of Chicago Press, 1988), p. 14-5.

[20] H. R. Varian, "Beyond big data", cit.

[21] Ibidem, p. 27.

Dados

Os dados derivados de transações econômicas mediadas por computadores constituem uma dimensão significativa do *big data*. Existem, entretanto, outras fontes, incluindo fluxos que surgem de uma variedade de sistemas institucionais e transinstitucionais mediados por computador. Podemos incluir junto a estes uma segunda fonte de fluxos mediados por computador, que deverá crescer exponencialmente: dados de bilhões de sensores incorporados em uma ampla gama de objetos, corpos e lugares. Um relatório bastante citado da Cisco prevê um novo valor agregado de US$14,4 trilhões à "internet de todas as coisas"[22]. Os novos investimentos da Google em *machine learning**, *drones*, dispositivos vestíveis, carros automatizados, nanopartículas que patrulham o corpo procurando por sinais de doenças e dispositivos inteligentes para o monitoramento do lar são componentes essenciais dessa cada vez maior rede de sensores inteligentes e dispositivos conectados à internet destinados a formar uma nova infraestrutura inteligente para corpos e objetos[23]. Uma terceira fonte de

---

[22] Cisco, *Embracing the internet of everything to capture your share of $14.4 trillion* (Cisco Systems, 2013); disponível em: <http://www.cisco.com/web/about/ac79/docs/innov/ IoE_Economy.pdf>, acesso em 9 jun. 2014; *The internet of everything: global private sector economic analysis* (Cisco Systems, Inc., 2013); disponível em: <https://www. cisco.com/c/dam/en_us/about/business-insights/docs/ioe-vas-public-sector-top-10-insights.pdf>, acesso em 31 out. 2018.

* Foi mantido o termo em inglês, por ser a forma mais conhecida e utilizada. (N. T.)

[23] T. Bradshaw, "Google bets on 'internet of things' with $3.2bn Nest deal", *Financial Times*, 13 jan. 2014; disponível em: <https://www.ft.com/content/90b8714a-7c99-11e3-b514-00144feabdc0>, acesso em 22 nov. 2014; "Google buys UK artificial intelligence start-up", *Financial Times*, 27 jan. 2014; disponível em: <https://www. ft.com/content/f92123b2-8702-11e3-aa31-00144feab7de>, acesso em 22 nov. 2014; S. Kovach, "Google's plan to take over the world", *Business Insider*, 18 maio 2013; disponível em: <http://www.businessinsider.com/googles-plan-to-take-over-the-world-2013-5>, acesso em 22 nov. 2014; BBC News, "Wearables tracked with Raspberry Pi", *BBC News*, 1º ago. 2014; disponível em: <http://www.bbc.com/news/technology-28602997>, acesso em 22 nov. 2014; T. Brewster, "Traffic lights, fridges and how they've all got it in for us", *The Register*, 23 jun. 2014; disponível em: http:// www.theregister.co.uk/2014/06/23/hold_interthreat/>, acesso em 22 nov. 2014; E. Dwoskin, "What secrets your phone is sharing about you", *Wall Street Journal*, 14 jan. 2014; disponível em: <http://online.wsj.com/articles/SB10001424052702303 4530045792906321 28929194>, acesso em 16 jul. 2018; "The new GE: Google, everywhere", *The Economist*, 16 jan. 2014; disponível em: <https://www.economist. com/business/2014/01/16/the-new-ge-google-everywhere>, acesso em 16 jul. 2018;

28 • Tecnopolíticas da vigilância

dados flui de bancos de dados governamentais e corporativos, incluindo aqueles associados aos bancos, à intermediação de pagamentos eletrônicos, às agências de avaliação de crédito, às companhias aéreas, aos registros censitários e fiscais, às operações de planos de saúde, aos cartões de crédito, aos seguros, às empresas farmacêuticas e de comunicações, e outros mais. Muitos desses dados, juntamente com os fluxos das transações comerciais, são adquiridos, agregados, analisados, acondicionados e por fim vendidos por *data brokers* que operam (pelo menos nos Estados Unidos) de forma sigilosa, ao largo dos estatutos de proteção do consumidor e sem seu consentimento e conhecimento, ignorando seus direitos à privacidade e aos devidos procedimentos legais[24].

Uma quarta fonte de *big data*, que fala sobre seu caráter heterogêneo e transemiótico, flui de câmeras de vigilância públicas e privadas, incluindo qualquer coisa desde *smartphones* até satélites, do Google Street View ao Google Earth. A Google tem estado na linha de frente desse domínio contencioso de dados. Por exemplo, o Street View foi lançado em 2007 e logo encontrou resistência em todo o mundo. Autoridades alemãs descobriram que, entre outros problemas, os carros do Street View estavam equipados com escâneres ativados para extrair dados de

---

E. Fink, "This drone can steal what's on your phone", *CNNMoney*, 20 mar. 2014; disponível em: <https://money.cnn.com/2014/03/20/technology/security/drone-phone/index.html>, acesso em 22 nov. 2014; H. Kelly, "Smartphones are fading. Wearables are next", *CNNMoney*, 19 mar. 2014; disponível em: <https://money.cnn.com/2014/03/19/technology/mobile/wearable-devices/index.html>, acesso em 22 nov. 2014; P. Lin, "What if your autonomous car keeps routing you past Krispy Kreme?", *The Atlantic*, 22 jan. 2014; disponível em: <https://www.theatlantic.com/technology/archive/2014/01/what-if-your-autonomous-car-keeps-routing-you-past-krispy-kreme/283221/>, acesso em 22 nov. 2014; B.-A. Parnell, "Is Google building SKYNET? Ad kingpin buys AI firm DeepMind", *The Register*, 27 jan. 2014; disponível em: <http://www.theregister.co.uk/2014/01/27/google_deep_mind_buy/>, acesso em 16 nov. 2018; R. Winkler; D. Wakabayashi, "Google to buy nest labs for $3.2 billion – update", *EuroInvestor*, 14 jan. 2014; disponível em: <http://www.euroinvestor.com/news/2014/01/14/google-to-buy-nest-labs-for-32-billion-update/12658007>, acesso em 22 nov. 2014.

[24] U.S. Committee on Commerce, Science, and Transportation. *A review of the data broker industry: collection, use and sale of consumer data for marketing purposes* (Washington, D.C., Office of Oversight and Investigations, 2013); disponível em: <http://www.commerce.senate.gov/public/?a=Files.Serve&File_id=0d2b3642-6221-4888-a631-08f2f255b577>, acesso em 16 jul. 2018.

redes sem fio privadas[25]. Em um processo movido por 39 procuradores do Estado norte-americanos contra a Google, sumariado pelo Electronic Privacy Information Center (Epic) [Centro de Informações de Privacidade Eletrônica], foi concluído que "a empresa participou na coleta não autorizada de dados de redes sem fio, incluindo dados de redes Wi-Fi privadas de usuários de internet residencial". O relatório do Epic resume uma versão redigida de um relatório da FCC* que revela que a "Google interceptou intencionalmente dados com fins comerciais e que muitos engenheiros e supervisores da empresa revisaram o código-fonte e os documentos associados ao projeto"[26]. De acordo com a reportagem do *The New York Times* sobre o processo, o qual resultou em um acordo de US$7 milhões, "a empresa de buscas pela primeira vez em sua história foi obrigada a policiar de forma agressiva seus empregados em assuntos de privacidade [...]"[27]. O Street View sofreu restrições em muitos países e continua a enfrentar processos litigiosos em torno do que os reclamantes caracterizam como táticas "secretas", "ilícitas" e "ilegais" de coleta de dados nos Estados Unidos, na Europa e em outras regiões[28].

---

[25] K. J. O'Brien; C. C. Miller, "Germany's complicated relationship with Google Street View", *Bits Blog*, 23 abr. 2013; disponível em: <http://bits.blogs.nytimes.com/2013/04/23/germanys-complicated-relationship-with-google-street-view/>, acesso em 21 nov. 2014.

* Federal Communications Commission, a agência reguladora das telecomunicações nos Estados Unidos. (N. T.)

[26] Epic, *Investigations of Google Street View* (Washington, D.C., Electronic Privacy Information Center, 2014); disponível em: <https://epic.org/privacy/streetview/>, acesso em 21 nov. 2014.

[27] D. Streitfeld, "Google concedes that drive-by prying violated privacy", *The New York Times*, 12 mar. 2013; disponível em: <https://www.nytimes.com/2013/03/13/technology/google-pays-fine-over-street-view-privacy-breach.html>, acesso em 16 jul. 2018.

[28] Office of the Privacy Commission of Canada, *Google contravened Canadian privacy law, investigation finds* (Quebec, Office of the Privacy Commissioner of Canada, 2010); disponível em: <https://www.priv.gc.ca/en/opc-news/news-and-announcements/2010/nr-c_101019/>, acesso em 21 nov. 2014; K. J. O'Brien, "European regulators may reopen Google Street View inquiries", *The New York Times*, 2 maio 2012; disponível em: <http://www.nytimes.com/2012/05/03/technology/european-regulators-to-reopen-google-street-view-inquiries.html>, acesso em 16 jul. 2018; A. Jammet, "The evolution of EU law on the protection of personal data", *Center for European Law and Legal Studies*, v. 3, n. 6, 2014, p. 1-18.

30 • Tecnopolíticas da vigilância

Com o Street View, a Google desenvolveu um método declarativo que foi utilizado em outros empreendimentos relativos a dados. O *modus operandi* consiste em fazer incursões em territórios privados não protegidos até que alguma resistência seja encontrada. Como um observador dos direitos do consumidor resumiu para o *The New York Times*, "a Google coloca a inovação à frente de tudo e resiste a pedir permissão"[29]. A empresa não pergunta se pode fotografar casas para seus bancos de dados, ela simplesmente pega o que quer. A Google, então, esgota seus adversários no tribunal ou eventualmente concorda em pagar multas que representam um investimento negligenciável para um retorno significativo[30]. Siva Vaidhyanathan chamou esse processo de "imperialismo de infraestrutura"[31]. O Epic mantém um registro *online* abrangente das centenas de processos de países, estados, grupos e indivíduos abertos contra a Google, havendo ainda muitos outros casos que nunca se tornaram públicos[32].

Esses fluxos de dados produzidos institucionalmente representam o lado da "oferta" da interface mediada por computador. Apenas com esses dados é possível construir perfis individuais detalhados. Mas a universalidade da mediação por computador se deu mediante um complexo processo de causalidade que inclui também atividades subjetivas – que constituem a sua "demanda". As necessidades individuais impulsionaram as curvas de penetração acelerada da internet. Uma pesquisa da BBC realizada em 2010 descobriu que, menos de duas décadas após o navegador Mosaic ter sido liberado ao público, permitindo um fácil acesso à *world wide web* (www),

---

[29] D. Streitfeld, "Google concedes that drive-by prying violated privacy", cit. Veja também M. Burdon; A. McKillop, *The Google Street View Wi-Fi scandal and its repercussions for privacy regulation*, Research Paper n. 14-07, University of Queensland, TC Beime School of Law, 2013; disponível em: <https://papers.ssrn.com/sol3/papers.cfm?abstract_id=2471316>, acesso em 16 jul. 2018.

[30] A decisão da Corte Europeia de 2014 em favor do "direito de ser esquecido" representou a primeira vez que a Google foi forçada a modificar substancialmente suas práticas em função de demandas regulatórias – o primeiro capítulo do que seguramente é uma história em desenvolvimento.

[31] S. Vaidhyanathan, *The googilization of everything* (Berkeley, University of California Press, 2011).

[32] Epic, *Google glass and privacy* (Washington, D.C., Electronic Privacy Information Center, 2014); disponível em: <https://epic.org/privacy/google/glass/>, acesso em 15 nov. 2014; *Investigations of Google Street View*, cit.

79% das pessoas em 26 países consideraram que o acesso à internet era um direito humano fundamental[33].

Fora dos hierárquicos espaços de trabalho que operam pela lógica do mercado, o acesso, a indexação e as buscas na internet significaram a possibilidade de liberdade dos indivíduos de procurar os recursos de que necessitavam para uma vida mais eficaz, sem os impedimentos impostos pelo monitoramento, pela métrica, pela insegurança, por requisitos de função e pelo sigilo imposto pela empresa e sua lógica de acumulação. As necessidades individuais de autoexpressão, voz, influência, informação, aprendizagem, empoderamento e conexão reuniram em poucos anos uma ampla gama de novas capacidades: pesquisas do Google, música do iPod, páginas do Facebook, vídeos do YouTube, *blogs*, redes, comunidades de amigos, estranhos e colegas, todos ultrapassando as antigas fronteiras institucionais e geográficas em uma espécie de exultação de caça, coleta e compartilhamento de informações para todos os propósitos, ou mesmo para nenhum. Era *meu*, e eu poderia fazer *o que quisesse* com isso[34]! Essas subjetividades de autodeterminação encontraram expressão em uma nova esfera individual em rede caracterizada pelo que Benkler[35] resumiu adequadamente como formas não mercantis de "produção social".

Essas atividades não mercantis são uma quinta fonte principal de *big data* e a origem do que Constantiou e Kallinikos[36] chamam de "cotidianidade". O *big data* é constituído pela captura de *small data*, das ações e discursos, mediados por computador, de indivíduos no desenrolar da vida prática. Nada é trivial ou efêmero em excesso para essa colheita: as "curtidas" do Facebook, as buscas no Google, *e-mails*, textos, fotos, músicas e vídeos, localizações, padrões de comunicação, redes, compras, movimentos, todos os cliques, palavras com erros ortográficos, visualizações de páginas e muito mais. Esses dados são adquiridos, tornados abstratos, agregados, analisados, embalados,

---

[33] BBC, "Internet access is 'a fundamental right'", *BBC News*, 8 mar. 2010; disponível em: <http://news.bbc.co.uk/2/hi/8548190.stm>, acesso em 16 jul. 2018.

[34] Para uma discussão mais completa sobre esse assunto, conferir S. Zuboff; J. Maxmin, *The support economy: why corporations are failing individuals and the next episode of capitalism* (Nova York, Viking/Penguin, 2002), especialmente os capítulos 4, 6 e 10.

[35] Y. Benkler, *The wealth of networks: how social production transforms markets and freedom* (New Haven, Yale University Press, 2006).

[36] I. D. Constantiou; J. Kallinikos, "New games, new rules", cit.

vendidos, analisados mais e mais e vendidos novamente. Esses fluxos de dados foram rotulados pelos tecnólogos de "*data exhaust*"*. Presumidamente, uma vez que os dados são redefinidos como resíduos, a contestação de sua extração e eventual monetização é menos provável.

A Google tornou-se a maior e mais bem-sucedida empresa de *big data* por ter o site mais visitado e, portanto, possuir a maior quantidade de *data exhaust*. Como muitas outras empresas digitais, a Google correu para atender às ondas de demanda reprimida que inundaram a esfera individual em rede nos primeiros anos da *world wide web*. Era um exemplo claro de empoderamento individual nas demandas de uma vida mais eficaz. Mas, à medida que as pressões para o lucro avançavam, os líderes da Google se preocupavam com os efeitos que o modelo de serviços pagos poderia ter no crescimento do número de usuários. Eles então optaram por um modelo de propaganda. A nova abordagem dependia da aquisição de dados de usuários como matéria-prima para análise e produção de algoritmos que poderiam vender e segmentar a publicidade por meio de um modelo de leilão exclusivo, com precisão e sucesso cada vez maiores. À medida que as receitas da Google cresciam rapidamente, aumentava a motivação para uma coleta de dados cada vez mais abrangente[37]. A nova ciência de análise de *big data* explodiu, impulsionada em grande parte pelo sucesso retumbante da Google.

E, por fim, ficou claro que os leilões são o negócio da Google e que seus clientes são anunciantes[38]. O AdWords, método de leilão algorítmico

---

* A opção por manter o termo original se deve à dificuldade de reproduzir o sentido da expressão em português. *Data exhaust* remete aos gases expelidos no ambiente pelo cano de descarga de um automóvel, que teriam similaridade com os dados deixados para trás pelos usuários em sua navegação na internet, sendo seus "resíduos". (N. T.)

[37] As receitas provenientes de propaganda da Google, impulsionadas pela vantagem competitiva de sua capacidade de captura de dados cada vez maior, pularam de US\$21 bilhões em 2008 para US\$50 bilhões em 2013. Em fevereiro de 2014, quinze anos após sua fundação, o valor de mercado de US\$400 bilhões da Google ultrapassou o valor da Exxon e tomou o segundo lugar no *ranking* de empresas, ficando atrás somente da Apple; R. Farzad, "Google at \$400 billion: a new no. 2 in market cap", *Bloomberg*, 12 fev. 2014; disponível em: <https://www.bloomberg.com/news/articles/2014-02-12/google-at-400-billion-a-new-no-dot-2-in-market-cap>, acesso em 16 jul. 2018.

[38] Veja as discussões úteis sobre esse ponto de inflexão em K. Auletta, *Googled: the end of the world as we know it* (Nova York, Penguin, 2009); S. Vaidhyanathan, *The googilization of everything*, cit.; J. Lanier, *Who owns the future?* (Nova York, Simon & Schuster, 2013).

do Google para vender publicidade *online*, analisa enormes quantidades de dados para determinar quais anunciantes comprarão cada um dos onze *links* publicitários em cada página de resultados de busca. Em um artigo na revista *Wired* em 2009 sobre "Googlenomics", Varian comentou: "Por que a Google disponibiliza produtos de graça...? Qualquer coisa que aumente o uso da internet, em última instância, enriquece a Google [...]". O artigo continua: "[...] mais olhos fixados na *web* levam inexoravelmente a mais vendas de anúncios para a Google [...]. E, como a previsão e a análise são tão cruciais para o Google AdWords, qualquer *bit* de dados, mesmo que aparentemente trivial, tem valor potencial"[39]. O tema é reiterado no artigo "*Big data*", de Mayer-Schönberger e Cukier: "Muitas empresas projetam seus sistemas para que possam colher *data exhaust* [...]. A Google é a líder incontestável [...] todas as ações que um usuário executa são consideradas sinais a serem analisados e que servirão de *feedback* para o sistema"[40]. Isso ajuda a explicar por que a Google superou todos os concorrentes pelo privilégio de fornecer Wi-Fi gratuito para os 3 bilhões de clientes anuais da Starbucks[41]. Mais usuários produzem mais *data exhausts*, que, por sua vez, melhoram o valor preditivo das análises e resultam em leilões mais lucrativos. O que importa é a quantidade, e não a qualidade. Outra maneira de dizer isso é que a Google é "formalmente indiferente" ao que os usuários dizem ou fazem, contanto que o digam e o façam de forma que o Google possa capturar e converter em dados.

Extração

Essa "indiferença formal" é uma característica proeminente, talvez decisiva, da emergente lógica de acumulação em exame aqui. O segundo termo na frase de Varian, "extração", também ilumina as relações sociais implicadas pela indiferença formal. Em primeiro lugar, e de forma mais óbvia, a extração é um processo unidirecional, e não um relacionamento. A

---

[39] S. Levy, "Secret of googlenomics: data-fueled recipe brews profitability", *Wired*, 22 maio 2009; disponível em: <https://www.wired.com/2009/05/nep-googlenomics/>, acesso em 22 nov. 2014.

[40] V. Mayer-Schönberger; K. Cukier, *Big data*, cit., p. 113.

[41] B. Schmarzo, "The value of data: Google gets it!!", *Dell EMC InFocus*, 10 jun. 2014; disponível em: <https://infocus.dellemc.com/william_schmarzo/the-value-of-data-google-gets-it/>, acesso em 17 jul. 2018.

extração tem por conotação "tomar algo" em vez de "entregar" ou de uma reciprocidade de "dar e receber". Os processos extrativos que tornam o *big data* possível normalmente ocorrem na ausência de diálogo ou de consentimento, apesar de indicarem tanto fatos quanto subjetividades de vidas individuais. Essas subjetividades percorrem caminhos ocultos para agregação e descontextualização, apesar de serem produzidas como íntimas e imediatas, ligadas a projetos e contextos individuais[42]. Na verdade, é o *status* de tais dados como sinais de subjetividades que os tornam mais valiosos para os anunciantes. Para a Google e outros agregadores de *big data*, no entanto, os dados são apenas *bits*. As subjetividades são convertidas em objetos que reorientam o subjetivo para a mercantilização. Os sentidos individuais dados pelos usuários não interessam ao Google ou às outras empresas nessa cadeia. Dessa forma, os métodos de produção de *big data* a partir de *small data* e as formas pelas quais o *big data* adquire valor refletem a indiferença formal que caracteriza o relacionamento da empresa com suas populações de "usuários". As populações são as fontes das quais a extração de dados procede e os alvos finais das ações que esses dados produzem.

A indiferença formal é evidente na agressividade com que a Google persegue seus interesses ao extrair sinais de subjetividades individuais, seguindo o modelo do Street View: incursões em territórios legal e socialmente não protegidos até encontrar resistência. Suas práticas parecem destinadas a ser indetectáveis ou, pelo menos, obscuras, e, se não fosse a denúncia de Edward Snowden sobre a National Security Agency (NSA) [Agência de Segurança Nacional], aspectos importantes de suas operações, especialmente quando se sobrepõem aos interesses de segurança do Estado, ainda estariam ocultos. A maior parte do que se sabia sobre as práticas da Google surgiu a partir dos conflitos que essas práticas produziram[43]. Por exemplo, a Google enfrentou oposição legal e protesto social em relação a reclamações contra (1) a prática de varredura de *e-mails*, incluindo os de usuários que não são do Gmail e os de estudantes que usam seus aplicativos educacionais[44], (2) a captura de

---

[42] H. Nissembaum, "A contextual approach to privacy online", *Daedalus*, v. 140, n. 4, 2011, p. 32-48.

[43] J. Angwin, *Dragnet nation: a quest for privacy, security, and freedom in a world of relentless surveillance* (Nova York, Times, 2014).

[44] B. Herold, "Google under fire for data-mining student email messages – education week", *Education Week*, 26 mar. 2014; disponível em:<https://www.edweek.org/ew/

comunicações de voz[45], (3) ignorar as configurações de privacidade[46], (4) práticas unilaterais de agrupamento de dados em seus serviços *online*[47], (5) extensa retenção de dados de pesquisa[48], (6) rastreamento dos dados de localização dos *smartphones*[49] e (7) suas tecnologias portáteis e capacidades de reconhecimento facial[50]. Esses contestáveis movimentos de coleta de

---

articles/2014/03/13/26google.h33.html>, acesso em 17 jul. 2018; Q. Plummer, "Google email tip-off draws privacy concerns", *Tech Times*, 5 ago. 2014; disponível em: <http://www.techtimes.com/articles/12194/ 20140805/google-email-tip-off-draws-privacy-concerns.htm>, acesso em 21 nov. 2014.

[45] J. Menn; D. Schäfer; T. Bradshaw, "Google set for probes on data harvesting", *Financial Times*, 17 maio 2010; disponível em: <https://www.ft.com/content/254ff5b6-61e2-11df-998c-00144feab49a>, acesso em 21 nov. 2014.

[46] J. Angwin, "Google faces new privacy probes", *The Wall Street Journal*, 16 mar. 2012; disponível em: <https://www.wsj.com/articles/SB1000142405270230469280457 7283821586827892>, acesso em 21 nov. 2014; J. Owen, "Google in court again over 'right to be above British law' on alleged secret monitoring", *The Independent*, 8 dez. 2014; disponível em: <https://www.independent.co.uk/news/uk/crime/google-challenges-high-court-decision-on-alleged-secret-monitoring-9911411.html>, acesso em 17 jul. 2018.

[47] CNIL, *Google privacy policy: WP29 proposes a compliance package* (Paris, Commission Nationale de L'informatique et des Libertés, 2014); disponível em: <http://www.cnil.fr/english/news-and-events/news/article/google-privacy-policy-wp29-proposes-a-compliance-package/>, acesso em 21 nov. 2014. J. Doyle, "Google facing legal action in EVERY EU country over 'data goldmine' collected about users", *Daily Mail Online*, 2 abr. 2013; disponível em: <http://www.dailymail.co.uk/sciencetech/article-2302870/Google-facing-legal-action-EVERY-EU-country-data-goldmine-collected-users.html>, acesso em 21 nov. 2014.

[48] N. Anderson, "Why Google keeps your data forever, tracks you with ads", *Ars Technica*, 8 mar. 2010; disponível em: <https://arstechnica.com/tech-policy/2010/03/google-keeps-your-data-to-learn-from-good-guys-fight-off-bad-guys/>, acesso em 21 nov. 2014; K. J. O'Brien; T. Crampton, "E.U. probes Google over data retention policy", *The New York Times*. 26 maio 2007; disponível em: <http://www.nytimes.com/2007/05/26/business/26google.html>, acesso em 17 jul 2018.

[49] J. Mick, "Aclu fights for answers on police phone location data tracking", *Daily Tech*, 4 ago. 2011; disponível em: <https://web.archive.org/web/20110807005631/http://www.dailytech.com:80/ACLU+Fights+for+Answers+on+Police+Phone+Location+Data+Tracking/article22352.htm>, acesso em 31 out. 2018; D. Snelling, "Google Maps is tracking you! How your smartphone knows your every move", *Express*, 18 ago. 2014; disponível em: <https://www.express.co.uk/life-style/science-technology/500811/Google-Maps-is-tracking-your-every-move>, acesso em 21 nov. 2014.

[50] Epic, *Google glass and privacy*, cit.

36 • Tecnopolíticas da vigilância

dados enfrentam oposição substancial na União Europeia (UE), bem como nos Estados Unidos[51].

A "extração" resume a ausência de reciprocidades estruturais entre a empresa e suas populações. Esse fato sozinho separa a Google, bem como outros que participam de sua lógica de acumulação, da narrativa histórica das democracias de mercado ocidentais. Por exemplo, a empresa do século XX, canonizada por estudiosos como Berle & Means[52] e Chandler Jr.[53], teve sua origem e foi sustentada por profundas interdependências com suas populações. Tanto a forma da empresa do século XX quanto seus gerentes possuíam muitas falhas e produziram muitos fatos violentos que foram bem documentados, mas me concentro aqui em um ponto diferente. Essa forma de mercado valorizou intrinsecamente suas populações de indivíduos recém-modernizados como fonte de funcionários e clientes; ela dependia de suas populações de maneiras que levaram, ao longo do tempo, a reciprocidades institucionalizadas. Em

---

[51] A. Barker; J. Fontanella-Khan, "Google feels political wind shift against it in Europe", *Financial Times*, 21 maio 2014; disponível em: <http://www.ft.com/intl/cms/s/2/7848572e-e0c1-11e3-a934-00144feabdc0.html#axzz3JjXPNno5>, acesso em 21 nov. 2014; S. Gabriel, "Political consequences of the Google debate", *Frankfurter Allgemeine Zeitung*, 20 maio 2014; disponível em: <http://www.faz.net/aktuell/feuilleton/debatten/the-digital-debate/sigmar-gabriel-consequences-of-the--google-debate-12948701.html>, acesso em 17 jul. 2018; J. Garside, "From Google to Amazon: EU goes to war against power of US digital giants", *The Guardian*, 5 jul. 2014; disponível em: <http://www.theguardian.com/technology/2014/jul/06/google-amazon-europe-goes-to-war-power-digital-giants>, acesso em 21 nov. 2014; P. Kopczynski, "French consumer rights watchdog sues Google, Facebook, Twitter for privacy violations", *Reuters*, 25 mar. 2014; disponível em: <http://rt.com/news/france-facebook-google-suit-129/>, acesso em 21 nov. 2014; H. Mance; M. Ahmed; A. Barker, "Google break-up plan emerges from Brussels", *Financial Times*, 21 nov. 2014; disponível em: <https://www.ft.com/content/617568ea-71a1-11e4-9048-00144feabdc0>, acesso em 21 nov. 2014; G. Steingart, "Google debate: Our weapons in the digital battle for freedom", *Frankfurter Allgemeine Zeitung*, 23 jun. 2014; disponível em: <http://www.faz.net/aktuell/feuilleton/debatten/the-digital-debate/google-debatte-waffen-im-digitalen-freiheitskampf-13005653.html>, acesso em 31 out. 2018; J. Vasagar, "Google could face 'cyber courts' in Germany over privacy rights", *Financial Times*, 27 maio 2014; disponível em: <https://www.ft.com/content/a7580826-e59d-11e3-8b90-00144feabdc0>, acesso em 21 nov. 2014.

[52] A. A. Berle; G. C. Means, *The modern corporation and private property* (New Brunswick, Transaction Publishers, 1991).

[53] A. D. Chandler Jr., *The visible hand: the managerial revolution in American business* (Cambridge, Belknap, 1977).

troca de seus rigores, a empresa ofereceu uma compensação que era consistente com a autocompreensão e a demanda características de suas populações. No interior havia sistemas de emprego duráveis, planos de carreira e aumentos constantes nos salários e benefícios para mais trabalhadores[54]. Do lado de fora, os dramas do acesso a bens e serviços tornados, exatamente, mais acessíveis a um número ampliado de consumidores[55].

O "dia de cinco dólares" era emblemático dessa lógica sistêmica, reconhecendo que a empresa dependia de uma população consumidora. A empresa, Ford percebeu, teria de valorizar o trabalhador-consumidor como uma unidade fundamental e componente essencial de um novo capitalismo de produção em massa. Esse contrato social remetia às proposições originais de Adam Smith sobre as reciprocidades produtivas do capitalismo, em que os aumentos de preços seriam equilibrados com os aumentos salariais "de forma que o trabalhador ainda possa comprar essa quantidade de artigos necessários para que tenha demanda para o trabalho [...]"[56]. Foram essas reciprocidades que ajudaram a constituir uma ampla classe média com um crescimento constante da renda e um aumento do padrão de vida. Na verdade, da perspectiva dos últimos trinta anos, durante os quais essa forma de mercado foi sistematicamente desconstruída, sua incorporação na ordem social por meio dessas reciprocidades estruturais parece ter sido uma das características mais relevantes[57].

A Google e o projeto de *big data* representam uma ruptura com esse passado. Suas populações não são mais necessárias como fonte de clientes ou funcionários. Os anunciantes são seus clientes, junto com outros intermediários que compram suas análises de dados. A Google empregava apenas cerca de 48 mil trabalhadores quando da publicação deste artigo e é conhecida por ter milhares de candidatos para cada abertura de vaga, contrastando com a General Motors, que, no auge de seu poder, em 1953,

---

[54] M. J. Sklar, *The corporate reconstruction of American capitalism: 1890-1916: the market, the law, and politics* (Nova York, Cambridge University Press, 1988).

[55] L. Cohen, *A consumers' republic: the politics of mass consumption in postwar America* (Nova York, Knopf, 2003).

[56] A. Smith, *The wealth of nations* (Nova York, Modern Library, 1994), p. 939-40.

[57] G. Davis, "The twilight of the Berle and Means Corporation", *Seattle University Law Review*, v. 34, n. 4, 2011, p. 1.121-38; "After the corporation", *Politics & Society*, v. 41, n. 2, 2013, p. 283-308.

foi a maior empregadora privada do mundo. A Google, assim sendo, tem pouco interesse em seus usuários enquanto funcionários. Esse padrão vale para as empresas de alta tecnologia em hiperescala que alcançam o crescimento, principalmente, ao ampliar a automação. Por exemplo, as três maiores empresas do Vale do Silício em 2014 tiveram receita de US$247 bilhões, com apenas 137 mil funcionários e uma capitalização de mercado combinada de US$1,09 trilhão. Em contraste, mesmo em 1990, as três principais montadoras de Detroit produziram receitas de US$250 bilhões com 1,2 milhão de funcionários e uma capitalização de mercado combinada de US$36 bilhões[58].

Essa independência estrutural das populações por parte da empresa é de importância excepcional à luz da relação histórica entre o capitalismo de mercado e a democracia. Acemoglu e Robinson, por exemplo, elaboram a estruturação mútua da (1) dependência do capitalismo industrial precoce em relação às massas, (2) prosperidade e (3) ascensão da democracia na Grã-Bretanha do século XIX. Examinando as novas e bem-sucedidas formas de mercado da época e a correlata mudança em direção a instituições democráticas, os autores observam que "reprimir as demandas populares e empreender golpes contra instituições políticas inclusivas [...] causaria a destruição [...] de ganhos, e as elites que se opunham a uma maior democratização e a uma maior inclusão poderiam encontrar-se entre aqueles que perderiam suas fortunas nessa destruição"[59]. A Google não enfrenta tais riscos. Pelo contrário, apesar do seu papel de "principal utilitário para a *world wide web*"[60] e seus investimentos substanciais em tecnologias com consequências sociais explosivas, como inteligência artificial, robótica, reconhecimento facial, tecnologias vestíveis, nanotecnologia, dispositivos inteligentes e *drones*, a Google não esteve sujeita a nenhuma supervisão pública significativa[61]. Em uma carta aberta à Europa, o presidente da Google,

---

[58] J. Manyika; M. Chui, "Digital era brings hyperscale challenges", *Financial Times*, 13 ago. 2014; disponível em: <https://www.ft.com/content/f30051b2-1e36-11e4-bb68-00144feabdc0>, acesso em 22 nov. 2014.

[59] D. Acemoglu; J. A. Robinson, *Why nations fail: the origins of power, prosperity, and poverty* (Nova York, Crown Business, 2012), p. 313-4.

[60] S. Vaidhyanathan, *The googilization of everything*, cit., p. 17.

[61] Ver, por exemplo, a discussão em S. Vaidhyanathan, *The googilization of everything*, cit., p. 44-50; ver também E. Finamore; K. Dutta, "'Summoning the demon': artificial intelligence is real threat to humanity, says PayPal founder", *The Independent*, 26 out.

Eric Schmidt, expressou sua frustração com a perspectiva de supervisão pública, caracterizando-a como uma "regulamentação pesada", que criaria "sérios perigos econômicos" para a Europa[62].

Análise

A indiferença formal da Google e a distância funcional das populações são ainda mais institucionalizadas nas necessidades de "análise" enfatizadas por Varian. A Google é a pioneira da hiperescala e, à semelhança de outras empresas desse tipo – Facebook, Twitter, Alibaba e uma crescente lista de firmas cujo negócio é o grande volume de informações, como as de telecomunicações e as de pagamentos globais –, seus centros de dados requerem milhões de "servidores virtuais" que aumentam exponencialmente a capacidade de computação sem exigir expansão significativa do espaço físico, do resfriamento dos equipamentos ou da demanda de energia elétrica[63].

2014; disponível em: <http://www.independent.co.uk/life-style/gadgets-and-tech/news/tesla-boss-elon-musk-warns-artificial-intelligence-development-is-summoning-the-demon-9819760.html>, acesso em 22 nov. 2014; S. Gibbs, "Google's founders on the future of health, transport – and robots", *The Guardian*, 7 jul. 2014; disponível em: <https://www.theguardian.com/technology/2014/jul/07/google-founders-larry-page-sergey-brin-interview>, acesso em 21 nov. 2014; A. Trotman, "Google boss Larry Page: Europe needs to be more like Silicon Valley and support technology", *The Telegraph*, 31 out. 2014; disponível em: <http://www.telegraph.co.uk/technology/google/11202850/Google-boss-Larry-Page-Europe-needs-to-be-more-like-Silicon-Valley-and-support-technology.html>, acesso em 17 jul. 2018; R. Waters, "FT interview with Google co-founder and CEO Larry Page", *Financial Times*, 31 out. 2014; disponível em: <https://www.ft.com/content/3173f19e-5fbc-11e4-8c27-00144feabdc0>, acesso em 21 nov. 2014.

62 E. Schmidt, "A chance for growth", *Frankfurter Allgemeine Zeitung*, 9 abr. 2014; disponível em: <http://www.faz.net/aktuell/feuilleton/debatten/eric-schmidt-about-the-good-things-google-does-a-chance-for-growth-12887909.html>, acesso em 17 jul. 2018.

63 Considere esses fatos em relação à Google e ao Facebook, as duas mais "hiper" das empresas de hiperescala. A Google processa 4 bilhões de pesquisas por dia. Em 2009, uma apresentação do engenheiro da Google, Jeff Dean, indicou que a empresa estava planejando a expansão para atingir a capacidade de 10 milhões de servidores e um *exabyte* de informações. Seu artigo técnico publicado em 2008 descreveu novas análises que permitiram à Google processar 20 *petabytes* de dados por dia (1.000 *petabytes* = 1 *exabyte*), ou cerca de 7 *exabytes* por ano; J. Dean; S. Ghemawat, "MapReduce: simplified data processing on large clusters", *Communications of the ACM*, v. 51, n. 1, 2008, p. 107; J. Dean, *Challenges in building large-scale information retrieval systems.*

As empresas de hiperescala exploram o custo marginal da economia digital para rapidamente alcançar uma grande escala a custos quase nulos[64]. Além dessas capacidades materiais, Varian observa que a análise desses dados requer cientistas de dados que dominem os novos métodos associados a análises preditivas, mineração de realidade, análise de padrões de vida e assim por diante. Esses requisitos materiais e de conhecimento altamente especializados separam o significado subjetivo do resultado objetivo. Ao fazê-lo, eles eliminam a necessidade ou a possibilidade de um circuito de informação, ou *feedback loop*, entre a empresa e suas populações. Os dados viajam através de muitas fases de produção, apenas para retornar à sua fonte em uma segunda fase de extração em que o objetivo não é mais lidar com os dados, mas produzir receita. O ciclo começa novamente na forma de novas transações mediadas por computador.

Esse exame da combinação feita por Varian entre dados, extração e análise sugere algumas características-chave da nova lógica de acumulação associada ao *big data*, encabeçada pela Google. Em primeiro lugar, as receitas dependem de ativos de dados apropriados por meio de ubíquas operações automatizadas. Essas operações constituem uma nova classe de ativos: os *ativos de vigilância*. Os críticos do capitalismo de vigilância podem caracterizar tais ativos como "bens roubados" ou "contrabando" na medida em que foram tomados, em vez de fornecidos, e não produzem, como argumentarei a seguir, as devidas reciprocidades. A apreciada cultura da produção social na esfera individual

---

Google Fellow Presentation, 2009; disponível em: <http://static.googleusercontent.com/media/research.google.com/en/us/people/jeff/WSDM09-keynote.pdf>, acesso em 22 nov. 2014. Um analista observou que esses números provavelmente foram em muito excedidos, "particularmente devido ao volume de dados que estão sendo carregados para o YouTube, que por sua vez tem uma carga de vídeo de 72h em cada minuto". Já o Facebook tem mais de 1 bilhão de usuários. No momento de sua flutuação no mercado financeiro dos Estados Unidos, em 2012, a empresa afirmou ter mais de 7 bilhões de fotos carregadas por mês e mais de 100 *petabytes* de fotos e vídeos armazenados em seus servidores; C. Ziegler, "Facebook IPO facts and figures: the house that 100 petabytes built", *The Verge*, 1º fev. 2012; disponível em: <http://www.theverge.com/2012/2/1/2764905/facebook-ipo-facts-and-figures-the-house-that-100-petabytes-built>, acesso em 22 nov. 2014.

[64] Empresas menores que não contam com receitas em hiperescala podem alavancar algumas dessas capacidades por meio de serviços de computação em nuvem; J. Manyika; M. Chui, "Digital era brings hyperscale challenges", cit.; B. Münstermann; B. Smolinski; K. Sprague, K. *The enterprise IT infrastructure agenda for 2014*, McKinsey & Company White Paper, 2014, p. 1-8.

em rede apoia-se nas próprias ferramentas que são agora os principais veículos para a apropriação baseada em vigilância das *data exhausts* mais lucrativas. Esses ativos de vigilância atraem investimentos significativos que podem ser chamados de *capital de vigilância*. A Google, até agora, triunfou no mundo em rede através da construção pioneira dessa nova forma de mercado, que é uma variante radicalmente descolada e extravagante do capitalismo de informação, que identifico como *capitalismo de vigilância*. Rapidamente se tornou o modelo-padrão de negócios na maioria das empresas e *startups*, em que as rotineiras estimativas de valor dependem de "olhos", mais do que de receita, para prever a remuneração dos ativos de vigilância.

Monitoramento e contratos

De acordo com Varian: "Como as transações são agora mediadas pelo computador, podemos observar comportamentos que anteriormente não eram observáveis e redigir contratos sobre esses comportamentos. Isso permite transações que simplesmente não eram viáveis antes [...]. As transações mediadas pelo computador permitiram novos modelos de negócio [...]"[65]. Ele oferece alguns exemplos: se alguém parar de pagar as parcelas mensais do carro, o credor pode "instruir o sistema de monitoramento veicular a não permitir que o veículo seja iniciado e sinalizar o local onde ele pode ser retirado". As companhias de seguros, ele sugere, podem contar com sistemas de monitoramento similares para verificar se os clientes estão dirigindo com segurança e, assim, determinar se devem ou não manter o seguro dele ou lhe pagar o prêmio da apólice. Ele também sugere que se podem contratar agentes locais remotos para executar tarefas e usar dados de seus *smartphones* – geolocalização, marcação de horário, fotos – para "provar" que eles realmente realizaram suas atividades conforme previsto no contrato.

Varian não parece perceber que o que ele está celebrando aqui não é uma nova forma de contrato, mas sim o "des-contrato". Sua versão de um mundo mediado pelo computador transcende o mundo conformado pelo contrato, eliminando a governança e o Estado de direito. Varian parece apontar para o que Oliver Williamson chama de "condição de utopia contratual"[66]. Na

---

[65] H. R. Varian, "Beyond big data", cit., p. 30.

[66] O. E. Williamson, *The economic institutions of capitalism* (Nova York/Londres, Free Press, 1985), p. 67.

economia de transação de William, os contratos existem para mitigar a inevitabilidade da incerteza. Eles operam para economizar em "racionalidade limitada" e salvaguardar contra o "oportunismo" – ambas condições intratáveis dos contratos no mundo real da atividade humana. Ele observa que a certeza exige "racionalidade ilimitada" derivada de "competência cognitiva irrestrita", que, por sua vez, deriva de adaptações "completamente descritas" a eventos contingentes "publicamente observáveis". Williamson observa que essas condições são inerentes a "um mundo de planejamento", e não ao "mundo da governança", no qual, "outras coisas sendo iguais [...], as relações que se caracterizem pela confiança pessoal sobreviverão a um maior estresse e mostrarão maior adaptabilidade"[67].

A visão de Varian dos usos de transações mediadas por computador retira a incerteza do contrato, assim como a necessidade e a própria possibilidade de se desenvolver a confiança. Outra maneira de dizer isso é que os contratos são descolados do social e repensados como processos de máquinas. A participação consensual nos valores dos quais a autoridade legítima é derivada, juntamente com o livre-arbítrio e os direitos e obrigações recíprocos, é substituída pelo equivalente universal da tornozeleira eletrônica do prisioneiro. A autoridade, que descrevi em outro lugar como "a dimensão espiritual do poder", depende de uma construção social animada por valores fundacionais compartilhados. No sistema econômico de Varian, a autoridade é suplantada pela técnica, o que eu chamo de "dimensão material do poder", em que sistemas impessoais de disciplina e controle produzem certo conhecimento do comportamento humano independentemente do consentimento[68]. Esse assunto merece uma exploração mais detalhada do que é possível aqui, então me limito a alguns temas-chave.

Varian reivindica, ao descrever esse "novo uso", um território político vital para o regime de capitalismo de vigilância. De John Locke a Émile Durkheim, o contrato e o Estado de direito que o apoia foram entendidos como derivados do social, bem como da confiança e da solidariedade orgânica dos quais o social é um efeito[69]. Para Weber, "a característica mais essencial do direito substantivo moderno, especialmente o direito privado,

---

[67] Ibidem, p. 31-2, 63.

[68] S. Zuboff, *In the age of the smart machine*, cit.

[69] É. Durkheim, *The division of labor in society* (Nova York, Free Press, 1964), p. 215; J. Locke, *Two treatises of government* (Nova York, Kessinger, 2010), p. 112-5, 339.

é o significado amplamente aumentado das transações legais, em particular dos contratos, como fonte de reivindicações garantidas por coerção legal [...] pode-se [...] designar o tipo de sociedade contemporânea [...] como uma sociedade 'contratual'"[70].

Como sugere Hannah Arendt, "a grande variedade de teorias contratuais, desde os romanos, atesta para o fato de que o poder de fazer promessas ocupou o centro do pensamento político ao longo dos séculos". O mais notável das operações de contrato é aumentar o domínio dos indivíduos e a resiliência da sociedade. Esses bens derivam precisamente do efeito sobre a imprevisibilidade, "que o ato de fazer promessas dissipa pelo menos parcialmente [...]". Para Arendt, a falibilidade humana na execução de contratos é o preço da liberdade. A impossibilidade do controle perfeito dentro de uma comunidade de iguais é a consequência da "pluralidade e realidade [...] a alegria de habitar junto com os outros um mundo cuja realidade é garantida para cada um pela presença de todos". Arendt insiste que "a força de promessa ou contrato mútuo" é a única alternativa "a um domínio que depende da dominação de si mesmo e do governo sobre os outros; isso corresponde exatamente à existência de liberdade que foi dada sob a condição de não soberania"[71].

Em contraste com Arendt, a visão de Varian de um mundo mediado por computador me soa como um deserto árido – não como uma comunidade de iguais vinculados pelas leis na inevitável e, em última análise, frutífera luta humana contra a incerteza. Nesse futuro projetado, a comunidade humana já fracassou. É um lugar adaptado à normalização do caos e do terror, onde os últimos vestígios de confiança há muito tempo se esvaeceram e morreram. O revigoramento humano, a partir das falhas e triunfos das afirmações da previsibilidade e do exercício da vontade em face da incerteza natural, dá lugar ao vazio da submissão perpétua. Em vez de permitir novas formas contratuais, esses arranjos descrevem o surgimento de uma nova arquitetura universal que existe em algum lugar entre a natureza e Deus, batizada por mim de *Big Other*. Essa nova arquitetura configura-se como um ubíquo regime institucional em rede que registra, modifica e mercantiliza a experiência cotidiana, desde o uso de um eletrodoméstico

---

[70] M. Weber, *Economy and society: an outline of interpretive sociology*, v. 1 (Berkeley, University of California Press, 1978), p. 669.

[71] H. Arendt, *The human condition* (Chicago, University of Chicago Press, 1998), p. 244.

até seus próprios corpos, da comunicação ao pensamento, tudo com vista a estabelecer novos caminhos para a monetização e o lucro. O *Big Other* é o poder soberano de um futuro próximo que aniquila a liberdade alcançada pelo Estado de direito. É um novo regime de fatos independentes e independentemente controlados que suplanta a necessidade de contratos, de governança e o dinamismo de uma democracia de mercado. O *Big Other* é a encarnação, no século XXI, do texto eletrônico que aspira abranger e revelar os amplos fatos imanentes de comportamentos econômicos, sociais, físicos e biológicos. Os processos institucionais que constituem a arquitetura do *Big Other* podem ser imaginados como a instanciação material da "ordem ampliada" de Hayek, que ganha vida na transparência didática da mediação por computador.

Esses processos reconfiguram a estrutura de poder, conformidade e resistência herdada da sociedade de massa e simbolizada durante mais de meio século pelo *Big Brother*. O poder não pode mais ser resumido por esse símbolo totalitário de comando e controle centralizado. Mesmo o panóptico do projeto de Bentham, que usei como metáfora central em meu trabalho anterior[72], é prosaico em comparação com essa nova arquitetura. O panóptico era um projeto físico que privilegiava um único ponto de observação. A conformidade antecipada que ele induzia exigia a produção de comportamentos específicos em quem estivesse dentro do panóptico, mas esse comportamento poderia ser deixado de lado uma vez que a pessoa abandonasse esse lugar físico. Na década de 1980, o panóptico constituiu-se como uma metáfora adequada para os espaços hierárquicos do local de trabalho. Em um mundo organizado segundo os pressupostos de Varian, os *habitat* dentro e fora do corpo humano estão saturados de dados e produzem oportunidades radicalmente distribuídas para observação, interpretação, comunicação, influência, predição e, em última instância, modificação da totalidade da ação. Ao contrário do poder centralizado da sociedade de massa, não existe escapatória em relação ao *Big Other*. Não há lugar para estar onde o Outro também não está.

Nesse mundo do qual não existe fuga, os efeitos arrepiantes da conformidade antecipatória[73] cedem à medida que a agência mental e o autodomínio

---

[72] S. Zuboff, *In the age of the smart machine*, cit., capítulos 9 e 10.

[73] Ver minha discussão sobre conformidade antecipatória em S. Zuboff, *In the age of the smart machine*, cit., p. 346-56. Para um debate mais atualizado sobre o tema, ver a

da antecipação são gradualmente submersos em um novo tipo de automatização. A conformidade antecipatória assume um ponto de origem na consciência a partir do qual é feita a escolha de se conformar, com o objetivo de evitar sanções e de camuflagem social. Isso também implica uma diferença, ou pelo menos a possibilidade de uma diferença, entre o comportamento que se deveria ter performado e o comportamento que se escolhe performar como uma solução instrumental contra o poder invasivo. No mundo do *Big Other*, sem rotas de fuga, a agência implicada no trabalho de antecipação é gradualmente mergulhada em um novo tipo de automaticidade – uma experiência real baseada puramente em estímulo-resposta. A conformidade não é mais um ato típico, como no século XX, de submissão em relação à massa ou ao grupo, não é mais a perda de si próprio para o coletivo produzida pelo medo ou pela compulsão, nem é mais o desejo psicológico de aceitação e pertencimento. A conformidade agora desaparece na ordem mecânica de coisas e de corpos, não como ação, mas como resultado, não como causa, mas como efeito. Cada um de nós pode seguir um caminho distinto, mas esse caminho já é moldado pelos interesses financeiros e/ou ideológicos, que imbuem o *Big Other* e invadem todos os aspectos da "vida privada" de cada um. A falsa consciência já não é produzida pelos fatos escondidos da classe e sua relação com a produção, mas pelos fatos ocultos da modificação do comportamento mercantilizada. Se o poder já foi uma vez identificado com a propriedade dos meios de produção, agora ele é identificado com a propriedade dos meios de modificação comportamental.

Na verdade, há pouca diferença entre a inefável "ordem ampliada" do ideal neoliberal e o "vórtice de estímulos" responsável por toda a ação na visão dos teóricos clássicos da psicologia comportamental. Nas duas visões de mundo, a autonomia humana é irrelevante e a experiência vivida da autodeterminação psicológica é uma ilusão cruel. Varian acrescenta uma nova dimensão a ambos os ideais hegemônicos fazendo com que agora essa "visão de Deus" possa ser totalmente explicada, especificada e conhecida, eliminando toda a incerteza. O resultado é que as pessoas são reduzidas a uma mera condição animal, inclinadas a servir às novas leis do capital

---

pesquisa recente sobre comportamento e buscas na internet feita por A. Marthews e C. Tucker, *Government surveillance and internet search behavior* (Cambridge, Digital Fourth, 2014); disponível em: <http://www.ssrn.com/abstract=2412564>, acesso em: 18 jul. 2018.

impostas a todos os comportamentos por meio da alimentação implacável de registros ubíquos em tempo real, baseados em fatos de todas as coisas e criaturas. Hannah Arendt tratou esses temas décadas atrás com uma clareza notável enquanto lamentava a transferência da nossa concepção de "pensamento" a algo que seria realizado por um "cérebro" e, portanto, possível de ser transferido para "instrumentos eletrônicos":

> A última etapa da sociedade do trabalho, a sociedade dos empregados, exige dos seus membros um completo funcionamento automático, como se a vida individual tivesse sido realmente mergulhada no ciclo vital da espécie e a única decisão ativa ainda necessária do indivíduo fosse largar tudo, por assim dizer, abandonar sua individualidade, a dor individualmente sentida e o problema de viver, e concordar com um comportamento funcional atordoado e "tranquilo". O problema com as teorias modernas do behaviorismo não é que elas estejam erradas, mas que elas possam se tornar verdadeiras, que elas sejam a melhor conceitualização possível de certas tendências óbvias na sociedade moderna. É bem concebível que a era moderna – que começou com um surto promissor e sem precedentes de atividade humana – possa acabar na mais letal e estéril passividade que a história já conheceu.[74]

O capitalismo de vigilância estabelece uma nova forma de poder em que o contrato e o Estado de direito são suplantados pelas recompensas e punições de um novo tipo de mão invisível. Uma teorização mais completa desse novo poder, embora seja uma preocupação central do meu novo trabalho, excede o escopo deste artigo. Gostaria de destacar, no entanto, alguns temas principais que podem nos ajudar a apreciar o caráter único do capitalismo de vigilância.

De acordo com Varian, as pessoas concordam com a "invasão de privacidade" representada pelo *Big Other*, se elas "receberem algo que querem em troca [...] uma hipoteca, um conselho médico, um conselho legal – ou sugestões de seu assistente digital pessoal"[75]. Nessa mesma linha, Varian é citado por um relatório da PEW Research, "Digital Life in 2025" [Vida Digital em 2025]: "Não há como colocar o gênio de volta na garrafa [...]. Todos esperarão ser rastreados e monitorados, já que as vantagens, em termos de conveniência, segurança e serviços, serão enormes [...] o monitoramento

---

[74] H. Arendt, *The human condition*, cit. p. 322.

[75] H. R., Varian, "Beyond big data", cit. p. 30.

contínuo será a norma"[76]. Como estabelecer a validade de tal afirmação? Em que medida essas supostas reciprocidades são o produto do consentimento genuíno? Essa questão abre caminho para outro aspecto radical, talvez até revolucionário, da política do capitalismo de vigilância. Isso diz respeito à distribuição dos direitos de privacidade e, com ela, o conhecimento do *Big Other* e a escolha de aderir a ele.

A captura secreta de dados é muitas vezes considerada uma violação, invasão ou erosão dos direitos de privacidade, como sugere a linguagem de Varian. Na narrativa convencional da ameaça à privacidade, o sigilo institucional cresceu e os direitos individuais de privacidade foram corroídos. Mas esse enquadramento é enganador, porque privacidade e sigilo não são opostos, mas sim momentos em uma sequência. O sigilo é um efeito da privacidade, que é sua causa. Exercitar o direito à privacidade produz escolha, e uma pessoa escolhe manter algo sigiloso ou compartilhá-lo. Os direitos de privacidade conferem, assim, direitos de decisão; a privacidade permite uma decisão sobre onde se quer estar no espectro entre sigilo e transparência em cada situação. O juiz [William O.] Douglas, da Suprema Corte dos Estados Unidos, articulou essa visão da privacidade, em 1967, da seguinte forma: "A privacidade envolve a escolha do indivíduo de divulgar ou revelar aquilo em que acredita, o que pensa, o que possui [...]"[77].

O trabalho da vigilância, ao que parece, não é corroer os direitos de privacidade, mas sim redistribuí-los. Em vez de um grande número de pessoas possuindo alguns direitos de privacidade, esses direitos foram concentrados no interior do regime de vigilância. Os capitalistas de vigilância possuem amplos direitos de privacidade e, portanto, muitas oportunidades para segredos. Estes são cada vez mais utilizados para privar as populações de escolha no que diz respeito a que partes de sua vida desejam manter em sigilo. Essa concentração de direitos é efetivada de duas maneiras. No caso da Google, do Facebook e de outros exemplos de capitalistas de vigilância, muitos dos seus direitos parecem vir do ato de tomar os

---

[76] PEW Research Center, *Digital life in 2025 (research report)* (Washington, D.C., PEW Research Center, 2014); disponível em: <http://www.pewinternet.org/2014/03/11/digital-life-in-2025/>, acesso em 18 jul. 2018.

[77] William O. Douglas, "Warden v. Hayden, 387 US 294,323", 1967, citado em N. A. Farahany, "Searching secrets", *University of Pennsylvania Law Review*, v. 160, n. 5, 2012, p. 1.271.

direitos de outros sem consentimento, em conformidade com o modelo do Street View. Os capitalistas de vigilância exploraram de forma hábil um lapso na evolução social, uma vez que o rápido desenvolvimento de suas habilidades de vigiar para o lucro em muito suplantou a compreensão pública e o eventual desenvolvimento de leis e regulamentações legais. Como resultado, os direitos à privacidade, uma vez acumulados e afirmados, podem então ser invocados como legitimação para manter a obscuridade das operações de vigilância[78].

Os mecanismos dessa crescente concentração de direitos de privacidade e suas implicações foram minuciosamente examinados por juristas nos Estados Unidos e na Europa, mesmo antes de Edward Snowden acelerar essa discussão. Essa é uma literatura rica e cada vez maior que suscita muitas preocupações substanciais associadas às implicações antidemocráticas da concentração dos direitos de privacidade entre atores de vigilância privada e pública[79]. O alcance e as implicações globais dessa extração de direitos – bem como de dados – apresentam muitos desafios para a conceitualização, incluindo pensar na forma de superar o próprio sigilo que os torna, desde o início, problemáticos. Além disso, a dinâmica que descrevo ocorre no que era até recentemente um espaço em branco, não sendo capturada com facilidade por nossas categorias sociais, econômicas e políticas. As novas operações de

---

[78] Esse processo é aparentemente exemplificado no processo da Corte Federal Americana sobre a mineração de dados feita pelo Google em *e-mails* recebidos e enviados de estudantes usuários de seus serviços e aplicativos educativos em nuvem. Ver B. Herold, "Google under fire for data-mining student email messages", cit.

[79] P. Schwartz, "The computer in German and American Constitutional Law: towards an American right of informational self-determination", *American Journal of Comparative Law*, v. 37, n. 4, 1989, p. 675-701; D. J. Solove, "'I've got nothing to hide' and other misunderstandings of privacy", *San Diego Law Review*, v. 44, 2007, p. 745; J. D. Michaels, "All the president's spies: private-public intelligence partnerships in the war on terror", *California Law Review*, v. 96, n. 4, 2008, p. 901-66; J. Palfrey, "The public and the private at the United States Border with cyberspace", *Mississippi Law Journal*, v. 78, n. 2, 2008, p. 241-94; J. P. Semitsu, "From Facebook to mug shot: how the dearth of social networking privacy rights revolutionized online government surveillance", em *Pace Law Review*, v. 31, n. 1, 2011, p. 291; N. M. Richards, "The dangers of surveillance", *Harvard Law Review*, v. 126, 2013, p. 1.934-65; R. Calo, "Digital market manipulation", *George Washington Law Review*, v. 82, n. 4, 2014, p. 995-1.051; J. R. Reidenberg, "Data surveillance state in the United States and Europe", *Wake Forest Law Review*, v. 48, n. 1, 2014, p. 583; N. M. Richards; J. H. King, "Big data ethics", *Wake Forest Law Review*, v. 49, n. 2, 2014, p. 393-432.

negócios frequentemente fogem dos modelos mentais existentes e desafiam as expectativas convencionais.

Esses argumentos sugerem que a lógica da acumulação que sustenta o capitalismo de vigilância não é totalmente capturada pelo campo institucional convencional da empresa privada. Acumulam-se não apenas capital e ativos de vigilância mas também direitos. Isso ocorre mediante um agenciamento único de processos de negócios, que opera fora dos auspícios de mecanismos democráticos legítimos ou das tradicionais pressões do mercado, de reciprocidade e escolha do consumidor. Essa acumulação é obtida por meio de uma declaração unilateral que se parece mais com as relações sociais de uma autoridade absolutista pré-moderna. No contexto dessa nova forma de mercado que eu chamo de capitalismo de vigilância, a hiperescala se torna uma ameaça profundamente antidemocrática.

O capitalismo de vigilância, portanto, se qualifica como uma nova lógica de acumulação, com uma nova política e relações sociais que substituem os contratos, o Estado de direito e a confiança social pela soberania do *Big Other*. Ele impõe um regime de conformidade baseado em recompensas e punições e administrado privadamente, sustentado por uma redistribuição unilateral de direitos. O *Big Other* existe na ausência de uma autoridade legítima e é em grande parte livre de detecção ou de sanções. Neste sentido, o *Big Other* pode ser descrito como um golpe automatizado de cima: não um *coup d'État*, mas sim um *coup des gens**.

Personalização e comunicação

Varian sustenta que, "hoje em dia, as pessoas esperam resultados de pesquisa e anúncios personalizados". Ele diz que a Google quer fazer ainda mais. Em vez de você precisar fazer perguntas, a Google deve "saber o que você deseja e lhe dizer antes que a pergunta seja feita". Essa visão, afirma, "já foi realizada pelo Google Now". Varian reconhece que o "Google Now precisa saber muito sobre você e seu ambiente para fornecer esses serviços. Isso preocupa algumas pessoas"[80]. No entanto, Varian argumenta que as pessoas compartilham esse conhecimento com médicos, advogados e

---

* Expressões em francês no texto original, significam "golpe de Estado" e "golpe das pessoas", respectivamente. (N. T.)

[80] H. R. Varian, "Beyond big data", cit., p. 28.

contadores em quem confiam. E complementa: "Por que estou disposto a compartilhar toda essa informação privada? Porque recebo algo em troca"[81].

Na verdade, o capitalismo de vigilância é exatamente o oposto das relações de confiança às quais se refere Varian. Médicos, advogados e outros profissionais confiáveis são responsabilizados por dependências e reciprocidades mútuas, sustentadas pela força da sanção profissional e do direito público. A Google, como vimos, não carrega tais fardos. A indiferença formal e a distância dos "usuários", combinada com sua atual liberdade em relação a regulações, sanções ou leis, protegem a Google e outros capitalistas de vigilância das consequências da desconfiança. Em vez das reciprocidades implícitas de Varian, o *coup de gens* introduz novas assimetrias substanciais de conhecimento e poder.

Por exemplo, a Google sabe muito mais sobre sua população de usuários do que estes sabem sobre si mesmos. De fato, não há meios pelos quais as populações possam atravessar essa divisão, dados os obstáculos materiais, intelectuais e proprietários necessários para a análise de dados e a ausência de *feedback loops*. Outra assimetria assenta no fato de que o usuário típico tem pouco ou nenhum conhecimento sobre as operações comerciais da Google, sobre a ampla gama de dados pessoais com que contribui para os servidores da Google ou sobre a retenção desses dados ou, ainda, como eles são instrumentalizados e monetizados. Já é bem sabido que os usuários têm poucas opções significativas para a autogestão de privacidade[82]. O capitalismo de vigilância prospera na ignorância do público.

Essas assimetrias no conhecimento são sustentadas por assimetrias de poder. O *Big Other* é institucionalizado nas funções automáticas indetectáveis de uma infraestrutura global que é considerada pela maioria das pessoas como essencial para a participação social básica. As ferramentas oferecidas pela Google e outras empresas capitalistas de vigilância respondem às necessidades dos indivíduos sitiados da segunda modernidade – e, assim como o fruto proibido, uma vez que são experimentadas, torna-se impossível viver sem elas. Quando o Facebook ficou fora do ar em cidades dos Estados Unidos durante algumas horas no verão de 2014, muitos estadunidenses chamaram

---

[81] Idem.

[82] Para uma revisão recente do "dilema de consentimento", ver D. J. Solove, "Introduction: privacy self-management and the consent dilemma", *Harvard Law Review*, v. 126, n. 7, 2013, p. 1.880-904.

seus serviços de emergência locais no 911*[83]. As ferramentas da Google não são objeto de valor de troca. Elas não estabelecem reciprocidades construtivas entre produtores e consumidores. Em vez disso, são as "iscas" que atraem os usuários para as operações extrativistas e transformam a vida comum na renovação diária de um pacto faustiano do século XXI. Essa dependência social está no cerne do projeto de vigilância. Necessidades fortemente sentidas como essenciais para uma vida mais eficaz se opõem à inclinação para resistir ao projeto de vigilância. Esse conflito produz uma espécie de entorpecimento psíquico que habitua as pessoas à realidade de serem rastreadas, analisadas, mineradas e modificadas – ou as predispõe a racionalizar a situação com cinismo resignado[84]. O ponto-chave aqui é que esse pacto faustiano é fundamentalmente ilegítimo; é uma escolha que os indivíduos do século XXI não deveriam ter de fazer. No mundo do capitalismo de vigilância, o pacto faustiano exigido para se "obter algo em troca" elimina os antigos emaranhados de reciprocidade e confiança em favor do ressentimento desconfiado, da frustração, da defesa ativa e/ou da dessensibilização.

A confiança de Varian no Google Now parece ser impulsionada pela desigualdade. Ele aconselha que a melhor maneira de prever o futuro é observar o que as pessoas ricas possuem, pois é isso o que a classe média e os pobres quererão. "O que as pessoas ricas têm agora?", ele pergunta. Os "assistentes pessoais" é a sua resposta. A solução? "É o Google Now"[85], diz ele. A aposta de Varian é que o Google Now será um recurso tão vital na luta por uma vida mais eficaz que as pessoas comuns concordarão em pagar o preço das "invasões de privacidade".

Nessa formulação, Varian explora uma antiga intuição do capitalismo, mas a dobra aos objetivos do projeto de vigilância. Adam Smith descreveu com perspicácia a transformação do luxo em necessidade. Os bens usados

---

* No Brasil, o número de emergência policial é o 190. (N. T.)

[83] "911 calls about Facebook outage angers L. A. County sheriff's officials", *Los Angeles Times*, 1º ago. 2014; disponível em: <http://www.latimes.com/local/lanow/la-me-ln-911-calls-about-facebook-outage-angers-la-sheriffs-officials-20140801-htmlstory.html>, acesso em 18 jul. 2018.

[84] C. J. Hoofnagle; J. King; S. Li; J. Turow, "How different are young adults from older adults when it comes to information privacy attitudes and policies?", *SSRN Electronic Journal*, 2010; disponível em: <http://www.ssrn.com/abstract=1589864>, acesso em 18 jul. 2018.

[85] H. R. Varian, "Beyond big data", cit., p. 29.

pela classe alta e considerados de luxo podem, com o tempo, ser reformulados como "necessários". O processo ocorre como uma mudança de "regras estabelecidas de decência" para refletir novos costumes e padrões introduzidos pelas elites. Essa mudança de regras tanto reflete quanto desencadeia novos métodos de produção a um menor custo, que transformam os itens de luxo anteriores em necessidades acessíveis[86]. Os estudiosos do consumo no início da modernidade descrevem o "*boom* do consumidor" que inflamou a primeira revolução industrial na Grã-Bretanha do final do século XVIII à medida que as novas famílias da classe média começaram a comprar os tipos de bens – porcelana, móveis e têxteis – de que só os ricos desfrutavam até então. O historiador Neil McKendrick descreve essa nova "propensão para consumir [...] sem precedentes na profundidade com que penetrou estratos mais baixos da sociedade [...]"[87], na medida em que os itens de luxo eram reinterpretados como "respeitáveis" e em seguida como "necessários"[88]. Em 1767, o economista político Nathaniel Forster preocupou-se com o fato de que o "luxo de bom gosto" estava se espalhando "como um contágio" e se queixou da "ambição perpétua e inquieta em cada uma das fileiras inferiores para elevar-se ao nível daqueles imediatamente acima deles"[89]. Historicamente, essa poderosa característica evolutiva da demanda levou à expansão da produção e dos empregos, a salários mais altos e a bens de menor custo. Essas reciprocidades não estão mais no horizonte de Varian. Em vez disso, ele considera tal mecanismo de crescimento da demanda a força inevitável que empurrará as pessoas comuns para o pacto faustiano do Google Now de "necessidades" em troca de ativos de vigilância.

Varian está confiante em que o entorpecimento psíquico venha a facilitar o caminho para esse desagradável drama. Ele escreve: "Claro que haverá desafios. Mas esses assistentes digitais serão tão úteis que todos vão

---

[86] A. Smith, *The wealth of nations*, cit., p. 938-9.

[87] N. McKendrick, "The consumer revolution of eighteenth-century England", em N. McKendrick; J. Brewer; J. H. Plumb (eds.), *The birth of a consumer society: the commercialization of eighteenth-century England* (Bloomington, Indiana University Press, 1982), p. 11.

[88] L. Weatherill, "The meaning of consumer behavior in the seventeenth and early eighteenth-century England", em J. Brewer; R. Porter (eds.), *Consumption and the world of goods* (Londres, Routledge, 1993).

[89] N. Forster, *An enquiry into the causes of the present high price of provisions* (Londres, J. Fletcher and Co, 1767), p. 41.

querer um, e as declarações que você lê hoje sobre eles simplesmente parecerão pitorescas e antiquadas"[90]. Mas talvez não. Um crescente conjunto de evidências sugere que pessoas em muitos países podem vir a resistir ao *coup des gens,* já que a confiança nos capitalistas de vigilância se esvazia na medida em que eclodem novos fatos que indicam o impiedoso panorama da sociedade futura descrito por Varian. Essas questões são agora objeto de debate político sério na Alemanha e na União Europeia, onde propostas para "desmembrar" a Google já estão sendo discutidas[91]. Uma pesquisa recente do *Financial Times* indica que tanto os europeus quanto os estadunidenses estão alterando substancialmente seu comportamento *online* à medida que buscam mais privacidade[92]. Um grupo de pesquisadores por trás de um grande estudo do comportamento *online* entre jovens concluiu que a "falta de conhecimento" – e não uma "atitude espontânea em relação à privacidade", como alegaram os líderes das empresas de tecnologia – é uma razão importante pela qual um grande número de jovens "se envolve com o mundo digital de maneira aparentemente despreocupada"[93]. Novos estudos jurídicos revelam danos ao consumidor provocados pela sua perda de privacidade associada à Google e ao capitalismo de vigilância[94]. O fundador do WikiLeaks, Julian Assange, publicou um relato sobre a liderança, a política e as ambições globais da Google[95]. O último relatório do PEW

---

[90] H. R. Varian, "Beyond big data", cit., p. 29.

[91] H. Mance; M. Ahmed; A. Barker, "Google break-up plan emerges from Brussels", cit.; ver também A. Barker; J. Fontanella-Khan, "Google feels political wind shift against it in Europe", cit.; M. Döpfner, "Why we fear Google", *Frankfurter Allgemeine Zeitung*, 17 abr. 2014; disponível em: <http://www.faz.net/aktuell/feuilleton/debatten/mathias-doepfner-s-open-letter-to-eric-schmidt-12900860.html>, acesso em 17 abr. 2014; S. Gabriel, "Political consequences of the Google debate", cit.; J. Vasagar, "Google could face 'cyber courts' in Germany over privacy rights", cit.

[92] R. Kwong, "Did privacy concerns change your online behaviour?", *FT Data Blog*, 17 set. 2014; disponível em: <http://blogs.ft.com/ftdata/2014/09/17/didprivacy-concerns-change-your-online-behaviour/>, acesso em 21 nov. 2014.

[93] C. J. Hoofnagle; J. King; S. Li; J. Turow, "How different are young adults from older adults when it comes to information privacy attitudes and policies?", cit.

[94] N. Newman, "The costs of lost privacy: consumer harm and rising economic inequality in the age of Google", *William-Mitchell Law Review*, v. 40, n. 2, 2014, p. 12.

[95] J. Assange, *When Google met WikiLeaks* (Nova York, OR Books, 2014) [ed. bras.: *Quando o Google encontrou o WikiLeaks*, trad.: Cristina Yamagami, São Paulo, Boitempo, 2015].

Research Center sobre as percepções públicas da privacidade na era pós--Snowden indica que 91% dos adultos dos Estados Unidos concordam ou concordam fortemente que os consumidores perderam controle sobre seus dados pessoais, enquanto apenas 55% concordam ou concordam fortemente estar dispostos a "compartilhar algumas informações sobre si com as empresas no intuito de usar gratuitamente os serviços *online*"[96].

Experimentos contínuos

Como a análise de *big data* produz apenas padrões correlacionais, Varian anuncia a necessidade de experimentos contínuos que possam trazer à tona questões de causalidade. Tais experiências são fáceis de fazer na *web*, "atribuindo grupos de tratamento e de controle com base no tráfego, cookies, nomes de usuários, áreas geográficas, e assim por diante"[97]. A Google tem tido tanto sucesso na experimentação que compartilhou suas técnicas com anunciantes e produtores de conteúdo. O Facebook também fez incursões nessa área, conduzindo experimentos de modificação no comportamento dos usuários com a finalidade de monetizar seu conhecimento, sua capacidade preditiva e seu controle. Sempre que foram reveladas, no entanto, essas experiências acenderam um intenso debate público[98].

---

[96] M. Madden, *Public perceptions of privacy and security in the post-Snowden era* (Washington, D.C., PEW Research Center, 2014); disponível em: <http://www.pewinternet.org/2014/11/12/public-privacy-perceptions/>, acesso em 19 jul. 2018.

[97] H. R. Varian, "Beyond big data", cit., p. 29.

[98] R. M. Bond et al., "A 61-million-person experiment in social influence and political mobilization", *Nature*, v. 482, 13 set. 2012, p. 295; K. Flynn, "Facebook will share users' political leanings with ABC news, BuzzFeed", *Huffington Post*, 31 out. 2014; disponível em: <http://www.huffingtonpost.com/2014/10/31/facebook-buzzfeed-politics_n_6082312.html>, acesso em 22 nov. 2014; J. Gapper, "We are the product Facebook has been testing", *Financial Times*, 2 jul. 2014; disponível em: <http://www.ft.com/intl/cms/s/0/6576b0c2-0138-11e4-a938-00144feab7de.html#axzz3R6dH0dDm>, acesso em 5 jul. 2014; V. Goel, "Facebook tinkers with users emotions in news feed experiment, stirring outcry", *The New York Times*, 29 jun. 2014; disponível em: <https://www.nytimes.com/2014/06/30/technology/facebook-tinkers-with-users-emotions-in-news-feed-experiment-stirring-outcry.html>, acesso em 31 out. 2018; A. D. I. Kramer; J. E. Guillory; J. T. Hancock., "Experimental evidence of massive--scale emotional contagion through social networks", *Proceedings of the National Academy of Sciences*, v. 111, n. 24, 2014, p. 8.788-90; J. Lanier, "Should Facebook manipulate users? Lack of transparency in Facebook study", *The New York Times*, 30 jun. 2014;

Big Other • 55

O entusiasmo de Varian pela experimentação toca em um assunto maior, no entanto. As oportunidades de negócios associadas aos novos fluxos de dados implicam um deslocamento da análise *a posteriori* a que Constantiou e Kallinikos[99] se referem, em direção à observação, à comunicação, à análise, à previsão e à modificação em tempo real do comportamento atual e futuro[100]. Isso implica outra mudança na fonte dos ativos de vigilância, do comportamento virtual para o comportamento real, enquanto as oportunidades de monetização são reorientadas para combinar o comportamento virtual com o real. Essa é uma nova fronteira de negócios composta do conhecimento sobre o comportamento em tempo real, que cria oportunidades para intervir nesse comportamento e modificá-lo objetivando o lucro. As duas entidades na vanguarda dessa nova onda de "mineração de realidade", "padrões de análise de vida" e "análise preditiva" são o Google e a NSA. Como diz o relatório da Casa Branca, "existe um potencial crescente para a análise de *big data* ter um efeito imediato no ambiente em torno de uma pessoa ou nas decisões feitas sobre sua vida"[101]. Isso é o que chamo de *negócio da realidade* e reflete uma evolução na fronteira da ciência de dados, indo da mineração de dados para a mineração da realidade, na qual, de acordo com Sandy Pentland, do MIT (Massachusetts Institute of Technology [Instituto de Tecnologia de Massachusetts]), sensores, telefones celulares e outros dispositivos de captura de dados fornecem os "olhos e ouvidos" de um "organismo vivo global" a partir de um "ponto de vista de Deus"[102]. Essa é mais uma representação da

---

disponível em: <https://www.nytimes.com/2014/07/01/opinion/jaron-lanier-on-lack-of-transparency-in-facebook-study.html>, acesso em 21 jul. 2018; J. Zittrain, "Facebook could decide an election without anyone ever finding out", *New Republic*, 1º jun. 2014; disponível em: <http://www.newrepublic.com/article/117878/information-fiduciary-solution-facebook-digital-gerrymandering>, acesso em 21 jul. 2018.

[99] I. D. Constantiou; J. Kallinikos, "New games, new rules", cit.

[100] R. Foroohar, "Tech titans are living in a naïve, dangerously insular bubble", *Time*, 24 jan. 2014; disponível em: <http://business.time.com/2014/01/24/eric-schmidt-george-soros-a-tale-of-two-titans/>, acesso em 21 jul. 2018; S. Gibbs, "Google's founders on the future of health, transport – and robots", cit.; P. Lin, "What if your autonomous car keeps routing you past Krispy Kreme?", cit.; A. Trotman, "Google boss Larry Page", cit.; R. Waters, "FT interview with Google co-founder and CEO Larry Page", cit.

[101] White House, *Big data*, cit., p. 5.

[102] A. Pentland, *Reality mining of mobile communications: toward a new deal on data (the global information technology report)* (Genebra, World Economic Forum & Insead, 2009), p. 76, 80.

"ordem ampliada", totalmente explicada pela mediação por computador. O texto eletrônico do local de trabalho *informatizado* se transformou em um organismo vivo global – um "ponto de vista de Deus" que é interoperacional, transformador de comportamento, criador de mercados e tem direitos de propriedade.

O historiador Karl Polanyi observou, há quase setenta anos, que as economias de mercado dos séculos XIX e XX dependiam de três invenções mentais surpreendentes que ele chamava de "ficções". A primeira era que a vida humana pode ser subordinada à dinâmica do mercado e renascer como "trabalho". Em segundo lugar, que a natureza, subordinada também à ordem de mercado, renasce como "terra". Em terceiro lugar, a troca que renasce como "dinheiro". A própria possibilidade do capitalismo industrial dependia da criação dessas três "mercadorias fictícias" críticas. Vida, natureza e troca foram transformadas em coisas, para que pudessem ser lucrativamente compradas e vendidas. "[A] ficção da mercadoria", ele escreveu, "menosprezou o fato de que deixar o destino do solo e das pessoas por conta do mercado seria o mesmo que aniquilá-los."

Com a nova lógica de acumulação do capitalismo de vigilância, uma quarta mercadoria fictícia emerge como característica dominante da dinâmica do mercado no século XXI. A própria realidade está passando pelo mesmo tipo de metamorfose fictícia por que passaram as pessoas, a natureza e a troca. A "realidade" é agora subjugada à mercantilização e à monetização e renasce como "comportamento". Os dados sobre os comportamentos dos corpos, das mentes e das coisas ocupam importante lugar em uma dinâmica compilação universal em tempo real de objetos inteligentes no interior de um domínio global infinito de coisas conectadas. Esse novo fenômeno cria a possibilidade de modificar os comportamentos das pessoas e das coisas tendo por objetivo o lucro e o controle. Na lógica do capitalismo de vigilância, não há indivíduos, apenas o organismo mundial e todos os elementos mais ínfimos em seu interior.

Conclusão

As tecnologias são constituídas por funcionalidades específicas, mas o desenvolvimento e a expressão dessas funcionalidades são moldados pelas lógicas institucionais nas quais as tecnologias são projetadas, implementadas e usadas. Essa é, afinal, a origem do *hacker*. O hackeamento pretende liberar funcionalidades das lógicas institucionais em que estão congeladas e redistribuí-las em configurações alternativas para novos fins. Na esfera do mercado, essas lógicas circunscritas são lógicas de acumulação. Com essa visão em mente, meu objetivo foi começar a identificar e teorizar a lógica de acumulação atualmente institucionalizada que produz agenciamentos em hiperescala de dados objetivos e subjetivos sobre indivíduos e seus *habitat* no intuito de conhecer, controlar e modificar comportamentos para produzir novas variedades de mercantilização, monetização e controle.

O desenvolvimento da internet e de métodos para acessar a *world wide web* disseminaram a mediação por computador, antes restrita a locais de trabalho delimitados e ações especializadas, para a ubiquidade global tanto na interface institucional quanto nas esferas íntimas da experiência cotidiana. As empresas de alta tecnologia, lideradas pela Google, perceberam novas oportunidades de lucro nesses fatos. A Google compreendeu que capturar cada vez mais desses dados, armazená-los e analisá-los lhe daria o poder de afetar substancialmente o valor da publicidade. As capacidades da Google nessa arena, tendo desenvolvido e atraído lucros históricos, levaram à produção de práticas sucessivamente ambiciosas que expandiram a lente dos dados do comportamento virtual passado para o comportamento real futuro. Novas oportunidades de monetização estão assim associadas a uma nova arquitetura global de captura e análise de dados que produz recompensas e punições destinadas a modificar e transformar em mercadoria o comportamento visando à obtenção de lucro.

Muitas das práticas associadas à capitalização sobre essas novas oportunidades percebidas desafiaram normas sociais associadas à privacidade, sendo contestadas como violações de direitos e leis. Em consequência, a Google e outros atores aprenderam a obscurecer suas operações, optando por invadir o território individual e social não protegido até que seja encontrada oposição e, nesse momento, eles podem usar seus recursos substanciais para defender a baixo custo o que já havia sido tomado. Dessa forma, os ativos de vigilância são acumulados e atraem um significativo capital de vigilância enquanto produzem suas novas e surpreendentes políticas e relações sociais.

Esses novos fatos institucionais se mantiveram por diversos motivos: foram construídos muito rapidamente e projetados para serem indetectáveis; fora de um domínio estreito de especialistas, poucas pessoas entenderam seu significado; assimetrias estruturais de conhecimento e direitos tornaram impossível que as pessoas tomassem conhecimento dessas práticas;

as principais empresas de tecnologia foram respeitadas e tratadas como emissários do futuro; nada na experiência passada havia preparado as pessoas para essas novas práticas, havendo, portanto, escassez de barreiras para que se protegessem; os indivíduos rapidamente passaram a depender das novas ferramentas de informação e comunicação como recursos necessários na luta cada vez mais estressante, competitiva e estratificada para uma vida mais eficaz; as novas ferramentas, redes, aplicativos, plataformas e mídias tornaram-se requisitos para a participação social. E, finalmente, o rápido acúmulo de fatos institucionalizados – *data brokers*, análise de dados, mineração de dados, especializações profissionais, fluxos de caixa inimagináveis, poderosos efeitos de rede, colaboração estatal, recursos materiais de hiperescala e concentrações sem precedentes de poder de informação – produziu uma sensação esmagadora de inevitabilidade.

Esses desenvolvimentos tornaram-se a base para uma nova lógica de acumulação totalmente institucionalizada que chamo de capitalismo de vigilância. Nesse novo regime, a arquitetura global da mediação por computador transforma o texto eletrônico, anteriormente delimitado dentro das organizações, em um organismo global inteligente que chamo de *Big Other*. Novas possibilidades de subjugação são produzidas à medida que essa lógica institucional inovadora prospera em mecanismos inesperados e ilegíveis de extração e controle que exilam as pessoas de seus próprios comportamentos.

Sob essas condições, a divisão de aprendizagem e as disputas ao redor dela passam a ter âmbito civilizacional. Para a pergunta "quem participa?" a resposta é "aqueles com os recursos materiais, de conhecimento e financeiros para acessar o *Big Other*". Para a pergunta "quem decide?" a resposta é que o acesso ao *Big Other* é decidido por novos mercados na mercantilização do comportamento: os mercados de controle comportamental. Estes são compostos daqueles que vendem oportunidades de influenciar comportamentos para obter lucro e daqueles que compram tais oportunidades. Assim, a Google, por exemplo, pode vender acesso a uma companhia de seguros e essa empresa compra o direito de intervir, mediante um circuito de informações, em seu carro ou em sua cozinha para aumentar suas receitas ou reduzir seus custos. Pode desligar o seu carro porque você está dirigindo muito rápido. Pode bloquear o seu refrigerador quando aumentar seu risco de desenvolver uma doença cardíaca ou diabetes tomando muito sorvete. Você poderá, então, enfrentar a perspectiva de prêmios mais altos ou da perda de cobertura do seguro. O economista-chefe da Google, Hal Varian, celebra as possibilidades de novas formas de contrato, quando na verdade essas possibilidades representam o fim dos contratos. A renderização da civilização da informação pela Google substitui o Estado de direito e a necessidade da confiança social como base para as comunidades humanas por um novo "mundo da vida" de recompensas e punições, estímulos e respostas. O capitalismo de vigilância oferece um novo regime de fatos abrangentes e de conformidade com os fatos. É, como eu sugeri, um golpe vindo de cima – a instalação de um novo tipo de poder soberano.

A arquitetura automatizada e ubíqua do *Big Other*, sua derivação em ativos de vigilância e seu funcionamento como vigilância difusa se destacam entre outras novas características surpreendentes dessa lógica de acumulação. Esse novo panorama prejudica a relação histórica entre mercados e democracias, pois estrutura a empresa como formalmente indiferente e radicalmente distante das suas populações. O capitalismo de vigilância é imune às reciprocidades tradicionais que uniam populações e capitalistas, necessitados uns dos outros para o emprego e para o aumento do consumo. Nesse novo modelo, as populações são alvo de extração de dados. Esse descolamento radical do social é outro aspecto do caráter antidemocrático do capitalismo de vigilância. Sob o capitalismo de vigilância, a democracia não funciona mais como um meio para a prosperidade; na verdade, ela ameaça as receitas de vigilância.

Será o capitalismo de vigilância a lógica hegemônica da acumulação em nosso tempo ou será ele um beco sem saída evolutivo que vai ceder seu espaço a outras formas emergentes de mercados baseados em informação? Que trajetórias alternativas para o futuro podem estar associadas a essas formas concorrentes? Considero que as perspectivas futuras da civilização da informação dependem das respostas a essas questões. Existem muitas dimensões do capitalismo de vigilância que exigem análise cuidadosa e teorização, se quisermos dar conta dessas perspectivas. Uma dimensão óbvia é a imbricação das autoridades públicas e privadas no projeto de vigilância. Desde Edward Snowden, aprendemos sobre a confusão de fronteiras do público e do privado em atividades de vigilância, incluindo colaborações e interdependências construtivas entre as autoridades de segurança do Estado e empresas de alta tecnologia. Outro conjunto-chave de questões envolve a relação do capitalismo de vigilância – e seus concorrentes potenciais – com assuntos globais mais amplos, como a igualdade e as mudanças climáticas que afetam todas as nossas previsões futuras. Uma terceira questão diz respeito à velocidade da evolução social em comparação com a velocidade com que o projeto de vigilância é institucionalizado. Parece claro que as ondas de processos legais estourando na costa da nova fortaleza de vigilância provavelmente não alterarão o comportamento dos capitalistas de vigilância. A própria lógica de acumulação responsável pelo rápido aumento de uma riqueza sem tamanho e por concentrações históricas de poder seria prejudicada se os capitalistas de vigilância abandonassem suas práticas postas em xeque pelas demandas das partes prejudicadas. O valor do fluxo constante de ações legais é, preferencialmente, estabelecer novos precedentes e, em última instância, novas leis. A questão é saber se o lapso de evolução social pode ser corrigido antes que as plenas consequências do projeto de vigilância se concretizem.

Por fim, e o mais importante para todos os estudiosos e cidadãos, é o fato de que estamos no início da narrativa que nos levará a novas respostas. A trajetória dessa narrativa depende em grande parte dos estudiosos atraídos para esse projeto pioneiro e dos cidadãos que agem sabendo que a ignorância induzida por engano não é um contrato social e que a liberdade da incerteza não é liberdade.

Referências

911 calls about Facebook outage angers L. A. County sheriff's officials. *Los Angeles Times*, 1º ago. 2014. Disponível em: <http://www.latimes.com/local/lanow/la-me-ln-911-calls-about-facebook-outage-angers-la-sheriffs-officials-20140801-htmlstory.html>; acesso em 18 jul. 2018.

ACEMOGLU, D.; ROBINSON, J. A. *Why nations fail: the origins of power, prosperity, and poverty*. Nova York, Crown Business, 2012.

ANDERSON, N. Why Google keeps your data forever, tracks you with ads, *ArsTechnica*. 8 mar. 2010. Disponível em: <http://arstechnica.com/tech-policy/ news/2010/03/ google-keeps-your-data-to-learn-from-good-guys-fight-off-bad- guys.ars>; acesso em 21 nov. 2014.

ANGWIN, J. *Dragnet Nation: a quest for privacy, security, and freedom in a world of relentless surveillance*. Nova York, Times, 2014.

_____. Google faces new privacy probes. *The Wall Street Journal*. 16 mar. 2012. Disponível em: <https://www.wsj.com/articles/SB100014240527023046928045772838215868 27892>; acesso em 21 nov. 2014.

ARENDT, H. *The human condition*. Chicago, University of Chicago Press, 1998.

ASSANGE, J. *When Google Met WikiLeaks*. Nova York, OR Books, 2014 [ed. bras.: *Quando o Google encontrou o WikiLeaks*, trad.: Cristina Yamagami, São Paulo, Boitempo, 2015].

AULETTA, K. *Googled: the end of the world as we know it*. Nova York, Penguin, 2009.

BARKER, A.; FONTANELLA-KHAN, J. Google feels political wind shift against it in Europe. *Financial Times*, 21 maio 2014. Disponível em: <http://www.ft.com/intl/cms/s/2/7848572e-e0c1-11e3-a934-00144feabdc0.html#axzz3JjXPNno5>; acesso em 21 nov. 2014.

BENKLER, Y. *The wealth of networks: how social production transforms markets and freedom.* New Haven, Yale University Press, 2006.

BERLE, A. A.; MEANS, G. C. *The modern corporation and private property.* New Brunswick, Transaction Publishers, 1991.

BHIMANI, Alnoor; WILLCOCKS, Leslie. Digitisation, "big data" and the transformation of accounting information. *Accounting and Business Research*, v. 44, n. 4, 2014, p. 469-90.

BOND, R. M. et al. A 61-million-person experiment in social influence and political mobilization. *Nature*, v. 482, 2012.

boyd, d.; CRAWFORD, K. Six provocations for big data. *Paper* apresentado em A Decade in Internet Time: Symposium on the Dynamics of the Internet and Society. Oxford Internet Institute, 21 set. 2011. Disponível em: <https://papers.ssrn.com/sol3/papers.cfm?abstract_id=1926431>; acesso em 16 jul. 2018.

BRADSHAW, T. Google bets on "internet of things" with $3.2bn nest deal. *Financial Times*, 13 jan. 2014. Disponível em: <https://www.ft.com/content/90b8714a-7c99-11e3-b514-00144feabdc0>; acesso em 22 nov. 2014.

_____. Google buys UK artificial intelligence start-up. *Financial Times*, 27 jan. 2014. Disponível em: <https://www.ft.com/content/f92123b2-8702-11e3-aa31-00144feab7de>; acesso em 22 nov. 2014.

BRAUDEL, F. *The perspective of the world.* Nova York, Harper & Row, 1984.

BREWSTER, T. Traffic lights, fridges and how they've all got it in for us. *The Register*, 23 jun. 2014. Disponível em: <http://www.theregister.co.uk/2014/06/23/hold_interthreat/>; acesso em 22 nov. 2014.

BURDON, M.; McKILLOP, A. *The Google Street View Wi-Fi scandal and its repercussions for privacy regulation.* Research Paper n. 14-07, University of Queensland, TC Beime School of Law, 2013. Disponível em: <https://papers.ssrn.com/sol3/papers.cfm?abstract_id=2471316>; acesso em 16 jul. 2018.

CALO, R. Digital market manipulation, *George Washington Law Review*, v. 82, n. 4, 2014, p. 995-1.051.

CHANDLER, Jr. A. D. *The visible hand: the managerial revolution in American business.* Cambridge, Belknap, 1977.

CNIL. *Google privacy policy: WP29 proposes a compliance package.* Paris, Commission Nationale de L'informatique et Des Libertés, 2014. Disponível em: <http://www.cnil.fr/english/news-and-events/news/article/google-privacy-policy-wp29-proposes-a-compliance-package/>; acesso em 21 nov. 2014.

COHEN, L. *A consumers' republic: the politics of mass consumption in postwar America.* Nova York, Knopf, 2003.

CONSTANTIOU, I. D.; KALLINIKOS, J. New games, new rules: big data and the changing context of strategy. *Journal of Information Technology*, v. 30, n. 1, mar. 2015, p. 44-57. Disponível em: <https://link.springer.com/article/10.1057/jit.2014.17>; acesso em 16 jul. 2018.

DAVIS, G. After the corporation. *Politics & Society*, v. 41, n. 2, 2013, p. 283-308.

_____. The twilight of the Berle and Means Corporation. *Seattle University Law Review*, v. 34, n. 4, 2011, p. 1.121-38.

DEAN, J. *Challenges in building large-scale information retrieval systems.* Google Fellow Presentation, 2009. Disponível em: <http://static.googleusercontent.com/media/research.google.com/en/us/people/jeff/WSDM09-keynote.pdf>; acesso em 22 nov. 2014.

DEAN, J.; GHEMAWAT, S. MapReduce: simplified data processing on large clusters. *Communications of the ACM*, v. 51, n. 1, 2008, p. 107.

DÖPFNER, M. Why we fear Google. *Frankfurter Allgemeine Zeitung*, 17 abr. 2014. Disponível em: <http://www.faz.net/aktuell/feuilleton/debatten/mathias-doepfner-s-open-letter-to-eric-schmidt-12900860.html>; acesso em 17 abr. 2014.

DOYLE, J. Google facing legal action in EVERY EU country over "data goldmine" collected about users. *Daily Mail Online*, 2 abr. 2013. Disponível em: <http://www.dailymail.co.uk/sciencetech/article-2302870/Google-facing-legal-action-EVERY-EU-country-data-goldmine-collected-users.html>; acesso em 21 nov. 2014.

DURKHEIM, É. *The division of labor in society.* Nova York, Free Press, 1964.

DWOSKIN, E. What secrets your phone is sharing about you. *Wall Street Journal*, 14 jan. 2014. Disponível em: <http://online.wsj.com/articles/SB10001424052702303453004579290632128929194>; acesso em 16 jul. 2018.

EMBRACING the internet of everything to capture your share of $14.4 trillion. Cisco Systems, 2013. Disponível em: <http://www.cisco.com/web/about/ac79/docs/innov/IoE_Economy.pdf>; acesso em 9 jun. 2014.

EPIC. *Google glass and privacy.* Washington, D.C., Electronic Privacy Information Center, 2014. Disponível em: <https://epic.org/privacy/google/glass/>; acesso em 15 nov. 2014.

_____. *Investigations of Google Street View.* Washington, D.C., Electronic Privacy Information Center, 2014. Disponível em: <https://epic.org/privacy/streetview/>; acesso em 21 nov. 2014.

FARAHANY, N. A. Searching secrets. *University of Pennsylvania Law Review*, v. 160, n. 5, 2012, p. 1.239-308.

FARZAD, R. Google at $400 billion: a new no. 2 in market cap. *Bloomberg*, 12 fev. 2014. Disponível em: <https://www.bloomberg.com/news/articles/2014-02-12/google-at-400-billion-a-new-no-dot-2-in-market-cap>; acesso em 16 jul. 2018.

FINAMORE, E.; DUTTA, K. "Summoning the demon": artificial intelligence is real threat to humanity, says PayPal founder. *The Independent*, 26 out. 2014. Disponível em: <http://www.independent.co.uk/life-style/gadgets-and-tech/news/tesla-boss-elon-musk-warns-artificial-intelligence-development-is-summoning-the-demon-9819760.html>; acesso em 22 nov. 2014.

FINK, E. This drone can steal what's on your phone. *CNNMoney*, 20 mar. 2014. Disponível em: <https://money.cnn.com/2014/03/20/technology/security/drone-phone/index.html>; acesso em 22 nov. 2014.

FLYNN, K. Facebook will share users' political leanings with ABC news, BuzzFeed. *Huffington Post*, 31 out. 2014. Disponível em: <http://www.huffingtonpost.com/2014/10/31/facebook-buzzfeed-politics_n_6082312.html>; acesso em 22 nov. 2014.

FOROOHAR, R. Tech titans are living in a naïve, dangerously insular bubble. *Time*, 24 jan. 2014. Disponível em: <http://business.time.com/2014/01/24/eric-schmidt-george-soros-a-tale-of-two-titans/>; acesso em 21 jul. 2018.

FORSTER, N. *An enquiry into the causes of the present high price of provisions.* Londres, J. Fletcher and Co., 1767.

GABRIEL, S. Political consequences of the Google debate. *Frankfurter Allgemeine Zeitung*, 20 maio 2014. Disponível em: <http://www.faz.net/aktuell/feuilleton/debatten/the-digital-debate/sigmar-gabriel-consequences-of-the-google-debate-12948701.html>; acesso em 17 jul. 2018.

GAPPER, J. We are the product Facebook has been testing. *Financial Times*, 2 jul. 2014. Disponível em: <http://www.ft.com/intl/cms/s/0/6576b0c2-0138-11e4-a938-00144 feab7de.html#axzz3R6dH0dDm>; acesso em 5 jul. 2014.

GARSIDE, J. From Google to Amazon: EU goes to war against power of US digital giants. *The Guardian*, 5 jul. 2014. Disponível em: <http://www.theguardian.com/technology/2014/jul/06/google-amazon-europe-goes-to-war-power-digital-giants>; acesso em 21 nov. 2014.

GIBBS, S. Google's founders on the future of health, transport – and robots. *The Guardian*, 7 jul. 2014. Disponível em: <https://www.theguardian.com/technology/2014/jul/07/google-founders-larry-page-sergey-brin-interview>; acesso em 21 nov. 2014.

GOEL, V. Facebook tinkers with users emotions in news feed experiment, stirring outcry. *The New York Times*, 29 jun. 2014. Disponível em: <https://www.nytimes.com/2014/06/30/technology/facebook-tinkers-with-users-emotions-in-news-feed-experiment-stirring-outcry.html>; acesso em 31 out. 2018.

HAYEK, F. A. *The fatal conceit: the errors of socialism.* Chicago, University of Chicago Press, 1988.

HEROLD, B. Google under fire for data-mining student email messages – education week. *Education Week*, 26 mar. 2014. Disponível em: <https://www.edweek.org/ew/articles/2014/03/13/26google.h33.html>; acesso em 17 jul. 2018.

HILBERT, M. Technological information inequality as an incessantly moving target: the redistribution of information and communication capacities between 1986 and 2010. *Journal of the American Society for Information Science and Technology*, v. 65, n. 4, 2013, p. 821-35.

HOOFNAGLE, C. J.; KING, J.; LI, S.; TUROW, J. How different are young adults from older adults when it comes to information privacy attitudes and policies? *SSRN Electronic Journal*, 2010. Disponível em: <http://www.ssrn.com/abstract=1589864>; acesso em 18 jul. 2018.

INTERNET access is "a fundamental right". *BBC News*, 8 mar. 2010. Disponível em: <http://news.bbc.co.uk/2/hi/8548190.stm>; acesso em 16 jul. 2018.

JAMMET, A. The evolution of EU law on the protection of personal data. *Center for European Law and Legal Studies*, v. 3, n. 6, 2014, p. 1-18.

KELLY, H. Smartphones are fading. Wearables are next. *CNNMoney*, 19 mar. 2014. Disponível em: <https://money.cnn.com/2014/03/19/technology/mobile/wearable-devices/index.html>; acesso em 22 nov. 2014.

KOPCZYNSKI, P. French consumer rights watchdog sues Google, Facebook, Twitter for privacy violations. *Reuters*, 25 mar. 2014. Disponível em: <http://rt.com/news/france-facebook-google-suit-129/>; acesso em 21 nov. 2014.

KOVACH, S. Google's plan to take over the world. *Business Insider*, 18 maio 2013. Disponível em: <http://www.businessinsider.com/googles-plan-to-take-over-the-world-2013-5>; acesso em 22 nov. 2014.

KRAMER, A. D. I.; GUILLORY, J. E.; HANCOCK, J. T. Experimental evidence of massive-
-scale emotional contagion through social networks. *Proceedings of the National Academy
of Sciences*, v. 111, n. 24, p. 8.788-90.

KWONG, R. Did privacy concerns change your online behaviour? *FT Data Blog*, 17 set.
2014. Disponível em: <http://blogs.ft.com/ftdata/2014/09/17/didprivacy-concerns-
change-your-online-behaviour/>; acesso em 21 nov. 2014.

LANIER, J. Should Facebook manipulate users? Lack of transparency in Facebook study. *The
New York Times*, 30 jun. 2014. Disponível em: <https://www.nytimes.com/2014/07/01/opi
nion/jaron-lanier-on-lack-of-transparency-in-facebook-study.html>; acesso em 21 jul. 2018.

_____. *Who owns the future?* Nova York, Simon & Schuster, 2013.

LEVY, S. Secret of googlenomics: data-fueled recipe brews profitability. *Wired*, 22 maio
2009. Disponível em: <https://www.wired.com/2009/05/nep-googlenomics/>; acesso
em 22 nov. 2014.

LIN, P. What if your autonomous car keeps routing you past Krispy Kreme? *The Atlantic*, 22
jan. 2014. Disponível em: <https://www.theatlantic.com/technology/archive/2014/01/
what-if-your-autonomous-car-keeps-routing-you-past-krispy-kreme/283221/>; acesso
em 22 nov. 2014.

LOCKE, J. *Two treatises of government*. Nova York, Kessinger, 2010.

MADDEN, M. *Public perceptions of privacy and security in the post-Snowden era*. Washington, D.C., PEW Research Center, 2014. Disponível em: <http://www.pewinternet.
org/2014/11/12/public-privacy-perceptions/>; acesso em 19 jul. 2018.

MANCE, H., AHMED, M. and BARKER, A. Google break-up plan emerges from Brussels.
Financial Times, 21 nov. 2014. Disponível em: <https://www.ft.com/content/617568ea-
71a1-11e4-9048-00144feabdc0>; acesso em 21 nov. 2014.

MANYIKA, J.; CHUI, M. Digital era brings hyperscale challenges. *Financial Times*, 13
ago. 2014. Disponível em: <https://www.ft.com/content/f30051b2-1e36-11e4-bb68-
00144feabdc0>; acesso em 22 nov. 2014.

MARTHEWS, A.; TUCKER, C. *Government surveillance and internet search behavior*. Cambridge, Digital Fourth, 2014. Disponível em: <http://www.ssrn .com/abstract=2412564>;
acesso em 18 jul. 2018.

MAYER-SCHÖNBERGER, V.; CUKIER, K. *Big data: a revolution that will transform how
we live, work, and think*. Boston, Houghton Mifflin Harcourt, 2013.

McKENDRICK, N. The consumer revolution of eighteenth-century England. In: McKEN-
DRICK, N.; BREWER, J.; PLUMB, J. H. (eds.). *The birth of a consumer society: the commercialization of eighteenth-century England*. Bloomington, Indiana University Press, 1982.

MENN, J.; SCHAFER, D.; BRADSHAW, T. Google set for probes on data harvesting. *Financial Times*, 17 maio 2010. Disponível em: <https://www.ft.com/content/254ff5b6-61e2-
11df-998c-00144feab49a>; acesso em 21 nov. 2014.

MICHAELS, J. D. All the president's spies: private-public intelligence partnerships in the
war on terror. *California Law Review*, v. 96, n. 4, p. 901-66.

MICK, J. Aclu fights for answers on police phone location data tracking. *Daily Tech*, 4 ago.
2011. Disponível em: <https://web.archive.org/web/20110807005631/http://www.
dailytech.com:80/ACLU+Fights+for+Answers+on+Police+Phone+Location+Data+Tra
cking/article22352.htm>; acesso em 31 out. 2018.

MÜNSTERMANN, B., SMOLINSKI, B. and SPRAGUE, K. *The enterprise IT infrastructure agenda for 2014*. McKinsey & Company White Paper, 2014, p. 1-8.

NEWMAN, J. Google's Schmidt roasted for privacy comments. *PCWorld*, 11 dez. 2009. Disponível em: <https://www.pcworld.com/article/184446/googles_schmidt_roasted_for_privacy_comments.html>; acesso em 21 nov. 2014.

NEWMAN, N. The costs of lost privacy: consumer harm and rising economic inequality in the age of Google. *William-Mitchell Law Review*, v. 40, n. 2, 2014.

NICAS, J. JetBlue to add bag fees, reduce legroom. *The Wall Street Journal*, 19 nov. 2014. Disponível em: <https://www.wsj.com/articles/jetblue-to-add-bag-fees-reduce-legroom-1416406199>; acesso em 17 jul. 2018.

NISSEMBAUM, H. A contextual approach to privacy online. *Daedalus*, v. 140, n. 4, 2011, p. 32-48.

O'BRIEN, K. J. European regulators may reopen Google Street View inquiries. *The New York Times*, 2 maio 2012. Disponível em: <http://www.nytimes.com/2012/05/03/technology/european-regulators-to-reopen-google-street-view-inquiries.html>; acesso em 16 jul. 2018.

O'BRIEN, K. J.; CRAMPTON, T. E.U. probes Google over data retention policy. *The New York Times*. 26 maio 2007. Disponível em: <http://www.nytimes.com/2007/05/26/business/26google.html>; acesso em 17 jul 2018.

O'BRIEN, K. J.; MILLER, C. C. Germany's complicated relationship with Google Street View. *Bits Blog*, 23 abr. 2013. Disponível em: <http://bits.blogs.nytimes.com/2013/04/23/germanys-complicated-relationship-with-google-street-view/>; acesso em 21 nov. 2014.

OFFICE OF THE PRIVACY COMMISSION OF CANADA. *Google contravened Canadian privacy law, investigation finds*. Quebec, Office of the Privacy Commissioner of Canada, 2010. Disponível em: <https://www.priv.gc.ca/en/opc-news/news-and-announcements/2010/nr-c_101019/>; acesso em 21 nov. 2014.

OWEN, J. Google in court again over 'right to be above British law' on alleged secret monitoring. *The Independent*, 8 dez. 2014. Disponível em: <https://www.independent.co.uk/news/uk/crime/google-challenges-high-court-decision-on-alleged-secret-monitoring-9911411.html>; acesso em 17 jul. 2018.

PALFREY, J. The public and the private at the United States border with cyberspace. *Mississippi Law Journal*, v. 78, n. 2, 2008, p. 241-94.

PARNELL, B.-A. Is Google building SKYNET? Ad kingpin buys AI firm DeepMind. *The Register*, 27 jan. 2014. Disponível em: <https://www.theregister.co.uk/2014/01/27/google_deep_mind_buy/>; acesso em 16 nov. 2018.

PENTLAND, A. *Reality mining of mobile communications: toward a new deal on data (the global information technology report)*. Genebra, World Economic Forum & Insead, 2009.

PEW RESEARCH CENTER. *Digital life in 2025 (research report)*. Washington, D.C., PEW Research Center, 2014. Disponível em: <http://www.pewinternet.org/2014/03/11/digital-life-in-2025/>; acesso em 18 jul. 2018.

PIKETTY, T. *Capital in the twenty-first century*. Cambridge, Belknap Press of Harvard University Press, 2014.

PLUMMER, Q. Google email tip-off draws privacy concerns. *Tech Times*, 5 ago 2014. Disponível em: <http://www.techtimes.com/articles/12194/ 20140805/google-email-tip-off-draws-privacy-concerns.htm>; acesso em 21 nov. 2014.

66 • Tecnopolíticas da vigilância

REIDENBERG, J. R. Data surveillance state in the United States and Europe. *Wake Forest Law Review*, v. 48, n. 1, 2014, p. 583.

RICHARDS, N. M. The dangers of surveillance. *Harvard Law Review*, v. 126, 2013, p. 1.934-65.

RICHARDS, N. M.; KING, J. H. Big Data ethics. *Wake Forest Law Review*, v. 49, n. 2, 2014, p. 393-432.

SCHMARZO, B. The value of data: Google gets it!! *Dell EMC InFocus*, 10 jun. 2014. Disponível em: <https://infocus.dellemc.com/william_schmarzo/the-value-of-data-google-gets-it/>; acesso em 17 jul. 2018.

SCHMIDT, E. A chance for growth. *Frankfurter Allgemeine Zeitung*, 9 abr. 2014. Disponível em: <http://www.faz.net/aktuell/feuilleton/debatten/eric-schmidt-about-the-good-things-google-does-a-chance-for-growth-12887909.html>; acesso em 17 jul. 2018.

SCHWARTZ, P. The computer in German and American constitutional law: towards an American right of informational self-determination. *American Journal of Comparative Law*, v. 37, n. 4, 1989, p. 675-701.

SEMITSU, J. P. From Facebook to mug shot: how the dearth of social networking privacy rights revolutionized online government surveillance. *Pace Law Review*, v. 31, n. 1, 2011, p. 291.

SKLAR, M. J. *The corporate reconstruction of American capitalism: 1890-1916: the market, the law, and politics*. Nova York, Cambridge University Press, 1988.

SMITH, A. *The wealth of nations*. Nova York, Modern Library, 1994.

SNELLING, D. Google Maps is tracking you! How your smartphone knows your every move. *Express*, 18 ago. 2014. Disponível em: <https://www.express.co.uk/life-style/science-technology/500811/Google-Maps-is-tracking-your-every-move>; acesso em 21 nov. 2014.

SOLOVE, D. J. Introduction: privacy self-management and the consent dilemma, *Harvard Law Review*, v. 126, n. 7, 2013, p. 1.880-904.

_____. "I've got nothing to hide" and other misunderstandings of privacy, *San Diego Law Review*, v. 44, 2007, p. 745.

STEINGART, G. Google debate: Our weapons in the digital battle for freedom. *Frankfurter Allgemeine Zeitung*, 23 jun. 2014. Disponível em: <http://www.faz.net/aktuell/feuilleton/debatten/the-digital-debate/google-debatte-waffen-im-digitalen-freiheitskampf-13005653.html>; acesso em 31 out. 2018.

STREITFELD, D. Google concedes that drive-by prying violated privacy. *The New York Times*, 12 mar. 2013. Disponível em: <https://www.nytimes.com/2013/03/13/technology/google-pays-fine-over-street-view-privacy-breach.html>; acesso em 16 jul. 2018.

THE INTERNET of everything: global private sector economic analysis. Cisco Systems, 2013. Disponível em: <https://www.cisco.com/c/dam/en_us/about/business-insights/docs/ioe-vas-public-sector-top-10-insights.pdf>; acesso em 31 out. 2018.

THE NEW GE: Google, everywhere. *The Economist*, 16 jan. 2014. Disponível em: <https://www.economist.com/business/2014/01/16/the-new-ge-google-everywhere>; acesso em 16 jul. 2018.

TROTMAN, A. Google boss Larry Page: Europe needs to be more like Silicon Valley and support technology. *The Telegraph*, 31 out. 2014. Disponível em: http://www.telegraph.

co.uk/technology/google/11202850/Google-boss-Larry-Page-Europe-needs-to-be-more-like-Silicon-Valley-and-support-technology.html>; acesso em 17 jul. 2018.

UNGER, R. M. *Free trade reimagined: the world division of labor and the method of economics.* Princeton, Princeton University Press, 2007.

U.S. COMMITTEE ON COMMERCE, SCIENCE, AND TRANSPORTATION. *A review of the data broker industry: collection, use and sale of consumer data for marketing purposes.* Washington, D.C., Office of Oversight and Investigations, 2013. Disponível em: <http://www.commerce.senate.gov/public/?a=Files.Serve&File_id=0d2b3642-6221-4888-a631-08f2f255b577>, acesso em 16 jul. 2018.

VAIDHYANATHAN, S. *The googilization of everything.* Berkeley, University of California Press, 2011.

VARIAN, H. R. Beyond big data. *Business Economics,* v. 49, n. 1, 2014, p. 27-31.

_____. Computer mediated transactions. *American Economic Review,* v. 100, n. 2, 2010, p. 1-10.

VASAGAR, J. Google could face "cyber courts" in Germany over privacy rights. *Financial Times,* 27 maio 2014. Disponível em: <https://www.ft.com/content/a7580826-e59d-11e3-8b90-00144feabdc0>; acesso em 21 nov. 2014.

WALLBANK, P. How much server space do internet companies need to run their sites? *Decoding the New Economy,* 23 ago. 2012. Disponível em: <http://paulwallbank.com/2012/08/23/how-much-server-space-do-internet-companies-need-to-run-their-sites/>; acesso em 22 nov. 2014.

WATERS, R. FT interview with Google co-founder and CEO Larry Page. *Financial Times,* 31 out. 2014. Disponível em: <https://www.ft.com/content/3173f19e-5fbc-11e4-8c27-00144feabdc0>; acesso em 21 nov. 2014.

WEARABLES tracked with Raspberry Pi. *BBC News,* 1º ago. 2014. Disponível em: <http://www.bbc.com/news/technology-28602997>; acesso em 22 nov. 2014.

WEATHERILL, L. The meaning of consumer behavior in the seventeenth and early eighteenth-century England. In: BREWER, J.; PORTER, R. (eds.). *Consumption and the world of goods.* Londres, Routledge, 1993.

WEBER, M. *Economy and society: an outline of interpretive sociology,* v. 1. Berkeley, University of California Press, 1978.

WEISER, M. The computer for the 21st century, *Scientific American,* v. 265, n. 3, 1991, p. 94-104.

WHITE HOUSE. *Big Data: seizing opportunities, preserving values (report for the president).* Washington, D.C., Executive Office of the President, 2014. Disponível em: <http://www.whitehouse.gov/sites/default/files/docs/big_data_privacy_report_may_1_2014.pdf>; acesso em 29 jun. 2018.

WILLIAMSON, O. E. *The economic institutions of capitalism.* Nova York/Londres, Free Press, 1985.

WINKLER, R.; WAKABAYASHI, D. Google to buy nest labs for $3.2 billion – update. *EuroInvestor,* 14 jan. 2014. Disponível em: <http://www.euroinvestor.com/news/2014/01/14/google-to-buy-nest-labs-for-32-billion-update/12658007>; acesso em 22 nov. 2014.

68 • Tecnopolíticas da vigilância

ZIEGLER, C. Facebook IPO facts and figures: the house that 100 petabytes built. *The Verge*, 1º fev. 2012. Disponível em: <http://www.theverge.com/2012/2/1/2764905/facebook-ipo-facts-and-figures-the-house-that-100-petabytes-built>; acesso em 22 nov. 2014.

ZITTRAIN, J. Facebook could decide an election without anyone ever finding out. *New Republic*, 1º jun. 2014. Disponível em: <http://www.newrepublic.com/article/117878/information-fiduciary-solution-facebook-digital-gerrymandering>; acesso em 21 jul. 2018.

ZUBOFF, S. Automate/informate: the two faces of intelligent technology. *Organizational Dynamics*, v. 14, n. 2, 1985, p. 5-18.

_____. Computer-mediated work. In: SMITH, V. (ed.). *Sociology of work: an encyclopedia* (Thousand Oaks, Sage, 2013). Disponível em: <http://knowledge.sagepub.com/view/sociology-of-work/n41.xml>; acesso em 16 jul. 2018.

_____. *In the age of the smart machine: the future of work and power*. Nova York, Basic Books, 1988.

_____. New worlds of computer-mediated work. *Harvard Business Review*, v. 60, n. 5, 1982, p. 142-52.

_____. Psychological and organizational implications of computer-mediated work. MIT Working Paper. Massachusetts, Center for Information Systems Research, 1981.

ZUBOFF, S.; MAXMIN, J. *The support economy: why corporations are failing individuals and the next episode of capitalism*. Nova York, Viking/Penguin, 2002.

SECURITIZAÇÃO, VIGILÂNCIA E TERRITORIALIZAÇÃO EM ESPAÇOS PÚBLICOS NA CIDADE NEOLIBERAL[1]

Rodrigo José Firmino

Introdução

Estudos sobre vigilância, tecnologia e sociedade não são próprios, à primeira vista, do campo da arquitetura e do urbanismo. Ao menos, não é tradição da área no Brasil encontrarmos trabalhos na interface que conecta esses três grandes temas, e mais especificamente na compreensão das relações entre espaço e tecnologia, centradas nas chamadas tecnologias da informação e comunicação (TICs). Estas, em tempos mais recentes, têm servido de suporte para a intensificação de práticas ligadas ao monitoramento e controle de identificações, movimentos, acessos, ou mesmo características físicas de lugares e territórios na cidade, pelo uso de tecnologias de vigilância e securitização. Há, assim, uma relação desses usos e práticas sociais com processos de territorialização ou de constituição de territórios intraurbanos – conhecidos, renovados ou totalmente novos.

Pesquisas sobre vigilância e espaço empregam um esforço de entendimento de processos que envolvem o desenvolvimento e o emprego de certas tecnologias, e podem passar a falsa impressão de que se pautam pelo determinismo tecnológico. Na abordagem aqui proposta, o real interesse é o espaço e suas formas de organização e manifestação. O objetivo deste texto não é descrever tecnologias simplesmente por suas propriedades técnicas ou adotar uma postura positivista e prescritiva do uso de aparatos técnicos

---

[1] O autor agradece ao CNPq e à Capes pelos auxílios pesquisa e bolsa de estágio sênior que apoiaram os estudos parcialmente reportados e discutidos neste artigo. Este capítulo foi originalmente publicado pela revista *Risco*. Ver Rodrigo Firmino, Securitização, vigilância e territorialização em espaços públicos na cidade neoliberal, *Risco*, v. 15, n. 1, 2017, p.23-35. DOI: https://doi.org/10.11606/issn.1984-4506.v15i1p23-35.

como soluções para problemas multifacetados social e culturalmente. O interesse presente neste trabalho concentra-se em compreender processos pelos quais certas tecnologias são apropriadas por redes sociotécnicas que definem nossa vida em sociedade e afetam nossa experiência no espaço.

O que se explorará aqui diz respeito à problematização da existência de porções demarcadas do espaço, territórios, e às relações presentes em sua constituição a partir de arranjos sociotécnicos específicos de nossos tempos, caracterizados pelo uso de tecnologias – e talvez, de forma mais preponderante, de práticas – de vigilância e securitização. Parte do argumento usado para explicar alguns desses arranjos sociotécnicos considera a coexistência de diferentes associações entre tecnologias (e práticas) de vigilância e securitização e as maneiras pelas quais o espaço é produzido, transformado e organizado.

Do lado inteligente (*smart*) dessas associações, existem diversas possibilidades narrativas e de discurso que reificam e fetichizam tecnologias inteligentes de vigilância e gestão como soluções para quase todos os aspectos da vida urbana contemporânea, depositando na eficiência de processos a marca da cidade neoliberal e inteligente. Segundo Luque-Ayala et al.[2], eficiência, conexão sem interrupções e o sonho do controle total tornam-se condições fundamentais para a existência de um suposto urbanismo inteligente, presente no próprio imaginário da chamada *smart city*.

Entretanto, a maior parte deste texto e da análise aqui oferecida se concentrará sobre o que podem ser territórios securitizados, em seu poder de gestão e de controle de movimentos e ações no espaço urbano, levando à criação de diferentes camadas superpostas de território na cidade. O objetivo é expor a extensão de fronteiras incertas e imprecisas de uma camada territorial intangível feita de apropriações efêmeras do espaço, com diferentes níveis de interconexão, sistematização e complexidade.

Assim, o foco é identificar e caracterizar nuances de uma nova camada territorial (dispersa, descentralizada e imposta/não negociada), baseada em duas características principais. Por um lado, reforça-se o uso de estratégias de vigilância e securitização por atores privados em espaços públicos, contribuindo para o aumento de segregação espacial e para a privatização/financeirização do meio urbano, além de uma nociva

---

[2] A. Luque-Ayala, C. McFarlane; S. Marvin, "Smart urbanism: cities, grids and alternatives?", em M. Hodson; S. Marvin (eds.), *After sustainable cities?* (Londres, Routledge, 2014), p. 74-90.

sobreposição dos limites e da influência da propriedade privada sobre o domínio público. Por outro, expõe-se o tácito (ou, em alguns casos, explícito) consentimento do Estado para garantir e, em muitos casos, para ampliar esses tipos de situação.

Para realizar essa análise de processos de securitização e controle de parcelas do espaço público, o texto a seguir divide-se em três momentos interdependentes (além desta introdução e das considerações finais). A primeira parte concentra-se em uma breve descrição da influência das tecnologias digitais (*smart*), conectividade e codificação/algoritmização sobre aspectos do cotidiano contemporâneo. O segundo momento dedica-se a expor, de forma simplificada, o conceito de território para a geografia e o urbanismo. Finalmente, a terceira parte apresenta uma avaliação das relações entre securitização, vigilância e territorialização, citando exemplos da Europa, dos Estados Unidos e da América Latina.

Codificação, vida digital e controle

É necessário partir de uma simples consideração sobre tecnologia (mas também sobre as TICs), para situar a posição de discurso deste texto no reconhecimento dos processos e relações sobre os quais se apoiará a hipótese de intensificação de estratégias de securitização e controle a partir do suporte de certos arranjos sociotécnicos.

As discussões filosóficas e sociológicas sobre a natureza humana e sua relação com a tecnologia apoiam-se em um profundo debate que não se ousa adentrar no espaço deste texto. Mas é justo afirmar que somos seres tecnológicos e, de acordo com François Lyotard[3], seres humanos reconhecem-se como tais na mesma proporção em que a tecnologia é socialmente construída. Desde seu surgimento (ou mesmo que consideremos alguns de seus ancestrais), o *Homo sapiens* procurou controlar seu entorno, seu meio e as condições para sua própria existência. Aprendemos a transformar coisas em objetos, mas também a criar ferramentas a partir de objetos, desenvolvemos técnicas para operar ferramentas e, finalmente, incorporamos a técnica à ferramenta para desenvolver a tecnologia. Aprendemos, inclusive, a manipular outros seres vivos, para introduzi-los em nosso próprio

---

[3] J. F. Lyotard, *The inhuman: reflections on time* (Redwood City, Stanford University Press, 1992).

corpo com o objetivo de ampliar nossas chances de sobrevivência, o que chamamos de vacina.

Entretanto, desde o momento em que aprendemos a codificar coisas pela combinação de números, as tecnologias digitais parecem ter influenciado dramaticamente a maneira como interagimos entre nós mesmos, com o meio que nos envolve (inclusive o meio construído) e com as próprias tecnologias (especialmente com o recente surgimento da chamada "internet das coisas", em que objetos podem trocar informações e dados entre si para executar tarefas e ações predefinidas, mediações algorítmicas etc.). Somos transformados em representações de uma possibilidade de ser, em números, códigos e dados em sistemas interconectados. Deleuze[4] chama de divíduos as inúmeras representações possíveis que emanam ou são abstraídas de indivíduos, o que hoje se potencializa a partir da interconexão de dados, de sistemas e do poder computacional das tecnologias disponíveis, o que foi denominado por Weiser[5] "era da computação ubíqua".

Haggerty e Ericsson[6], a partir dessa concepção deleuziana, cunharam o termo *"data double"* para explicar como vários divíduos possíveis são extraídos e configurados por sistemas de codificação e utilizados em contextos diversos (para classificação social, controle de acesso e fluxos, análise de crédito financeiro etc.). Identificação e identidade se distanciam pelas codificações e representações possíveis, já que quase todas as atividades e transações que sustentam o modo de vida contemporâneo são mediadas por essa desmaterialização de pessoas, ações, agenciamento, objetos e relações, em informações associadas a sistemas ou redes específicas[7].

Assim, não parece ser um exagero afirmar que as TICs formam o mais invasivo grupo de tecnologias já desenvolvido, em que tudo tende a ter um *microchip* como parte de sua estrutura física e a carregar capacidades computacionais e comunicacionais. Existem maneiras de entender o espaço também como parte desse ecossistema de números, códigos e algoritmos.

---

[4] G. Deleuze, "Post-scriptum sobre as sociedades de controle", em *Conversações: 1972--1990* (Rio de Janeiro, Editora 34, 1992).

[5] M. Weiser, "The computer for the twenty-first century", *Scientific American*, set. 1991, p. 18-25.

[6] K. Haggerty; R. Ericsson, "The surveillant assemblage", *The British Journal of Sociology*, v. 51, n. 4, 2009, p. 605-22.

[7] D. Lyon, *Identifying citizens: ID cards as surveillance* (Londres, Wiley, 2009).

Dana Cuff[8] utiliza a ideia de computação ubíqua para explicar as manifestações espaciais, o que chama de *cyburg*, contrapondo-o à ideia de ciberespaço. Em suas próprias palavras, "se o ciberespaço é espaço desmaterializado, o *cyburg* é computação espacialmente incorporada, ou um ambiente saturado com capacidade de computação".

Essa combinação entre codificação, desmaterialização e capacidade computacional e comunicacional representa possibilidades interessantes para o que chamamos de espacialidades – e, por analogia, urbanidades – ampliadas, mas também expõe as possibilidades ampliadas de controle de fixos e fluxos[9]. Espaços mais controláveis implicam a redefinição de fronteiras e limites territoriais, que passam a ser mais flexíveis e líquidos, ao passo que se sofisticam as estratégias de controle de acesso e circulação.

O conhecido Centro de Operações Rio (COR) já foi uma das vedetes do projeto Smarter Cities, da IBM, e consiste em uma estrutura com sala de controle que gerencia diferentes atividades e aspectos da rotina diária da cidade do Rio de Janeiro, do controle de tráfego (inclusive em parceria com empresas, como a responsável pelos aplicativos Waze e Moovit) ao acompanhamento das condições climáticas, ao monitoramento de mídias sociais, de deslizamentos de terra etc. Isso tudo é feito em um centro à moda da Nasa (com uniformes deliberadamente utilizados para remeter a essa imagem) com representantes de mais de quarenta setores da gestão urbana trabalhando em um único ambiente, na tentativa de responder rapidamente e de maneira "eficiente" a emergências e outras situações de rotina na dinâmica de funcionamento da cidade. O COR é considerado o estado da arte em termos de centro de controle e gerenciamento de cidades, monitorando fixos e fluxos urbanos.

Como se não fosse suficiente ter um centro de controle dessa dimensão e importância, a cidade do Rio de Janeiro possui também o Centro Integrado

---

[8] D. Cuff, "Immanent domain: pervasive computing and the public realm", *Journal of Architectural Education*, v. 57, n. 1, 2003, p. 44.

[9] Para Milton Santos, fixos e fluxos são elementos do espaço que representam sua materialidade e as ações que o animam. Fixos são conjuntos de artefatos e estruturas fixadas territorialmente, e fluxos são representações de ações sociais que dão significado aos fixos; ambos compõem o espaço em sistemas de objetos e sistemas de ações; M. Santos, *A natureza do espaço: técnica e tempo, razão e emoção* (4. ed., São Paulo, Edusp, 2006).

74 • Tecnopolíticas da vigilância

de Comando e Controle (Cicc), dedicado exclusivamente a questões de segurança, em que os uniformes da Nasa são substituídos por uniformes das Forças Armadas e das forças policiais brasileiras. Vários centros de controle como esse foram criados por ocasião da Copa do Mundo da Fifa em 2014, em todas as doze cidades-sede do evento, tendo os centros do Rio de Janeiro e Brasília como polos de coordenação regional e nacional, respectivamente. Há, entre os dois centros, um protocolo de entendimento que prevê que o COR (o centro de gestão urbana), sempre que demandado, deve compartilhar suas informações com o Cicc (o centro de gestão da segurança). Conforme alertam Hirata e Cardoso[10], em ambos os casos, integração e coordenação, suportadas por uma pesada infraestrutura tecnológica, representam a nova prática de controle de fixos e fluxos.

Centros de controle aparecem, assim, como a imagem mais forte e representativa de um tipo de gestão característica de um modelo de cidade inteligente centralizador e eficiente. Apenas para citar mais um exemplo, logo depois que o Rio de Janeiro lançou seus famosos casos, o México já punha em prática o projeto ambicioso que combinou os dois tipos de centro cariocas em um único ambiente de comando e controle, chamado de C4I4 (Comando, Controle, Comunicações, Computação e Inteligência, Integração, Informação e Investigação), que também é a sede do projeto Ciudad Segura, relacionado a um desejo antigo das autoridades locais de "renovar" e gentrificar vários setores mais pobres da Cidade do México.

Paralelamente a esses modelos centralizados de gestão urbana e da segurança, há um outro modo de vigilância e controle, mais disperso e menos centralizado, isto é, não se trata apenas de uma questão do poder central do Estado ou de grandes corporações exercendo uma única força de controle. A combinação de capacidades computacionais e, principalmente, comunicacionais das TICs, a possibilidade de sistemas e aparelhos trocarem informações entre si ininterruptamente (internet das coisas) e a naturalização do uso de mídias sociais ou, ainda, de uma "cultura da vigilância"[11] transformam qualquer pessoa em um sistema móvel de vigilância. Estou falando de *little brothers* como uma das características do

---

[10] D. Hirata; B. Cardoso, "Coordenação como tecnologia de governo", *Horizontes Antropológicos*, v. 22, n. 46, 2016, p. 97-130.

[11] D. Lyon, "Surveillance culture: engagement, exposure, and ethics in digital modernity", *International Journal of Communication*, v. 11, 2017, p. 824-42.

que Bauman[12] chama de estágio "pós-panóptico" na história da modernidade. Os ataques na Maratona de Boston em 2013 servem de exemplo de que grande parte das informações utilizadas pela polícia para capturar os irmãos Tsarnaev foi baseada em vídeos, imagens e comentários produzidos por cidadãos comuns.

Assim, essa capacidade de monitoramento e controle remoto – integrados em alguns aspectos, fragmentados e dispersos em outros – é a mais recente forma de securitização de espaços e lugares, o que é fundamental para a compreensão das interações territoriais analisadas neste texto.

Os limites do território

Antes de expor e discutir alguns exemplos de territorialização a partir da securitização e do monitoramento de espaços públicos, é importante assumir os limites conceituais sobre os quais se define território no contexto aqui explorado. Trata-se de um conceito controverso, especialmente quando consideramos as diferentes tradições da geografia brasileira, latino-americana, francesa, anglo--saxã etc. Na breve explicação aqui adotada, têm-se como referência os trabalhos de autores como Henri Lefebvre, Milton Santos, Doreen Massey, Manuel Castells e Claude Raffestin, para os quais, dito de maneira simples, o espaço é produzido a partir da articulação de sistemas de objetos e sistemas de ações (fixos e fluxos, como também apontava Milton Santos e Manuel Castells), e o território seria uma porção compartilhada do espaço. Trata-se, portanto, de superar a visão que considera o território um simples palco da ação social e passar a entender esse conceito como um processo de construção social.

Em "Rethinking territory", Joe Painter[13] aponta o território como uma das condições para o exercício do poder. Em termos espaciais, pode-se dizer que o território moderno é definido por uma porção do espaço onde coexistem diversos grupos sociais que compartilham regras, aceitam a existência de instituições e reconhecem o interno e o externo delimitado por fronteiras negociadas. A legitimidade de um território, entretanto, dá-se a partir do reconhecimento de suas regras, instituições e limites por grupos sociais de outros territórios (nem sempre pacificamente). Essa é uma parte

---

[12] Z. Bauman, *Modernidade líquida* (Rio de Janeiro, Zahar, 2001).

[13] J. Painter, "Rethinking territory", *Antipode*, v. 42, 2010, p. 1.090-118.

76 • Tecnopolíticas da vigilância

crucial da definição desse conceito para a compreensão da ideia de camadas territoriais, a ser desenvolvida mais adiante.

Contextos, escalas e sobreposições interessam na definição de território. Como sugerido por Brighenti em seu belo ensaio "On territorology: towards a general science of territory":

> Consequentemente, uma consideração mais atenta das reconfigurações territoriais contemporâneas leva inevitavelmente ao reconhecimento de que em todo ambiente social existem territórios em uma multiplicidade de diferentes escalas e graus de visibilidade, em um estado de constante proliferação e transformação.[14]

Este é o caso, por exemplo, de favelas no Brasil e em outros países da América Latina: são territórios dentro de outros territórios, onde leis são estabelecidas internamente na comunidade, onde o serviço público ou mesmo as forças de segurança do Estado não são oferecidos e não ousam entrar. São diferentes territórios compartilhando a mesma porção do espaço, um oficial e legalmente constituído e o outro subvertendo regras oficiais para a sobrevivência de uma coletividade excluída e como resultado da ausência do Estado. A linguagem do território nesses casos fica ainda mais explícita quando o discurso e as estratégias do programa de Unidade de Polícia Pacificadora (UPP), no Rio de Janeiro, estão pautados pela "reconquista" do território, ou pela "ocupação" das favelas, numa clara tentativa de fundir esses diferentes territórios.

Em resumo, o conceito de território parte do pressuposto de que há uma intenção de controlar certas porções do espaço (delimitadas por fronteiras físicas ou imaginárias), sobre as quais valores culturais específicos são negociados ou impostos. Como fenômeno, o território possui uma infinidade de possibilidades de sobreposições e manifestações. Como conceito, sugere-se que é possível pensar em três diferentes camadas de materialização territorial, que podem sobrepor-se ao mesmo tempo que são complementares umas às outras.

A primeira camada territorial, com regras comuns e limites espaciais claros e definidos, concretiza-se a partir de um acordo social (negociado e, em geral, aceito) – referência aos elementos geográficos, a elementos arquitetônicos físicos e à constituição legal da cidade por limites e fronteiras.

---

[14] A. Brighenti, "On territorology: towards a general science of territory", *Theory, Culture & Society*, v. 27, 2010, p. 52-72.

Esse acordo social nem sempre é aceito por consenso e, em alguns casos, pode ser imposto por força física. Um aparato institucional e legal é constituído com a finalidade de garantir a integridade dos limites territoriais e os comportamentos sob controle nos domínios desses limites. Nessa camada se acomodam os casos mais conhecidos e clássicos de divisões territoriais, como os Estados-nação e os limites estaduais e municipais, por exemplo.

As possibilidades de controle oferecidas pelas TICs e tecnologias inteligentes criam o que pode ser considerado a segunda camada territorial, digitalmente constituída, baseada na apreensão, codificação e gestão de dados e informações. No âmbito dessa camada, informação, fluxo de pessoas e veículos, troca de dados entre máquinas e sistemas inteligentes etc. são codificados e comparados com padrões de comportamento e resultados esperados para produzir métodos de classificação social e espacial e, consequentemente, controles de acesso físicos e digitais. Se algo se desvia desses padrões, ações são desencadeadas nesta e também na primeira camada (em uma espécie de controle oficial e soberano do território). Um exemplo óbvio disso é o já mencionado COR, que coloca o território da cidade do Rio de Janeiro sob controle do ponto de vista da gestão urbana cotidiana.

O chamado "urbanismo inteligente"[15] pode ser definido como uma estratégia de integração sob coordenação centralizada de todas as áreas e campos relacionados ao desenvolvimento urbano e a um suposto modo inteligente de gerir todas as informações e dados necessários para garantir um ótimo e eficiente funcionamento de cidades e regiões. Para que essa complexa associação de objetos, dados, práticas e pessoas seja possível, a segunda camada territorial se apresenta como condição, já que, idealmente, esta implica a codificação e a manipulação da maior quantidade possível de aspectos da vida urbana contemporânea. Uma crítica recorrente nesses casos é a visão de que a cidade é limitada a um dado mercadológico fetichizado e parte de uma agenda positivista, que considera o urbano uma simples coleção de fatos e números que poderia ser, eventualmente, reorganizada e otimizada a fim de se produzir um organismo eficiente.

Entretanto, longe do alcance do poder de fiscalização e atuação do Estado, tecnologias de vigilância e securitização e sistemas invisíveis de controle têm fortalecido a presença de um outro ator como gestor e controlador do meio urbano, em especial dos espaços públicos. O setor

---

[15] A. Luque-Ayala, C. McFarlane, S. Marvin, "Smart urbanism", cit.

privado e, em alguns casos, residentes agindo de maneira privada passam a atuar como "co-operadores"[16] do sistema de controle de fixos e fluxos da cidade. Na América Latina, principalmente, uma constelação de pequenas, médias e grandes empresas de segurança privada – e, em muitos casos, indivíduos, cidadãos comuns – comanda, completamente separada do Estado, o monitoramento de espaços supostamente ou originalmente públicos e que deveriam estar livres de qualquer tipo de controle privado. Por espaços públicos, aqui, entendem-se ruas e praças que formam o interstício do tecido urbano entre propriedades privadas. Essa prática de gestão privada de espaços públicos pode ser entendida como a terceira camada territorial na construção de territórios urbanos e passará a ser o foco deste texto nas próximas seções.

Securitização e territorialização

É notória a influência das visões de Jane Jacobs (entre as quais, a noção de "olhos da rua") e Oscar Newman (em especial o conceito de "espaços defensivos") para a arquitetura e o planejamento urbano nos anos 1960 e 1970[17]. Mas, a partir dos atentados de 11 de setembro de 2001 nos Estados Unidos, as ideias mais ligadas à segurança do espaço foram renovadas e voltaram a ganhar destaque, como se a arquitetura, o *design* e as barreiras físicas pudessem servir de "solução definitiva" para multifacetados problemas urbanos e sociais. Ou como se a arquitetura e o desenho urbano estivessem imbuídos de uma promessa de neutralidade e objetividade maquínica.

Barreiras físicas, sensores, cercas eletrônicas e muros de concreto passam a fazer parte da construção de territórios urbanos contemporâneos, lugares supostamente mais seguros e protegidos, pondo em prática as premissas de espaços defensivos. Mas os muros de concreto sofisticaram-se. Há, hoje, uma estética da segurança, em que barreiras são esteticamente redefinidas como parte da arquitetura e do mobiliário urbano de algumas edificações icônicas (ou alvos em potencial). Em outras palavras, os blocos de concreto

---

[16] D. Hirata; B. Cardoso, "Coordenação como tecnologia de governo", cit.

[17] V. Netto, "Jane Jacobs", *Revista Políticas Públicas & Cidades*, v. 4, n. 2, 2016, p. 9-50; M. L. R. Martins, P. C. Oliveira, G. P. Patitucci, "O pensamento de Jane Jacobs na perspectiva da cidade includente", *Revista Políticas Públicas & Cidades*, v. 4, n. 2, 2016, p. 70-89.

aparecem agora disfarçados como elementos arquitetônicos e de *design*, parte de uma "arquitetura defensiva" contemporânea, compondo a nova imagem do espaço público.

A Figura 1 mostra a calçada em frente ao Deutsche Bank, na City, em Londres, uma área conhecida como o "anel de aço" (*ring of steel*). Essa área tem sido foco de securitização e vigilância desde os anos 1990, por causa dos atentados do grupo paramilitar irlandês IRA, e tem sido convenientemente considerada para experiências nesse sentido[18]. Uma das práticas de *design* utilizadas nessa área, chamada "proteção pelo *design*" (*secured by design*), utiliza-se de mobiliário urbano e elementos arquitetônicos, como as floreiras gigantes e os pequenos postes metálicos evidentes na Figura 1, como primeira linha

Figura 1: Fortificação de calçadas na City, em Londres.
Fonte: acervo do autor, 2016.

---

[18] J. Coaffee, "Rings of steel, rings of concrete and rings of confidence: designing out terrorism in central London pre and post September 11th", *International Journal of Urban and Regional Research*, v. 28, n. 1, 2004, p. 201-11.

de defesa a ataques de carros-bomba em edificações consideradas mais importantes. É necessário dizer que essa área, como muitas outras em cidades como Londres, foi concedida à gestão de empresas privadas, responsáveis por todos os aspectos de manutenção do espaço público, inclusive a segurança. Esse tipo de parceria entre o Estado e o setor privado, comum em países europeus e nos Estados Unidos, tem se tornado o modelo a ser seguido e aos poucos invade cidades latino-americanas como prática de gestão a ser copiada.

Espaços privatizados ou sob gestão privada têm se tornado cada vez mais comuns, e esse modelo passou a ser considerado solução para cidades "limpas e seguras", mediante a construção de grandes "espaços sanitizados". De fato, o resultado compõe espaços limpos, de padrão estético duvidoso (mas austeros e modernos), que, normalmente contemplados com obras icônicas de autoria de grandes escritórios de arquitetura, são rodeados de conhecidas redes de lojas, restaurantes e cafés. Mas é possível argumentar que esses lugares carecem de urbanidade, vida, são demasiadamente corporativos, artificiais e se parecem demais uns com os outros. Mais importante, entretanto, é o fato de que são geridos segundo regras muito bem definidas, regulando o que as pessoas podem ou não fazer, e de que tudo isso é estabelecido por contratos entre o Estado e empresas poderosas do mercado imobiliário – em muitos desses casos, o simples agrupamento de pessoas, o ato de andar de *skate* ou de bicicleta, de realizar performances artísticas e outras atividades comuns a um espaço público são proibidos e banidos.

Outro exemplo curioso é o da proposta para uma ponte-jardim em Londres[19], obviamente de gestão privada. Como parte do acordo entre as empresas e a prefeitura, visitantes "serão rastreados pelos sinais de seus aparelhos celulares e supervisionados pelos funcionários do consórcio, que poderão coletar os nomes e endereços das pessoas na ponte, além de confiscar e destruir itens banidos, como pipas e instrumentos musicais"[20].

Desde 2014, uma nova forma de controle espacial tem sido legalmente utilizada no Reino Unido. Uma medida legal, chamada Ordem de Proteção

---

[19] Ver Arup, "A proposed pedestrian bridge with a garden in London"; disponível em: <http://www.arup.com/projects/garden_bridge>, acesso em 23 out. 2018.

[20] P. Walker, "London garden bridge users to have mobile phone signals tracked", *The Guardian*, 6 nov. 2015; disponível em: <https://www.theguardian.com/uk-news/2015/nov/06/garden-bridge-mobile-phone-signals-tracking-london>, acesso em 21 jul. 2018.

de Espaços Públicos (*Public Spaces Protection Order*, ou PSPO), foi implementada como extensão de uma legislação anterior sobre comportamento antissocial, mas com uma importante diferença em termos de responsabilização. Enquanto antes autoridades podiam, legalmente, questionar, multar ou prender uma pessoa específica sob acusação de comportamento antissocial, a partir da PSPO os governos locais foram autorizados a usar o mesmo princípio direcionado não a pessoas, mas a uma área geograficamente delimitada. Tais ordens podem criminalizar qualquer tipo de atividade em uma área especificamente mapeada e demarcada. Muitas cidades têm utilizado esse tipo de legislação para limitar a liberdade de cidadãos em áreas abertas (públicas ou privatizadas), coibir protestos e banir atividades comuns à ideia tradicional de espaços públicos. A lista de atividades criminalizadas até o momento inclui pessoas dormindo nas ruas e mais de dois adolescentes agrupados sem supervisão de adultos ou, ainda, "uso de linguagem tola e abusiva".

Uma diferença fundamental entre as restrições propostas para a ponte-jardim e as possibilidades abertas pela PSPO é que, em vez de as empresas privadas definirem as regras para as parcelas da cidade sob sua responsabilidade legal por contrato, o Estado passa a ter o mesmo tipo de comportamento e a impor controle semelhante sobre áreas originalmente públicas, sob o risco de criminalizar uma ampla lista de atividades normalmente exercidas em áreas de uso comum. A gestão de espaços privatizados se utiliza de tecnologias e estratégias legais para impor a prescrição de comportamentos considerados "normais". A suspeição e a anomalia são ampliadas para abarcar uma infinidade flexível de atividades, posturas e condições de apropriação do espaço público.

Em sua ideia de "esferologia", Peter Sloterdijk[21] usa bolhas (esferas) e espuma (múltiplas bolhas) como metáforas para explicar como nos relacionamos com o mundo ao nosso redor e como construímos nossos próprios círculos sociais, com limites frágeis, mas bem definidos. Segundo essa visão, criamos bolhas de diferentes tamanhos e tipos para nos proteger de nossos medos e inimigos. Com base na teoria de Sloterdijk, Francisco Klauser[22] argumenta que há dois aspectos importantes nas estratégias de securitização urbana: por um lado, sempre somos moldados por formas físicas de proteção,

---

[21] P. Sloterdijk, "Foam city", *Distinktion*, v. 9, n. 1, 2008, p. 47-59.

[22] F. R. Klauser, "Splintering spheres of security: Peter Sloterdijk and the contemporary fortress city", *Environment and Planning D: Society and Space*, v. 28, n. 2, 2010, p. 326-40.

que podem nos isolar do mundo exterior, mas, por outro lado, também desenvolvemos bolhas psicoimunológicas de proteção (como o medo, por exemplo). Assim, segundo a agenda contemporânea de securitização urbana, um lugar deve não apenas ser seguro mas também aparentar ser seguro.

Usando metáfora semelhante, o geógrafo norte-americano Don Mitchell[23] estudou casos nos Estados Unidos nos quais o Judiciário determinou que, em uma zona de 30 metros de diâmetro ao redor de clínicas de saúde, indivíduos gozam de uma bolha de proteção de cerca de 2,5 metros de diâmetro contra a aproximação de manifestantes. Mitchell chamou essa territorialização de "bolhas territoriais flutuantes".

Assim, seria o caso de entender o espaço urbano, e o próprio território, não apenas como meio mas também como ferramenta de políticas de securitização que, claramente, tem uma influência no aumento de estratégias de vigilância e securitização, criando o que Klauser[24] chama de "espaços urbanos fortificados e privatizados".

Na América Latina, esse tipo de manifestação se repete, com suas peculiaridades. Há uma naturalização e banalização de artifícios capazes de promover uma manifestação e uma declaração físico-material-arquitetônica, em que cercas elétricas, câmeras, muros reforçados, cercas militares, guaritas e outros tipos de elementos de securitização já se incorporaram à linguagem da arquitetura e do *design*, com ênfase em uma visível agressividade. Na verdade, percebe-se que no mercado imobiliário há uma valorização excessiva desse tipo de "ambiente protegido". Muitas pessoas se sentiriam não apenas mais seguras atrás dos grandes muros condominiais, mas também incluídas em comunidades que podem pagar por certos modos de vida. Estudiosos desses ambientes na cidade de Lima (Peru), Boano e Desmaison[25] sugerem que esse seja o "novo normal" em cidades latino-americanas e afirmam que "o resultado é uma área metropolitana constituída por conflitos coletivos, que não é capaz de unir-se por uma identidade compartilhada".

---

[23] D. Mitchell, "The S.U.V. model of citizenship: floating bubbles, buffer zones, and the rise of the 'purely atomic' individual", *Political Geography*, v. 24, n. 1, 2005, p. 77-100.

[24] F. R. Klauser, "Splintering spheres of security", cit.

[25] C. Boano; B. Desmaison, "Lima's 'Wall of Shame' and the gated communities that build poverty into Peru", *The Conversation*, 11 fev. 2016; disponível em: <https://theconversation.com/limas-wall-of-shame-and-the-gated-communities-that-build-poverty-into-peru-53356>, acesso em 21 jul. 2018.

Pesquisas sobre condomínios horizontais são relativamente comuns no campo da arquitetura e do urbanismo, em especial sobre como esses empreendimentos murados fortificados afetam os espaços urbanos de seu entorno, ou o mercado imobiliário, ou ainda como alteram a dinâmica de fluxos e mobilidade em cidades médias brasileiras e latino-americanas. Mas, surpreendentemente, as áreas residenciais em loteamentos comuns (não murados) têm sido dotadas dos mesmos aparatos tecnológicos e arquitetônicos na construção de estratégias de vigilância e securitização para além de seus próprios perímetros individuais.

Figura 2: Anúncio de monitoramento de área pública por residentes.
Fonte: acervo do autor, 2016.

Nesses casos, residentes não apenas utilizam tais tecnologias e práticas sobre suas próprias propriedades privadas mas direcionam o controle aos espaços públicos de entorno, principalmente com o uso de câmeras de vigilância instaladas no perímetro de suas próprias residências e monitoradas remotamente, de maneira individual ou coletiva (vários residentes com uma rede de equipamentos compartilhados e/ou associados a empresas de segurança). Uma quantidade incalculável de empresas de segurança privada se apropria da mesma "liberdade", anunciando e delimitando as áreas sob seu suposto controle, com placas (Figura 2) ou pela simples presença ostensiva, como se fossem responsáveis legais e oficiais por partes da cidade. Esse fenômeno tem caracterizado, segundo Firmino e Duarte[26], um processo de territorialização marcado especificamente por táticas de vigilância dispersa, formando um conglomerado de redes que em muitos casos não se conectam entre si (a não ser quando apresentam como elo a figura de uma mesma empresa de segurança contratada por arranjos diferentes).

Situações como essa têm chamado a atenção, já que há uma clara interferência entre o que está legalmente definido como espaço público e sua sistemática securitização de maneira privada por indivíduos e empresas. É importante deixar claro que no Brasil ainda não está difundido o modelo de privatização oficial de áreas públicas por contratos, como nos exemplos citados em Londres. Na maioria dos casos brasileiros e latino-americanos, áreas formalmente definidas como espaços públicos e de uso comum estão sendo monitoradas sem qualquer consentimento formal do Estado.

Nessas situações, questiona-se que tipo de pressão é imposto ao espaço público a partir do controle invasivo e expandido por atores privados, e sem a negociação das fronteiras desse invisível processo de territorialização. Como isso pode ser problematizado e transformado em questões de pesquisa? Nessa camada territorial, deparamos com delimitações espaciais invisíveis, fragmentadas, dispersas, descentralizadas e não negociadas (e, portanto, impostas), baseadas no uso de tecnologias e estratégias de vigilância e securitização de espaços públicos geridas por atores privados, com o tácito consentimento do Estado.

Há uma questão fundamental de legitimidade nessas ações, que podem ser analisadas a partir das territorialidades criadas e das seguintes indagações: que tipo de território está sendo construído nas porções do espaço cobertas pelo campo de visão de câmeras privadas de vigilância monitoradas remotamente por residentes e/ou empresas de segurança? Ou, ainda, que tipo de interferência conceitual esse território controlado tem imposto à noção de espaço público?

O argumento aqui colocado é que, sob o "mantra" do urbanismo inteligente e das racionalidades próprias da segurança pública, há uma dispersão de micro e macroelementos territorial-informacionais que se sobrepõem

---

[26] R. Firmino, F. Duarte, "Private video monitoring of public spaces: the construction of new invisible territories", *Urban Studies*, v. 53, n. 4, 2015, p. 741-54.

para minar o significado de lugares e espaços. Isso está representado principalmente pelo que foi chamado de terceira camada territorial, onde redes, associações e práticas ligadas a um uso desregulado de tecnologias de vigilância e securitização coexistem e se espalham pelas cidades latino-americanas. Nesses casos, o exercício de poder sobre certas porções do espaço público por sistemas de segurança privados acontece de um modo ilegítimo, imposto e desregulado, e isso é o que diferencia essa camada territorial das demais, onde o Estado, em tese, exerce o poder sobre o espaço de forma legítima, negociada e exclusiva.

Em um interessante estudo intitulado "The public surveillance functions of private security" [As funções de vigilância pública da segurança privada], Wakefield[27] chama esse consentimento velado do Estado à atuação de empresas privadas no espaço público de "vigilância como estratégia de responsabilização", o que se aplica adequadamente às cidades brasileiras. Entretanto, nos exemplos a que Wakefield se refere, todos em cidades da América do Norte, observa-se a formalização de acordos e parcerias entre os atores do Estado e do setor privado. No caso de monitoramento, descrito acima, sistemas de segurança privada atuam de maneira fragmentada, autônoma e pulverizada no espaço urbano, sem que se tenha clareza sobre os verdadeiros responsáveis por esse tipo de monitoramento e seu *modus operandi*.

A Figura 3 ilustra esse tipo de monitoramento, que ultrapassa exageradamente os limites da propriedade privada e põe em questão onde estariam, então, os limites/fronteiras territoriais sobrepostos ao espaço público. Seriam definidos pelos muros de alvenaria ou pelas áreas de entorno sombreadas pela visão dessas câmeras? Ou, ainda, estariam esses limites completamente dissolvidos quanto à contiguidade espacial, podendo ser definidos pela abrangência territorial de atuação da eventual empresa de segurança privada responsável por esse sistema? Quais os limites entre o público e o privado na "cidade securitizada"? Quais os limites do território na cidade contemporânea? Quais são as territorializações possíveis?

Essas perguntas aplicam-se com facilidade a qualquer dos exemplos citados, no Brasil ou em outros países. Há uma evidente sobreposição de territórios no espaço público, controlados por complexos arranjos sociotécnicos. Dos espaços sob controle de grandes empresas do setor imobiliário no

---

[27] A. Wakefield, "The public surveillance functions of private security", *Surveillance and Society*, v. 2, n. 4, 2005, p. 529-45.

Figura 3: Desafiando os limites territoriais entre os espaços público e privado.
Fonte: acervo do autor, 2015.

Reino Unido às ruas e praças vigiadas por residentes e empresas de segurança no Brasil, esses arranjos são compostos, sobretudo, de tecnologias e acordos (explícitos e oficializados em alguns casos, tácitos em outros) pautados pela crescente estratégia de monitorar e moldar fluxos que atendam a interesses específicos, comerciais ou privados.

Considerações finais

Recuperando as sugestões de Klauser[28] sobre as características da agenda de securitização contemporânea, é possível combinar questões de espacialidade urbana e tecnologias de vigilância, na tentativa de definir a convergência das várias camadas territoriais descritas e destacar novas formas (concretas e digitais) de apropriação de parcelas do espaço urbano por meio do controle.

Formas materiais e tradicionais de vigilância e securitização (muros de alvenaria, cercas, arames farpados, guaritas etc.) normalmente definem os limites legais e negociados entre o dentro e o fora em certos territórios. Novas

---

[28] F. R. Klauser, "Splintering spheres of security", cit.

formas imateriais, digitais e codificadas de vigilância e securitização (sistemas integrados a bancos de dados, CFTV inteligente, cercas eletrônicas, sensores etc.) são usadas não somente para reforçar os limites já estabelecidos mas também para estender as fronteiras territoriais e de exercício de poder em alguns casos. A essas redes técnicas de monitoramento, controle e segurança sobrepõem-se associações sociopolíticas e culturais para o engendramento de complexos arranjos entre atores humanos e não humanos na determinação dos arranjos que se expressam nos elementos que compõem o que aqui foi chamado de terceira camada territorial. Paralelamente ao que aqui se coloca como vigilância e securitização fragmentadas, encontramos o que Klauser[29] chama de "esferas de securitização dispersas".

Ao tentarmos compreender todas essas nuances da territorialização, é comum buscarmos refúgio em diferentes instalações artísticas que expressam níveis semelhantes de inquérito sobre os espaços urbanos. A Figura 4 apresenta a visualização do projeto *Friction Atlas*, por Giuditta Vendrame e Paolo Patelli. Segundo os artistas,

> *Friction Atlas* é um arquivo crítico em construção, onde leis que regulam comportamentos e encontros em espaços públicos, encontradas em diferentes contextos, são representadas e coletadas [...]. Abordando a questão de legibilidade do espaço público, o projeto objetiva tornar as regulações explícitas, por meio de elementos gráficos. Ao desenhar diagramas na escala 1:1, decretando leis sobre a superfície pública, o projeto traz as prescrições legais e suas limitações para o debate.[30]

Aos olhos da vigilância, da segurança e dos sistemas de controle, tudo se torna transparente, enquanto na rotina diária material, mundana e ordinária, fronteiras tornam-se incertas e intangíveis, mas ao mesmo tempo mais agressivas e seletivas. Existe uma sobreposição de limites físicos e digitais que define níveis de controle nos territórios sociopolíticos da cidade. Assim, parece justo afirmar que espaços cada vez mais controláveis estão determinando como a terra é ocupada ou reocupada nas cidades.

Paradoxalmente, ao mesmo tempo que um urbanismo inteligente alega controle total sobre uma cidade mais inteligente, formas de territorialização informais, imperceptíveis e impostas estão, silenciosamente, ocupando e

---

[29] Idem.

[30] G. Vendrame; P. Patelli, *Friction Atlas*; disponível em: <http://frictionatlas.net/about>, acesso em 21 jul. 2018.

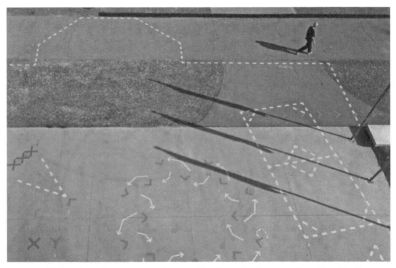

Figura 4: Visualizando territórios. Fonte: Giuditta Vendrame e Paolo Patelli, *Friction Atlas*, 2014; disponível em: http://frictionatlas.net/, acesso em 3 out. 2018.

segregando várias partes intraurbanas. Uma série de arranjos sociotécnicos, apesar de existentes à margem de um suposto urbanismo inteligente, é igualmente responsável pela constituição de territórios urbanos em diferentes escalas (e segundo diferentes contextos), e a análise desse fenômeno está na base do entendimento de espacialidades e espacializações na cidade em que o espaço público se torna moeda de troca, onde o Estado está pouco presente, na cidade neoliberal.

Finalmente, a definição de limites físicos ou digitais é uma característica fundamental de territórios, e quem define e controla a porosidade dessas fronteiras exerce o controle sobre o próprio território. Novas formas de territorialização precisam ser mais bem compreendidas em tempos de "vigilância líquida".

Referências

BAUMAN, Z. *Modernidade líquida*. Rio de Janeiro, Zahar, 2001.

BAUMAN, Z.; LYON, D. *Liquid surveillance: a conversation*. Cambridge, Polity Press, 2013.

BOANO, C.; DESMAISON, B. Lima's 'Wall of Shame' and the gated communities that build poverty into Peru. *The Conversation*, 11 fev. 2016. Disponível em: <https://theconversation.com/limas-wall-of-shame-and-the-gated-communities-that-build-poverty-into-peru-53356>; acesso em 21 jul. 2018.

BRIGHENTI, A. On territorology: towards a general science of territory. *Theory, Culture & Society*, v. 27, 2010, p. 52-72.

COAFFEE, J. Rings of steel, rings of concrete and rings of confidence: designing out terrorism in central London pre and post September 11th. *International Journal of Urban and Regional Research*, v. 28, n. 1, 2004, p. 201-11.

CUFF, D. Immanent domain: pervasive computing and the public realm. *Journal of Architectural Education*, v. 57, n. 1, 2003, p. 43-9.

DELEUZE, G. Post-scriptum sobre a sociedade de controle. *Conversações*: 1972-1990. Rio de Janeiro, Editora 34, 1992.

FIRMINO, R.; DUARTE, F. Private video monitoring of public spaces: the construction of new invisible territories. *Urban Studies*, v. 53, n. 4, 2015, p. 741-54.

HAGGERTY, K.; ERICSSON, R. The surveillant assemblage. *The British Journal of Sociology*, v. 51, n. 4, 2000, p. 605-22.

HIRATA, D.; CARDOSO, B. Coordenação como tecnologia de governo. *Horizontes Antropológicos*, v. 22, n. 46, 2016, p. 97-130.

KLAUSER, F. R. Splintering spheres of security: Peter Sloterdijk and the contemporary fortress city. *Environment and planning D: society and space*, v. 28, n. 2, 2010, p. 326-40.

LUQUE-AYALA, A.; McFARLANE, C.; MARVIN, S. Smart urbanism: cities, grids and alternatives? In: HODSON, M.; & MARVIN, S. (eds.), *After sustainable cities?* Londres, Routledge, 2014, p. 74-90.

LYON, D. *Identifying Citizens: ID Cards as Surveillance*. Londres, Wiley, 2009.

_____. Surveillance culture: engagement, exposure, and ethics in digital modernity. *International Journal of Communication*, 11, 2017, p. 824-42.

LYOTARD, J. F., *The inhuman: reflections on time*. Redwood City, Stanford University Press, 1992.

MARTINS, M. L. R.; OLIVEIRA, P. C.; PATITUCCI, G. P. O pensamento de Jane Jacobs na perspectiva da cidade includente. *Revista Políticas Públicas & Cidades*, 4, 2016, p. 70-89.

MITCHELL, D. The S.U.V. model of citizenship: floating bubbles, buffer zones, and the rise of the "purely atomic" individual. *Political Geography*, v. 24, n. 1, 2005, p. 77-100.

NETTO, V. Jane Jacobs. *Revista Políticas Públicas & Cidades*, v. 4, 2016, p. 9-50.

PAINTER, J. Rethinking territory. *Antipode*, 2010, v. 42, p. 1.090-118.

SANTOS, M. *A natureza do espaço: técnica e tempo, razão e emoção*. 4. ed., São Paulo, Edusp, 2006.

SLOTERDIJK, P. Foam city. *Distinktion*, v. 9, n. 1, 2008, p. 47-59.

VENDRAME, G.; PATELLI, P. *Friction Atlas*. Disponível em: <http://frictionatlas.net/about>; acesso em 21 jul. 2018.

WAKEFIELD, A. The public surveillance functions of private security. *Surveillance and Society*, v. 2, n. 4, 2005, p. 529-45.

WALKER, P. London garden bridge users to have mobile phone signals tracked. *The Guardian*, 6 nov. 2015. Disponível em: <https://www.theguardian.com/uk-news/2015/nov/06/garden-bridge-mobile-phone-signals-tracking-london>; acesso em 21 jul. 2018.

WEISER, M. The computer for the twenty-first century. *Scientific American*, set. 1991, p. 18-25.

ESTADO, TECNOLOGIAS DE SEGURANÇA E NORMATIVIDADE NEOLIBERAL

Bruno Cardoso

> *"Afinal de contas, o Estado [em sua pretensa unidade e individualidade histórica] não é mais do que uma realidade compósita e uma abstração mitificada, cuja importância é muito menor do que se imagina. O que é importante para a nossa modernidade, para a nossa atualidade, não é tanto a estatização da sociedade, mas o que chamaria de governamentalização do Estado."*[1]

Introdução

Ao afirmarem que o Estado é uma realidade compósita, Foucault e uma série de outros autores por ele influenciados[2] estão dizendo que esse Estado não pode ser compreendido como uma instituição unívoca ou como uma realidade de forma fixa e passível de uma definição *a priori*. O Estado seria, mais precisamente, um macroator constituído por uma pluralidade de atores menores[3] e de conexões entre estes. A capacidade de construir redes (relativamente) estáveis entre (e com) esses atores, a partir da estabilização das relações que os conectam, garantindo que diversas cadeias de ação[4] possam se

---

[1] M. Foucault, *Microfísica do poder* (São Paulo, Graal, 2011), p. 292 [colchetes meus].

[2] Ver, por exemplo, B. Hibou, "From privatising the economy to privatising the State: an analysis of the continual formation of the State", em B. Hibou (org.), *Privatizing the State* (Nova York, Columbia University Press, 2004), p. 1-48; N. Rose; P. Miller, "Poder político além do Estado: problemáticas de governo", em *Governando o presente* (São Paulo, Paulus, 2012), p. 70-104; P. Dardot; C. Laval, *A nova razão do mundo: ensaio sobre a sociedade neoliberal* (trad. Mariana Echalar, São Paulo, Boitempo, 2016).

[3] Ver M. Callon; B. Latour, "Unscrewing the Big Leviathan; or how actors macrostructure reality, and how sociologists help them to do so?", em K. Knorr; A. Ciccourel (orgs.), *Advances in social theory and methodology: towards an integration of micro and macro sociologies* (Londres, Routledge, 1981), p. 277-303.

[4] O conceito de "ação distribuída", de Bruno Latour, dá conta dessa dimensão de circulação da ação dentro de uma rede de atores heterogêneos, organizados

desenvolver dentro de um certo nível de previsibilidade, é, assim, fundamental para a própria existência do Estado e para a efetividade de sua atuação[5]. A governamentalização do Estado à qual se refere a epígrafe deste capítulo é o processo histórico através do qual o aparelho estatal moderno é constituído, com as finalidades, as técnicas e os problemas que se impõem a ele.

> São as táticas de governo que permitem definir a cada instante o que deve ou não competir ao Estado, o que é público ou privado, o que é ou não estatal, etc.; portanto o Estado, em sua sobrevivência e em seus limites, deve ser compreendido através das táticas gerais da governamentalidade.[6]

O governo é compreendido não como uma instituição, mas como uma atividade que consiste na condução da conduta de indivíduos e da população, no interior de um quadro jurídico e com os instrumentos de que dispõe o Estado[7]. Táticas, atores (dos governantes aos governados) e instrumentos se misturam na composição, na construção, no funcionamento e na estabilização dessas redes que formam as cadeias de ação estatais, nas atividades de governo, fazendo o Estado funcionar[8] e, com isso, existir na prática. Como essas redes são formadas por múltiplos e heterogêneos atores, para que as ações que passam por elas cheguem ao seu objetivo ou sejam o menos distorcidas possível, é necessário que todos se "comportem" da maneira adequada (esperada) ao funcionamento planejado, "obedeçam" à ordem

---

estrategicamente. Embora tenham significados diferentes, usarei "cadeia de ação" (ou "ações") e "ação distribuída" alternadamente, como sinônimos; vf. B. Latour, *Reagregando o social: uma introdução à teoria do ator-rede* (Salvador/Bauru, Editora EDUFBA/Edusc, 2012).

[5] Max Weber ressalta a importância da burocracia estatal para a previsibilidade e a regularidade na cadeia de ações do Estado; M. Weber, *Economia e sociedade*, v. 1 (Brasília, Editora UnB, 2012). Foucault enfatiza também uma série de outros dispositivos heterogêneos que se somariam à organização burocrática nessa tarefa; vf. M. Foucault, *Segurança, território, população* (São Paulo, Martins Fontes, 2009).

[6] M. Foucault, *Microfísica do poder*, cit., p. 292.

[7] Idem, *Nascimento da biopolítica* (São Paulo, Martins Fontes, 2008).

[8] O funcionamento, no caso, independe da forma final das ações em relação à sua concordância com o quadro jurídico vigente ou os objetivos manifestos da ação. Por exemplo, quando a polícia adota uma política de enfrentamento e execuções sumárias, está utilizando os instrumentos do Estado e, muitas vezes, seguindo uma cadeia de comando e compondo uma cadeia de ação. Entretanto, essas ações são consideradas ilegais pelo quadro jurídico e têm por consequência recorrente o aumento da violência, o oposto daquilo a que as ações policiais deveriam visar.

prevista. Os comportamentos devem ser tornados previsíveis ou estáveis, uma das maiores dificuldades na constituição de redes de *ação distribuída*. O conceito de *programa de ação*, conforme apresentado por Bruno Latour e Madeleine Akrich[9], refere-se às estratégias de estabilização das diversas ações requeridas, por meio da transformação de uma ordem verbal (ou de instruções para a ação) em um artefato ou ambiente planejado de forma que as instruções sejam cumpridas de modo suave e engendrando pouca resistência por parte dos atores envolvidos.

No presente capítulo, discuto a participação de empresas de tecnologia na construção do Estado brasileiro na segunda década do século XXI, a partir do campo da segurança pública. Esse processo foi acelerado pela realização no país dos dois maiores eventos esportivos mundiais, a Copa do Mundo em 2014 e os Jogos Olímpicos em 2016, em especial com a construção do Sistema Integrado de Comando e Controle (Sicc), coordenada por uma secretaria extraordinária criada pelo Ministério da Justiça especialmente para executar essa tarefa (Secretaria Extraordinária de Segurança em Grandes Eventos – Sesge) e apresentada como o principal legado na área da segurança deixado por esses eventos no país. Optei por concentrar parte considerável da discussão teórica na introdução do texto, de modo a tornar mais fluidas a apresentação do Sicc, sua relação com os megaeventos e a atividade da Sesge. Posteriormente, para concluir, eu me concentro na apresentação do modelo de governamentalidade neoliberal, em sua estreita relação com a aquisição de infraestrutura tecnológica de segurança e controle, levando a uma adequação crescente, através de diversos meios, a uma *normatividade neoliberal*.

Empresas de tecnologia de segurança e megaeventos: (re)arquitetando o Estado

Megaeventos internacionais necessariamente levam ao estabelecimento e/ou ao reforço de uma série de fluxos de troca e circulação, de pessoas, mercadorias, capitais, tecnologias, expertises, promessas e riscos. Desde os

---

[9]   B. Latour, "Where are the missing masses? The sociology of a few mundane artifacts", em W. Bijker; J. Law, *Shaping technology/building society: studies in sociotechnical change* (Londres/Cambridge, MIT Press, 1998), p. 225-58; M. Akrich, B. Latour, "A summary of a convenient vocabulary for the semiotics of human and nonhuman assemblies", em W. Bijker; J. Law, *Shaping technology/building society*, cit., p. 259-64.

atentados de 11 de setembro de 2001, um determinado padrão de fluxos foi estabelecido (ou reforçado) no campo da segurança, com um grande acréscimo nos valores despendidos[10] e uma ênfase bem marcada na aquisição de tecnologias da informação e comunicação (TICs), voltadas ao estabelecimento de infraestruturas de comando e controle, usadas também para vigilância e monitoramento[11]. No caso brasileiro, é explicitamente afirmado que esses fluxos são vistos como fundamentais – em especial na área de segurança pública – dentro de um processo de modernização do país[12].

Por ocasião dos preparativos e da realização dos megaeventos, os mais frequentes questionamentos aos gastos tinham como alvo as despesas com construção ou reforma de equipamentos esportivos, contratadas junto às grandes empreiteiras que figuravam entre as maiores empresas do país. Entretanto, vários outros contratos de valores importantes foram firmados, muitas vezes significando mais do que apenas a transferência de recursos mediante troca entre Estado e iniciativa privada. A construção e a operacionalização dos grandes sistemas de tecnologia de segurança inserem essas empresas na própria arquitetura de governo e funcionamento do Estado, com um papel que pode extrapolar o mero fornecimento de serviços ou material.

Dessa forma, agentes do setor privado passam não somente a cooperar com o Estado mas também a *co-operar*[13] alguns de seus principais instru-

---

[10] R. Giulianotti; F. Klauser, "Security governance and sport mega-events: toward an interdisciplinary research agenda", *Journal of Sport and Social Issues*, v. 34, n. 1, 2009, p. 1-13.

[11] M. Samatas, "Surveillance in Athens 2004 and Beijing 2008: a comparison of the olympic surveillance modalities and legacies in two different olympic host regimes", *Urban Studies*, n. 48, v. 15, 2011, p. 3.347-66; D. Pauschinger, *Global security going local: sport mega event and everyday security dynamics at the 2014 World Cup and the 2016 Olympics in Rio de Janeiro* (tese de doutorado em Criminologia Cultural e Global, Hamburgo/Kent, Universidade de Hamburgo/Universidade de Kent, 2017). Deve-se ressaltar que armamentos de baixa letalidade, como bombas de efeito moral, *spray* de pimenta, gás lacrimogêneo e armas com munição de elastômero ("balas de borracha") também compõem parte não desprezível dos gastos em segurança. Embora não seja possível avançar nessa discussão no presente artigo, é notável a influência dessas aquisições na atuação das forças de segurança brasileiras.

[12] Discurso do ministro da Justiça na I Conferência Internacional de Segurança para Grandes Eventos, 8 nov. 2012; disponível em: <https://soundcloud.com/blogdajustica3/discurso-do-ministro-da-justi>, acesso em 22 jul. 2018.

[13] O uso alternado das grafias *cooperar* e *co-operar* tem por objetivo marcar a diferença entre a ideia de cooperação, como forma de ajuda ou parceria, e a ideia de co-operação,

Estado, tecnologias de segurança e normatividade neoliberal • 95

mentos de ação e organização no campo da segurança. No caso brasileiro, como veremos, os investimentos se concentraram na criação de um sistema nacional de "integração" institucional, que permitisse a coordenação entre os diferentes órgãos públicos responsáveis pela defesa, segurança pública ou defesa civil (nas esferas nacional, estadual e municipal), em uma arquitetura institucional que variaria de acordo com as situações e os cenários com que se tivesse de lidar. Apareceu de forma evidente nos discursos oficiais e de autoridades a centralidade conferida à construção do Sistema Integrado de Comando e Controle, responsável por essa integração coordenada, apontado com frequência como principal "legado" dos megaeventos no âmbito da segurança e objetivo final de parte considerável dos gastos realizados[14].

O Sicc foi criado para operar na Copa do Mundo de 2014 e consistia então em doze Centros Integrados de Comando e Controle (Ciccs) a serem construídos, um em cada cidade-sede, além de um décimo terceiro em Brasília (cidade que conta, então, com dois Ciccs), de onde seria realizado o trabalho de coordenação e supervisão de todos os outros centros, integrados e coordenados por meio de um complexo sistema de comunicação. Isso permitiria um grau elevado de centralização operacional, fornecida por algumas grandes empresas de tecnologia contratadas pela Secretaria Extraordinária de Segurança em Grandes Eventos (Sesge)[15]. Seu principal objetivo era a integração ou coordenação das diversas agências responsáveis pela segurança ou defesa. Após a realização da Copa do Mundo, o governo federal inaugurou Ciccs em todas as capitais do país, integrando-os ao Sicc. Além dos prédios, das pessoas e da infraestrutura tecnológica, compõem o Sicc caminhões com câmeras em plataformas elevadas e com uma pequena sala de comando e controle, helicópteros com imageadores aéreos, ônibus que funcionam como delegacias móveis e outros equipamentos. Acrescenta

---

como uma operação conjunta (no caso, uma operação conjunta dos instrumentos de ação estatal entre órgãos do Estado e empresas de tecnologia de segurança).

[14] Ministério da Justiça, Secretaria Extraordinária de Segurança para Grandes Eventos, *Planejamento estratégico de segurança para a Copa do Mundo Fifa Brasil 2014*, Brasília, 2012; disponível em: <https://www.conectas.org/arquivos/editor/files/PlanejamentoEstrategicoSESGE%20(2).pdf>, acesso em 28 set. 2018.

[15] Para a discussão a respeito do funcionamento e da composição de um Cicc (o do Rio de Janeiro), ver D. Hirata; B. Cardoso, "Coordenação como tecnologia de governo", *Horizontes Antropológicos*, v. 22, n. 46, 2016, p. 97-130; disponível em: <http://www.scielo.br/pdf/ha/v22n46/0104-7183-ha-22-46-0097.pdf>, acesso em 23 out. 2018.

importância ao Sicc o fato de proporcionar uma centralização nacional na política de segurança pública, que vinha sendo definida e tratada principalmente em âmbito estadual, levando a diferentes prioridades de investimento e ação de cada governo.

O Sicc e o urbanismo militar: os *legados em segurança dos megaeventos*

Ao contrário do que ocorre em outras áreas, nas quais se discute a permanência ou não de algum *legado* dos megaeventos, no campo da segurança este é visível e pode ser encontrado em diferentes âmbitos e formas, interconectáveis – quase todos com alguma relação com o Sicc. Podemos apontar, entre outros *legados*:

a) infraestrutura tecnológica: *softwares*, conexão e equipamentos físicos;

b) infraestrutura de obras: os Ciccs, por exemplo;

c) protocolos operacionais (Pops): criados e sustentados pelos *softwares* e sistemas informáticos que integram os diferentes atores, medeiam as relações entre eles, registram e por vezes ordenam as operações;

d) arquitetura institucional: o Sicc fortalece, nacional e localmente, um modelo que requer a participação de múltiplas agências, desde órgãos públicos, como as polícias e o corpo de bombeiros, até as empresas que fornecem os sistemas e as "soluções integradoras" que permitem essa participação múltipla;

e) modelo "gerencial-militarizado": os princípios de comando e controle, que norteiam e estruturam o Sicc, combinam elementos de gerenciamento empresarial com estratégias de ação e ocupação do espaço e com organização de tipo militar;

f) (re)aparelhamento das forças de defesa e segurança: armamento de baixa e alta letalidade, viaturas, radiotransmissores, roupas especiais etc.

O objetivo declarado da constituição do Sicc e do (re)aparelhamento das forças de segurança é a implantação de um novo paradigma operacional baseado em princípios de gerenciamento provenientes do mundo empresarial, reelaborados e adaptados pelas Forças Armadas como uma doutrina militar de operações[16]. O propósito almejado é maximizar a eficiência das

---

[16] Ver B. Cardoso, "Megaeventos esportivos e modernização tecnológica: planos e discursos sobre o legado em segurança pública", *Horizontes Antropológicos,* v. 19, n. 40, 2013; disponível em: <https://dx.doi.org/10.1590/S0104-71832013000200005>, acesso em 22 jul. 2018.

ações de segurança e defesa a partir do compartilhamento de informações, da ação conjunta e da tomada de decisões apoiada em análise situacional e objetivos estratégicos. Ao ser posto em funcionamento, esse sistema cria protocolos de ação que tendem a ser repetidos em situações semelhantes, as quais passam a ser geridas, teoricamente, por meio de um padrão baseado na eficiência das operações[17], que muitas vezes leva a críticas, por parte de alguns grupos, por fazer uso de força excessiva ou desproporcional às ameaças apresentadas ou resistências colocadas. Esses efeitos são decorrentes da implantação do modelo de "urbanismo militar" (ou de um "novo urbanismo militar"), caracterizado pela propagação de definições e de uma organização militarizada do espaço urbano, pela normalização de paradigmas militares de ação, pensamento e política pública[18], pelo crescente uso de tecnologias de comando e controle e pelo ampliado volume de informações produzidas. Dessa forma, os efeitos associados a esse legado de segurança, considerados positivos pelos gestores públicos por oferecerem um novo paradigma de ação coordenada e eficiente, são percebidos por parte da sociedade como negativos por estabelecerem um modelo militarizado de atuação das forças de segurança, visto como contraditório em relação a uma política de segurança baseada no respeito às liberdades individuais e de associação e aos direitos humanos. A disputa em torno dos efeitos da adoção desse modelo e dos discursos produzidos sobre ele vem se dando de forma pública no Brasil pelo menos desde os protestos de junho de 2013, embora episódios anteriores, já ligados à realização dos megaeventos – como a operação de desocupação da Aldeia Maracanã, ocorrida no Rio de Janeiro em março do mesmo ano –, apresentassem indícios das mudanças em curso. E, é claro, é o modelo utilizado nas ocupações de favelas, na implantação de Unidades de Polícia Pacificadora (UPPs) e na ocupação da Favela da Maré pelo Exército, no Rio de Janeiro, iniciada por ocasião da Copa do Mundo, além da ocupação federal pelo Exército, que se estende por quase a totalidade do ano de 2018. O urbanismo militar aparece cada vez mais como modelo normativo a ser adotado nas mais diversas operações e atividades de segurança.

---

[17] O que não pretende significar que, na prática, as coisas ocorram de forma semelhante ao planejado. Frequentemente não é esse o caso.

[18] S. Graham, *Cidades sitiadas: o novo urbanismo militar* (trad. Alyne Azuma, São Paulo, Boitempo, 2016).

Quanto custa um legado? A Sesge e os gastos em segurança dos megaeventos

Os Jogos Olímpicos de 2016 têm como característica serem uma continuidade de megaeventos anteriores, com os quais compartilharam parcela significativa de investimentos e preparação. No âmbito da segurança e da defesa, isso se mostra especialmente válido, com a maior parte dos gastos da Sesge se concentrando nos anos de 2013 e 2014, com queda significativa em 2015 (Tabela 1). Desde, pelo menos, a Copa das Confederações (em junho de 2013, coincidindo com as Jornadas de Junho), passando pela Jornada Mundial da Juventude, no mesmo ano, e pela Copa do Mundo de 2014, os investimentos em segurança vêm sendo feitos de forma diluída e pulverizada entre vários órgãos, que, de uma forma ou de outra, tiveram acréscimo em seu orçamento anual por conta da participação na segurança dos megaeventos. Além disso, muitos gastos também podem aparecer sobrepostos. De qualquer forma, não é possível compreender os investimentos em segurança dos Jogos Olímpicos sem levar em conta aquilo que já havia sido gasto nos eventos anteriores. Mas, dessa maneira, torna-se ainda mais impreciso o volume total contratado.

Assim, em relação aos eventos, os dados mais precisos são os da Copa do Mundo de 2014, disponibilizados no Portal da Transparência. O valor total dos contratos públicos em segurança e defesa teria sido de cerca de R$1,85 bilhão, a maior parte em tecnologias de segurança e defesa. Os dados sobre os gastos

Rubrica/ano	2012	2013	2014	2015	Total	% do total
14 - Diárias – civil	1.315.351,50	2.136.887,66	10.785.545,56	2.084.929,06	16.322.713,78	1,704711195
15 - Diárias – militar	0,00	5.395,05	0	0	5.395,05	0,000563448
30 - Material de consumo	64.694,04	14.914.142,09	15.856.515,76	5.809.578,08	36.644.929,97	3,827122327
33 -Passagens e despesas com locomoção	921.092,31	2.541.560,35	2.996.344,83	1.098.746,46	7.557.743,95	0,789315483
35 - Serviços de consultoria	7.008.535,27	2.935.464,72	0	74,04	9.944.074,03	1,038538968
36 - Outros serviços de terceiros – pessoa física	2.603.592,00	7.895.779,45	1.167.475,85	0	11.666.847,30	1,218461922
39 - Outros serviços de terceiros – pessoa jurídica (outras despesas correntes)	92.460,71	1.909.514,40	38.110.365,94	24.171.096,70	64.283.437,75	6,713632147
39 - Outros serviços de terceiros – pessoa jurídica (investimento)	0,00	13.189.152,66	76.791.194,72	5.048.369,49	95.028.716,87	9,924606878
47 - Obrigações tributárias e contributivas	5.260,35	8.983,69	21.772,41	15.136,00	51.152,45	0,005342258
51 - Obras e instalações	0,00	115.592.452,51	39.063.004,26	5.948.397,22	160.603.853,99	16,77314149
52 - Equipamentos e material permanente	2.040.634,66	198.321.932,29	316.603.100,20	35.870.551,67	552.836.218,82	57,73709591
92 - Despesas de exercícios anteriores	0,00	5.956,20	19.366,12	2.523.774,48	2.549.096,80	0,266222511
93 - Indenizações e restituições	7.617,42	892,17	2.093,25	1.322,57	11.925,41	0,001245466
Total	14.059.238,26	359.458.113,24	501.416.778,90	82.571.975,77	957.506.106,17	100

Tabela 1: Gastos da Sesge por rubrica, em reais (2012-2015).
Fonte: Portal da Transparência.

com os Jogos Olímpicos não haviam sido – até o momento da elaboração deste texto – publicizados de forma organizada ou oficial. Fontes na imprensa[19] falam em um orçamento de 930 milhões, com 350 milhões para o Ministério da Justiça e 580 milhões para o Ministério da Defesa[20], o que perfaria aproximadamente R$2,8 bilhões gastos, diretamente, na segurança dos dois megaeventos. A coordenação entre, de um lado, o Ministério da Defesa e as Forças Armadas e, de outro, o Ministério da Justiça e as secretarias estaduais de segurança (nos estados que sediaram jogos da Copa do Mundo) é o elemento central de todo esse esquema de segurança, por isso os orçamentos são divididos e alvo de disputa.

A coordenação de todas as agências participantes do esquema de segurança dos megaeventos e, por conseguinte, da construção e do início de funcionamento do Sicc coube à Secretaria Extraordinária de Segurança em Grandes Eventos (Sesge), criada especialmente para essa tarefa, alocada na estrutura administrativa do Ministério da Justiça e composta majoritariamente de agentes da Polícia Federal. A Sesge desempenhou o papel mais importante na criação da arquitetura institucional desejada e dispôs, de 2012 a 2015, de um orçamento de R$957.506.106,28. Como podemos verificar na Tabela 1, mais de 91% desses gastos foram em "equipamento e material permanente" (57,74%), "obras e instalações" (16,77%) e "outros serviços de terceiros – pessoa jurídica" (16,64%). Uma análise da lista das dezenove empresas que mais receberam recursos deixa evidente a centralidade dos investimentos em tecnologia da informação e comunicação (Tabela 2).

Além da participação dessas empresas na operacionalização da segurança pública, o volume elevado de gastos e a possibilidade de que elas fechem grandes contratos com o Estado – o que, por seu efeito de visibilidade, pode levar a outros contratos locais ou internacionais – tornam bastante frequentes denúncias de corrupção. Em 2015, conforme

---

[19] L. Jardim, "Governo e Rio-2016 estimam que custo da segurança nas Olimpíadas subirá 15%", *O Globo*, 16 nov. 2015; disponível em: <http://blogs.oglobo.globo.com/lauro-jardim/post/governo-e-rio-2016-estimam-que-custo-da-seguranca-nas-olimpiadas-subira-15.html>, acesso em 22 jul. 2018.

[20] G. Luiz, "Segurança dos Jogos Olímpicos vai custar R$580 milhões, diz Defesa", *G1*, 7 ago. 2015; disponível em: <http://g1.globo.com/rio-de-janeiro/olimpiadas/rio2016/noticia/2015/08/seguranca-dos-jogos-olimpicos-vai-custar-r-580-milhoes-diz-defesa.html>, acesso em 22 jul. 2018.

100 • Tecnopolíticas da vigilância

Empresa	Equipam. e mat. perm.	Obras e instalações	Serviços de terceiros — PJ	Total de gastos	% do total de gastos
Aceco TI S.A.	0	160.512.345,90	832.463,38	161.344.809,28	16,85
Aeromot — Aeronaves e Motores S.A. [Aeromot]	79.870.784,09	0,00	20.471.819,99	100.342.604,08	10,48
Agora — Soluções em Telecomunicações Ltda.	81.088.043,32	0,00	4.811.137,33	85.899.180,65	8,97
Altave Indústria, Comércio e Exportação de Aeronaves Ltda. [Altave]	20.601.608,00	0,00	2.480.000,00	23.081.608,00	2,41
Banco do Brasil S.A. [Direção Geral]	13.562.638,73	0,00	4.413.484,95	17.976.123,68	1,88
Bilfinger Mauell Serviços e Eengenharia Ltda. [Bilfinger Mauell]	9.291.064,98	0,00	13.300.738,45	22.591.803,43	2,36
Claro S.A. [Claro]	0,00	0,00	12.766.647,85	12.766.647,85	1,33
Comil Ônibus S.A. [Comil]	10.605.412,34	0,00	0,00	10.605.412,34	1,11
Comtex Telecomunicações	28.307.993,00	0,00	16.861.164,85	45.169.157,85	4,72
Condor S.A. Indústria Química [Condor]	43.587.174,27	0,00	0,00	43.587.174,27	4,55
Empresa Brasileira de Telecomunicações S.A. — Embratel	0,00	0,00	9.639.216,05	9.639.216,05	1,01
Inbraterrestre Indústria e Comércio de Materiais de Segurança Ltda. [Inbraland]	15.191.145,50	0,00	0,00	15.191.145,50	1,59
Medidata Informática S.A.	41.127.499,71	0,00	657.642,68	41.785.142,39	4,36
Módulo Security Solutions S.A.	0,00	0,00	48.128.587,11	48.128.587,11	5,03
Rontan Eletro Metalúrgica Ltda.	50.352.655,11	0,00	435.342,23	50.787.997,34	5,30
Steel Truck Indústria, Comércio e Serviços Ltda. [Steel Truck]	15.409.734,07	0,00	318.699,00	15.728.433,07	1,64
Truckvan Indústria e Comércio Ltda.	42.542.996,56	0,00	0,00	42.542.996,56	4,44
Unisys Brasil Ltda. [Unisys]	42.625.682,07	0,00	12.452.469,84	55.078.151,91	5,75
Welser Itage Praticipações e Comércio S.A. [Welser Itage]	16.684.348,05	0,00	0,00	16.684.348,05	1,74
Total gasto pela Sesge				957.506.106,28	91,98

Tabela 2: Empresas que receberam mais de 1% do orçamento da Sesge.
Fonte: Portal da Transparência.

noticiado na imprensa local e internacional, uma investigação interna da empresa alemã Bilfinger Mauell[21] levantou suspeitas de práticas de suborno a agentes públicos brasileiros, quando das licitações para equipar os Ciccs com *videowalls*[22], em caso que lembra o ocorrido na Olimpíada de Atenas, com a empresa Siemens, também alemã[23].

---

[21] A Bilfinger Mauell recebeu R$22,59 milhões da Sesge; M. Brandão, "Ministério da Justiça investiga pagamento de propina na Copa do Mundo", *EBC*, 23 mar. 2015; disponível em: <http://www.ebc.com.br/noticias/2015/03/mj-e-empresa-alema-investigam-pagamento-de-propina-em-prestacao-de-servico>, acesso em 22 jul. 2018).

[22] *Videowall* é o nome que recebe a parede de telas que constitui a conhecida imagem dos centros de comando e controle.

[23] M. Samatas, "Surveillance in Athens 2004 and Beijing 2008", cit.

Os gastos da Sesge são bastante representativos do modelo de relação com empresas descrito anteriormente. Como podemos ver na Tabela 3, as dez empresas que tiveram contratados os maiores valores concentraram 70,46% dos investimentos do órgão ao longo de quatro anos. Apenas as três que receberam mais recursos (Aceco[24], Aeromot[25] e Agora[26]) somam R$347,58 milhões em investimentos em TICS, ligados diretamente ao Sicc.

Empresa	Equipam. e mat. perm.	Obras e instalações	Serviços de terceiros — PJ	Total de gastos	% do total de gastos
Aceco TI S.A.	0	160.512.345,90	832.463,38	161.344.809,28	16,85
Aeromot — Aeronaves e Motores S.A. [Aeromot]	79.870.784,09	0,00	20.471.819,99	100.342.604,08	10,48
Agora — Soluções em Telecomunicações Ltda.	81.088.043,32	0,00	4.811.137,33	85.899.180,65	8,97
Unisys Brasil Ltda. [Unisys]	42.625.682,07	0,00	12.452.469,84	55.078.151,91	5,75
Rontan Eletro Metalúrgica Ltda.	50.352.655,11	0,00	435.342,23	50.787.997,34	5,30
Módulo Security Solutions S.A.	0,00	0,00	48.128.587,11	48.128.587,11	5,03
Comtex Telecomunicações	28.307.993,00	0,00	16.861.164,85	45.169.157,85	4,72
Condor S.A. Indústria Química [Condor]	43.587.174,27	0,00	0,00	43.587.174,27	4,55
Truckvan Indústria e Comércio Ltda.	42.542.996,56	0,00	0,00	42.542.996,56	4,44
Medidata Informática S.A.	41.127.499,71	0,00	657.642,68	41.785.142,39	4,36
Total recebido pelas 10 empresas que mais receberam				674.665.801,44	70,46
Total gasto pela Sesge				957.506.106,28	

Tabela 3: Dez empresas que mais receberam recursos da Sesge (2012-2015).
Fonte: Portal da Transparência.

Normatividade empresarial e racionalidade neoliberal

> *O Estado é obrigado a ver a si mesmo como uma empresa, tanto em seu funcionamento interno como em sua relação com os outros Estados. Assim, o Estado, ao qual compete construir o mercado, tem ao mesmo tempo de construir-se de acordo com as normas de mercado.*[27]

Certamente é preciso destacar o grande investimento realizado em armamento de menor letalidade, comercializado pela empresa química Condor, que vendeu R$43,59 milhões em produtos à Sesge, aparecendo em oitavo lugar no *ranking*. O uso crescente de armamentos de menor letalidade, como já dito, aparece como uma das características do modelo

---

[24] Aceco TI: <http://www.acecoti.com.br>.

[25] Aeromot: <http://www.aeromot.com.br/?page_id=317>.

[26] Agora, Soluções em Telecomunicações: <http://www.agoratelecom.com.br>.

[27] P. Dardot; C. Laval, *A nova razão do mundo*, cit., p. 378.

do *novo urbanismo militar* e, sem dúvida, vem sendo observado no Brasil desde 2013. Além disso, a multiplicação de situações e ocasiões em que tais armamentos são utilizados contra a população – seja na desocupação violenta de áreas da cidade, seja na repressão a manifestações, seja na contenção de blocos de Carnaval – tem provável relação direta com a aquisição maciça desses produtos. Contudo, o mais notável ao observarmos a Tabela 3 é que oito das dez empresas com maiores contratos com a Sesge foram contratadas diretamente para a criação do Sicc[28], que se consolida como modelo nacional de segurança por criar, uma vez instalado, uma constante demanda por atualização, reparo, adaptação, equipamentos, pessoal e mais recursos[29]. Mais até do que um modelo, o Sicc é uma importante tecnologia de governo que tende a ser empregada cada vez mais em situações que frequentemente pouco lembram cenários típicos de intervenção das forças de segurança – eleições, dias de festa, eventos esportivos, deslizamentos, enchentes, acidentes, trânsito congestionado etc. E, por meio dessa tecnologia de governo, aplicada cada vez mais, fica como "legado" de segurança dos megaeventos um modelo de atuação e gerenciamento "empresarial-militarizado" dos espaços públicos que, junto com outros fatores, colabora para a transformação em curso do Estado brasileiro e de seus instrumentos de funcionamento.

E esse modelo se impõe de diversas maneiras. Com o Sicc, as empresas de tecnologia passam a ter papel cada vez mais relevante na operacionalização, na organização e nas opções que são oferecidas às autoridades de segurança pública. Sua atuação não se dá por meio da ingerência direta nas políticas públicas, mas ocorre pela construção de canais de ação "desenhados" por essas empresas com equipamentos e *softwares* que privilegiam (embora não determinem) certas formas de atuação das forças de segurança. Mais do que a participação crescente nas redes heterogêneas de ação distribuída que constituem o Estado e que conformam a atuação estatal, essas empresas são responsáveis pela construção dos *programas de ação* na área de segurança pública e, com isso, da própria definição dos parâmetros de atuação em segurança pública.

---

[28] Além da Condor, apenas a Rontan, fornecedora de viaturas, que aparecia em sexto lugar, não estava diretamente ligada ao Sicc.

[29] No Rio de Janeiro, esse fenômeno ficou patente nos diagnósticos e no planejamento de ação da intervenção federal na segurança pública, comandada pelo Exército e sediada no Cicc-RJ, realizada em 2018; ver <http://www2.planalto.gov.br/acompanhe-planalto/releases/2018/06/plano-estrategico-gif.pdf>, acesso em 23 out. 2018.

Estado, tecnologias de segurança e normatividade neoliberal • 103

As alterações introduzidas não são negligenciáveis. Como vimos, elas seguem um padrão de mudanças nos protocolos e estratégias de ação que vem se repetindo em diversos contextos internacionais e que estaria associado a um modelo de "urbanismo militarizado"; por outro lado, a inserção dessas empresas na constituição e arquitetura dessa rede tem também por consequência a adoção dos parâmetros de orientação e avaliação empresarial – ou uma *normatividade empresarial* –, que enfatizam critérios de eficiência baseados, por exemplo, no tempo médio de atendimento de chamadas emergenciais e de encerramento de ocorrências, além da taxa de ocorrências atendidas pela Polícia Militar[30]. A produção automática de dados, inclusive a respeito da atuação dos próprios operadores do sistema, leva a um processo de constante medição e incessante comparação, que acaba tendo importantes reflexos sobre as atividades desempenhadas e os objetivos buscados[31]. Assim como os critérios de eficiência, os objetivos almejados para o enquadramento nessa normatividade empresarial não necessariamente coincidem com as obrigações do Estado no campo da segurança. Contudo, e essa é uma das características definidoras da racionalidade neoliberal – e uma de suas principais novidades em relação ao liberalismo clássico –, a lógica e as técnicas da administração de empresas se sobrepõem às da administração pública, com pouca ou nenhuma tradução de uma para a outra[32]. Como na citação de Pierre Dardot e Christian Laval que iniciou este último tópico, um tanto distópico, o Estado vai sendo cada vez mais pensado como uma grande empresa, e múltiplos discursos e práticas surgem por diversos lados para reforçar essa tradução, aplicando sobre um os métodos e a racionalidade do outro.

E, como consequência, cada vez mais o círculo vai se fechando. O Estado não apenas se compõe hibridamente com empresas, mas passa a se construir também a partir do modelo da empresa e a ter seus *programas de*

---

[30] Exemplos extraídos do trabalho de campo que realizei entre março de 2013 e junho de 2014 no Cicc do Rio de Janeiro, acompanhando a ocupação e o primeiro ano de funcionamento do prédio. Além do trabalho de campo, realizei mais algumas visitas e entrevistas no Cicc em 2016. Para uma apresentação mais detalhada desses dados, ver B. Cardoso; D. Hirata, "Dispositivos de inscrição e redes de ordenamento público: uma aproximação entre a teoria do ator-rede (ANT) e Foucault", *Sociologia & Antropologia*, v. 7, n. 1, 2017, p. 77-103; disponível em: <https://dx.doi.org/10.1590/2238-38752017v714>, acesso em 22 jul. 2018.

[31] D. Garland, *A cultura do controle* (Rio de Janeiro, Revan, 2008).

[32] M. Foucault, *Nascimento da biopolítica*, cit.

ação desenhados e estabilizados por empresas em dispositivos sociotécnicos (*softwares*, principalmente, e *hardwares*) pensados a partir do modelo de eficiência das empresas. E, dessa forma, por meio da infraestrutura tecnológica, do modelo de ação e avaliação e do governo dos operadores estatais em suas atividades práticas diárias, por meio de programas de ação, consolida-se a governamentalidade neoliberal. E uma normatividade empresarial vai sendo imposta, de diversas maneiras, como "caminho" (quase) obrigatório.

Referências

AKRICH, M.; LATOUR, B. A summary of a convenient vocabulary for the semiotics of human and nonhuman assemblies. In: BIJKER, W.; LAW, J. *Shaping technology/building society: studies in sociotechnical change*. Londres/Cambrigde, MIT Press, 1998, p. 259-264.

BRANDÃO, M. Ministério da Justiça investiga pagamento de propina na Copa do Mundo. *EBC*, 23 mar. 2015. Disponível em: <http://www.ebc.com.br/noticias/2015/03/mj-e-empresa-alema-investigam-pagamento-de-propina-em-prestacao-de-servico>; acesso em 22 jul. 2018.

CALLON, M.; LATOUR, B. Unscrewing the Big Leviathan; or how actors macrostructure reality, and how sociologists help them to do so? In: KNORR, K.; CICCOUREL, A. (orgs.). *Advances in social theory and methodology*: towards an integration of micro and macro sociologies. Londres, Routledge, 1981, p. 277-303.

CARDOSO, B. Megaeventos esportivos e modernização tecnológica: planos e discursos sobre o legado em segurança pública. *Horizontes Antropológicos*, v. 19, n. 40, 2013. Disponível em: <https://dx.doi.org/10.1590/S0104-71832013000200005>; acesso em 22 jul. 2018.

CARDOSO, B.; HIRATA, D. Dispositivos de inscrição e redes de ordenamento público: uma aproximação entre a teoria do ator-rede (ANT) e Foucault. *Sociologia & Antropologia*, v. 7, n. 1, 2017, p. 77-103. Disponível em: <https://dx.doi.org/10.1590/2238-38752017v714>; acesso em 22 jul. 2018.

DARDOT, P.; LAVAL, C. *A nova razão do mundo: ensaio sobre a sociedade neoliberal*. Trad. Mariana Echalar. São Paulo, Boitempo, 2016.

FOUCAULT, M. *Microfísica do poder*. São Paulo, Graal, 2011.

_____. *Nascimento da biopolítica*. São Paulo, Martins Fontes, 2008.

_____. *Segurança, território, população*. São Paulo, Martins Fontes, 2009.

GARLAND, D. *A cultura do controle*. Rio de Janeiro, Revan, 2008.

GIULIANOTTI, R.; KLAUSER, F. Security governance and sport mega-events: toward an interdisciplinary research agenda. *Journal of Sport and Social Issues*, v. 34, n. 1, 2009, p. 1-13.

GRAHAM, S. *Cidades sitiadas: o novo urbanismo militar*. Trad. Alyne Azuma. São Paulo, Boitempo, 2016.

HIBOU, B. From privatising the economy to privatising the State: an analysis of the continual formation of the State. In: HIBOU, B. (org.). *Privatizing the State*. Nova York, Columbia University Press, 2004, p. 1-48.

Estado, tecnologias de segurança e normatividade neoliberal • 105

HIRATA, D.; CARDOSO, B. Coordenação como tecnologia de governo. *Horizontes Antropológicos*, v. 22, n. 46, 2016, p. 97-130. Disponível em: <http://www.scielo.br/scielo. php?script=sci_arttext&pid=S0104-71832016000200097&lng=pt&nrm=iso>; acesso em 22 jul. 2018.

JARDIM, L. "Governo e Rio-2016 estimam que custo da segurança nas Olimpíadas subirá 15%". *O Globo*, 16 nov. 2015. Disponível em: <http://blogs.oglobo.globo.com/lauro-jardim/post/governo-e-rio-2016-estimam-que-custo-da-seguranca-nas-olimpiadas-subira-15.html>; acesso em 22 jul. 2018.

LATOUR, B. *Reagregando o social: uma introdução à teoria do ator-rede*. Salvador/Bauru, Editora EDUFBA/Edusc, 2012.

_____. Where are the missing masses? The sociology of a few mundane artifacts. In: BIJKER, W.; LAW, J. *Shaping technology/building society: studies in sociotechnical change*. Londres/Cambridge, MIT Press, 1998, p. 225-58.

LUIZ, G. Segurança dos Jogos Olímpicos vai custar R$580 milhões, diz Defesa. *G1*, 7 ago. 2015. Disponível em: <http://g1.globo.com/rio-de-janeiro/olimpiadas/rio2016/noticia/2015/08/seguranca-dos-jogos-olimpicos-vai-custar-r-580-milhoes-diz-defesa. html>; acesso em 22 jul. 2018.

MINISTÉRIO da Justiça, Secretaria Extraordinária de Segurança para Grandes Eventos, *Planejamento estratégico de segurança para a Copa do Mundo Fifa Brasil 2014*, Brasília, 2012. Disponível em: < https://www.conectas.org/arquivos/editor/files/Planejamento-EstrategicoSESGE%20(2).pdf>; acesso em 28 set. 2018.

PAUSCHINGER, D. *Global security going local: sport mega event and everyday security dynamics at the 2014 World Cup and the 2016 Olympics in Rio de Janeiro*. Tese de doutorado apresentada ao Doctoral Programme in Cultural and Global Criminology. Hamburgo/Kent, Universidade de Hamburgo/Universidade de Kent, 2017.

ROSE, N.; MILLER, P. Poder político além do Estado: problemáticas de governo. In: *Governando o presente*. São Paulo, Paulus, 2012, p. 70-104.

SAMATAS, M. Surveillance in Athens 2004 and Beijing 2008: a comparison of the olympic surveillance modalities and legacies in two different olympic host regimes. *Urban Studies*, v. 48, n. 15, 2011, p. 3.347-66.

WEBER, M. *Economia e sociedade*, v. 1. Brasília, Editora UnB, 2012.

GOVERNAMENTALIDADE ALGORÍTMICA E PERSPECTIVAS DE EMANCIPAÇÃO: O DÍSPAR COMO CONDIÇÃO DE INDIVIDUAÇÃO PELA RELAÇÃO?[*]

Antoinette Rouvroy
Thomas Berns

As novas oportunidades de agregação, análise e correlações estatísticas em meio a quantidades massivas de dados (os *big data*), afastando-nos das perspectivas estatísticas tradicionais do homem médio, parecem permitir "apreender" a "realidade social" *como tal*, de maneira direta e imanente, numa perspectiva emancipada de toda relação à "média" ou ao "normal" ou, para dizê-lo de outro modo, liberta da "norma"[1]. "Objetividade anormativa", ou mesmo "teleobjetividade"[2], o novo regime de verdade digital se encarna numa multiplicidade de novos sistemas automáticos de modelização do "social"[3], ao mesmo tempo a distância e em tempo real, acentuando a contextualização

---

[*] Tradução de Pedro Henrique Andrade. Dados da publicação original: Antoinette Rouvroy; Thomas Berns, "Gouvernementalité algorithmique et perspectives d'émancipation. Le disparate comme condition d'individuation par la relation?", *Réseaux*, v. 1, n. 177, 2013, p. 163-96; esta tradução foi publicada anteriormente na revista *EcoPós*, v. 18, n. 2, 2015, p. 36-56. (N. E.)

[1] Lembremos que a teoria do homem médio desenvolvida por Quételet é uma teoria de "física social" tanto "normativa" quanto "descritiva": "um indivíduo que resumisse em si mesmo, em uma época dada, todas as qualidades do homem médio, representaria, ao mesmo tempo, tudo o que ele possui de grandioso, belo e bom", escreve Quételet, mas acrescenta que "uma identidade semelhante mal pode se realizar e, aos homens, em geral, só é dada a possibilidade de se parecer com esse tipo de perfeição por um número maior ou menor de lados"; A. Quételet, *Sur l'homme et le développement de ses facultes: essai d'une physique sociale* (Bruxelas, Louis Hauman et Compe, 1836), p. 289-90. É evidente que o homem médio, padrão e ideal é diferente dos indivíduos e não representa nenhum deles, numa perspectiva que pode parecer radicalmente antinominalista.

[2] P. Virilio, "Banlieues en crise. La grippe viaire", *Urbanisme*, n. 347, 2006, p. 4.

[3] A esse propósito, ver D. McNab, "Big data in action: Watson in wealth management"; disponível em: <https://pt.slideshare.net/suwath/big-data-in-action-watson-in-banking-wealth-management>, acesso em 31 out. 2018.

108 • Tecnopolíticas da vigilância

e a personalização automática das interações securitárias, sanitárias, administrativas, comerciais[4]... Aqui, interessa-nos avaliar em que medida, e com que consequências, esses usos algorítmicos da estatística, confiando em sua "teleobjetividade", permitiriam a esses sistemas, simultaneamente, tornar-se o *espelho* das normatividades mais imanentes[5] à sociedade, anteriores a toda medida ou relação com a norma[6], a toda convenção, a toda avaliação, bem como contribuir para *(re)produzir* e multiplicar essa normatividade imanente (à própria vida, diria Canguilhem), obscurecendo, então, as normatividades sociais, tornando-as tanto possíveis quanto mudas, pois seriam intraduzíveis sob uma forma digital.

Aqui, é necessário explicitar um pouco essa independência em relação a toda norma antecedente. Quando evocamos o caráter anormativo da governamentalidade algorítmica, não estamos afirmando que os dispositivos técnicos da governamentalidade algorítmica surgiriam espontaneamente do mundo digital, de forma autônoma e independente de toda intencionalidade humana, de todo "roteiro" tecnológico; ou que os aplicativos, no domínio da segurança, do *marketing* ou do entretenimento (para citar apenas esses), integrando esses sistemas algorítmicos autodidatas, não responderiam a uma demanda dos atores[7]. A crítica que nós desenvolvemos em relação à

---

[4] O *smarter marketing* ou *marketing* individualizado graças à elaboração algorítmica de perfis dos consumidores apresenta-se hoje como uma revolução, transformando o *marketing* e a publicidade em "serviços" cujo mais-valor seria igualitariamente repartido entre as empresas (melhores desempenhos de venda) e os consumidores (os produtos lhes são propostos em função de seus perfis individuais).

[5] As normas imanentes são aquelas que não se impõem do exterior, mas surgem espontaneamente; poderíamos dizer que surgem da própria vida, do próprio mundo, de maneira independente de toda qualificação, de toda avaliação e de toda deliberação.

[6] O *datamining*, articulado às finalidades de elaboração de perfis, reconstrói, seguindo uma lógica de correlação, os casos singulares pulverizados pelas codificações sem, no entanto, relacioná-los a nenhuma "norma" geral, mas sobretudo a um sistema de relações entre diversas medidas, irredutíveis a qualquer "média". Sobre a distinção entre modelos de correlação e de regressão, ver A. Desrosières, "Masses, individus, moyennes: la statistique sociale au XIXe siècle", *Hermès*, n. 2, 1988.

[7] Contrariamente ao que dão a entender as metáforas orgânicas utilizadas notadamente pela IBM para promovê-los como as próximas etapas "naturais" no desenvolvimento das tecnologias da informação, da comunicação e da rede e como elementos quase naturais da evolução da própria espécie humana, nós explicitamos os componentes ideológicos que acompanham a emergência da informática ubíqua, da inteligência ambiente ou da computação autônoma. Mesmo que, a partir deste momento, as máquinas se tornem

governamentalidade algorítmica não ignora nem invalida em nada o ponto de vista dos estudos de ciência e tecnologia, nós apenas concentramos nossa atenção sobre outra coisa que não os mecanismos de *co-construção* entre dispositivos tecnológicos e atores humanos. Aqui, propomos simplesmente que o *datamining*, articulado às finalidades de elaboração de perfis (quaisquer que sejam os aplicativos envolvidos), reconstrói, seguindo uma lógica de correlação, os casos singulares pulverizados pelas codificações sem, no entanto, relacioná-los a nenhuma norma geral, somente a um sistema de relações, eminentemente evolutivas, entre diversas medidas, irredutíveis a qualquer média. Essa emancipação em relação a toda forma de média associa-se, notadamente, ao caráter autodidata de tais dispositivos e pode ser considerada essencial à ação normativa contemporânea.

É desse ponto de vista que nós podemos igualmente dizer que a governamentalidade algorítmica rompe com a origem convencional da informação estatística, tal como descrita por Alain Desrosières[8]: "a informação estatística não cai do céu como puro reflexo de uma 'realidade' anterior a ela. Muito pelo contrário, ela pode ser vista como a consagração provisória e frágil de uma série de convenções de equivalência entre os seres que uma multiplicidade de forças desordenadas procura, continuamente, diferenciar e separar". Dessa origem convencional da informação estatística, "resulta a tensão entre o fato de que tal informação pretende ser uma referência do debate e de que, contudo, ela pode ser sempre recolocada em questão e tornar-se, assim, o objeto do debate, portando em si uma das dificuldades maiores para pensar as condições de possibilidade de um espaço público". Os usos particulares da estatística implicados nas operações de *datamining*, dado que não se ancoram mais em nenhuma convenção, permitem escapar desse perigo. Porém, como veremos mais adiante, nem por isso são geradores de espaço público, pelo contrário: sob a aparência de "personalização" das ofertas de informação, de serviços e de produtos, há sobretudo uma colonização do espaço público por uma esfera privada hipertrofiada que devemos investigar na era da governamentalida-

---

cada vez mais "autônomas" e "inteligentes", elas continuam, certamente, dependentes de seu *design* inicial, das intenções, *scripts* ou cenários em função dos quais foram imaginadas. Elas são, desde sua concepção (e quaisquer que sejam as formas que elas assumam sem seguida), portadoras de visões do mundo, expectativas e projeções conscientes ou inconscientes de seus conceituadores.

[8] A. Desrosières, "Discuter l'indiscutable: raison statistique et espace public", *Raisons pratiques*, n. 3, 1992, p. 132.

110 • Tecnopolíticas da vigilância

de algorítmica, a ponto de temermos que os novos modos de filtragem da informação levem a formas de imunização informacionais favoráveis a uma radicalização das opiniões e ao desaparecimento da experiência comum[9]. Isso para não evocar a tendência à captação sistemática de toda parcela de atenção humana disponível em proveito de interesses privados (a economia da atenção), em vez de contribuir para o debate democrático e o interesse geral.

Começamos por descrever o funcionamento da estatística decisória, entendida de maneira bem genérica como extração automatizada de informações pertinentes de bases de dados massivos para fins de previsão ou de exclusão (consumo, riscos, fidelização, definição de novas clientelas etc.). Para deixar isso claro, devemos decompor essa prática estatística em três etapas, que se confundem concretamente (e, quanto mais se confundem, mais são eficazes). Mostraremos, a cada vez, em que aspecto os sujeitos individuais são, de fato, evitados, a ponto de criar um tipo de dupla estatística dos sujeitos e do "real". Num segundo momento, após ter questionado essa dupla estatística e indicado que, em tal estado, ela complica todo o processo de subjetivação, tentaremos mostrar que a governamentalidade algorítmica se concentra, a partir daí, não mais sobre os indivíduos, os sujeitos, mas sobre as relações. Partindo dessa constatação, mostraremos, enfim, por que as relações são elas mesmas transformadas, a ponto de serem paradoxalmente substantificadas e de representarem uma extração do devir e, portanto, um obstáculo ao processo de individuação – em vez de uma forte inscrição nele mesmo. O devir e os processos de individuação demandam a "disparação", quer dizer, os processos de integração de disparidades ou diferenças em um sistema coordenado, mas, de modo ainda antecedente, eles exigem o "díspar": uma heterogeneidade das ordens de grandeza, uma multiplicidade dos regimes de existência, que a governamentalidade algorítmica não cessa de sufocar encerrando o real (digital) sobre ele mesmo[10].

---

[9] C. R. Sunstein, *Republic 2.0* (Princeton, Princeton University Press, 2009).

[10] "Gilbert Simondon mostrou [...] que a individuação supõe, em primeiro lugar, um estado metaestável, isto é, a existência de uma 'disparação' como duas ordens de grandeza ou duas escalas de realidade heterogêneas, pelo menos, entre as quais os potenciais se repartem. Esse estado pré-individual não carece, todavia, de singularidades: os pontos relevantes ou singulares são definidos pela existência e pela repartição dos potenciais. Aparece, assim, um campo 'problemático' objetivo, determinado pela distância entre ordens heterogêneas. A individuação surge como o ato de solução de um tal problema ou, o que dá no mesmo, como a atualização do potencial e o

Os três "tempos" da governamentalidade algorítmica

Coleta de quantidade massiva de dados e constituição de datawarehouses

O primeiro momento é o da coleta e conservação automatizada de uma quantidade massiva de dados não classificados, o que se pode chamar *dataveillance*, constitutiva do *big data*. Efetivamente, os dados estão disponíveis em quantidades massivas, provenientes de fontes diversas. Os governos os coletam para fins de segurança, controle, gestão dos recursos, otimização das despesas etc.; as empresas privadas recolhem quantidades de dados para fins de *marketing* e publicidade, de individualização das ofertas, de melhoria de sua gestão de estoques ou de suas ofertas de serviço, enfim, com vistas a aumentar sua eficácia comercial e, portanto, seus lucros etc.; os cientistas coletam os dados para fins de aquisição e de aperfeiçoamento de conhecimentos etc.; os próprios indivíduos compartilham benevolamente "seus" dados nas redes sociais, *blogs*, listas de *e-mails* etc. e todos esses dados são conservados sob uma forma eletrônica, em "armazéns de dados" de capacidades de estocagem virtualmente ilimitadas e potencialmente acessíveis a todo momento a partir de qualquer computador conectado à internet, qualquer que seja o lugar do globo onde se encontre. O fato de que esses dados sejam coletados e conservados o máximo possível de forma automática, quer eles sejam desvinculados de todo conhecimento verdadeiro das finalidades almejadas por essa coleta de informação, isto é, dos usos aos quais eles darão lugar uma vez correlacionados a outros dados, quer eles consistam em informações que são mais abandonadas do que cedidas, em traços deixados, e não em dados transmitidos, mas sem aparecer, apesar disso, como "roubados", quer eles apareçam também como absolutamente banais e dispersos, tudo isso dá lugar a um esvaziamento ou, no mínimo, a um ocultamento de toda finalidade e a uma minimização da implicação do sujeito e, portanto, do consentimento que pode ser dado a essa comunicação de informações: parece que nos movemos aqui para o mais longe de toda forma de intencionalidade.

Esses dados parecem, assim, constitutivos de um "comportamentalismo" digital generalizado[11], uma vez que exprimem nem mais nem menos do que

---

estabelecimento de comunicação entre os díspares"; G. Deleuze, *Différence et repetition*, Paris, PUF, 1968, p. 317.

[11] A. Rouvroy, "The end(s) of critique: data-behaviourism vs. due process", em M. Hildebrandt; K. de Vries (eds.), *Privacy, due process and the computational turn: the philosophy of law meets the philosophy of technology* (Londres, Routledge, 2013).

112 • Tecnopolíticas da vigilância

as múltiplas facetas do real, desdobrando-o em sua totalidade, mas de maneira perfeitamente segmentada, sem fazer sentido coletivamente, senão como desdobramento do real. Este nos parece ser o fenômeno mais novo: quer se trate de conservar o traço de uma compra, de um deslocamento, do uso de uma palavra ou de uma língua, cada elemento é reconduzido à sua natureza mais bruta, isto é, ao mesmo tempo abstraído do contexto no qual apareceu e reduzido a "dado". Um dado não é mais que um sinal expurgado de toda significação própria – e certamente é por causa disso que toleramos deixar esses traços, mas é também o que parece assegurar sua pretensão à mais perfeita objetividade: tão heterogêneos, tão pouco intencionados, tão materiais e tão pouco subjetivos, tais dados não podem mentir! No mais, devemos sublinhar, aqui, o fato de que a própria evolução das capacidades tecnológicas reforça esse tipo de objetividade do dado que escapa a toda subjetividade: nossos programas são agora capazes de reconhecer as emoções, de transformá-las em dado, de traduzir os movimentos de um rosto e a cor da pele em um dado estatístico, por exemplo, para medir a atratividade de um produto, o caráter (sub)ideal da disposição das mercadorias em uma vitrine, bem como o aspecto suspeito de um passageiro. O interessante é que tais dados têm como principal característica o fato de serem perfeitamente anódinos, de poderem permanecer anônimos e de não serem controláveis. Por essa razão, e ao mesmo tempo, não repugnamos a possibilidade de abandoná-los, pois, como não fazem sentido (conquanto não sejam correlacionados, ao menos), são bem menos intrusivos que uma carta de fidelidade e parecem não mentir, isto é, podem ser considerados perfeitamente objetivos! Essa inofensividade e essa objetividade são ambas devidas a uma espécie de evitação da subjetividade.

Tratamento de dados e produção de conhecimento

O segundo momento é aquele do *datamining* propriamente dito, a saber, o tratamento automatizado dessas quantidades massivas de dados de modo a fazer emergir correlações sutis entre eles. O que nos parece fundamental notar aqui é o fato de nos encontrarmos, assim, diante de uma produção de saber (saberes estatísticos constituídos de simples correlações) a partir de informações não classificadas e, portanto, perfeitamente heterogêneas, pois a produção de saber está automatizada, isto é, solicita apenas um mínimo de intervenção humana e, sobretudo, dispensa toda forma de hipótese prévia (como era o caso com a estatística tradicional, que "verificava" uma hipótese),

Governamentalidade algorítmica e perspectivas de emancipação • 113

isto é, evita novamente toda forma de subjetividade. O próprio daquilo a que chamamos *machine learning* é, em resumo, tornar diretamente possível a produção de hipóteses a partir dos próprios dados. Assim, nós nos encontramos mais uma vez diante da ideia de um saber cuja objetividade poderia parecer absoluta, uma vez que estaria afastado de toda intervenção subjetiva (de toda formulação de hipótese, de toda triagem entre o que é pertinente e o que seria somente "ruído" etc.). As normas parecem emergir diretamente do próprio real. Essas normas ou esses "saberes" não são, contudo, constituídos "apenas" de correlações[12], o que não será em si um problema, se não o esquecermos; é a condição própria de um *éthos* científico e de um *éthos* político conservar uma dúvida, entreter uma desconfiança quanto à suficiência das correlações, manter a distinção entre correlação e causa, desconfiar dos "efeitos" autoperformativos das correlações (sua capacidade retroativa), evitar que as decisões que produzam efeitos jurídicos em relação a pessoas ou que as afetem de maneira significativa sejam tomadas somente com base no único fundamento de um tratamento de dados automatizado[13] e considerar que é própria da política (notadamente a preocupação de uma mutualização dos riscos) a recusa a agir com base apenas em correlações. Parece importante lembrar isso diante da evolução rumo a um mundo que aparenta, cada vez mais, funcionar como se fosse constituído ele mesmo de correlações, como se estas fossem o que bastasse estabelecer para assegurar seu bom funcionamento[14].

---

[12] Pode-se citar aqui C. Anderson, redator-chefe da *Wired*, em *"L'âge des petabits"*: "É um mundo no qual as quantidades massivas de dados e as matemáticas aplicadas substituem todas as outras ferramentas que poderiam ser utilizadas. Adeus a todas as teorias sobre os comportamentos humanos, da linguística à sociologia. Esqueçam a taxonomia, a ontologia e a psicologia. Quem pode saber por que as pessoas fazem o que fazem? O fato é que o fazem e que nós podemos traçá-lo e medi-lo com uma fidelidade sem precedente. Se tivermos dados suficientes, os números falarão por si"; citado em D. Cardon, "Regarder les données", *Multitudes*, n. 49, 2012, p. 138-42.

[13] Notemos que o regime jurídico europeu de proteção dos dados de caráter pessoal ampara explicitamente os indivíduos contra as decisões que seriam tomadas a seu respeito com base unicamente no fundamento de um tratamento automatizado de dados (ver o artigo 15 da diretiva 95/46/CE). Porém as garantias oferecidas pela diretiva europeia só se aplicam caso os tratamentos automatizados digam respeito a dados de caráter pessoal, isto é, dados que se relacionam a pessoas identificadas ou identificáveis. Ora, a elaboração algorítmica de perfis pode muito bem "funcionar" com dados anônimos.

[14] A escalada de pretensão à objetividade é precisamente, e muito concretamente, o esquecimento da escolha política: assim, o ideal tornado possível de uma tarifação

Ação sobre os comportamentos

Para compreender bem em que consiste a elaboração algorítmica de perfis de que falamos aqui, é necessário perceber a diferença crucial existente entre, por um lado, *a informação ao nível individual*, mais frequentemente observável ou perceptível pelo indivíduo ao qual ela se relaciona e, por outro lado, *o saber produzido no nível da elaboração de perfis*, que não é o mais frequentemente disponível para os indivíduos nem perceptível por eles, mas que, apesar disso, lhes é *aplicado* de maneira a inferir deles um saber ou previsões probabilistas quanto às suas preferências, intenções e propensões, que não seriam, de outra forma, manifestas[15].

O terceiro momento é o do uso desses saberes probabilistas e estatísticos para fins de antecipação dos comportamentos individuais, que são associados a perfis definidos a partir da base de correlações descobertas por *datamining*. Esse momento de aplicação da norma aos comportamentos individuais, cujos exemplos mais evidentes são perceptíveis nas mais diversas esferas da existência humana (obtenção de crédito, *decisão* a respeito de intervenção cirúrgica, tarifação de um contrato de seguro, sugestão de compras direcionadas em sites de venda *online*), preocupa-nos menos aqui, a não ser para notar, em primeiro lugar, que a eficácia preditiva será maior se for fruto da agregação de dados massivos, isto é, de dados que estão "simplesmente" à altura da diversidade do próprio real[16]; em segundo lugar, que essa ação por antecipação sobre os comportamentos individuais poderia, no futuro, sempre se limitar mais a uma intervenção sobre seu ambiente, forçosamente, uma vez que o ambiente é ele mesmo reativo e inteligente, isto é, ele próprio

---

exata, adaptada em tempo real, acomodando-se sem cessar aos riscos efetivamente incorridos, seja no mundo da seguridade, seja no do transporte, deve ser pensado também como uma pura desmutualização dos riscos que aniquila paradoxalmente a própria ideia da segurança ou da missão de serviço público.

[15] M. Van Otterlo, "A machine learning view on profiling", em M. Hildebrandt; K. de Vries (eds.), *Privacy, due process and the computational turn*, cit.

[16] Nós deveríamos aqui questionar a própria natureza dessa eficácia da norma que aparece, como sempre, mais solipsista no sentido de que seria somente o sucesso da própria normatividade que estaria em jogo; T. Berns, "L'efficacité comme norme", *Dissensus*, n. 4, 2011. Assim, a título de exemplo entre muitos outros, o ideal ainda teórico, senão num plano político, de uma "medicina baseada em evidência", com o apoio estatístico que ela demanda, não permite mais imaginar não apenas a escolha do paciente, tomada, no entanto, em consideração segundo suas características as mais específicas, mas mesmo a evolução científica.

recolhe dados em tempo real pela multiplicação de captores, transmite-os e trabalha-os para se adaptar sem cessar a necessidades e perigos específicos, o que já é, no mínimo, o caso daquela parte importante da vida humana durante a qual os indivíduos estão conectados. Dessa maneira, novamente evita-se toda forma de restrição direta sobre o indivíduo para preferir tornar, no próprio nível de seu ambiente, sua desobediência (ou certas formas de marginalidade) sempre mais improvável (na medida em que esta teria sempre já sido antecipada). Em terceiro lugar, o perfil "ligado" ao comportamento de um indivíduo poderia ser-lhe adaptado de maneira perfeitamente eficaz pela multiplicação das correlações empregadas, a ponto de parecer evitar o uso de toda categoria discriminante e de poder mesmo levar em conta o que há de mais particular em cada indivíduo, ainda mais afastado dos grandes números e médias. Enfim, encontramo-nos diante da possibilidade de uma normatividade, em aparência, perfeitamente "democrática", desprovida de referência a classes e categorias gerais – a cegueira dos algoritmos em relação às categorizações (sociais, políticas, religiosas, étnicas, de gênero etc.) socialmente experimentadas é, de resto, o argumento recorrente que brandem aqueles favoráveis ao seu uso no lugar da avaliação humana (nos aeroportos principalmente)[17]. O *datamining* e a elaboração algorítmica de perfis, em sua relação aparentemente não seletiva com o mundo, parecem levar em consideração a integridade de cada real até em seus aspectos mais triviais e insignificantes, colocando todo o mundo em igualdade – o homem de negócios e a diarista, o *sikh* e o islandês. Não se trata mais de excluir o que sai da média, mas de evitar o imprevisível, de tal modo que cada um seja verdadeiramente ele mesmo.

Um governo sem sujeito, mas não sem alvo?

Conforme enunciado, os três momentos descritos se confundem e seu funcionamento normativo é tão mais potente e processual conquanto eles se alimentem mutuamente (mascarando ainda mais as finalidades, afastando ainda mais toda possibilidade de intencionalidade, adaptando-se ainda mais à nossa própria realidade etc.). Por governamentalidade algorítmica, nós designamos, a partir daí, globalmente um certo tipo de racionalidade

---

[17] T. Zarsky, "Governmental data mining and its alternatives", *PennState Law Review*, v. 116, n. 2, 2011.

116 • Tecnopolíticas da vigilância

(a)normativa ou (a)política que repousa sobre a coleta, a agregação e a análise automatizada de dados em quantidade massiva, de modo a modelizar, antecipar e afetar, por antecipação, os comportamentos possíveis. Se nos referimos à base geral do pensamento estatístico[18], os deslocamentos aparentes, que seriam produzidos atualmente pela passagem do governo estatístico ao governo algorítmico e que dariam sentido a um fenômeno de rarefação dos processos de subjetivação, são, portanto, os seguintes: antes de tudo, uma aparente individualização da estatística (com a antinomia evidente que se exprime assim), a qual não transitaria mais (ou não pareceria mais transitar) por referências ao homem médio, para dar lugar à ideia de que seria possível tornar-se a si mesmo seu próprio perfil automaticamente atribuído e evolutivo em tempo real. Em seguida, uma preocupação elevada em evitar o perigo de uma prática estatística tirânica que reduziria o objeto estatístico a "gado", zelando para que essa prática estatística se desenvolva *como se* nossa concordância estivesse dada, uma vez que é na medida em que cada um de nós é único que o modo de governo pelos algoritmos pretende se dirigir a cada um, através de seu perfil. Em vez de um acordo, ou mesmo um consentimento, aquilo com que lidamos vem da *adesão* automática a uma normatividade tão imanente como aquela da própria vida; a prática estatística contemporânea incluiria, portanto, em si mesma, a expressão da adesão tácita dos indivíduos. Donde um possível declínio da reflexividade subjetivante e o distanciamento das ocasiões de contestação das produções de "saber" fundadas no *datamining* e na elaboração de perfis. A governamentalidade algorítmica não produz nenhuma subjetivação, ela contorna e evita os sujeitos humanos reflexivos, ela se alimenta de dados "infraindividuais" em si mesmos insignificantes, para criar modelos de comportamento ou perfis supraindividuais sem jamais interpelar o sujeito, sem jamais convocá-lo a dar-se conta por si mesmo daquilo que ele é, nem daquilo que ele poderia tornar-se. O momento de reflexividade, de crítica, de recalcitrância, necessário para que haja subjetivação, parece, incessantemente, complicar-se e ser adiado. É que a governamentalidade algorítmica,

---

[18] Ver, entre outros, T. Berns, *Gouverner sans gouverner: une archéologie politique de la statistique* (Paris, PUF, 2009); A. Desrosières, *La politique des grands nombres* (Paris, La Découverte, 2000); F. Ewald, *L'État providence* (Paris, Grasset, 1986); I. Hacking, *The emergence of probability: a philosophical study of early ideas about probability, induction and statistical inference* (Nova York, Cambridge University Press, 2006).

por sua perfeita adaptação ao "tempo real", sua "viralidade" (quanto mais dela se serve, mais o sistema algorítmico se refina e se aperfeiçoa, uma vez que toda interação entre o sistema e o mundo se traduz por um registro de dados digitais, um enriquecimento correlativo da "base estatística" e uma melhoria da performance dos algoritmos), sua plasticidade, torna a própria noção de "falha" insignificante: a "falha" não pode, em outros termos, colocar o sistema em "crise", ela é imediatamente reassimilada a fim de refinar ainda mais os modelos ou perfis de comportamento. Por outro lado, seguindo o objetivo do aplicativo que é feito de dispositivos algorítmicos – por exemplo, a prevenção das fraudes, do crime, do terrorismo –, os "falsos positivos" não serão nunca interpretados como "falhas", uma vez que o sistema segue uma lógica de rastreamento mais do que de diagnóstico: o objetivo é não deixar escapar nenhum positivo verdadeiro, qualquer que seja a taxa de falsos positivos.

Certamente, não é o projeto, mesmo ampliado, de antecipar os comportamentos de maneira individual e discreta que deve, como tal, nos surpreender, nem mesmo inquietar, se convém, logo de início, sublinhar o paradoxo segundo o qual, a partir de agora, para erradicar ou minimizar a incerteza, remetemo-nos a "aparelhos" não intencionais, isto é, a máquinas *a-significantes*, abandonando, dessa maneira, a ambição de dar significado aos acontecimentos, que, no mais, não são tratados necessariamente como acontecimentos, uma vez que cada um pode muito bem ser decomposto em redes de dados reagregados de outros dados, independentes dos acontecimentos dos quais poderiam "atualmente" dizer algo a respeito. Assim, a governamentalidade algorítmica não para de "embaralhar as cartas", o que nos expulsa da perspectiva "histórica" ou "genealógica"[19].

O sujeito da governamentalidade algorítmica é, cada vez mais, tomado pelo "poder", não através de seu corpo físico, nem através de sua consciência moral – presas tradicionais do poder em sua forma jurídico-discursiva[20] –,

---

[19] A. Rouvroy, *Face à la gouvernementalité algorithmique, repenser le sujet de droit comme puissance*, 2012; disponível em: <http://works.bepress.com/antoinette_rouvroy/43/>, acesso em 23 jul. 2018.

[20] Assim como sua forma disciplinar, para retomar as modelizações foucaultianas do poder. Desse ponto de vista, nós nos situaríamos aqui na terceira modelização do poder analisada por Foucault, a que analisa os dispositivos de segurança numa perspectiva essencialmente regulatória. A evolução aqui descrita consistiria em estabelecer nesse terceiro modelo do poder – o modelo dos dispositivos de segurança – novas rupturas. O princípio dos dispositivos de segurança "é não tomar nem o ponto de vista do que

118 • Tecnopolíticas da vigilância

mas através dos múltiplos "perfis" que lhe são atribuídos, frequentemente de maneira automática com base nos traços digitais de sua existência e de suas trajetórias cotidianas. A governamentalidade algorítmica corresponde muito bem ao que Foucault visava com seu conceito de dispositivo de segurança:

> a regulação de um meio no qual não se trata tanto de fixar os limites, as fronteiras, no qual não se trata tanto de determinar as posições, mas sobretudo, essencialmente, de permitir, de garantir, de assegurar as circulações: circulação de pessoas, circulação de mercadorias, circulação do ar etc.[21]

Que as "presas" do poder sejam digitais, mais que físicas, não significa, de modo algum, que os indivíduos sejam reduzíveis ontologicamente, existencialmente, a redes de dados recombináveis por aparelhos, nem que eles estejam totalmente sob o domínio de seus aparelhos. Significa simplesmente que, quaisquer que sejam, por outro lado, suas capacidades de entendimento, de vontade, de expressão, não é mais por meio dessas capacidades que eles são interpelados pelo "poder", mas, em vez disso, por meio de seus "perfis" (de fraudador potencial, de consumidor, de terrorista potencial, de aluno com forte potencial etc.). A governamentalidade algorítmica intensifica ainda as ambivalências da época relativas à *questão da individualização*. Considera-se, frequentemente, nossa época como sendo, por um lado, aquela da vitória do indivíduo no sentido de que nós constataríamos uma individualização dos serviços, sendo possível, graças às práticas estatísticas, visar de modo sofisticado as necessidades e os perigos próprios a cada indivíduo, e, por outro lado, como aquela da ameaça ao indivíduo, cuja intimidade, a vida privada, a autonomia, a autodeterminação seriam ameaçadas por essas mesmas práticas. Alguns chegam a evocar os riscos de uma dessubjetivação. As duas hipóteses – a do indivíduo no centro de tudo e a da dessubjetivação – são, em nossa opinião, igualmente falsas. Vejamos.

é impedido, nem o ponto de vista do que é obrigatório, mas recuar suficientemente para que se possa apreender o ponto em que as coisas vão se produzir, sejam elas desejáveis ou não. [...] A lei proíbe, a disciplina prescreve e a segurança, sem proibir nem prescrever, [...] tem essencialmente, por função, responder a uma realidade de modo que essa resposta anule essa realidade a que ela responde – anule ou limite ou freie ou regule. É essa regulação no elemento da realidade que é [...] fundamental nos dispositivos de segurança"; M. Foucault, *Sécurité, territoire, population: cours au Collège de France, 1977-1978* (Paris, Seuil/Gallimard, 2004), p. 48-9.

[21] Ibidem, p. 31.

A personalização é realmente uma forma de individuação?

A IBM apresenta o *marketing* "individualizado" – "*smart marketing*" – como uma revolução que está transformando o *marketing* e a publicidade em "serviços dos consumidores". É o grande retorno do consumidor-rei, o qual, colocado no centro das preocupações das empresas, não tem nem mais que conceber ou expressar seus desejos, que são ordens. Como disse Eric Schmidt, diretor-geral da Google: "Nós sabemos, em linhas gerais, quem vocês são, o que lhes interessa, quem são seus amigos (isto é, conhecemos seu 'cardume'). A tecnologia será tão boa que vai ser difícil para as pessoas ver ou consumir alguma coisa que não tenha sido, em alguma medida, ajustada para elas" (isso quer dizer que uma previsão aparentemente individualizada seria possível). Essa forma de individualização se assemelha, de fato, a uma hipersegmentação e a uma hiperplasticidade das ofertas comerciais, muito mais do que a uma consideração global das necessidades e desejos próprios a cada pessoa. Ao contrário, certamente o objetivo não é tanto adaptar a oferta aos desejos espontâneos (se ao menos algo assim existir) dos indivíduos, mas, em vez disso, adaptar os desejos dos indivíduos à oferta, adaptando as estratégias de venda (a maneira de apresentar o produto, de fixar seu preço etc.) em proveito de cada um. Assim, as estratégias de *dynamic pricing* ou de adaptação do preço de certos serviços ou mercadorias de acordo com a *willingness to pay* de cada consumidor potencial já estariam em curso em alguns sites de venda *online* de viagens aéreas. Mais do que da individualização, convém realmente falar aqui da segmentação de mercado. Um exemplo bastante trivial: conecte-se ao site de uma companhia aérea cujo nome não mencionaremos (a companhia Y) e se informe sobre os preços de uma passagem de avião para Pisa, com saída de Bruxelas, partindo em três dias. Digamos que eles coloquem um preço de 180 euros. Achando o preço um pouco caro, você vai ao site de outra companhia (a companhia Z) ou se informa em outros lugares na internet para encontrar uma passagem menos cara. Suponhamos que você não obtenha resultados. Você, então, retornará ao site da companhia Y e lá – surpresa! – você se dá conta de que o preço da passagem aumentou 50 euros num intervalo de meia hora apenas, o tempo em que você fazia sua pequena pesquisa. É simplesmente porque um perfil "viajante cativo" lhe foi atribuído: foi detectado, de acordo com seu percurso pela internet e a data de partida desejada, que você precisava verdadeiramente dessa passagem de avião e que você estaria, então, disposto a gastar 50 euros a mais para obtê-la, já que você teria a impressão de que, se não a comprasse logo, o preço só subiria. Se, no lugar de reagir "logicamente" comprando o mais rápido a passagem, você mudasse de computador, de endereço IP, e entrasse novamente no site da companhia aérea, sua passagem lhe custaria 180 euros em vez de 230 euros. Explicação? O primeiro reflexo, com o qual o vendedor conta, é aquele de comprar o mais cedo possível, seguindo o "alerta" que está lançado: o preço aumenta, e rápido. Aqui, neste caso, as consequências são relativamente triviais. Mas vê-se bem, nesse exemplo, que, em vez de respeitar escrupulosamente os desejos individuais de cada consumidor singular, trata-se, ao contrário, e baseando-se na detecção automática de certas propensões (de compra), da detecção da (in)elasticidade da demanda individual em relação a uma variação de preço; trata-se de suscitar o ato de compra no modo da resposta-reflexo a um estímulo de alerta que provoca um curto-circuito na reflexividade individual e na formação do desejo singular.

Trata-se, portanto, de produzir a passagem ao ato sem formação nem formulação de desejo. O governo algorítmico parece, por essa razão, assinar a conclusão de um processo de dissipação das condições espaciais, temporais e linguísticas da subjetivação e da individuação em benefício de uma regulação objetiva, operacional, das condutas possíveis, e isso a partir de "dados brutos", em si mesmos *a-significantes*, cujo tratamento estatístico visa, antes de tudo, acelerar os fluxos – poupando toda forma de "desvio" ou de "suspensão reflexiva" subjetiva entre os "estímulos" e suas "respostas-reflexo". Que aquilo que "corre" dessa forma seja *a-significante* não tem mais nenhuma importância[22]. Graças ao fato de que os sinais digitais "podem ser calculados

---

[22] Ao contrário, mesmo que o que "corre" seja *a-significante*, é precisamente o que permite "a servidão maquínica": "Há um inconsciente maquínico molecular que vem de sistemas de codificação, sistemas automáticos, sistemas de moldagens, sistemas de empréstimos etc., que não colocam em jogo nem os canais semióticos, nem os fenômenos de subjetivação de relações sujeito/objeto, nem os fenômenos de consciência; que colocam em jogo o que eu chamo de fenômenos de servidão maquínica, onde funções, órgãos entram diretamente em interação com sistemas maquínicos, sistemas semióticos. O exemplo que uso sempre é aquele da condução de um automóvel em estado de devaneio. Tudo funciona fora da consciência, todos os reflexos, pensamos em outra coisa e, no limite, chegamos a dormir; e depois, há um sinal semiótico de despertador que faz recobrar a consciência de uma só vez e reinjeta canais significantes. Há, portanto, um inconsciente de servidão maquínica"; F. Guattari, *Présentation du séminaire 9 décembre 1980*; disponível em: <http://www.revue-chimeres.fr/drupal_chimeres/files/801209.pdf>, acesso em 25 out. 2018.

quantitativamente, qualquer que seja seu significado"[23], tudo se passa como se o significado não fosse mais absolutamente necessário, como se o universo estivesse já – independentemente de toda interpretação – saturado de sentido, como se não fosse mais, a partir de agora, necessário religar-nos uns aos outros pela linguagem significante, nem por qualquer transcrição simbólica, institucional, convencional. Os dispositivos da governamentalidade algorítmica completam, assim, ao mesmo tempo, a emancipação dos significantes em relação aos significados (digitalização, recombinações algorítmicas dos perfis) e a substituição dos significantes pelos significados (produção da realidade em contato com o mundo – o único real que "conta", para a governamentalidade algorítmica, é o real digital)[24]. Essa afetação, em um estado pré-consciente, da ação humana tem tudo a ver com o que Bernard Stiegler chama proletarização:

> A proletarização é historicamente a perda do saber do trabalhador em relação à máquina que absorveu esse saber. Hoje, a proletarização é a padronização dos comportamentos através do *marketing* e dos serviços e a mecanização dos espíritos pela exteriorização dos saberes em sistemas tais que esses "espíritos" não sabem mais nada desses aparelhos de tratamento de informação, de modo que só estabelecem parâmetros: é precisamente o que mostra a matematização eletrônica da decisão financeira. Ora, isso afeta todo o mundo: empregados, médicos, idealizadores, intelectuais, dirigentes. Cada vez mais, engenheiros participam de processos técnicos cujo funcionamento eles ignoram, mas que arruínam o mundo.[25]

Maurizio Lazzarato resume muito bem, por outro lado, a maneira pela qual as semióticas *a-significantes*, das quais o comportamentalismo digital é exemplar, produzem a servidão maquínica, mais do que a alienação subjetiva:

> Se as semióticas significantes têm uma função de alienação subjetiva, de "assujeitamento social", as semióticas *a-significantes* possuem uma função de "servidão maquínica". As semióticas *a-significantes* operam uma sincronização e uma modulação dos componentes pré-individuais e pré-verbais da subjetividade, engendrando afetos, percepções, emoções etc., como as peças, os componentes, os elementos de uma máquina (servidão maquínica). Nós

---

[23] U. Eco, *A theory of semiotics* (Bloomington, Indiana University Press, 1976), citado em G. Genosko, "Banco sur Félix: signes partiels a-signifiants et technologie del'information", *Multitudes*, n. 34, 2008.

[24] A. Rouvroy, *Face à la gouvernementalité algorithmique, repenser le sujet de droit comme puissance*, cit.

[25] F. Joignot, "'Le grand désenchantement.' Un entretien avec le philosophe Bernard Stiegler", *Le Monde,* 21 fev. 2011.

podemos funcionar todos como os componentes de *input/output* de máquinas semióticas, como simples retransmissores de televisão ou de internet, que fazem passar e/ou impedem a passagem da informação, da comunicação, dos afetos. Diferentemente das semióticas significantes, as semióticas *a-significantes* não conhecem nem as pessoas, nem os papéis, nem os sujeitos. [...] No primeiro caso, o sistema fala e faz falar. Ele indexa e dobra a multiplicidade das semióticas pré-significantes e simbólicas sobre a linguagem, sobre os canais linguísticos, privilegiando suas funções representativas. Enquanto, no segundo caso, o sistema não produz discurso, não fala, mas funciona, põe em movimento, conectando-se diretamente ao "sistema nervoso, ao cérebro, à memória etc.", ativando relações afetivas, transitivas, transindividuais dificilmente atribuíveis a um sujeito, a um indivíduo, a um eu.[26]

Os paradoxos da personalização: uma governamentalidade algorítmica sem sujeitos, mas compatível com os fenômenos contemporâneos de hipersubjetivação

A hipótese da dessubjetivação, do "indivíduo sob risco de extinção", de sua diluição nas redes, por mais "impressionante" que seja, não é de modo algum evidente. Seria possível mesmo dizer que as redes sociais etc. – sem dúvida porque são atravessadas, para seus usuários, por semióticas *significantes* – produzem "hipersujeitos", que a produção de subjetividade se tornou a atividade obcecada de um bom número de indivíduos, sua própria razão de viver. Parece-nos, assim, muito precipitado afirmar simplesmente que as transformações em curso produziriam somente a *dessubjetivação* porque enfraquecem as muralhas da intimidade (e mesmo isso não é totalmente evidente: pelo contrário, certos dispositivos da sociedade da informação reforçam o isolamento dos indivíduos, protegem-nos de interação com outrem etc.), da vida privada, e porque afetariam, talvez, as condições de autonomia e do livre-arbítrio (mas seria ainda necessário perceber em qual sentido isso ocorre: interfaces inteligentes que nos dispensariam do dever permanente de fazer escolhas em áreas completamente triviais podem também nos libertar o espírito, nos tornar disponíveis para tarefas intelectuais mais interessantes, mais altruístas etc.). No entanto, impressionadas sobretudo pelo risco de

---

[26] M. Lazzarato, *Le "pluralisme sémiotique" et le nouveau gouvernement des signes. Hommage à Félix Guattari* (Viena, European Institute for Progressive Cultural Policies, 2006); disponível em: <http://eipcp.net/transversal/0107/lazzarato/fr>, acesso em 23 jul. 2018.

Governamentalidade algorítmica e perspectivas de emancipação • 123

exposição de informações pessoais, íntimas ou delicadas, de divulgações inapropriadas, de perda do controle dos indivíduos sobre "seus" perfis, de atentados contra o princípio de autonomia e autodeterminação individuais, as legislações de proteção da vida privada ou de dados de natureza pessoal se esforçaram, principalmente, em erigir ao redor do indivíduo uma série de "barreiras" de aspecto essencialmente defensivo e restritivo.

Sem considerá-lo como vão, nós queremos destacar aqui a indiferença desse "governo algorítmico" para os indivíduos, já que ele se contenta em se interessar e em controlar nossa "dupla estatística", isto é, os cruzamentos de correlações, produzidos de maneira automatizada e com base em quantidades massivas de dados, constituídas ou coletadas "automaticamente". Em suma, quem nós somos *grosso modo*, para retomar a citação de Eric Schmidt, não é mais, de modo algum, nós mesmos (seres singulares). E é justamente esse o problema, problema que, como veremos, acentuaria sobretudo uma rarefação dos processos e ocasiões de subjetivação, uma dificuldade de tornar--se sujeito, e não tanto um fenômeno de "dessubjetivação" ou de risco de extinção do indivíduo.

Sendo assim, devemos retornar à questão do sujeito, ou melhor, à questão de sua "evitação" no processo normativo em três tempos descrito acima. O que se constata a princípio é uma dificuldade de produzir um sujeito algorítmico que reflita sobre si e se pense como tal. Primeiro, como vimos, o consentimento do sujeito é fraco quando ele transmite informação (esses dados que podem com frequência ser utilizados mesmo permanecendo anônimos... assim como poderiam não mais sê-lo na medida em que seu anonimato não teria mais sentido); não que esta seja "roubada" dele, o que lhe permitiria se opor, se constituir como sujeito resistente contra tal roubo. Em vez disso, assistimos a um enfraquecimento considerável do caráter "deliberado" da divulgação de informações – o mais frequente, informações triviais, anódinas, segmentadas, descontextualizadas – desses "traços", cuja trajetória e cujos usos subsequentes são, para o "sujeito", imprevisíveis e incontroláveis, mesmo que o desenvolvimento de ferramentas técnicas que permitam aos "usuários" de serviços de informática controlar melhor "seus" dados consista, hoje em dia, em um objeto de investimentos de pesquisa consideráveis. Em seguida, do ponto de vista do tratamento dessas informações, constatamos que os "saberes" produzidos têm, como principal característica, a de parecer emergir diretamente da massa de dados, sem que a hipótese que conduz a esses "saberes" lhes seja preexistente: as hipóteses são elas mesmas

124 • Tecnopolíticas da vigilância

"geradas" a partir dos dados. Ao final, a ação normativa decorrente do processo estatístico sempre poderá equivaler mais a uma ação sobre o ambiente – e, assim, pelo ambiente –, e menos a uma ação sobre o indivíduo em si. A ação deste último não é mais influenciada por confrontação direta com uma norma exterior – lei, média, definição de normalidade –, mas suas possibilidades são organizadas no próprio seio de seu ambiente.

Por conta desses três aspectos, a força, bem como o perigo da generalização das práticas estatísticas à qual nós assistimos, residiria não em seu caráter individual, mas, pelo contrário, em sua autonomia ou mesmo em sua indiferença para com o indivíduo. Nosso problema, para exprimi-lo da forma mais explícita, não é ser privado do que consideraríamos como nos sendo próprio nem ser forçado a ceder informações que atentariam contra a nossa vida privada ou a nossa liberdade, mas decorre fundamentalmente do fato de que nossa dupla estatística é demasiadamente separada de nós, que não temos "relação" com ela, mesmo que as ações normativas contemporâneas se bastem dessa dupla estatística para serem eficazes. Em outras palavras, lá onde o confessional *fabrica* o sujeito da introspecção, que sonda sua alma, sua virtude, seus desejos e suas intenções mais profundas, uma vez que, por meio do processo de confissão, "aquele que fala se engaja em ser o que ele afirma que é e, precisamente, porque ele é isso"[27]; lá onde a lei produz sujeitos de direito preocupados com sua igualdade e com a imparcialidade dos procedimentos; lá onde o homem médio aparece como demasiadamente médio em relação a todo sujeito singular suscetível de se constituir contra essa média, o governo algorítmico nem dá lugar nem se aferra a qualquer sujeito estatístico ativo, consistente, reflexivo, suscetível de legitimá-lo ou de resistir-lhe[28]. É precisamente por isso que devemos zelar

---

[27] M. Foucault, *Mal faire, dire vrai: fonction de l'aveu en justice, cours de Louvain, 1981*, editado por F. Brion; B. E. Harcourt (Louvain-la-Neuve/Chicago, Presses universitaires de Louvain/Chicago University, 2012), p. 5.

[28] Nossa análise demandaria ser mais nuançada quanto às evoluções e rupturas a serem constatadas no plano de uma longa história das práticas normativas. O governo algorítmico poderia parecer remeter a certos mecanismos presentes antes da generalização da ideia da norma jurídico-discursiva, a qual apareceria, então, mais como a exceção que como a regra nessa longa história: se questionamos o funcionamento normativo da governamentalidade algorítmica, que assegura sua legitimidade e firma seu poder, pode-se, de fato, ter a impressão de que há muito mais semelhanças entre o sujeito pecador que se confessa e o possível sujeito algorítmico contemporâneo do que entre este último e o "sujeito de direito", construído pela lei, na medida em que

Governamentalidade algorítmica e perspectivas de emancipação • 125

a partir de agora, essencialmente pelo conhecimento e reconhecimento da distância, da diferença entre essas representações estatísticas e o que constitui os indivíduos nos processos de individuação que são os seus, com os momentos de espontaneidade, os acontecimentos, os desvios em relação aos possíveis antecipados, que prevalecem nesses processos.

Em contrapartida, o que nos parece menos ultrapassável, de modo a desenhar assim uma verdadeira ruptura, é a aparição de possibilidades de saberes que não pressuporiam mais a expressão de qualquer hipótese e que determinariam, por isso, o desaparecimento, ao menos em parte do espaço social, da ideia de projeto[29]. Dessa forma, não se trata tanto de lamentar a perda da ideia de projeto entendido como aplicável ou verificável, mas sobretudo como móvel, isto é, precisamente como podendo passar por fracassos e fazer, sobre essa base, história, sendo incessantemente retomado e transformado. Ora, mesmo para um organismo, mesmo para a vida, para o orgânico enquanto lugar de uma atividade normativa, há perda, conflito, monstruosidade, há limite e ultrapassagem do limite, com os desvios e os deslocamentos que isso induz na vida, como mostrou Canguilhem. Com o governo algorítmico, tenderíamos a considerar a vida social como a vida orgânica, mas tomando esta como se as

---

o sujeito algorítmico e o sujeito cristão aparecem ambos como fruto de um diálogo consigo mesmo, ajudado por uma mediação política, espiritual ou técnica. É por exemplo o que poderíamos constatar voltando-nos para experiências ainda raras como o "Quantified Self" (ver o artigo de A.-S. Pharabod, V. Nikolski e F. Granjon). Independentemente da extensão, do interesse e da representatividade reais desse tipo de experiência, parece-nos, contudo, útil notar a produção e o refinamento do sujeito "são" que ela deixa entrever, se ela é certamente auxiliada pela mediação técnica ou estatística: a) esse tipo de experiência pressupõe um sujeito que se refina, mais do que testemunha um sujeito que se produz; b) repousa sobre uma recusa do uso geral da mediação técnica em proveito de uma reapropriação que se pretende estritamente individual; isso quer dizer que a reflexividade que essa experiência testemunha, com a consciência da norma pelo sujeito em jogo, parece-nos precisamente estranha à não relação que os indivíduos podem, nesse estado, atrelar à sua dupla estatística.

[29] Para esse ponto desprovido de projetos, a governamentalidade algorítmica apresenta, talvez, uma versão radical do governo pelo objetivo, no sentido em que Laurent Thévenot o compreende: "No governo pelo objetivo, a autoridade legítima é certamente deslocada e distribuída nas coisas, tornando difícil sua apreensão e seu questionamento, uma vez que ela se impõe em nome do realismo e perde sua visibilidade política"; L. Thévenot, "Autorités à l'épreuve de la critique: jusqu'aux oppressions du 'gouvernement par l'objectif'", em B. Frère (dir.), *Quel présent pour la critique sociale?* (Paris, Desclée de Brouwer, 2012).

adaptações que aí se desenvolvem não surgissem mais de deslocamentos e de perdas, como se elas não pudessem mais, a partir desse momento, produzir qualquer crise, nem interrupção, nem devessem mais exigir qualquer comparecimento nem provação dos sujeitos, nem as próprias normas.

O campo de ação desse "poder" não está situado no presente, mas no futuro. Essa forma de governo trata essencialmente daquilo que poderia acontecer, mais das propensões do que das ações realizadas, à diferença da repressão penal ou das regras da responsabilidade civil, por exemplo, que só concernem às infrações que teriam sido ou estariam sendo cometidas (em caso de flagrante) ou aos danos que teriam sido causados. Mais ativamente, o governo algorítmico não apenas percebe o possível no presente, produzindo uma "realidade aumentada", uma atualidade dotada de uma "memória do futuro", mas também dá consistência ao sonho de um "acaso" sistematizado: nosso real teria se tornado o possível, nossas normas querem antecipar, corretamente e de maneira imanente, o possível, o melhor meio sendo certamente apresentar-nos um possível que nos corresponda e para o qual os sujeitos só precisariam deslizar. A diferença em relação à normatividade jurídico-discursiva deve ser aqui sublinhada: lá onde essa normatividade estava dada, de maneira discursiva e pública, antes de toda ação sobre os comportamentos, os quais estavam, portanto, restringidos por ela (embora conservassem, sob risco de sanção, a possibilidade de não obedecer a ela), a normatividade estatística é precisamente o que não é nunca dado previamente, e que resiste a toda discursividade, é o que é incessantemente restringido pelos próprios comportamentos e que, paradoxalmente, parece tornar impossível toda forma de desobediência[30]. O resultado é que, se permanecermos numa perspectiva individualista, liberal, a ação sobre os comportamentos, o que nós chamamos "governo algorítmico", aparecerá, ao mesmo tempo, como fundamentalmente inofensiva e como perfeitamente objetiva, dado que fundada sobre uma realidade anterior a toda manifestação de entendimento ou de vontade subjetivos, individuais ou coletivos, uma realidade que, paradoxalmente, parece tanto mais confiável e objetiva quanto mais ela provoca a abstração de nosso entendimento, mas alimentando o sonho de um governo perfeitamente democrático. Diante de tal "sonho",

---

[30] Cf. A. Rouvroy, "Pour une défense de l'éprouvante inopérationnalité du droit face àl'opérationnalité sans épreuve du comportementalisme numérique", *Dissensus*, n. 4, abr. 2011.

convém, no mínimo, lembrar que nossos comportamentos jamais foram tão conduzidos – observados, registrados, classificados, avaliados – como agora com essa base estatística, e isso de acordo com e em função de códigos de inteligibilidade e critérios absolutamente opacos à compreensão humana. A inofensividade, a "passividade" do governo algorítmico é apenas aparente: o governo algorítmico "cria" uma realidade ao menos tanto quanto a registra. Ele suscita "necessidades" ou desejos de consumo, mas, desta maneira, despolitiza os critérios de acesso a certos lugares, bens ou serviços; ele desvaloriza a política (uma vez que não haveria mais nada a decidir, a resolver em situações de incerteza, posto que estas são antecipadamente desarmadas); o governo algorítmico dispensa as instituições, o debate público; ele substitui a prevenção (em proveito apenas da preempção) etc.[31].

Se era necessário ressituar esse movimento em uma perspectiva ampla, e resistindo desta vez à perspectiva da pura novidade (a qual só teria sentido em relação ao modelo jurídico-discursivo), devemos constatar que esse governo algorítmico aprofunda ainda o ideal liberal de uma aparente desaparição do próprio projeto de governar: como mostramos em outros trabalhos[32], não se trata mais de governar o real, mas de governar a partir do real. A evolução tecnológico-política aqui descrita leva a termo essa tendência[33], a ponto de que não (querer) ser governado poderia, a partir de agora, equivaler a não querer a si mesmo (e isso sem significar, no entanto, que nossa intimidade teria sido violada).

As relações como alvos do "poder" na governamentalidade algorítmica?

Para além desse diagnóstico ainda moral e normativo, ou talvez para reforçá-lo, poderíamos agora tentar cercar aquilo em proveito do qual os sujeitos seriam evitados? Se não são os próprios indivíduos, qual é o objeto ou o alvo dos três momentos descritos e, mais globalmente, do governo algorítmico? Ou ainda: o que significa governar impedindo ou, ao menos, complicando a própria possibilidade dos processos de subjetivação? Nossa

---

[31] Conforme mostramos em outros trabalhos, principalmente em A. Rouvroy, *Face à la gouvernementalité algorithmique, repenser le sujet de droit comme puissance*, cit.

[32] T. Berns, *Gouverner sans gouverner*, cit.

[33] Pelas mesmas razões de outras práticas do governo contemporâneo, como a relação ou a avaliação. Ver T. Berns, "L'efficacité comme norme", cit., e *Quand le réel nous gouverne: dans gouverner par les normes* (Bruxelas, Bruylant, 2013).

128 • Tecnopolíticas da vigilância

hipótese é que o objeto – que não chega, portanto, a tornar-se sujeito – do governo algorítmico são precisamente as relações: os dados transmitidos são relações[34] e apenas subsistem enquanto relações; os conhecimentos gerados são relações de relações; e as ações normativas que daí decorrem são ações sobre as relações (ou ambientes) referidas às relações de relações. É, portanto, na medida em que seria, na própria realidade de suas práticas visando à organização do possível, um governo das relações, que nós queremos agora tentar circunscrever a eventual novidade desse governo algorítmico.

Trata-se agora, então, de transpor nossa dupla interrogação (quanto à *objetividade* cintilante e à *produtividade* da estatística algorítmica) para os registros simondonianos e deleuzianos/guattarianos. Queremos mostrar que essa teleobjetividade produtiva, em ação nas práticas de *datamining* e elaboração algorítmica de perfis, ainda que pareça *a priori* abandonar o registro do sujeito e, por isso, potencialmente permitir o que Simondon designa como processos de individuação transindividual – que não se resume nem ao "eu" nem ao "nós", mas designa um processo de coindividuação do "eu" e do "nós", produzindo o social, isto é, meios associados nos quais se formam significações –, pelo contrário, exclui as possibilidades de tais individuações transindividuais redobrando os processos de individuação sobre a mônada subjetiva.

Por outro lado, nós mostraremos que o abandono de toda forma de "escala", de "padrão", de hierarquia, em benefício de uma normatividade imanente e eminentemente plástica[35], não é necessariamente favorável à emergência de novas formas de vida no sentido de uma emancipação descrita por Deleuze e Guattari sob a forma da ultrapassagem do plano de organização pelo plano de imanência, sob a forma de uma tábula rasa das antigas hierarquias, na qual o *homem normal* ou o *homem médio* ocuparia um lugar maior[36].

---

[34] A palavra "relação", entendida aqui em seu sentido mais bruto e menos comum, pelo qual nós qualificamos o dado, serve-nos apenas para atestar uma operação que liga A e B, sendo capaz de ignorar o que está por trás dos termos assim ligados. Conforme mostraremos, toda a força do governo algorítmico reside, afinal, em sua capacidade de "monadologizar" essa relação, de tal modo que ela não consiga precisamente apreender o devir que seria próprio à relacionalidade.

[35] G. Deleuze; F. Guattari, *Mille plateaux: capitalisme et schizophrénie 2* (Paris, Minuit, 1980) [ed. bras.: *Mil platôs: capitalismo e esquizofrenia*, v. 1, trad. Aurélio Guerra Neto e Celia Pinto Costa, 2. reimp., São Paulo, Editora 34, 2000].

[36] O objetivo da descrição rizomática do conhecimento não era tanto descritivo quanto "estratégico", legitimado por sua utilidade para o exercício de uma resistência contra um modelo hierárquico, tradução epistemológica de uma estrutura social opressiva.

Perspectivas transindividuais e rizomáticas

A incitação a abordar a governamentalidade algorítmica sob a perspectiva simondoniana provém do fato de que esse modo de governo parece não ter mais, por apoio e por alvo, os sujeitos, mas as *relações* enquanto sendo anteriores aos seus termos, isto é, não apenas as relações sociais, intersubjetivas na medida em que constroem os indivíduos, de modo que todo indivíduo seria considerado como a soma dessas relações, mas sobretudo as relações *elas mesmas*, independentemente de toda individuação simples e linear: as relações enquanto permanecem inatribuíveis aos indivíduos que elas vinculam, no sentido, assim, de que a "relacionalidade" subsistiria também para além dos indivíduos que as relações ligam. Seria necessário, portanto, para compreender o que nos preocupa, passar, com Simondon, de uma ontologia ou de uma *metafísica clássica da substância*, centrada no indivíduo e nos estados (em cujo âmbito atribuem-se relações a um indivíduo), a uma *ontologia da relação* (na qual as relações "prevalecem" ontologicamente sobre os indivíduos que elas atravessam) ou ainda a uma ontogênse preocupada com o devir e, dessa forma, preocupada em compreender o próprio movimento da individuação? É importante notar, logo de início, que essa hipótese nos afastaria, ao mesmo tempo, de um certo individualismo "nominalista" (que supõe a realidade de apenas alguns indivíduos a partir dos quais eventualmente poderíamos abstrair valores universais), mas também de um certo "realismo" de tipo holista que pressuporia que as essências coletivas, os gêneros, as classes preexistem aos indivíduos, os quais seriam inteiramente subsumíveis a essas essências. Pensar a relação em primeiro lugar, por ela mesma, de maneira constitutiva, voltaria, em suma, a romper com o movimento vertical que nos leva do particular ao geral, qualquer que seja sua direção.

A semelhança se mostra impressionante entre os processos de produção e de transformação contínua dos perfis gerados automaticamente, em tempo real, de maneira puramente indutiva, por cruzamento automático de dados heterogêneos (*datamining*), e os metabolismos próprios do *rizoma* de Deleuze e Guattari:

> O rizoma não se deixa reconduzir nem ao Uno nem ao múltiplo. Ele não é o Uno que se torna dois, nem mesmo que se tornaria diretamente três, quatro ou cinco etc. [...] Oposto a uma estrutura, que se define por um conjunto de pontos e posições, por correlações binárias entre esses pontos e relações biunívocas entre essas posições, o rizoma é feito somente de linhas: linhas de segmentaridade, de estratificação, como dimensões, mas também

130 • Tecnopolíticas da vigilância

linha de fuga ou de desterritorialização como dimensão máxima segundo a qual, em seguindo-a, a multiplicidade se metamorfoseia, mudando de natureza. Não se deve confundir tais linhas ou lineamentos com linhagens de tipo arborescente, que são somente ligações localizáveis entre pontos e posições. Oposto à árvore, o rizoma não é objeto de reprodução: nem reprodução externa como árvore-imagem, nem reprodução interna como a estrutura-árvore. O rizoma é uma antigenealogia. É uma memória curta ou uma antimemória. O rizoma procede por variação, expansão, conquista, captura, picada. [...] Contra os sistemas centrados (e mesmo policentrados) de comunicação hierárquica e ligações preestabelecidas, o rizoma é um sistema a-centrado não hierárquico e não significante, sem General, sem memória organizadora ou autômato central, unicamente definido por uma circulação de estados.[37]

O vínculo entre a ontologia da relação em Simondon e a metáfora do rizoma em Deleuze e Guattari atrela-se também ao fato de que, na descrição destes últimos,

um rizoma não começa nem conclui, ele se encontra sempre no meio, entre as coisas, inter-ser, *intermezzo*. A árvore é filiação, mas o rizoma é aliança, unicamente aliança. A árvore impõe o verbo "ser", mas o rizoma tem como tecido a conjunção "e... e... e...". Há nessa conjunção força suficiente para sacudir e desenraizar o verbo ser. [...] *Entre* as coisas não designa uma correlação localizável que vai de uma para outra e reciprocamente, mas uma direção perpendicular, um movimento transversal que as carrega uma *e* outra, riacho sem início nem fim, que rói suas duas margens e adquire velocidade no meio.[38]

Interessa-nos, portanto, ver em que medida, em que condições, por meio de que reservas, o surgimento de ferramentas sociais em aparente harmonia[39] com a superação que Simondon exigia da metafísica da substância para apreender o devir em ação nos processos de individuação e em harmonia com a superação do plano de organização pelo plano de imanência, que

---

[37] G. Deleuze; F. Guattari, *Mil platôs*, v. 1, cit., p. 30-1.

[38] Ibidem, p. 36-7.

[39] O leitor entenderá que o alvo de nossa crítica não é a teoria simondoniana da individuação transindividual nem a perspectiva rizomática deleuziano-guattariana, que a governamentalidade algorítmica só incorpora em aparência. O alvo de nossa crítica é, justamente, a aparência de compatibilidade da governamentalidade algorítmica com essas teorias e perspectivas emancipatórias, mesmo quando a governamentalidade algorítmica tendesse mais a impedir tanto os processos de individuação transindividual quanto a abertura às novas significações trazidas pelas relações entre entidades "díspares".

Deleuze e Guattari celebravam como emancipadora[40], pode realmente contribuir para a emergência de formas de vida emancipadas.

Se o pensamento da individuação de Simondon surge como a tentativa mais completa de pensar a relação e a associação de um indivíduo com um meio[41], é na medida em que o autor se liberta da acepção aristotélica da relação, que lhe pressupunha sempre a substância e a reduzia, assim, ao seu teor estritamente lógico. Rejeitando esse primado da substância, passando, então, de uma metafísica dos estados a uma metafísica de suas modificações ou de seu devir, Simondon confere, ao contrário, um teor ontológico à relação, de modo a dar conta do próprio processo de individuação. Mas isso significa então que, por um lado, a relação (a qual ranqueia o ser, excede ou transborda sempre aquilo que ela liga) não se reduz jamais a uma socialidade interindividual e que se tenta pensá-la o mais longe possível em sua primazia ontológica: "a relação não brota entre dois termos que já seriam indivíduos", mas ela é "a ressonância interna de um sistema de individuação"[42]. Por outro lado, isso significa que o campo pré-individual – no qual os processos de individuação devem estar inscritos para serem pensados como processos que se desenvolvem conservando sempre essa dimensão pré-individual anterior aos seus movimentos de diferenciação – concebe-se como potencialmente metaestável, isto é, deve-se pensar seu equilíbrio como podendo ser rompido por uma modificação interna ao sistema, mesmo mínima. Essa não estabilidade do campo pré-individual é inerente à possibilidade de uma formação por diferenciação; ela é, assim, a própria condição de um pensamento que não cai no paralogismo, o qual consiste em pressupor e mesmo em já individuar sempre o princípio daquilo cuja causa o pensamento procura. Em outras palavras, se há devir, é apenas na medida em que há incompatibilidades entre ordens de grandezas, entre realidades dissimétricas.

---

[40] O objetivo da descrição rizomática do conhecimento não era tanto descritivo quanto "estratégico", legitimada por sua utilidade para o exercício de uma resistência contra um modelo hierárquico, tradução epistemológica de uma estrutura social opressiva.

[41] Mesmo que outras tentativas possam ser procuradas, por exemplo, a partir dos pensamentos de Espinosa ou de Marx, seguindo as obras de V. Morfino (*Le temps de la multitude*, Paris, Amsterdam, 2010), para o primeiro, e de E. Balibar (*La philosophie de Marx*, Paris, La Découverte,1993), para o segundo.

[42] G. Simondon, *L'individuation à la lumière des notions de forme et d'information* (Paris, Million, 2005), p. 29. A preciosa análise de M. Combes (*Simondon: individu et collectivité*, Paris, PUF, 1999) nos ajudou imensamente.

132 • Tecnopolíticas da vigilância

Dessas operações ou processos emanam indivíduos e meios, indivíduos associados a meios (o indivíduo sendo a "realidade de uma relação metaestável") que são reais e tão reais uns quanto os outros. O indivíduo como relação, como relativo a um meio, é real, quer dizer, o relativo é real, ele é o próprio real. A relação, e o indivíduo como relações, não está, portanto, de modo algum, em uma perspectiva que poderíamos qualificar de subjetivista, a expressão de uma medida à qual eles seriam, por isso, relativos a ponto de perder sua realidade: eles são a realidade do devir. Pela mesma razão, o meio associado a um indivíduo é tudo exceto sua redução à medida, isto é, à probabilidade de aparecimento do indivíduo[43].

Pode-se avaliar a novidade do governo algorítmico, em sua tentativa de governar a partir das relações tal como nós as descrevemos, com base nas exigências do pensamento simondoniano? Não que se tratasse de se perguntar se a realidade estatística contemporânea é mais simondoniana que outra forma de realidade, pois isso seria absurdo, mas sim de ressaltar e mensurar suas eventuais novidades; mais ainda, principalmente, interessa o fato de que essa realidade ofereceria a possibilidade de apreender o indivíduo em (e mesmo a partir de) suas relações, à luz das exigências extremamente fortes definidas por Simondon para fundar uma ontologia da relação.

Paradoxalmente, ao probabilizar a totalidade da realidade (que parece tornar-se, enquanto tal, o suporte da ação estatística) e ao parecer dessubjetivar essa perspectiva probabilística (a qual não mais se preocupa com hipóteses prévias), enfim, ao conferir a possibilidade de governar os comportamentos sem se ocupar diretamente com os indivíduos para se contentar em governar a partir de uma expressão estatística da realidade, que conseguiria substituir a realidade (a perspectiva de um comportamentalismo digital), o governo algorítmico continua a atribuir valores absolutos ao indivíduo (mesmo que ele seja abordado "indiretamente", como aquilo que as relações permitem evitar) *e, ao mesmo tempo*, o "desrealiza" no sentido em que o indivíduo não é nada mais que algo relativo às séries de medidas, as quais, elas mesmas, servem de realidade e sem que por isso, no entanto, apareça o caráter subjetivo dessas medidas. As relações sobre as quais se desdobra o governo algorítmico são medidas que, por sua própria capacidade de aparecer com a

---

[43] Simondon dedica numerosas páginas ao perigo da perda de realidade, própria a uma concepção subjetivista e probabilística da física contemporânea. Ver M. Combes, *Simondon*, cit., p. 39.

expressão não mediada e não subjetiva da realidade, isto é, por sua aparente objetividade, tornam ainda mais relativo – e menos real – tudo o que advém em função delas e mesmo por elas: o que resulta é apenas relativo a uma série de medidas que substitui a realidade. Em outras palavras, as relações e suas medidas, por sua capacidade de aparecer como desconectadas de toda subjetividade, tornam tanto o real quanto o próprio indivíduo relativos. Mas isso, considerado à luz do pensamento simondoniano, surge como o fruto de uma inversão: se anteriormente, segundo a metafísica da substância e do indivíduo, toda apreensão ou medida do meio de um indivíduo apareciam sempre como insuficientes, posto que demasiadamente subjetivas, impedindo, dessa maneira, de alcançar a realidade do indivíduo *em* sua individuação, essa insuficiência (em conjunto com a diferença ontológica que ela revelava entre o indivíduo e seu meio) seria, doravante, resolvida tornando o próprio indivíduo inteiramente relativo às medidas consideradas, elas mesmas, como emancipadas de toda subjetividade, ainda que elas sejam apenas medidas. Poderíamos até chegar a dizer, aproveitando sempre esse confronto entre uma prática de governo e o pensamento simondoniano, que essa prática, concentrando-se nas relações, consegue "monadologizá-las", transformá-las em estados, mesmo em "*status*", como se as relações fossem, elas mesmas, indivíduos, isto é, sua condição perde o que se tratava de pensar com Simondon, a saber, o devir em ação numa realidade metaestável.

É esse devir-mônada da relação que nós constatávamos ao considerar que os dados do *big data* subsistem apenas como séries de relações, que os saberes gerados com base nisso consistem em religar relações e que as ações normativas que daí decorrem (agindo sobre as relações depois de tê-las referido a relações de relações) excluem, precisamente, a possibilidade de uma realidade metaestável no seio da qual se inscreveria um devir. O que a leitura de Simondon nos propunha era deixar de pensar o devir a partir do ser individual constituído e dado, na medida em que isso significava que nós abstraíssemos a própria experiência da individuação tal como ela *se realiza*. Mas aquilo do qual se tratava, assim, de *não mais* abstrair (para não mais pressupor o indivíduo em relação ao devir) era precisamente o fato de que "o possível não contém já o atual" e, portanto, "o indivíduo que daí surge difere do possível que suscitou sua individuação"[44]. A falha ou o desvio,

---

[44] D. Debaise, "Qu'est-ce qu'une pensée relationnelle?", *Multitudes*, n. 18, 2004, p. 20.

134 • Tecnopolíticas da vigilância

dos quais nós dizíamos, por outro lado, temer a expulsão numa realidade aumentada o máximo possível, numa realidade que parecia incluir o possível, e que nós consideraríamos que eles eram também inerentes à expressão de construções, de projetos, de hipóteses, aparecem, então, precisamente como aquilo a partir de que somente há uma relação, entendida como inatribuível ao que ela religa; isto é, naquilo em que ela religa precisamente realidades dissimétricas e parcialmente incompatíveis ou díspares, a partir das quais emergirão realidades ou significações novas.

"O que define essencialmente um sistema metaestável é a existência de uma 'disparação', ao menos de duas ordens de grandeza, de duas escalas de realidade díspares, entre as quais não há ainda comunicação interativa", escreve Deleuze[45], leitor de Simondon. Ora, essa evitação da falha ou do desvio opera como negação dessa "disparação". A governamentalidade algorítmica apresenta uma forma de totalização, de encerramento do "real" estatístico sobre si mesmo, de redução da potência ao provável, de indistinção entre os planos de imanência (ou de consistência) e de organização (ou de transcendência), e constitui a representação digital do globo imunitário, de uma atualidade pura[46], expurgada, de modo preemptivo, de toda forma de potência de porvir, de toda dimensão "outra", de toda virtualidade. Esse "impedimento da falha" da modelização digital dos possíveis – pela preempção dos possíveis ou pelo registro e inscrição automática de toda "irregularidade" nos processos de refinamento dos "modelos", "padrões" ou perfis (no caso dos sistemas algorítmicos autodidatas) – retira do que poderia surgir do *mundo* em sua dissimetria relativa à *realidade* (aqui, o que a substitui é o corpo estatístico) sua potência de interrupção, de colocar em crise[47].

---

[45] G. Deleuze, Gilbert Simondon: l'individu et sa genèse physico-biologique, em *L'île déserte et autres textes* (Paris, Minuit, 2002).

[46] C. Lagrandé, *L'actualité pure: essai sur le temps paralysé* (Paris, PUF, 2009).

[47] Novamente, é necessário apontar, aqui, o fato de que a crise, esse momento que convoca a decidir na incerteza, é precisamente o momento do político: "A autoridade legítima foi deslocada e distribuída nas coisas, dificultando sua apreensão e seu questionamento, uma vez que ela se impõe em nome do realismo e perde sua visibilidade política. A crítica se encontra paralisada porque ela parece ultrapassada e tornada caduca. A referência à objetividade, frequentemente acompanhada da invocação da transparência da informação, não retoma uma exigência maior da deliberação democrática?"; L. Thévenot, "Autorités à l'épreuve de la critique", cit.

Lembremos que o estatuto da abordagem que Deleuze e Guattari chamaram de esquizoanálise, microanálise, rizomática, cartografia, *era mais "estratégica" que descritiva*. Regras para a elaboração de hipertextos ou nomadologias, os conceitos de rizoma e de imanência eram conceitos polêmicos[48], portadores de um pensamento estratégico, que visava estruturar o social "de outro modo", visava resistir a um modelo hierárquico. Dando-se por espaço uma topologia horizontal de pura superfície, dispensando toda profundidade, toda verticalidade, toda estrutura hierarquizada, todo projeto e toda projeção[49], a governamentalidade algorítmica, assim como a estratégia rizomática, não se interessa nem pelo *sujeito*, nem pelos *indivíduos*. Somente contam as relações entre os dados, que são apenas fragmentos infraindividuais, reflexos parciais e impessoais de existências cotidianas que o *datamining* permite correlacionar a um nível supraindividual, mas que não define qualquer ultrapassagem do indivíduo, qualquer povo, portanto. Na era dos *big data* e da governamentalidade algorítmica, a metáfora do rizoma parece ter adquirido *um estatuto propriamente descritivo ou diagnóstico*: nós somos hoje confrontados com a atualização "material", poderíamos dizer, do rizoma. O metabolismo do "corpo estatístico" – pelo qual se interessa a governamentalidade algorítmica, esse corpo estatístico incomensurável pelos corpos vivos, social e fisicamente experimentados, consistentes, para além da simples aglomeração de elementos, de uma consistência que significa, ao mesmo tempo, que esse corpo permanece unido e que ele é suscetível ao acontecimento[50] – lembra singularmente as características ou os princípios rizomáticos enunciados por Gilles Deleuze e Félix Guattari. Essa "encarnação" do conceito rizomático é propícia às formas de individuação emancipadas? Três inquietações nos assombram quanto a essa questão.

Em primeiro lugar, o que acontece com uma relacionalidade que não seria mais "fisicamente habitada" por nenhuma alteridade? Na governamentali-

---

[48] P. Marchal, *Réseaux et plan d'immanence: autour de Deleuze et de sa critique de la psychanalyse* (Paris, Association Lacanienne Internationale, 2006).

[49] "A topologia da rede é pura superfície que convém distinguir do plano projetivo que Lacan utilizou para caracterizar a topologia do sujeito. Trata-se, certamente, de um plano, de uma superfície (abandonemos a 'psicologia das profundezas'), mas ele é o efeito de uma projeção e isso o diferencia da 'pura' superfície da rede que não implica nenhuma projeção"; idem.

[50] A. Rouvroy; T. Berns, *Le corps statistique: la pensée et les hommes* (Bruxelas, P. Daled, 2009); A. Rouvroy; T. Berns, "Le nouveau pouvoir statistique", *Multitudes*, n. 40, 2010.

dade algorítmica, *cada sujeito é, ele mesmo, uma multidão, mas ele é múltiplo sem alteridade*, fragmentado em quantidades de perfis que se relacionam, todos, a "ele mesmo", às suas propensões, aos seus desejos presumidos, suas oportunidades e seus riscos. Uma relação – mesmo sendo ela uma cena esvaziada de sujeitos – não deve sempre ser "povoada", nem que seja por um "povo que falta" [evocado por Deleuze[51]], um povo em projeto? A "relação" não implica, no mínimo, uma coletividade de mais de um, naquilo em que ela é a condição de uma dissimetria?

Em segundo lugar, o que acontece com o caráter emancipador de uma perspectiva transindividual ou rizomática *quando os desejos que aí se movem nos precedem*? Essa primazia cronológica da oferta personalizada em função de propensões não expressas pelo sujeito não viria sempre já determinar e estabilizar os processos de individuação desde o estado pré-individual? Esses novos usos da estatística que são o *datamining* e a elaboração de perfis não nos reduzem à impotência diante das normas imanentes/produzidas da governamentalidade algorítmica?

Em terceiro lugar, o que acontece com o caráter emancipador de uma perspectiva transindividual ou rizomática *quando a relação não é mais trazida por nenhum devir específico* (devir-sujeito, devir-povo etc.), *isto é, quando ele não pode relatar mais nada,* uma vez que, precisamente, o alvo, no sentido do que essa nova maneira de governar por algoritmos insiste em excluir, é "o que poderia advir" e que não se teria previsto, posto que fruto de disparações, isto é, a parte de incerteza, de virtualidade, de potencialidade radical que faz dos seres humanos processos livres para *se projetar*, relatar-se, tornar-se sujeitos, individuar-se, seguindo trajetórias relativa e relacionalmente abertas? Poderíamos dizer que, sim, a perspectiva é "emancipadora" no sentido de que ela faz tábula rasa das antigas hierarquias (no sentido mais amplo... o "homem normal" ou o "homem médio" que ocupa justamente um lugar nessa hierarquia), mas ela não é emancipadora no escopo de qualquer devir, qualquer projeto, qualquer objetivo. Há, portanto, realmente uma forma de "liberação", mas que não é a liberdade no sentido "forte". O regime de verdade digital (ou o comportamentalismo digital) não ameaça, hoje,

---

[51] G. Deleuze, "Le devenir révolutionnaire et les créations politiques", *Futur Antérieur*, n. 1, 1990; e "Qu'est-ce que l'acte de création?", conférence donnée dans le cadre des mardis de la fondation Femis, 17 mai. 1987.

solapar as próprias bases da emancipação, esvaziando as noções de crítica e de projeto[52] e, mesmo, de comum?

Sem chegar ainda a resolver essas questões, tratava-se, para nós, de mostrar que, mais do que retornar a aproximações personológicas (cujo individualismo possessivo dos regimes jurídicos de proteção de dados é extremamente exemplar), que seriam tão ineficazes quanto mal fundados, a aposta fundamental – o que restaria a salvar como recurso antecedente a todo "sujeito", a toda individuação e como constitutivo desta última – é "o comum", entendido aqui como esse "entre", esse lugar de presença no qual os seres se dirigem e se relatam uns aos outros em todas as suas dissimetrias, suas "disparações". Nós queríamos mostrar também que a existência desse "comum" é, portanto, tributária não de uma homogeneização, de um encerramento do real sobre ele mesmo, mas, pelo contrário, de uma heterogeneidade das ordens de grandeza, de uma multiplicidade dos regimes de existência, enfim, de escalas de realidade díspares. Dito de outro modo, o comum necessita e pressupõe a não coincidência, pois é a partir desta que os processos de individuação ocorrem, no momento em que ela nos obriga a nos dirigirmos uns aos outros. Inversamente, o governo das relações, repousando sobre o esvaziamento de toda forma de disparidade, "monadologiza" as relações de tal modo que estas não relatam mais nada e não expressam mais nenhum comum.

Referências

BALIBAR, E. *La philosophie de Marx*. Paris, La Découverte, 1993.

BERNS, T. *Gouverner sans gouverner: une archéologie politique de la statistique*. Paris, PUF, 2009.

_____. L'efficacité comme norme. *Dissensus*, n. 4, 2011.

_____. *Quand le réel nous gouverne*: dans gouverner par les normes. Bruxelas, Bruylant, 2013.

CARDON, D. Regarder les données. *Multitudes*, n. 49, 2012, p. 138-42.

COMBES, M. *Simondon: individu et collectivité*. Paris, PUF, 1999.

DEBAISE, D. Qu'est-ce qu'une pensée relationnelle? *Multitudes*, n. 18, 2004, p. 15-23.

DELEUZE, G. *Anti-OEdipe et autres réflexions: cours du 27/05/1980*. Disponível em: <http://www2.univ-paris8.fr/deleuze/article.php3?id_article=68>; acesso em 23 jul. 2018.

_____. *Différence et répétition*. Paris, PUF, 1968.

_____. Gilbert Simondon: l'individu et sa genèse physico-biologique. In: *L'île déserte et autres textes*. Paris, Minuit, 2002.

_____. Le devenir révolutionnaire et les créations politiques. *Futur Antérieur*, n. 1, 1990.

---

[52] A. Rouvroy, "The end(s) of critique: data-behaviourism vs. due process", cit.

138 • Tecnopolíticas da vigilância

_____. *Qu'est-ce que l'acte de création?* Conférence donnée dans le cadre des mardis de la fondation Femis, 17 maio 1987.

DELEUZE, G.; GUATTARI, F. *Capitalisme et schizophrénie*, v. 1: *L'Anti-OEdipe*. Paris, Minuit, 1972.

_____; _____. *Mille plateaux: capitalisme et schizophrénie*, v. 2. Paris, Minuit, 1980 [ed. bras.: *Mil platôs: capitalismo e esquizofrenia*, v. 1. Trad. Aurélio Guerra Neto e Celia Pinto Costa. 2. reimp. São Paulo, Editora 34, 2000].

DESROSIÈRES, A. Discuter l'indiscutable: raison statistique et espace public. *Raisons pratiques*, n. 3, 1992.

_____. *Gouverner par les nombres*. Paris, Presses de l'École des Mines, 2008.

_____. *La politique des grands nombres*. Paris, La Découverte, 2000.

_____. Masses, individus, moyennes: la statistique sociale au XIXe siècle. *Hermès*, n. 2, 1988.

ECO, U. *A theory of semiotics*. Bloomington, Indiana University Press, 1976.

EWALD, F. *L'État providence*. Paris, Grasset, 1986.

FOUCAULT, M. *Mal faire, dire vrai: fonction de l'aveu en justice, cours de Louvain, 1981*. Editado por BRION, F.; HARCOURT, B. E. Louvain. Louvain-la-Neuve/Chicago, Presses Universitaires de Louvain/Chicago University Press, 2012.

_____. *Sécurité, territoire, population: cours au Collège de France, 1977-1978*. Paris, Seuil/Gallimard, 2004.

GENOSKO, G. Banco sur Félix: signes partiels a-signifiants et technologie del'information. *Multitudes*, n. 34, 2008, p. 63-73.

GUATTARI, F. *Présentation du séminaire 9 décembre 1980*. Disponível em: <http://www.revue-chimeres.fr/drupal_chimeres/files/801209.pdf>; acesso em 25 out. 2018.

HACKING, I. *The emergence of probability: a philosophical study of early ideas about probability, induction and statistical inference*. Nova York, Cambridge University Press, 2006.

JOIGNOT, F. "Le grand désenchantement." Un entretien avec le philosophe Bernard Stiegler, *Le Monde*, 21 fev. 2011.

LAGRANDÉ, C. *L'actualité purê: essai sur le temps paralysé*. Paris, PUF, 2009.

LAZZARATO, M. *Le "pluralisme sémiotique" et le nouveau gouvernement des signes: hommage à Félix Guattari*. Viena, European Institute for Progressive Cultural Policies, 2006. Disponível em: <http://eipcp.net/transversal/0107/lazzarato/fr>; acesso em 23 jul. 2018.

MARCHAL, P. *Réseaux et plan d'immanence: autour de Deleuze et de sa critique de la psychanalyse*. Paris, Association Lacanienne Internationale, 2006.

MCNAB, D. Big data in action: Watson in wealth management. Disponível em: <https://pt.slideshare.net/suwath/big-data-in-action-watson-in-banking-wealth-management>; acesso em 31 out. 2018.

MORFINO, V. *Le temps de la multitude*. Paris, Amsterdam, 2010.

NEYRAT, F. *Clinamen: flux, absolu et loi spirale*. Alfortville, Ere, 2011.

PARDO, M. S. Rationality. *64 Alabama Law Review*, v. 64, n. 1, 2012, p. 141-53.

PHARABOD, A.-S.; NIKOLSKI, V.; GRANJON, F. La mise en chiffres de soi: une approche compréhensive des mesures personnelles. *Réseaux*, n. 177, 2013, p. 97-129.

QUÉTELET, A. *Sur l'homme et le développement de ses facultés: essai d'une physique sociale*. Bruxelas, Louis Hauman et Compe, 1836.

ROUVROY, A. *Face à la gouvernementalité algorithmique, repenser le sujet de droit comme puissance*, 2012. Disponível em: <http://works.bepress.com/antoinette_rouvroy/43/>; acesso em 23 jul. 2018.

_____. Pour une défense de l'éprouvante inopérationnalité du droit face àl'opérationnalité sans épreuve du comportementalisme numérique. *Dissensus*, n. 4, abr. 2011.

_____. Technology, virtuality and utopia: governmentality in an age of autonomic computing. In: HILDEBRANDT, M.; ROUVROY, A. (eds.). *Law, human agency and autonomic computing: the philosophy of law meets the philosophy of technology*. Londres, Routledge, 2011.

_____. The end(s) of critique: data-behaviourism vs. due process. In: HILDEBRANDT, M.; DE VRIES K. (eds.). *Privacy, due process and the computational turn: the philosophy of law meets the philosophy of technology*. Londres, Routledge, 2013.

ROUVROY, A.; BERNS, T. *Le corps statistique: la pensée et les hommes*. Bruxelas, P. Daled, 2009.

_____; _____. Le nouveau pouvoir statistique. *Multitudes*, n. 40, 2010.

SIMONDON, G. *L'individuation à la lumière des notions de forme et d'information*. Paris, Million, 2005.

SUNSTEIN, C. R. *Republic 2.0*. Princeton, Princeton University Press, 2009.

THÉVENOT, L. Autorités à l'épreuve de la critique: jusqu'aux oppressions du "gouvernement par l'objectif". In: FRÈRE, B. (dir.). *Quel présent pour la critique sociale?* Paris, Desclée de Brouwer, 2012.

VAN OTTERLO, M. A machine learning view on profiling. In: HILDEBRANDT, M.; DE VRIES, K. (eds.). *Privacy, due process and the computational turn: the philosophy of law meets the philosophy of technology*. Londres, Routledge, 2013.

VIRILIO, P. Banlieues en crise. La grippe viaire. *Urbanisme*, n. 347, 2006.

ZARSKY, T. Governmental data mining and its alternatives. *PennState Law Review*, v. 116, n. 2, 2011.

O QUE É A GOVERNANÇA DE ALGORITMOS?[1]

Danilo Doneda
Virgílio A. F. Almeida

Algoritmos são basicamente um conjunto de instruções para realizar uma tarefa, produzindo um resultado final a partir de algum ponto de partida. Atualmente, os algoritmos embarcados em sistemas e dispositivos eletrônicos são incumbidos cada vez mais de decisões, avaliações e análises que têm impactos concretos em nossa vida.

A vocação que os algoritmos têm de penetrar em diversos âmbitos do nosso cotidiano já é vista como um fato da vida. Eles realizam tarefas que dificilmente pensaríamos que poderiam ser cumpridas sem que houvesse um ser humano diante delas. Quanto mais aumentam a sofisticação e a utilidade dos algoritmos, mais eles se mostram "autônomos", chegando a dar a impressão de que existe uma "máquina pensante" por detrás de alguns de seus raciocínios misteriosos, uma imagem que remonta aos primórdios da informática. De fato, o termo "algoritmo" costuma ser usado ou mencionado como sinônimo para computador, máquina, código, *software* e por aí vai.

A disponibilidade de um poder computacional e de conjuntos de dados, que não param de crescer, permite que os algoritmos realizem tarefas de magnitude e complexidade que, muitas vezes, exorbitam os limites humanos. A ponto de, em determinadas situações, haver dificuldade para prever ou explicar seus resultados, até mesmo por parte de quem os escreve.

Ao mesmo tempo, por mais valiosos que sejam os seus efeitos, os algoritmos são capazes de tirar os seres humanos do circuito de seus vários

---

[1] Este artigo foi publicado originalmente na revista *PoliTICs*, n. 24, out. 2016. Os autores agradecem a Yasodara Córdova por suas valiosas contribuições e sugestões.

142 • Tecnopolíticas da vigilância

processos decisórios – o que pode ser um risco! Assim é que, para estimular a sua integração em alguns processos sociais e econômicos nos quais eles podem ser valiosos, talvez seja o caso de elaborarmos instrumentos que permitam algum tipo de governança para os algoritmos. Com isso, talvez possamos evitar uma gama de influências negativas sobre o equilíbrio de poderes em favor daqueles capazes de exercer poder real quanto ao seu uso, maximizando, ademais, os benefícios que eles podem trazer e reduzindo o seu potencial de riscos. Um exemplo de tal mudança no equilíbrio de poderes é dado por Frank Pasquale ao mencionar que alguns planos de saúde se negaram a aceitar uma mulher que consumia antidepressivos para facilitar o sono[2]. O registro histórico do uso de tais medicamentos, que poderia até ajudá-la se mantido rigorosamente com propósitos sanitários, foi apresentado contra ela com base em premissas relacionadas ao uso dessas drogas.

Problemas e outras questões que podem advir dos algoritmos

A complexidade do trabalho dos algoritmos aumenta com o uso cada vez maior das técnicas de aprendizagem automática. Com elas, o algoritmo é capaz de reorganizar seu funcionamento interno com base nos dados que está analisando. Conforme já descreveu Pedro Domingos[3], os algoritmos de aprendizagem automática são "os algoritmos que fazem outros algoritmos [...] para que nós não precisemos fazê-los". Em geral, não é tarefa fácil para o cientista que trabalha com dados ou para quem escreve algoritmos descrever os passos dados por um algoritmo para produzir determinado resultado, nem que seja apenas em termos abstratos.

Portanto, os algoritmos acrescentam um elemento novo à cadeia de informação – a sua opacidade –, que costuma estar associado à dificuldade de decodificar o seu resultado. Os seres humanos vão ficando cada vez menos capazes de compreender, explicar ou prever o funcionamento interno, os vieses e os eventuais problemas dos algoritmos. Vem aumentando a preocupação diante de situações em que nos fiamos nos algoritmos para a tomada de decisões importantes, até mesmo fundamentais, que afetam

---

[2] F. Pasquale, *The black box society: the secret algorithms that control money and information* (Cambridge, Harvard University Press, 2015).

[3] P. Domingos, *The master algorithm* (Nova York, Basic Books, 2015).

O que é a governança de algoritmos? • 143

nossa vida, a ponto de muitos trabalhos acadêmicos e campanhas públicas estarem clamando por uma transparência cada vez maior dos algoritmos e sua respectiva responsabilização pelo que fazem[4].

Ao mesmo tempo, existem justificativas não técnicas para a sua opacidade. Algumas dessas justificativas se baseiam em questões relativas à concorrência. Um algoritmo aberto pode colocar a empresa por ele responsável em desvantagem diante da concorrência. Outras justificativas se baseiam na propriedade intelectual: há países onde a lei protege o sigilo comercial ou a propriedade intelectual das empresas. Outra razão para não se abrirem determinados algoritmos é a possibilidade de algumas pessoas, uma vez cientes das suas características, darem um jeito de "enganá-los"[5]. Portanto, a opacidade dos algoritmos é uma tendência sustentada por elementos de natureza tanto técnica quanto não técnica.

Mas a opacidade não tem conseguido barrar a sua ampla adoção em vários domínios. De fato, eles já não são vistos apenas como o truque que faz funcionar os mecanismos de busca ou como algo que ajuda o e-comércio a arrebanhar a preferência dos clientes. Eles são, também, componentes essenciais dos veículos autoconduzidos, dos sistemas de previsão de crimes e dos exames para diagnosticar várias doenças, juntamente com uma lista que também não para de crescer com tantas novas aplicações de bastante importância. Algumas dessas aplicações, a propósito, têm impactos diretos sobre a sociedade, como dar aos dados algum sentido que leve ao desenvolvimento e à ação humanitária, fornecer apoio para chegar ao diagnóstico médico correto ou mesmo proporcionar maior racionalidade a decisões judiciais.

Os algoritmos surgiram para realizar uma quantidade infindável de tarefas, não só por conta do seu próprio desenvolvimento mas também pela ocorrência de condições que transformaram todo o ambiente em que se situam. Decerto "o algoritmo não é um algoritmo pelo fato de executar (as instruções dadas); ele é um algoritmo, pois funciona a partir de um conjunto

---

[4] Electronic Privacy Information Center, *Algorithmic transparency: end secret profiling* (Washington, D.C., Electronic Privacy Information Center, 2015); disponível em: <https://epic.org/algorithmic-transparency>, acesso em 24 jul. 2018.

[5] T. Gillespie, "The relevance of algorithms", em T. Gillespie; P. Boczkowski; K. Foot (eds.), *Media technologies: essays on communication, materiality, and society* (Cambridge, MIT Press, 2014), p. 167-94.

144 • Tecnopolíticas da vigilância

heterogêneo de atores, que lhe transmitem a exata ação que pressupomos estar sendo por ele realizada"[6].

Esse ambiente contém elementos de grande relevância para a governança dos algoritmos. A bem da verdade, sua governança pode mesmo se basear em ferramentas que atuem não apenas no próprio algoritmo como também sobre elementos do seu ambiente. Entre tais elementos, os conjuntos de dados talvez sejam os mais fundamentais. Os algoritmos se tornaram muito mais úteis como função da disponibilidade de dados, que é relevante para seu funcionamento interno. Conforme destacou Tarleton Gillespie, "os algoritmos são inertes, máquinas sem sentido, enquanto não estiverem ligados a bases de dados sobre as quais venham a funcionar"[7].

Os conjuntos de dados são formados a partir de dados coletados em ritmo cada vez mais acelerado, à medida que nossas atividades vão deixando rastros (pensemos nas nossas atividades na internet) ou vão sendo, quase sempre, monitoradas. Isso leva à oferta de muito mais dados relevantes. E essa questão é absolutamente central à ideia do *big data*, o paradigma para dados que costumam "alimentar" algoritmos, com características usualmente chamadas de 3 Vs: volume (há mais dados disponíveis), variedade (a partir de uma gama muito maior de fontes) e velocidade (em ritmo crescente, até mesmo em tempo real)[8].

Caso os conjuntos de dados sejam usados como partes centrais das tarefas a serem realizadas por algoritmos, é importante enfatizar a necessidade de verificar se estão sendo utilizados dentro da lei e da ética. Em suma, cabe assegurar que os dados sejam legítimos e corretos, que estejam atualizados e não apresentem nenhum viés. Por exemplo, a mineração de dados e outros métodos usados para refinar os conjuntos de dados podem acabar resultando em discriminação. Além disso, a seleção, a classificação, a correlação e outras técnicas costumam repetir vieses ambientais, pois são capazes de imitar as condições sociais e pessoais. Isso nem é uma grande

---

[6] L. Introna, "Algorithms, governance, and governmentality: on governing academic writing", *Science, Technology, & Human Values*, 3 jun. 2015, p. 23; disponível em: <http://journals.sagepub.com/doi/10.1177/0162243915587360>, acesso em 23 out. 2018.

[7] T. Gillespie, "The relevance of algorithms", cit.

[8] H. Fang; A. Moro, *Theories of statistical discrimination and affirmative action: a survey* (Cambridge, The National Bureau of Economic Research, 2010); disponível em: <www.nber.org/papers/w15860>, acesso em 24 jul. 2018.

novidade, pois a discriminação estatística (a formação de estereótipos a partir do comportamento "médio" de um grupo discriminado) já é questionada há quatro décadas, mas trata-se de um problema que os algoritmos vêm sempre destacando[9].

Como exercer a governança dos algoritmos

Já foram identificados na literatura alguns riscos que o uso dos algoritmos pode trazer, tais como manipulação, viés, censura, discriminação social, violações da privacidade e dos direitos de propriedade, abuso do poder de mercado, efeitos sobre as capacidades cognitivas, além de uma crescente heteronomia. É preciso considerar um processo de governança para os algoritmos com vistas a tratar desses riscos.

A governança dos algoritmos pode variar desde os pontos de vista estritamente jurídico e regulatório até uma postura puramente técnica. Ela costuma priorizar a responsabilização, a transparência e as garantias técnicas. A escolha da abordagem de governança pode basear-se em fatores tais como a natureza do algoritmo, o contexto em que ele existe ou uma análise de risco[10].

Quando se opta por uma abordagem de governança, esta deve buscar geralmente uma redução dos problemas causados pelos algoritmos. Ela deveria tentar preservar a sua eficácia e reduzir os resultados indesejáveis.

Algumas ferramentas de governança não agem sobre o algoritmo, mas sim sobre os dados de que ele precisa para funcionar. Isso se aplica a algumas das ferramentas que já estão presentes na legislação de proteção de dados e, em alguns países, inclui medidas relativas à transparência e à razoabilidade, aplicáveis diretamente aos algoritmos e às plataformas que dão suporte ao seu funcionamento. Por exemplo, a premissa de que as decisões automatizadas devem se basear em critérios transparentes

---

[9] F. Saurwein; N. Just; M. Latzer, "Governance of algorithms: options and limitations", *Social Science Research Network*, v. 17, n. 6, 2015, p. 35-49.

[10] European Data Protection Supervisor, *Towards a new digital ethics: data, dignity, and technology, opinion 4* (Bruxelas, European Data Protection Supervisor, 2015); disponível em: <https://secure.edps.europa.eu/EDPSWEB/webdav/site/mySite/shared/Documents/Consultation/Opinions/2015/15-09-11_Data_Ethics_EN.pdf>, acesso em 24 jul. 2018.

costuma estar presente em algumas leis de proteção de dados. O mesmo ocorre com o direito de solicitar revisão humana para as decisões tomadas automaticamente.

O uso de algoritmos para regular conjuntos de dados está no cerne da maioria dos arcabouços jurídicos para a proteção dos dados, o que também exige que esses conjuntos de dados sejam legítimos e corretos, cumprindo vários requisitos para atender a esses critérios. Um bom exemplo seria o consentimento para o uso de dados pessoais em várias ocasiões, uma vez que a propriedade é outra das questões que assomam, e identificar conjuntos de dados específicos – de maneira a permitir consentimento para tratamento e uso de dados, seja para uso pessoal ou simplesmente originado por um cidadão – também deveria ser assunto para regulação.

A necessidade de uma prestação de contas e da transparência dos algoritmos costuma ser mencionada como outra abordagem possível. A transparência, como já mencionamos, não é natural a muitos dos algoritmos que estão em uso, por razões técnicas e não técnicas, de forma que precisamos de instrumentos de governança para estimular a adoção de certos níveis de transparência, ou de algoritmos abertos.

A prestação de contas, que está ligada à noção de responsabilidade, justeza e processo devido no uso dos algoritmos, também é fundamental e invoca outra questão que deverá ser enfrentada com o uso generalizado de algoritmos: quem fica responsável pelo seu uso? Em quais situações o criador de um algoritmo será responsabilizado e em quais o será uma empresa ou órgão governamental que empregue esse algoritmo?

As garantias técnicas são outro recurso fundamental, de maneira a estabelecer opções para o projeto de algoritmos quanto à mineração e análise de dados com considerações que busquem evitar preconceito, desigualdade ou quaisquer outros resultados tendenciosos. Nesse âmbito, os engenheiros e pesquisadores estão desenvolvendo técnicas para assegurar que os algoritmos e a sua implementação atendam aos padrões de concepção, desempenho e mesmo responsabilização. Num momento seguinte, existem técnicas de auditoria que podem ser úteis para determinar se o algoritmo adere às normas técnicas exigidas.

Uma ferramenta intimamente ligada à autorregulação é o desenvolvimento de princípios ligados ao uso ético de dados pessoais – o que vem sendo mencionado às vezes como ética do *big data*. Mesmo sendo uma variação da abordagem da autorregulação, alguns órgãos governamentais têm mencionado que talvez esses princípios devam ser desenvolvidos como parte de um novo arcabouço regulatório[11].

Outro elemento importante é que os algoritmos estão sempre atuando sob as condições do momento, enfrentando situações novas e inéditas que exigem respostas, o que requer o constante acompanhamento dos seus resultados para avaliação. Essa questão é ainda mais importante no caso das técnicas de aprendizado automático.

A implantação de instrumentos de governança para os algoritmos pode ocorrer em vários níveis. Descrevemos aqui uma pequena gama, levando em conta que alguns só seriam considerados se o risco que apresentassem fosse substancial e concreto. Os processos de governança de algoritmos podem variar desde soluções orientadas para o mercado até mecanismos governamentais.

Um conjunto de órgãos de supervisão é necessário para estruturar e implementar a governança dos algoritmos sobre uma variedade de instrumentos. Fica evidente que não existe uma solução única para todos os casos.

As empresas particulares devem abordar o uso de algoritmos dentro de padrões estabelecidos (se os seus clientes estiverem numa posição tal que possam evitar o uso de algoritmos arriscados embutidos em seus *softwares*, serviços e produtos), contanto que haja transparência e responsabilização em níveis adequados.

Para que funcione sistematicamente, essa abordagem da iniciativa privada deve ser parte da organização interna das empresas, que, ao usar algoritmos, definem os padrões que refletem o interesse público e estabelecem um processo de revisão e um órgão interno para garantir a integridade e a conformidade com valores de interesse público.

Essa abordagem também pode basear-se em processos de autorregulação no âmbito da indústria como um todo, em que, por exemplo, padrões coletivos e valores de interesse público são definidos para um setor específico – conforme acontece quando a indústria automobilística define padrões de qualidade e segurança para *software* embarcado nos automóveis. Um órgão de supervisão específico para a indústria, capaz de assumir a forma de comitês multissetoriais, teria a incumbência de exigir de quem os cria as informações relativas aos algoritmos.

E, por fim, um órgão de supervisão governamental encarregado da regulação dos algoritmos é mais uma possibilidade para o futuro, priorizando

---

[11] F. Saurwein; N. Just; M. Latzer, "Governance of algorithms", cit.

requisitos tais como o nível de transparência ou de qualidade de serviço em termos de erros, risco de morte ou lesões causadas por algoritmos ou por *software*, juntamente com violações de segurança e outros assuntos pertinentes.

Referências

DOMINGOS, P. *The master algorithm*. Nova York, Basic Books, 2015.

ELECTRONIC Privacy Information Center. *Algorithmic transparency: end secret profiling*. Washington, D.C., Electronic Privacy Information Center, 2015. Disponível em: <https://epic.org/algorithmic-transparency>; acesso em 24 jul. 2018.

EUROPEAN Data Protection Supervisor. *Towards a new digital ethics: data, dignity, and technology, opinion 4*. Bruxelas, European Data Protection Supervisor, 2015. Disponível em: <https://secure.edps.europa.eu/EDPSWEB/webdav/site/mySite/shared/Documents/Consultation/Opinions/2015/15-09-11_Data_Ethics_EN.pdf>; acesso em 24 jul. 2018.

FANG, H.; MORO, A. *Theories of statistical discrimination and affirmative action: a survey*. Cambridge, The National Bureau of Economic Research, 2010. Disponível em: <www.nber.org/papers/w15860>; acesso em 24 jul. 2018.

GILLESPIE, T. The relevance of algorithms. In: GILLESPIE, T.; BOCZKOWSKI, P.; FOOT, K. (eds.). *Media technologies: essays on communication, materiality, and society*. Cambridge, MIT Press, 2014, p. 167-94.

INTRONA, L. Algorithms, governance, and governmentality: on governing academic writing. *Science, Technology, & Human Values*, 3 jun. 2015. Disponível em: <http://journals.sagepub.com/doi/abs/10.1177/0162243915587360?journalCode=sthd>; acesso em 24 jul. 2018.

PASQUALE, F. *The black box society: the secret algorithms that control money and information*. Cambridge, Harvard University Press, 2015.

SAURWEIN, F.; JUST, N.; LATZER, M. Governance of algorithms: options and limitations. *Social Science Research Network*, v. 17, n. 6, 2015, p. 35-49.

PARTE II
CULTURA DA VIGILÂNCIA

CULTURA DA VIGILÂNCIA: ENVOLVIMENTO, EXPOSIÇÃO E ÉTICA NA MODERNIDADE DIGITAL*

David Lyon

Está emergindo uma cultura da vigilância sem precedentes. Sua característica-chave é que as pessoas participam ativamente em uma tentativa de regular sua própria vigilância e a vigilância sobre outros. Há crescente evidência de padrões de perspectivas, visões, ou *mentalités* sobre vigilância, junto com modos intimamente relacionados de iniciar, negociar ou resistir à vigilância. A esses eu chamo *imaginários de vigilância* e *práticas de vigilância*, respectivamente. Eles são analiticamente distinguíveis, mas não separáveis. Eles se entrecruzam. Este artigo debate as razões para focar o crescimento da cultura da vigilância enquanto envolvimento; algumas de suas características-chave, incluindo, especificamente, exposição; e o modo como o conceito de cultura da vigilância expande debates anteriores sobre o Estado de vigilância e a sociedade de vigilância e facilita a discussão sobre ética e cidadania.

A expressão *cultura da vigilância* já apareceu antes, mas o conceito ainda precisa ser tratado como um fenômeno amplo por si só e teorizado como um desenvolvimento distinto de outros, como se dá com *Estado de vigilância* e *sociedade de vigilância*. William Staples[1], por exemplo, usou *cultura da vigilância* no título de um de seus livros, explorando o que menciona, apropriadamente, como desenvolvimentos "pós-modernos" de nossas interações cotidianas com a vigilância. *Cultura da vigilância* também aparece no

---

* Tradução de Heloísa Cardoso Mourão. Dados da publicação original: "Surveillance culture: engagement, exposure, and ethics in digital modernity", *International Journal of Communication*, v. 11, 2017, p. 1-18. (N. E.)

[1] W. G. Staples, *The culture of surveillance: discipline and social control in the United States* (Nova York, St Martin's Press, 1998).

subtítulo de *Loving Big Brother*[2], de John McGrath, um estudo que indica e discute, de forma útil, algumas das dimensões performativas da vigilância. Ou ainda os *insights* de Jonathan Finn, particularmente em relação à vigilância por câmeras, sobre o modo como, com a proliferação de câmeras em espaços públicos, a vigilância se tornou uma "forma de ver, uma forma de ser"[3]. Cada um fornece um bom trampolim para adentrar a *cultura da vigilância*.

Tomemos um exemplo atual de como a cultura da vigilância se relaciona com alguns temas prementes que envolvem vigilância de maneira geral. O tipo de "vigilância sem suspeito", que é executada por agências de inteligência, como a National Security Agency (NSA) [Agência de Segurança Nacional dos Estados Unidos], para o qual a divulgação de documentos de Edward Snowden chamou a atenção, não pode ser compreendido simplesmente nos termos de conceitos mais antigos como Estado de vigilância ou sociedade de vigilância. Agora estes devem ser complementados por um conceito que se concentre mais nos papéis ativos desempenhados pelos sujeitos da vigilância, primeiramente porque tais papéis fazem diferença nos resultados da vigilância. Proponho que a cultura da vigilância seja exatamente esse conceito e creio que focar aquilo que ocorre dentro de vários aspectos da cultura da vigilância ajude a explicar por que as reações a Snowden – e à vigilância de maneira geral – têm sido tão diversas: de ultraje e mobilização política a uma confiança reconfortante ou mesmo complacência.

A cultura da vigilância já se tornava visível na virada do século XXI, especialmente após os ataques do 11 de Setembro nos Estados Unidos e o advento das mídias sociais, e tornou-se ainda mais evidente depois que Snowden copiou e divulgou documentos da NSA em 2013. Os historiadores talvez consigam discernir os primeiros sinais da cultura da vigilância em fins do século XX, mas ela agora está presente em vasta escala e seus contornos estão ficando claros. O que se pretende dizer com essa expressão? É o sentido – como Raymond Williams[4] poderia ter dito – de que a vigilância se torna parte de todo um modo de vida. Daí meu uso da palavra

---

[2] J. McGrath, *Loving Big Brother: surveillance culture and performance space* (Londres, Routledge, 2004).

[3] J. Finn, "Seeing surveillantly: surveillance as social practice", em A. Doyle; R. Lippert; D. Lyon (eds.), *Eyes everywhere: the global growth of camera surveillance* (Londres, Routledge, 2012), p. 78.

[4] R. Williams, *Culture and society: 1780-1950* (Londres, Chatto and Windus, 1958).

cultura. Não é mais apenas algo externo que se impõe em nossa vida. É algo que os cidadãos comuns aceitam – deliberada e conscientemente ou não –, com que negociam, a que resistem, com que se envolvem e, de maneiras novas, até iniciam e desejam. O que antes era um aspecto institucional da modernidade ou um modo tecnologicamente aperfeiçoado de disciplina ou controle social hoje está internalizado e constitui parte de reflexões diárias sobre como são as coisas e do repertório de práticas cotidianas.

A divulgação de documentos de Snowden certamente trouxe alguns debates importantes à frente – questões sobre direitos digitais em relação a corporações e departamentos e agências governamentais, e sobre quem é responsável por fluxos de dados para além das fronteiras, fluxos que têm óbvias consequências para as oportunidades e liberdades[5]. A divulgação também serviu para revitalizar controvérsias sobre o papel da atividade política *online* que emergiram amplamente alguns anos atrás, após a assim chamada Primavera Árabe. Em que extensão as novas mídias foram o meio de fomentar uma mudança popular e radical e em que extensão foram ferramentas de repressão e negação a aspirações democráticas?

Esses temas não podem ser considerados adequadamente sem primeiro pensarmos mais amplamente sobre cultura da vigilância. Tal cultura, por sua vez, deve ser observada em relação ao impressionante crescimento do que poderia ser justamente chamado de *modernidade digital* no século XX, mas especialmente no século XXI. Explorar as origens, os portadores e as consequências da cultura da vigilância é uma forma de contextualizar mais efetivamente o mundo pós-Snowden. A seguir, demonstro que a presença de uma cultura da vigilância levanta novas questões sobre o envolvimento cotidiano com as mídias digitais, questões sobre os aspectos éticos e políticos que apontam para possibilidades e desafios à cidadania digital. Tanto a vigilância quanto a cidadania estão agora mediadas pelo digital. Qual é o cenário para isso?

Cultura da vigilância: o contexto

A cultura da vigilância é um produto das condições contemporâneas da modernidade tardia ou, simplesmente, da modernidade digital. A partir

---

[5] C. Kuner, *Transborder data flow regulation and data privacy law* (Oxford, Oxford University Press, 2014); V. Mosco, *To the cloud: big data in a turbulent world* (Londres, Routledge, 2014).

do fim do século XX, especialmente, os modos de vigilância corporativos e estatais, mediados por tecnologias cada vez mais rápidas e poderosas, inclinaram-se na direção da incorporação da vida cotidiana através de infraestruturas de informação e de nossa crescente dependência do digital nas relações mundanas. Assim como todas as mudanças culturais se relacionam, significativamente, com as condições sociais, econômicas e políticas, a cultura da vigilância atual é formada por meio de dependência organizacional, poder político-econômico, conexões de segurança e envolvimento em mídias sociais.

Permitam-me contrastar *cultura da vigilância* com expressões anteriores e mostrar por que, isoladamente, são agora inadequadas. *Estado de vigilância* funcionou bem no período orwelliano pós-guerra e ainda é capaz de capturar aspectos significativos da vigilância, como as atividades de agências de inteligência. Contudo, mesmo nestas, o Estado de vigilância é fortemente dependente de entidades comerciais – companhias de internet e telefonia – para fornecer os dados desejados[6]. Embora tais dados venham sendo usados, via mandados, por polícias e agências de segurança por décadas, a escala massiva na qual isso ocorre atualmente altera a dinâmica dessa troca. Hoje, ninguém passa incólume por essa aliança, muito pós-orwelliana, de forças governamentais e empresariais. Um segundo fator é que boa parte daqueles dados é gerada, em primeiro lugar, pelas atividades cotidianas *online* de milhões de cidadãos comuns. Somos cúmplices, como jamais antes, em nossa própria vigilância ao compartilhar – por vontade própria e conscientemente ou não – nossas informações pessoais no domínio público *online*. *Cultura da vigilância* ajuda a situar isso. Se se trata de vigilância de Estado, ela tem um caráter profundamente diferente daquilo que, em termos populares, é "orwelliano".

Se Estado de vigilância é um conceito inadequado, a ideia igualmente lugar-comum de uma sociedade de vigilância também é insuficiente para a tarefa. Embora *sociedade de vigilância* ajude a indicar o contexto mais amplo dentro do qual ocorrem as inquietantes descobertas sobre a vigilância massiva executada pela NSA e os "Cinco Olhos", a expressão também falha em explicar a situação atual. Sociedade de vigilância é um conceito originalmente usado para indicar as formas nas quais a vigilância transbordava de seus limites anteriores – departamentos governamentais, agências de

---

[6] K. Ball; A. Canhoto; E. Daniel; S. Dibb; M. Meadows; K. Spiller, *The privacy security State: surveillance, consumer data and the war on terror* (Copenhagen, Copenhagen Business School Press, 2015).

polícia, locais de trabalho – para afetar diversos aspectos da vida cotidiana. Mas a ênfase ainda estava em como a vigilância era executada por certas agências de modo a tocar, cada vez mais, as rotinas da vida social – desde fora, por assim dizer. Esse conceito foi, muitas vezes, usado de maneiras que prestavam pouca atenção à experiência e ao envolvimento de cidadãos, consumidores, viajantes ou empregados com a vigilância.

A partir de fins do século XX, a vigilância se tornou um aspecto organizacional central das sociedades que desenvolveram infraestruturas de informação, nas quais a complexidade era gerenciada usando categorias[7]. No começo do século XXI, surgiram evidências de uma "terceira fase" da computação, após o *mainframe* e a fase dos computadores pessoais, na qual o maquinário de computação está inserido, mais ou menos invisivelmente, nos ambientes da vida diária. Muitos se referem a isso como evidência para a "internet das coisas", na qual o foco está nos dispositivos "*smart*" e em objetos capazes de se comunicar com usuários e outros aparelhos. Como veremos, isso expande, de formas específicas, o uso da vigilância como um modo de organização. Atualmente, a cultura da vigilância é formada por tais desenvolvimentos.

É quase uma obviedade dizer que a vigilância é também uma grande indústria. Corporações globais estão envolvidas, muitas vezes intimamente ligadas a governos. As divulgações de Snowden tornaram isso largamente claro, se antes restava alguma dúvida. Desde o princípio, em junho de 2013, os documentos de Snowden mostraram que a NSA tem acesso aos metadados de companhia telefônica (Verizon) e que também garimpa as bases de dados de clientes de empresas de internet como Apple, Google, Microsoft, Amazon e Facebook (por vezes mencionadas como as "Cinco Grandes"). Por um lado, portanto, essas empresas se envolvem com vigilância de seus clientes em larga escala; por outro, elas partilham esses dados com agências governamentais.

Mais que isso, o caráter de cada empresa é também importante para a relação entre a economia política e a cultura da vigilância. As Cinco Grandes empresas hoje dominam não apenas a internet mas também o modo de

---

[7] C. Bennett; K. Haggerty; D. Lyon; V. Steeves (eds.), *Transparent lives: surveillance in Canada* (Edmonton, Athabasca University Press, 2014); R. Ericson; K. Haggerty, "The surveillant assemblage", *British Journal of Sociology*, v. 51, n. 4, 2000, p. 605-22; D. Lyon, *Surveillance studies: an overview* (Cambridge, Polity, 2007).

156 • Tecnopolíticas da vigilância

operação econômica, que ultrapassou os modos administrativos e financeiros de acumulação que caracterizaram o fim do século XX e o começo do XXI. Como analisado por Shoshana Zuboff, a fase emergente é o *capitalismo da vigilância*, agora intimamente envolvido com práticas de *big data*[8]. Seu objetivo é "prever e modificar o comportamento humano como meio de produzir receitas e controle de mercado"[9]. A análise de Zuboff se baseia em estratégias da Google que evidenciam uma "indiferença formal" em relação à sua base de usuários. Para ela, isso tem implicações para o que chama de "civilização da informação". Essas declarações são limitadas à ideia correlata de cultura da vigilância, que busca compreender como as reações dos usuários a essas tentativas de predição e modificação afetam seu sucesso.

Isso significa, por sua vez, que as conexões com a securitização são fortes e penetrantes. Como observou David Garland, investigando o mundo da política e governança de fins do século XX, a governança neoliberal flui naturalmente disso; o que ele chamou de "cultura do controle" é seu principal motivo[10]. Administração de riscos e segurança já eram um importante motivo de vigilância. Mas uma oportunidade para sua expansão foi oferecida pelo 11 de Setembro e seus desdobramentos, que, significativamente, se apoiaram fortemente em empresas de tecnologia, recentemente debilitadas, para criar uma nova indústria de "segurança nacional"[11]. Assim, uma das tendências-chave da vigilância recente tem sido a securitização, aplicada em áreas numerosas, intensificadas e em constante crescimento[12]. Essa securitização exige maiores quantidades de informação sobre riscos e como gerenciá-los, o que enfraquece as exigências tradicionais de privacidade e aumenta a vigilância sobre os com-

---

[8] Shoshana Zuboff, "*Big Other*: capitalismo de vigilância e perspectivas para uma civilização de informação", neste volume, p. 17-68; "The secrets of surveillance capitalism", *Frankfurter Allgemeine*, 5 mar. 2016; disponível em: <http://www.faz.net/aktuell/feuilleton/debatten/the-digital-debate/shoshana-zuboff-secrets-of-surveillance-capitalism-14103616.html/>, acesso em 24 jul. 2018; D. Lyon, "Surveillance, Snowden and big data: capacities, consequences, critique", *Big Data & Society*, v. 1, n. 1, 2014, p. 1-13.

[9] S. Zuboff, "*Big Other*: capitalismo de vigilância e perspectivas para uma civilização de informação", cit., p. 18 deste volume.

[10] D. Garland, *The culture of control: crime and social order in contemporary society* (Chicago, University of Chicago Press, 2001).

[11] D. Lyon, *Surveillance after September 11* (Cambridge, Polity, 2003).

[12] C. Bennett; K. Haggerty; D. Lyon; V. Steeves (eds.), *Transparent lives*, cit.

portamentos considerados arriscados. Em termos de cultura da vigilância, isso reforça o sentido de que a vigilância é necessária "para o nosso próprio bem". Na prática, é claro, isso também é compreendido de maneira ambivalente.

Esse sentido de risco, e a necessidade de tomar medidas para reduzi-lo, é não apenas evidente na grande escala da política (inter)nacional mas também penetra a vida cotidiana doméstica, na qual o automonitoramento de saúde, renda e administração do tempo é um fenômeno crescente. Há apenas alguns anos, o jornal *The New York Times* ainda tratava do tema como algo para *nerds* e adictos da boa forma[13]. Hoje, esse automonitoramento é menos incomum e muitas vezes tomado como ponto pacífico. Aparelhos acopláveis ao corpo tornaram-se cada vez mais populares a partir da primeira década deste século, e agora o debate sobre o "eu quantificado" é muito mais lugar-comum[14]. Neste mundo, as pessoas buscam uma forma de "autoconhecimento" para que possam levar "vidas melhores", ainda que apenas um pequeno fragmento dos dados seja visto por elas, e a vasta maioria termine na base de dados das corporações dos aparelhos portáteis.

Por fim, e talvez mais conhecida, é a relação entre mídias sociais e a cultura da vigilância. Aqui considero exemplar o trabalho de José van Dijck[15]. Seu livro examina as culturas de mídias sociais, e o artigo relacionado expande o argumento para incluir perguntas sobre vigilância e privacidade. Aparentemente, entre as revelações de Snowden, a percepção, por amplas parcelas do público, de que aquilo que ocorre em mídias sociais está aberto tanto a corporações quanto ao governo foi uma das mais impactantes. Van Dijck aponta como isso se conecta com "dataísmo"*, a crença secular – parte do imaginário da vigilância, em termos meus – de que os usuários podem confiar seus dados seguramente a grandes corporações. Snowden levantou muitas questões sobre o dataísmo. Em verdade, nos Estados Unidos, um

---

[13] G. Wolf, "The data-driven life", *The New York Times*, 28 abr. 2010; disponível em: <http://www.nytimes.com/2010/05/02/magazine/02self-measurement-t.html>, acesso em 24 jul. 2018.

[14] K. Crawford; J. Lingel; T. Karppi, "Our metrics, ourselves: one hundred years of self-tracking from the weight scale to the wrist wearable device", *European Journal of Cultural Studies*, v. 18, n. 4/5, 2015, p. 479-96.

[15] J. van Dijck, *The culture of connectivity* (Nova York, Oxford University Press, 2013); "Datafication, dataism and dataveillance: big data between scientific paradigm and ideology", *Surveillance & Society*, v. 12, n. 2, 2014, p. 197-208.

* Tradução livre do neologismo *dataism*. (N. T.)

estudo recente sobre os maiores medos dos norte-americanos mostra que ser rastreado por corporações ou pelo governo se encontra próximo ao topo da lista[16]. Não seria nada surpreendente se tais descobertas tivessem um impacto no uso cotidiano de mídias sociais.

Segundo pesquisadores da Pew Internet and American Life, as revelações de Snowden de fato tiveram um impacto no uso de mídias sociais[17]. Por exemplo, 34% (ou 30% de todos os adultos) daqueles que estão cientes dos programas de vigilância governamental tomaram pelo menos uma medida para esconder ou proteger suas informações do governo – mudando configurações de privacidade, usando outros meios de comunicação fora das mídias sociais ou evitando certos aplicativos. Uma proporção ligeiramente menor (25%) mudou seu uso de telefones, *e-mail* ou mecanismos de busca após Snowden. Saber mais sobre vigilância governamental produz mais evidências de modificação de comportamento.

Permitam-me dizer mais uma coisa sobre os contextos da cultura da vigilância. Após notar sua relação com a dependência organizacional, o poder político-econômico, as conexões de segurança e o envolvimento em mídias sociais, também observei que a cultura da vigilância tem muitas facetas e varia de acordo com a região. O objetivo de usar o conceito de cultura da vigilância é distingui-lo de noções como Estado de vigilância ou sociedade de vigilância ao focar participação e envolvimento de sujeitos vigiados e vigilantes. Mas a cultura da vigilância se desenvolverá diferentemente, como toda cultura, e por vezes se transformará de modo imprevisível, especialmente em contextos de crescente liquefação social[18]. Ademais, ela brotará e florescerá diferentemente, dependendo de circunstâncias históricas e políticas. A maior parte do que mencionei aqui se refere primeiramente à América do Norte e à Europa ocidental, embora leitores na América Latina, na Ásia, na África ou no oriente Médio possam reconhecer muitas características da cultura da vigilância, necessariamente atravessadas por circunstâncias locais.

---

[16] C. Bader, *America's top fears 2015* (Orange, Chapham University, 2016); disponível em: <https://blogs.chapman.edu/wilkinson/2015/10/13/americas-top-fears-2015/>, acesso em 24 jul. 2018.

[17] L. Rainie; M. Madden, *America's privacy strategies post Snowden* (Washington, D.C., Pew Research Center, 2015); disponível em: <http://www.pewinternet.org/2015/03/16/americans-privacy-strategies-post-snowden/>, acesso em 24 jul. 2018.

[18] Z. Bauman; D. Lyon, *Liquid surveillance: a conversation* (Cambridge, Polity, 2013).

Dito isso, consideremos as principais características da cultura da vigilância e perguntemos como podem ser mais efetivamente analisadas.

Envolvimento: imaginários e práticas

A cultura da vigilância exibe formas variadas e em constante mutação, mas que têm algumas características comuns que começamos a explorar. Eu me refiro àquelas características comuns como *cultura da vigilância*, que, apesar de soar como um conceito singular, ainda assim é multifacetado e complexo. À medida que uma proporção crescente de nossas relações sociais se torna digitalmente mediada, os sujeitos são envolvidos, não meramente como alvos ou portadores de vigilância, mas como participantes cada vez mais conscientes e ativos. Isso ocorre mais claramente através das mídias sociais e do uso da internet em geral e intensificou a adoção cotidiana de uma variedade de mentalidades e práticas de vigilância.

Há dois fatores principais. O primeiro tem a ver com a aquiescência generalizada em relação à vigilância. Embora tentativas de resistir à vigilância em certos ambientes sejam relativamente comuns, na maior parte dos cenários e do tempo ela se tornou tão disseminada que a maioria a aceita sem questionar[19]. Essa aliança generalizada com a vigilância contemporânea é algo que intriga aqueles que atravessaram regimes de vigilância de governos autoritários[20]. Mas tal aquiescência pode ser explicada por meio de três fatores bastante lugares-comuns: familiaridade, medo e diversão[21].

Quanto ao primeiro, familiaridade, a vigilância se tornou um aspecto da vida que é dado como certo, desde os cartões fidelidade dos supermercados até as onipresentes câmeras em espaços públicos e privados e as rotinas de segurança dos aeroportos, arenas esportivas e muitos outros lugares. Essa normalização e domesticação da vigilância parecem responder, em parte, pelo nível geral de aquiescência[22]. Quanto ao medo, ele se tornou mais marcado

---

[19] E. Zureik; L. H. Stalker; E. Smith, *Surveillance, privacy and globalization of personal information* (Montreal, McGill-Queen's University Press, 2010).

[20] Por exemplo, Z. Bauman; D. Lyon, *Liquid surveillance*, cit.

[21] D. Lyon, "The emerging culture of surveillance", em A. Janssen; M. Christensen (orgs.), *Media, surveillance and identity* (Nova York, Peter Lang, 2014), p. 71-90.

[22] D. Murakami Wood; W. Webster, "Living in surveillance societies: the normalisation of surveillance in Europe and the threat of Britain's bad example", *Journal of Contemporary European Research*, v. 5, n. 2, 2009, p. 259-73.

após o 11 de Setembro, e é evidente que o desejo relatado de medidas de vigilância está relacionado à geração de incerteza na exploração do medo amplificada pela mídia[23]. E, no extremo oposto do âmbito emocional, a diversão também responde pela aquiescência, acima de tudo no território das mídias sociais e dos aparatos digitais. Embora estejam integrados na vida "séria" de diversas formas autoevidentes, para muitos usuários há aspectos de tempo de lazer e "entretenimento" nos mesmos sistemas. Anders Albrechtslund sugere que, nessas áreas, a vigilância pode ser "potencialmente empoderadora, formadora de subjetividade e até divertida"[24]. Isso sublinha aquilo que Snowden disse em um discurso: "Eu *vivo* na internet"[25].

A questão de por que certas populações aceitariam tão prontamente a vigilância é importante e já foi relatada, mas ela não conta, de maneira alguma, toda a história. A segunda e maior indagação é por que tais populações também participam, envolvem-se ativamente e iniciam elas mesmas a vigilância. O fato de que as ferramentas para tais atividades estão cada vez mais disponíveis é parte da resposta, mas isso dificilmente constitui a história completa. Afinal, algumas ferramentas são adotadas e usadas enquanto outras são ignoradas e negligenciadas. Além disso, os mercados são voláteis, especialmente em plataformas de mídias sociais, com alguns antigos líderes, como o Facebook, agora perdendo clientes para o Instagram ou para o Snapchat. Como em outras esferas, o envolvimento social com novas tecnologias não pode ser resumido em capacidades tecnológicas ou disponibilidade. Esses são fenômenos sociotécnicos.

Voltando mais especificamente aos componentes da cultura da vigilância, sugiro que, em conjunto, os conceitos de imaginários e práticas servem bem para estruturar o debate. Com base na análise de Charles Taylor sobre "imaginários sociais"[26], os imaginários sociais de vigilância (ou simplesmente "*imaginários* de vigilância") têm a ver com entendimentos compartilhados

---

[23] D. Lyon, *Surveillance after September 11*, cit.

[24] A. Albrechtslund, "Online networking as participatory surveillance", *First Monday*, v. 13, n. 3, 2008, p. 1; disponível em: <http://firstmonday.org/article/view/2142/1949/>, acesso em 24 jul. 2018.

[25] A. Curlew, "Snowden visits campus via live feed", *Queen's Journal*, 13 nov. 2015; disponível em: <https://www.queensjournal.ca/story/2015-11-13/news/the-future-is-up-to-students-snowden-says/>, acesso em 25 out. 2018.

[26] C. Taylor, *Modern social imaginaries* (Durham, Duke University Press, 2004); *A secular age* (Cambridge, Harvard University Press, 2007).

sobre certos aspectos de visibilidade na vida cotidiana e em relações sociais, expectativas e compromissos normativos. Eles fornecem uma capacidade de agir, de se envolver e de legitimar as *práticas* de vigilância. Por sua vez, as práticas de vigilância ajudam a sustentar imaginários de vigilância e a contribuir para sua reprodução.

Imaginários de vigilância são construídos pelo envolvimento cotidiano com a vigilância, bem como por reportagens e mídias populares, como o cinema e a internet. Eles incluem a consciência crescente de que a vida moderna é vivida sob vigilância, de que isso afeta as relações sociais de muitas maneiras – por exemplo, "Meu patrão vai ver minhas excentricidades na página do Facebook?" –, de que a própria ideia de uma expectativa de privacidade talvez seja discutível e de que todas as formas, desde a complacência até o confronto, podem ser apropriadas para responder à vigilância. Os imaginários de vigilância oferecem não apenas um sentido do que acontece – a *dinâmica* da vigilância – mas também um sentido de como avaliar e se envolver com ela – os *deveres* de vigilância. Tais imaginários, por sua vez, informam e animam as práticas de vigilância; eles funcionam juntos.

As práticas de vigilância podem ser atividades que se relacionam tanto com ser vigiado (*responsivas*) quanto com modos de envolvimento *com* a vigilância (*iniciatórias*). Exemplos das primeiras, das práticas responsivas, podem incluir a instalação de alguma forma de proteção criptografada contra a atenção indesejada de agências de segurança nacional ou empresas de *marketing*, ou o uso de roupas que limitam o reconhecimento por câmera em locais públicos, ou evitar o uso de cartões fidelidade. Em contrapartida, exemplos de práticas iniciatórias podem incluir a instalação de uma câmera de painel para registrar as atividades de outros usuários da estrada enquanto alguém dirige, o uso de mídias sociais para verificar os detalhes pessoais de outros, incluindo de completos desconhecidos, ou a prática da autovigilância pelo monitoramento de frequência cardíaca ou pelo cálculo de duração e intensidade da atividade com dispositivos como Fitbits (muitas vezes mencionados como o "eu quantificado", ver p. 157). Como observado, essas são distinções analíticas, e alguns tipos de práticas podem incluir elementos uns dos outros.

Explorar a cultura da vigilância atual pelas lentes de imaginários e práticas oferece novas maneiras de pensar a vigilância em geral. Isso abre uma paisagem cultural muito mais complexa do que a que pode ser capturada com os conceitos de Estado de vigilância ou sociedade de vigilância (embora não os ultrapasse) e, simultaneamente, nos leva para além de simples binários

162 • Tecnopolíticas da vigilância

conceituais como poder-participação, in/visibilidade e privado-público. Como observado com muitos usuários de mídias sociais, por exemplo, apesar da percepção popular em contrário, a privacidade ainda é uma condição valorizada, mas o mesmo se dá com a publicização [*publicness*][27].

Vale ressaltar que a expressão *cultura da vigilância* em momento algum descreve uma situação unificada ou completamente abrangente. É apenas uma "expressão guarda-chuva" para muitos tipos diferentes de fenômenos, que aponta para a realidade de "todo um modo de vida" que se relaciona, positiva e negativamente, com a vigilância. A ênfase em imaginários e práticas já indica a variedade de fenômenos que existe nesse contexto. Por outro lado, podemos discernir padrões, assim como Michel de Certeau[28] mostra em *The practice of everyday life*, em que as principais estratégias de, digamos, consumo, são reapropriadas em situações cotidianas. Dentro da cultura da vigilância, as pessoas negociam estratégias de vigilância – por exemplo, muitas vezes percebendo a entrega de dados pessoais como uma troca em benefício próprio[29] – e também as adotam como próprias, modificando-as conforme as circunstâncias e iniciando formas de vigilância sobre si mesmas e sobre os outros[30].

Compartilhamento como exposição

Um aspecto-chave da emergente cultura da vigilância atual é o imperativo do compartilhar. De certa maneira, as mídias sociais são sinônimo desse compartilhamento, e o tema também foi captado em filmes e romances como, classicamente, *O círculo*, de Dave Eggers[31], em que isso assume a forma de um slogan corporativo, mas também codificado, pós-orwelliano: "Cuidar é compartilhar". A conexão com o setor corporativo é crucial

---

[27] d. boyd, *Making sense of privacy and publicity* (Austin, SXSW Conference & Festivals, 2010); disponível em: <http://www.danah.org/papers/talks/2010/SXSW2010.html>, acesso em 24 jul. 2018.

[28] M. de Certeau, *The practice of everyday life* (Berkeley, University of California Press, 1984).

[29] L. Rainie; J. Anderson, *The future of privacy* (Washington, D.C., Pew Research Center, 2014); disponível em: <http://www.pewinternet.org/2014/12/18/future-of-privacy/>, acesso em 24 jul. 2018.

[30] Por exemplo, D. Trottier, *Social media as surveillance* (Londres, Ashgate, 2012).

[31] D. Eggers, *The Circle* (San Francisco, McSweeney's, 2013). [ed. bras.: *O círculo*, trad. Rubens Figueiredo, São Paulo, Companhia das Letras, 2014]

porque o liga ao conteúdo gerado pelo usuário da *web* 2.0 e ao fenômeno mais generalizado de *prosumption**. Sob uma perspectiva corporativa, *prosumption* e compartilhamento são o *fons et origo* dos fluxos e inundações de dados sobre preferências, hábitos, opiniões e compromissos de usuários de tecnologia digital que podem ser usados para publicidade ou, talvez mais apropriadamente, para a construção de sujeitos consumidores[32]. Nesta seção, discutimos algumas análises recentes do "compartilhamento" que se combinam com o argumento da cultura da vigilância.

Como Deborah Lupton[33] observa, isso pode ser teorizado, criticamente, como um meio de perpetuar os princípios neoliberais e como um meio central em que as corporações monetizam o compartilhamento e a circulação de conteúdo. Além disso, pode mascarar modos nos quais as consequências clássicas da prática capitalista continuam em formas contemporâneas, criando discriminação e desvantagem para certas populações. Ao mesmo tempo, Lupton aponta – em uma veia similar à de Albrechtslund – maneiras pelas quais os usuários de mídias sociais gostam de criar conteúdos de todos os tipos e se beneficiam do *feedback* de outros usuários, um processo que ajuda a manter todo o sistema em movimento ou, no termo corrente, "difundido". Como Lupton diz, "O sujeito que compartillha busca recircular conteúdo como parte de sua identidade e participação em redes sociais e comunidades", acreditando que "terá um impacto em suas redes"[34].

O compartilhamento também pode ser pensado como um aspecto da exposição[35], em que as pessoas são tornadas mais visíveis por outros ou – e este é o sentido relevante – deliberadamente se fazem mais visíveis. Kirstie Ball explora a "exposição" em termos de "economia política de interioridade" – em que as instituições associadas a tecnologia, mídia, emprego e consumo criam uma demanda ou mobilizam recursos para focar estados psicológicos

---

* *Prosumption*: termo que se refere à articulação ou fusão entre produção [*production*] e consumo [*consumption*] de mídia, relativo, por exemplo, ao fenômeno recente da capitalização sobre conteúdos *web* produzidos por usuários. (N. T.)

[32] J. Turow, *The daily you: how the new advertising industry is defining your identity and your worth* (New Haven, Yale University Press, 2011).

[33] D. Lupton, *Digital sociology* (Londres, Routledge, 2015).

[34] Ibidem, p. 30.

[35] K. Ball, "Exposure: exploring the subject of surveillance", *Information, Communication and Society*, v. 12, n. 5, 2009, p. 639-57.

164 • Tecnopolíticas da vigilância

ou comportamentos íntimos. Isso é discutido mais a fundo por Bernard Harcourt em seu livro *Exposed*[36], que explora as maneiras como a disposição para a exposição de si *online* se tornou uma característica definidora do nosso tempo. A questão da exposição se tornou mais amplamente discutida desde o artigo de Ball em 2009, na medida em que as mídias sociais se tornaram tão centrais para a vida social.

A principal preocupação de Ball é que a subjetividade tende a ser subestimada na literatura sobre vigilância, na qual muitas vezes é vista, principalmente, em termos de opressão, coerção, ambivalência ou ignorância. Contra isso, ela propõe que – no mínimo – a reflexividade, a performatividade, a corporificação e o psicanalítico sejam trazidos mais claramente ao cenário. O fato de que as pessoas não resistam ativamente e nem sequer questionem a vigilância não significa necessariamente que elas não se preocupem com isso, sugere Ball. Você pode odiar a câmera biométrica da segurança do aeroporto, mas tem de esconder seus sentimentos se quiser viajar. Existem muitas razões pelas quais a vigilância pode ser tolerada ou mesmo desejada, ou pelas quais a vigilância, construída negativamente, pode ser vista como menos significativa em algumas situações do que seus supostos benefícios positivos. O exemplo óbvio é o envolvimento com mídias sociais ou o uso de cartões fidelidade, mesmo que os usuários estejam cientes das maneiras pelas quais os organismos corporativos e governamentais podem rastrear suas atividades.

Em particular, Ball se baseia no trabalho de John McGrath[37] sobre performatividade para explorar como certas dimensões psicanalíticas da vigilância podem ser clarificadas. McGrath insiste em que os sujeitos da vigilância ainda fazem escolhas, mesmo que fugazes, quando "aclamados" pelo sistema em questão. Experiências relacionadas, por exemplo, aos *reality shows*, aos concursos de talentos ou à pornografia colocam "um alto valor genérico na captura de experiências autênticas vividas em uma variedade de cenários"[38]. Assim, por meio de situações de emprego, novas mídias e biometria, a economia política da interioridade ajuda a conectar dimensões "internas" e "externas" de várias maneiras interligadas. Considerar o que *expo-*

---

[36] B. Harcourt, *Exposed: desire and disobedience in the digital age* (Cambridge, Harvard University Press, 2015).

[37] J. McGrath, *Loving Big Brother*, cit.

[38] K. Ball, "Exposure", cit., p. 645.

sição significa em tais contextos é a preocupação do trabalho de Ball. Embora possa ter conotações negativas, tais como vulnerabilidade ou abandono, a exposição também pode ser ativamente buscada por prazer ou satisfação.

A exposição, em contextos de vigilância, ocorre por várias razões possíveis. As instituições envolvidas, seja em *call centers*, seja em *reality shows*, seja em narrativas da mídia para "crises" internacionais, desejam moldar as reações daqueles que são utilizados ou retratados sem recorrer a táticas que possam coibir a autenticidade dos sujeitos em questão. Claramente, a ênfase na "autenticidade" desempenha um papel crucial. Os sujeitos podem, em algum sentido, ser convocados a concordar, mas seu envolvimento ativo significa que seu conhecimento, seus desejos e suas expectativas formarão parte do resultado. Então, como a exposição pessoal é legitimada em tais contextos?

Existem várias respostas a esse desafio, algumas das quais apontadas por Ball. Gary Marx, por exemplo, propõe que, em situações de "vigilância suave", relativamente não intrusivas, os sujeitos podem estar mais dispostos a entregar dados pessoais, enquanto Frank Furedi acrescenta a isso a observação de que o "modo confessional" das "culturas de terapia" atuais encoraja demonstrações públicas de vulnerabilidade. Jodi Dean[39] vai além, ressaltando que, simplesmente para estar informado, é preciso revelar mais sobre si mesmo no espaço público – por exemplo, na busca por respostas *online* a questões de saúde pessoal. Para o "direito de saber" do público, essa publicidade é muito importante. Na verdade, isso pode ser ainda mais generalizado, segundo Dean, a ponto de argumentar que "revelar segredos" é a chave para uma democracia saudável.

Considerar o fenômeno acelerado da exposição como uma tática deliberada é reconhecer que existe mais nos sujeitos que disponibilizam seus dados do que a posição reducionista e passiva em que eles muitas vezes se encontram. A aceitação cega ou suave dos usuários não deve ser presumida por comentadores ou analistas. As realidades vividas do corpo, mais do que meramente pensar os corpos como "reduzidos à informação", devem ser mantidas em vista. Viajantes que passam pela segurança de aeroportos, por exemplo, podem sentir-se reduzidos no sentido de que os dados na tela substituem suas próprias narrativas, mas sua falta de reclamação talvez se relacione não à irrealidade ou à insignificância da experiência negativa,

---

[39] J. Dean, *Publicity's secret: how technoculture capitalizes on democracy* (Ithaca, Cornell University Press, 2002).

mas sim ao fato de que eles estão no aeroporto para voar – não se manifestar naquele ponto pode ser reflexo apenas de suas prioridades existenciais naquele momento[40].

Também pode ser que, em certas circunstâncias, o desejo de se exibir seja visto como um modo de resistência. Há casos extremos disso, é claro, sendo um deles as atividades de Hasan Elahi, que informa a NSA – e todos os que visitam seu *website* – sobre seus movimentos, hábitos alimentares e assim por diante 24 horas por dia. No mundo cotidiano da exposição, contudo, os sujeitos vigiados experimentam a vigilância através de uma série de camadas complexas, cada uma podendo ser descoberta pela vigilância. Como as instituições incitam a diferentes tipos de reação à vigilância, é crucial – e complicado pelo caráter multifacetado das situações em que tal vigilância é experimentada – não reduzir a experiência da vigilância a um formato unidimensional ou binário de "aquiescência ou resistência", e reconhecer a variedade e a sutileza das reações nos ajuda a compreender as realidades vividas pelos sujeitos da vigilância.

"Desejo" também é um elemento importante que inspira a exposição. Como visto por Gilles Deleuze e Felix Guattari em *Anti-Édipo*[41], o desejo não é meramente uma resposta à falta, mas uma força produtiva. Para Harcourt[42], uma era saturada pela mídia social – o que ele chama de "frenesi digital" – encoraja nossa autoexposição ou autoexibição consciente. Ele vê isso como particularmente verdadeiro para os mais jovens; adolescentes entrevistados por danah boyd, por exemplo, acreditam que, a menos que esteja em mídias sociais, "você não existe"[43]. A situação de hoje, diz Harcourt, é mais bem descrita como "sociedade da exposição" do que qualquer "sociedade do espetáculo" de Debord, "sociedade disciplinar" de Foucault ou "sociedade de controle" de Deleuze. Contudo, ele vê que esse é o resultado de termos nos tornado "entorpecidos pelo risco da transparência digital"[44]. Ele enfatiza

---

[40] A. Saulnier, *Surveillance studies and the surveilled subject* (tese de doutorado, Kingston, Queen's University, 2016).

[41] G. Deleuze; F. Guattari, *Anti-Oedipus: capitalism and schizophrenia* (Nova York, Continuum, 2004).

[42] B. Harcourt, *Exposed,* cit.

[43] d. boyd, *It's complicated: the social lives of networked teens* (New Haven, Yale University Press, 2014), p. 5.

[44] B. Harcourt, *Exposed,* cit., p. 19.

as formas com que os sujeitos foram "entorpecidos" por coisas como ego-centrismo, a ilusão dos livres mercados, da segurança interna militarizada e do encarceramento em massa. De fato, ele escreve que "a transparência de nossa vida digital espelha a vigilância total da esfera penal"[45]. Prazer e punição impregnam um ao outro e funcionam em conjunto.

A vigilância corporativa, agora funcionando através de mídias sociais, pode ser pensada como modeladora das subjetividades atuais. Harcourt também argumenta que esse é um desenvolvimento novo e crucial, "reabastecido por nossa própria curiosidade e prazer – "retuitado", conectado com amigos, compartilhado e repostado"[46], inserindo assim a capacidade de vigilância em nossos prazeres cotidianos. O consumismo libera os fluxos de desejo, agora vistos na era digital. Enquanto, para Orwell, o poder de vigilância era associado à destruição do desejo e da paixão – "o desejo era crime do pensamento" – hoje estes são os próprios facilitadores da exposição digital, os meios de vigilância. Harcourt apoia-se sobre o sonho de Deleuze e Guattari do desejo como uma "máquina" em que o inconsciente é uma fábrica produtiva. Como peças de máquinas produtoras de desejos, estamos agora ligados a outras máquinas – dispositivos digitais como iPhones, Facebook e a internet.

Essa vigilância suave tornou-se hoje lugar-comum e, inicialmente, era vista como separada de formas mais duras e coercitivas. No entanto, durante a primeira década do século XXI, o Departamento de Segurança Interna dos Estados Unidos (DHS) começou a usar as mídias sociais para fins de vigilância "mais dura", e em um piscar de olhos a "Socmint" (Social Media Intelligence) tornou-se uma parte reconhecida do arsenal das agências de segurança. Na verdade, o DHS apresentou propostas para exigir informações de mídias sociais de viajantes em pontos de fronteira[47]. Para Harcourt, o desejo está agora em sintonia com outro modo de poder, desta vez da escrita de Foucault: não o de vigilância, mas o de segurança.

Como no parque temático ou no *shopping center*, agora também com as mídias sociais, os locais de consumo são muitas vezes o produto de um *mix*

---

[45] Ibidem, p. 21.

[46] Ibidem, p. 50.

[47] S. Gibbs, "U.S. border control could start asking for your social media accounts", *The Guardian*, 28 jun. 2016; disponível em: <https://www.theguardian.com/technology/2016/jun/28/us-customs-border-protection-social-media-accounts-facebook-twitter>, acesso em 24 jul. 2018.

público-privado. Eles otimizam o movimento dos consumidores enquanto minimizam os custos de mão de obra e outros[48]. Assim, para Harcourt, a exposição digital torna-se o "espaço conectado do consumo seguro"[49]. Enquanto o biopoder pode ser visível em alguns contextos de vigilância, esse "poder expositório" pós-securitário se concentra em todas as nossas pequenas vontades, desejos, preferências, crenças, ambições, nossa individualidade e diferenças, segundo Harcourt, para modelar nosso eu digital.

Apesar do foco no desejo na obra de Harcourt, podemos ser perdoados por pensar que, no fim das contas, as chances de desenvolvimento de uma agência ativa no reino digital são minimizadas, se não remotas. A exposição torna-se, mais uma vez, algo que parece ser feito, principalmente, *aos* usuários de mídia social mais que *por* eles. É verdade que o desejo é poderosamente dirigido, de muitas maneiras, por alianças corporativo-governamentais no ambiente virtual. No entanto, no relato de Harcourt, existem formas de "resistência sem líder" que abrem espaços dentro do meio digital para vozes de outras formas silenciadas. Ele está pensando em movimentos em rede que ganham força da comunicação entre seus membros, e não de uma forte liderança central. Isso, afirma, requer de todos certa coragem e convicção, uma "ética do eu"[50].

O uso da obra de Foucault sobre as éticas de si (na *História da Sexualidade*) é comum a outros escritores no campo. Lupton aponta que as formas pelas quais as pessoas se configuram e se representam nas mídias sociais podem ser interpretadas como autoformação ética. À medida que os aspectos da vida são compartilhados, outros expressam sua aprovação ou desaprovação por meio de "curtidas" ou compartilhando o conteúdo de forma mais ampla. Esse é, sem dúvida, um processo autorreflexivo no qual muitos usuários participam e que pode contribuir não apenas para a autoformação individual, mas também para o desenvolvimento de normas e expectativas sociais[51]. Voltaremos a isso em seguida.

---

[48] M. Andrejevic, *iSpy: surveillance and power in the interactive era* (Lawrence, University Press of Kansas, 2007).

[49] B. Harcourt, *Exposed,* cit., p. 97.

[50] Ibidem, p. 283.

[51] D. Lupton, *Digital sociology*, cit.

Ética: como "prosseguir"

Um aspecto de uma cultura da vigilância é que ela tem uma dimensão inevitavelmente avaliadora. Em particular, a noção de imaginários de vigilância aponta para o normativo. Os leitores de Raymond Williams recordarão que essa era também uma característica de sua obra; ele lamentava, por exemplo, a redução da dimensão ética a preocupações técnicas. A própria ideia de cultura implica que questões de *como* pensar, se comportar, agir, intervir são levantadas dentro de qualquer imaginário social dado. Assim, se a inclinação particular do imaginário é vigilante, então pelo menos algum indício da ética da vigilância estará presente nas práticas. Os sujeitos comuns precisam saber como "prosseguir" no mundo digital à medida que cresce a conscientização sobre as consequências dos usos generalizados e múltiplos de dados pessoais dentro da modernidade digital de hoje. Tudo está emergindo, desde regras básicas cotidianas até reações compartilhadas mais sofisticadas e táticas de vigilância.

Uma maneira de considerar isso é retornar à noção de transparência, tão central para o enredo do romancista Dave Eggers em *O círculo*. O campus corporativo do Círculo – a megacorporação que engoliu as Cinco Grandes em uma organização gigantesca – é ele próprio dominado por edifícios de vidro, através dos quais é possível enxergar. Um novo dispositivo foi entregue recentemente a todos os funcionários; uma câmera "See-Change" que pende de cada pescoço como um pingente. Um dos slogans corporativos é "Tudo o que acontece deve ser conhecido", e a abertura, a transparência de tudo o que está acontecendo é o meio para esse fim. O romance provoca e aponta a transparência que se tornou uma palavra de ordem do capitalismo de vigilância da modernidade digital.

No entanto, discutir a transparência é levantar uma questão mais profunda de visibilidade. Ainda que a transparência de fato provoque discussões sobre seus limites – como *O círculo* torna claro –, erguem-se as questões mais propriamente éticas sobre como somos tornados visíveis e como nos tornamos visíveis ou mascaramos nossa visibilidade. Isso fica claro no trabalho pioneiro de Andrea Brighenti sobre a visibilidade como um processo social[52]. Brighenti argumenta corretamente que a visibilidade é sempre

---

[52] A. Brighenti, "Visibility: a category for the social sciences", *Current Sociology*, v. 55, n. 3, 2007, p. 323-42; *Visibility in social theory and social research* (Londres, Palgrave Macmillan, 2010).

relacional: ver e ser visto estão conectados; assimetrias e distorções são comuns. O pensamento ocidental privilegia a visão, mas Brighenti observa que não há "visível" sem *modos* de ver que são socialmente e até internacionalmente construídos[53]. A visibilidade, nesse ponto de vista, está associada ao reconhecimento, às suas disputas e políticas. Alguns desaparecem, são excluídos; outros se tornam supervisíveis. Na maioria das vezes, nossas experiências ocorrem em algum lugar entre os dois. A visibilidade torna a identificação possível e gera uma cultura da identificação. Mas nada pode ser dado como certo. A visibilidade não se correlaciona automaticamente com o reconhecimento ou a opressão.

Seguindo Brighenti, Eric Stoddart explora a visibilidade como uma forma mais esclarecedora de considerar a vigilância do que a crítica convencional baseada em "privacidade". Sua preocupação com esta última é que a privacidade tende a enfatizar os aspectos individualistas da visibilidade e repousar sobre uma noção inadequada de informação. Em vez disso, ele propõe que "in/visibilidade" captura a dinâmica de gerenciar e negociar a visibilidade no espaço social. Como ele argumenta, in/visibilidade é a tentativa de controlar a posição relativa de um indivíduo dentro do espaço social. A in/visibilidade é ativa e não se baseia no retraimento. É compelida por envolvimento, em vez de defensiva[54]. A in/visibilidade reconhece as condições sociais de que depende e nas quais exercitamos as habilidades que incluem a avaliação dessas condições. É também ciente dos recursos à nossa disposição para nos tornar mais e menos visíveis para propósitos estratégicos. Em pequena escala, essa abordagem permite que as pessoas lidem com identidades múltiplas ou fluidas, ao passo que, em um cenário mais amplo, desafia as bases monopolizadoras de poder, colocando em primeiro plano a questão de quais dados devem estar disponíveis para quem, em quais contextos e por quanto tempo.

O objetivo de Stoddart é encontrar caminhos para uma ética da vigilância adequada, mas ela depende de uma análise sofisticada do que eu chamo de cultura da vigilância. As práticas de in/visibilidade são uma parte crucial do que Stoddart chama de uma ética crítica do cuidado e da autotranscendência. Nessa visão, a vigilância não deve ser meramente *de* pessoas (risco

---

[53] A. Brighenti, "Visibility", cit.

[54] E. Stoddart, *Theological perspectives on a surveillance society: watching and being watched* (Londres, Routledge, 2011).

tecnologizado; privacidade isoladora), mas *para* pessoas – e, portanto, deve ser praticada com cuidado e responsabilidade. Essa conclusão emerge de um relato crítico das orientações de privacidade baseadas em direitos e da adoção de uma abordagem mais "discursivo-reveladora" que visa, analiticamente, mostrar o que a vigilância faz ou como é praticada, e oferece possibilidades para ações alternativas. Privacidade e direitos não são abandonados, nessa visão, mas sim vistos como uma maneira – limitada – de considerar a possibilidade de ética para a vigilância. Sua abordagem complementar "tem o potencial de desconstruir modelos fatalistas ou protegidos de vigilância, que impedem possibilidades de resposta crítica"[55].

É possível reconhecer imediatamente que há muitas respostas tecnológicas, políticas e legais à vigilância, e os debates não podem ser facilmente resumidos. Mas é seguro afirmar que algo que falta amplamente – e lamentavelmente – nos muitos estudos sobre vigilância é uma atenção séria à ética, ou, é preciso dizer, à análise da ética implícita nas diferentes correntes da cultura da vigilância. Partindo daí, as férteis possibilidades da ética – normativa, contextual, reveladora e relacional – podem ser testadas em busca de novas abordagens que ultrapassem o determinismo tecnológico, aquele preocupado com privacidade, ou o complacente. Em uma era de vigilância aparentemente ilimitada, em que o apetite por mais dados parece insaciável e os tipos de dados conectados parecem intermináveis, há questões vitais esperando por respostas éticas imaginativas e contextualmente relevantes.

Tal ética, como a moral, não deve ser vista como algo abstrato ou desconectado, mas como algo que promove agendas e ações políticas. A ética da vigilância flui naturalmente para a política da vigilância, em sintonia com as condições tecnossociais e globalizadas de hoje, informando e desafiando os desenvolvimentos atuais. A ética e a política de situações complexas de vigilância apresentam novos desafios. Contudo, por mais importantes que sejam, a regulação e a lei – mesmo quando baseadas em alguns critérios corretos de "direitos" – lutam em vão para acompanhar o ritmo da mudança. Hoje, a necessidade de uma ética tão reveladora quanto normativa é maior do que nunca. Como Stoddart, proponho um tipo de ética que explore as consequências reais das culturas da vigilância na vida cotidiana, e não apenas

---

[55] E. Stoddart, "A surveillance of care: evaluating surveillance ethically", em K. Ball; K. Haggerty; D. Lyon (eds.), *The Routledge handbook of surveillance studies* (Londres, Routledge, 2012), p. 376.

172 • Tecnopolíticas da vigilância

uma ética que se preocupe com danos específicos, por mais importantes que ainda sejam do ponto de vista jurídico. Nosso senso de como a vigilância institucional pode ser enfrentada, tecnológica, política, jurídica e, acima de tudo, eticamente, deve ser revisto. Culturas de vigilância, sejam elas críticas ou complacentes, são socialmente construídas e, portanto, podem ser desafiadas e reconstruídas. Mas como?

Cultura da vigilância e além

Não é demais enfatizar que as questões discutidas não são pequenas, transitórias ou contingentes. A cultura da vigilância é uma dimensão de uma transformação social, tecnológica e político-econômica altamente significativa, inevitavelmente imbricada com a modernidade digital. Se a cultura da vigilância pode ser entendida como uma questão de imaginários e práticas de vigilância, então inevitavelmente suscita questões normativas e éticas. Como afirmei antes, estas se relacionam não apenas com questões de leis e limites mas também com o que é apropriado em cada contexto e o que pode melhorar a vida humana ou permitir o florescimento humano. A discussão é limitada a uma área de consideração daquilo que está "além" da cultura da vigilância – a cidadania digital. É indicativo, mais que sistemático ou abrangente.

Este artigo argumenta em prol de uma análise cuidadosa, crítica e *cultural* das situações de vigilância. Sugere que ultrapassemos as designações comuns como Estado de vigilância e sociedade de vigilância. Vale a pena também enveredar por uma vertente do início do artigo, de que as divulgações de Snowden são mais bem compreendidas se acrescentamos à mistura considerações sobre a cultura da vigilância. Mais de uma resposta a Snowden insistiu em que tentássemos entender melhor as práticas reais dos usuários de *smartphones* e da internet para buscar uma ética prática apropriada à situação de hoje[56]. Elas têm maior probabilidade de encontrar impulso no complexo mundo líquido da vigilância atual.

O objetivo de analisar a cultura da vigilância é não apenas descobrir os vários tipos de imaginário e de prática de vigilância mas também compreender como aqueles "eus" vividos se conectam com desafios éticos – como prosseguir

---

[56] Por exemplo, Z. Bauman et al., "After Snowden: rethinking the impact of surveillance", em *International Political Sociology*, v. 8, n. 2, 2014, p. 121-44.

na vida digital diária. Isso não equivale a dizer que a análise da cultura da vigilância não tem valor em si. Ela tem – por numerosas razões mencionadas anteriormente. Mas tais análises também podem contribuir para outros tipos de debate, especialmente aqueles relativos à proteção de privacidade e dados e os que tratam de responsabilidade social e cidadania em tempos de modernidade digital. Tais debates por vezes são nublados por uma falha em reconhecer como os próprios termos do debate se alteraram no século XXI.

As práticas que emergiram, por exemplo, no mundo das mídias sociais são práticas sociais, e os imaginários que elas formam e que as moldam são igualmente sociais. Para Taylor, imaginários sociais incorporam "um sentido das expectativas normais que temos uns dos outros, o tipo de compreensão comum que nos permite realizar as práticas sociais coletivas que constroem nossa vida social"[57]. Assim, elas são simultaneamente fatuais e normativas – as pessoas sabem como as coisas funcionam, mas jamais desconectadas de um sentido de como as coisas deveriam funcionar. Está claro que isso é verdade também para o que chamo de imaginários de vigilância, devido aos contextos nos quais cada vigilância por câmera, por exemplo, pode ser pensada como aceitável, ou o contrário. Os banheiros estão fora dos limites, ao passo que câmeras em sinais de trânsito muitas vezes são consideradas legítimas. O trabalho de Helen Nissenbaum sobre integridade contextual, que enfatiza a maleabilidade da privacidade de acordo com o cenário, sublinha essa importância do contexto. Julie Cohen insiste em que tratamentos acadêmicos e jurídicos muitas vezes reduzem a privacidade a problemas técnicos e abstratos, ao passo que, na verdade, nosso manejo da informação é sempre uma experiência incorporada. Essas experiências vividas são vitais, hoje, para as formas em que o eu – também uma preocupação central de Taylor – é "configurado" dentro das redes digitais[58].

Segundo a mesma premissa, elas também possuem alguns aspectos políticos inevitáveis que implicam alguma noção de cidadania. Os debates sobre cidadania classicamente se referem a pertencimento e responsabilidades dentro do Estado nacional. Mas também podem ser igualmente pensados em termos de demandas de direitos, ou em termos dos tipos de

---

[57] C. Taylor, *Modern social imaginaries*, cit., p. 24.

[58] J. Cohen, *Configuring the networked self: code law and the play of everyday practice* (New Haven, Yale University Press, 2012); H. Nissenbaum, *Privacy in context: technology, policy and the integrity of social life* (Stanford, Stanford University Press, 2009).

responsabilidade que são próprios daqueles que estão conectados, nesse caso, digitalmente. Pois bem, os debates sobre cidadania digital por vezes ficam bastante limitados – para não dizer idealistas –, mas, na medida em que a vida é cada vez mais vivida *online*, há uma necessidade urgente de considerar a cidadania digital de forma mais ampla.

Um estudo recente sobre cidadania digital, que ressoa bem com a discussão sobre cultura da vigilância, é *Being digital citizens*[59], de Engin Isin e Evelyn Ruppert, que pode ser elogiado por revelar temas emergentes relativos ao verdadeiro comportamento dos participantes *online*. O livro é uma colaboração única que entrelaça estudos em cidadania e estudos digitais. Seu ponto de partida é o *insight* de Foucault de que tornar-se cidadão significa ser constituído como sujeito de poder – só que agora desempenhando um papel na internet tanto submissa quanto subversivamente. No fim das contas, Isin e Ruppert fazem as mesmas perguntas que tenho feito; em suas palavras, "Como conduzimos a nós mesmos pela internet?"[60].

Essa questão chega direto ao ponto – ou aos pontos – do que a cidadania digital pode parecer. De um lado, pode haver algumas questões urgentes que têm a ver com adolescentes interagindo *online*: muitas vezes eles têm ideias claras sobre o que é e o que não é apropriado em suas próprias comunicações com seus pares e em suas relações com pais e professores[61]. De outro lado, outros temas igualmente urgentes são as formas como nossas interações *online* devem ser manejadas em um ambiente pós-Snowden. Bauman e outros se perguntam se os usuários da internet "continuarão participando de sua própria vigilância através de exposição de si ou se desenvolverão novas formas de subjetividade que sejam mais reflexivas sobre as consequências de suas próprias ações"[62]. Muita coisa depende, em vários níveis diferentes, de como esses temas são abordados.

Isin e Ruppert concluem que a cidadania digital se conecta especialmente com o que chamam de atos digitais – jurídicos, performativos e imaginários – e com o direito à expressão, ao acesso e à privacidade, além de, atualmente, à abertura e à inovação. Eles escrevem sobre os muitos indivíduos e grupos

---

[59] E. Isin; E. Ruppert, *Being digital citizens* (Londres, Rowman and Littlefield, 2015).

[60] Ibidem, p. 13.

[61] V. Steeves, "It's not child's play: the online invasion of children's privacy", *University of Ottawa Law and Technology Journal*, v. 3, n. 1, 2006, p. 171-87.

[62] Z. Bauman et al., "After Snowden", cit., p. 124.

que são exemplos de ativistas de direitos digitais. Mas também apontam para um grupo muito mais amplo de pessoas que "vivem na internet" e se envolvem com o "dissenso", bem como com a promoção de valores positivos *online*. Não diferenciam aqueles que fazem demandas de direitos digitais, enquanto atuam na internet, daqueles que trabalham em prol de "emendas, cartas, declarações e manifestos"[63], observando que uns e outros fazem, de forma complementar, como argumentado anteriormente, práticas e imaginários. E, embora possa haver importantes variações regionais, as figuras emergentes, que são cidadãos digitais, representam não apenas a tradição mas também uma política de um cidadão que está por vir.

Conclusão

Este artigo argumenta que o conceito de cultura da vigilância deveria ser desenvolvido para compreender mais claramente as relações entre a vigilância contemporânea e a vida cotidiana daqueles que podem ser descritos como seus sujeitos. Usando o trabalho de Charles Taylor sobre os "imaginários sociais modernos" como trampolim, sugere-se que dois termos inter-relacionados, *imaginário de vigilância* e *prática de vigilância*, podem ser usados para iniciar análises de como indivíduos imersos no mundo digital (e além, claro; o foco aqui está na dimensão comunicacional da vigilância) compreendem e atuam nos contextos de vigilância. Experiências diferentes, por exemplo, de medo, familiaridade e diversão podem produzir diferentes resultados em termos de cumplicidade com vigilância institucional, seja ela governamental ou corporativa.

Levando isso além, sugere-se que, para compreender os desafios éticos e políticos da modernidade digital, um conceito como o de cultura da vigilância é vital. Por quê? Porque o público dominante e os discursos acadêmicos sobre vigilância estão amparados pelas expressões Estado de vigilância e sociedade de vigilância. Nenhuma delas é adequada hoje, sobretudo porque tendem a acentuar o ponto de vista do vigilante, do agente da vigilância, e por vezes falham em dar lugar às maneiras como (o que chamamos aqui de) imaginários e práticas de vigilância produzem complacência, cumplicidade, negociação ou resistência.

---

[63] E. Isin; E. Ruppert, *Being digital citizens*, cit., p. 179.

Essa estratégia de analisar deliberadamente os sujeitos dos imaginários e práticas de vigilância é intelectualmente apropriada no sentido de que tenta observar as realidades digitais contemporâneas de maneira mais realista, bem como outras situações residuais de vigilância não diretamente mediadas pelo digital. Mas também ajuda a conectar com outros debates significativos sobre como responder, por exemplo, às revelações feitas por Edward Snowden a respeito da vigilância global, intensiva e desprovida de suspeito. Abordagens legais e políticas, vistas por algum tempo como ostensivamente inadequadas para a tarefa de confrontar a vigilância contemporânea, serão tremendamente beneficiadas da tentativa de chegar a um acordo com as diversas experiências vividas daqueles que muitas vezes são generalizados como "usuários", como, por exemplo, o trabalho de Julie Cohen, no lado jurídico, ou o de Engin Isin e Evelyn Ruppert, no político, mostram com clareza.

Considerar a significância da cultura da vigilância é uma forma frutífera de ultrapassar análises anteriores sobre o Estado de vigilância ou a sociedade de vigilância. Esses conceitos mantêm sua importância para muitas situações, mas são de valor limitado quando se trata de prover um entendimento completo da vigilância de hoje – especialmente nos contextos discutidos prioritariamente *online*. Muitas outras obras serão necessárias para completar esse trabalho de modo satisfatório, e espero que este breve artigo estimule tais esforços.

Referências

ALBRECHTSLUND, A. Online networking as participatory surveillance. *First Monday*, v. 13, n. 3, 2008. Disponível em: <http://firstmonday.org/article/view/2142/1949/>; acesso em 24 jul. 2018.

ANDREJEVIC, M. *iSpy: Surveillance and power in the interactive era*. Lawrence, University Press of Kansas, 2007.

BADER, C. *America's top fears 2015*. Orange, Chapham University, 2016. Disponível em: <https://blogs.chapman.edu/wilkinson/2015/10/13/americas-top-fears-2015/>; acesso em 24 jul. 2018.

BALL, K. Exposure: exploring the subject of surveillance. *Information, Communication and Society*, 2009, v. 12, n. 5, p. 639-57.

BALL, K.; CANHOTO, A.; DANIEL, E.; DIBB, S.; MEADOWS, M.; SPILLER, K. *The privacy security State: surveillance, consumer data and the war on terror*. Copenhagen, Copenhagen Business School Press, 2015.

BAUMAN, Z.; BIGO, D.; ESTEVES, P.; GUILD, E.; JABRI, V.; LYON, D.; WALKER, R. B. J. After Snowden: rethinking the impact of surveillance. *International Political Sociology*, v. 8, n. 2, 2014, p. 121-44.

Cultura da vigilância • 177

BAUMAN, Z.; LYON, D. *Liquid surveillance: a conversation.* Cambridge, Polity, 2013.

BENNETT, C.; HAGGERTY, K.; LYON, D.; STEEVES, V. (eds.). *Transparent lives: surveillance in Canada.* Edmonton, Athabasca University Press, 2014.

boyd, d. *It's complicated: the social lives of networked teens.* New Haven, Yale University Press, 2014.

_____. *Making sense of privacy and publicity.* Austin, SXSW Conference & Festivals, 2010. Disponível em: <http://www.danah.org/papers/talks/2010/SXSW2010.html>; acesso em 24 jul. 2018.

BRIGHENTI, A. Visibility: a category for the social sciences. *Current Sociology,* v. 55, n. 3, 2007, p. 323-42.

_____. *Visibility in social theory and social research.* Londres, Palgrave Macmillan, 2010.

COHEN, J. *Configuring the networked self: code law and the play of everyday practice.* New Haven, Yale University Press, 2012.

CRAWFORD, K.; LINGEL, J.; KARPPI, T. Our metrics, ourselves: one hundred years of self-tracking from the weight scale to the wrist wearable device. *European Journal of Cultural Studies,* v. 18, n. 4/5, 2015, p. 479-96.

CURLEW, A. Snowden visits campus via live feed. *Queen's Journal,* 13 nov. 2015. Disponível em: <https://www.queensjournal.ca/story/2015-11-13/news/the-future-is-up-to-students-snowden-says/>; acesso em 25 out. 2018.

DEAN, J. *Publicity's secret: how technoculture capitalizes on democracy.* Ithaca, Cornell University Press, 2002.

DE CERTEAU, M. *The practice of everyday life.* Berkeley, University of California Press, 1984.

DELEUZE, G.; GUATTARI, F. *Anti-Oedipus: capitalism and schizophrenia.* Nova York, Continuum, 2004.

DIJCK, J. van. Datafication, dataism and dataveillance: big data between scientific paradigm and ideology. *Surveillance & Society,* v. 12, n. 2, 2014, p. 197-208.

_____. *The culture of connectivity.* Nova York, Oxford University Press, 2013.

EGGERS, D. *The Circle.* San Francisco, McSweeney's, 2013 [ed. bras.: *O círculo,* trad. Rubens Figueiredo, São Paulo, Companhia das Letras, 2014].

EPSTEIN, C. Surveillance, privacy and the making of the modern subject. *Body & Society,* v. 22, n. 2, 2016, p. 28-57.

ERICSON, R.; HAGGERTY, K. The surveillant assemblage. *British Journal of Sociology,* v. 51, n. 4, 2000, p. 605-22.

FINN, J. Seeing surveillantly: surveillance as social practice. In: DOYLE, A.; LIPPERT, R.; LYON, D. (eds.). *Eyes everywhere: the global growth of camera surveillance.* Londres, Routledge, 2012, p. 67-80.

GARLAND, D. *The culture of control: crime and social order in contemporary society.* Chicago, University of Chicago Press, 2001.

GIBBS, S. U.S. border control could start asking for your social media accounts. *The Guardian,* 28 jun. 2016. Disponível em: <https://www.theguardian.com/technology/2016/jun/28/us-customs-border-protection-social-media-accounts-facebook-twitter>; acesso em 24 jul. 2018.

HARCOURT, B. *Exposed: desire and disobedience in the digital age.* Cambridge, Harvard University Press, 2015.

178 • Tecnopolíticas da vigilância

ISIN, E.; RUPPERT, E. *Being digital citizens*. Londres, Rowman and Littlefield, 2015.

KUNER, C. *Transborder data flow regulation and data privacy law*. Oxford, Oxford University Press, 2014.

LUPTON, D. *Digital sociology*. Londres, Routledge, 2015.

LYON, D. *Surveillance after September 11*. Cambridge, Polity, 2003.

_____. Surveillance, Snowden and big data: capacities, consequences, critique. *Big Data & Society*, v. 1, n. 1, 2014, p. 1-13.

_____. *Surveillance studies: an overview*. Cambridge, Polity, 2007.

_____. The emerging culture of surveillance. In: JANSSEN, A.; CHRISTENSEN, M. (orgs.). *Media, surveillance and identity*. Nova York, Peter Lang, 2014, p. 71-90.

McGRATH, J. *Loving Big Brother: surveillance culture and performance space*. Londres, Routledge, 2004.

MOSCO, V. *To the cloud: big data in a turbulent world*. Londres, Routledge, 2014.

MURAKAMI WOOD, D.; WEBSTER, W. Living in surveillance societies: the normalisation of surveillance in Europe and the threat of Britain's bad example. *Journal of Contemporary European Research*, v. 5, n. 2, 2009, p. 259-73.

NISSENBAUM, H. *Privacy in context: technology, policy and the integrity of social life*. Stanford, Stanford University Press, 2009.

RAINIE, L.; ANDERSON, J. *The future of privacy*. Washington, D.C., Pew Research Center, 2014. Disponível em: <http://www.pewinternet.org/2014/12/18/future-of-privacy/>; acesso em 24 jul. 2018.

RAINIE, L.; MADDEN, M. *America's privacy strategies post Snowden*. Washington, D.C., Pew Research Center, 2015. Disponível em: <http://www.pewinternet.org/2015/03/16/americans-privacy-strategies-post-snowden/>; acesso em 24 jul. 2018.

SAULNIER, A. *Surveillance studies and the surveilled subject*. Tese de doutorado. Kingston, Queen's University, 2016.

STAPLES, W. G. *The Culture of surveillance: discipline and social control in the United States*. Nova York, St Martin's Press, 1998.

STEEVES, V. It's not child's play: the online invasion of children's privacy. *University of Ottawa Law and Technology Journal*, v. 3, n. 1, 2006, p. 171-87.

STODDART, E. A surveillance of care: evaluating surveillance ethically. In: BALL, K.; HAGGERTY, K.; LYON, D. (eds.). *The Routledge handbook of surveillance studies*. Londres, Routledge, 2012, p. 369-76.

_____. *Theological perspectives on a surveillance society: watching and being watched*. Londres, Routledge, 2011.

TAYLOR, C. *A secular age*. Cambridge, Harvard University Press, 2007.

_____. *Modern social imaginaries*. Durham, Duke University Press, 2004.

TROTTIER, D. *Social media as surveillance*. Londres, Ashgate, 2012.

TUROW, J. *The daily you: how the new advertising industry is defining your identity and your worth*. New Haven, Yale University Press, 2011.

WILLIAMS, R. *Culture and society: 1780-1950*. Londres, Chatto and Windus, 1958.

WOLF, G. The data-driven life. *The New York Times*, 28 abr. 2010. Disponível em: <http://www.nytimes.com/2010/05/02/magazine/02self-measurement-t.html>; acesso em 24 jul. 2018.

ZUBOFF, S. *Big Other*: surveillance capitalism and the prospects of an information civilization. *Journal of Information Technology*, v. 30, 2015, p. 75-89 [disponível neste volume, p. 17-68].

_____. The secrets of surveillance capitalism. *Frankfurter* Allgemeine, 5 mar. 2016. Disponível em: <http://www.faz.net/aktuell/feuilleton/debatten/the-digital-debate/shoshana-zuboff-secrets-of-surveillance-capitalism-14103616.html/>; acesso em 24 jul. 2018.

ZUREIK, E.; STALKER, L. H.; SMITH, E. *Surveillance, privacy and globalization of personal information*. Montreal, McGill-Queen's University Press, 2010.

ESPETÁCULO DO DIVIDUAL: TECNOLOGIAS DO EU E VIGILÂNCIA DISTRIBUÍDA NAS REDES SOCIAIS*

Pablo Esteban Rodríguez

Introdução

Em "As grandes cidades e a vida do espírito", publicado pela primeira vez em 1903, George Simmel, uma das figuras centrais do campo da sociologia da cultura, escreve que, nas metrópoles da época, a "brevidade e a raridade dos encontros" faz com que "a tentação de se apresentar de modo mais notório, compacto e, tanto quanto possível, característico torna-se algo extraordinariamente mais sugestivo do que a imagem inequívoca da personalidade que o trato frequente e longo propicia ao outro"[1]. Quando nos interessa estabelecer um contato com o outro, disse o sociólogo alemão, devemos compor um personagem que seja justamente o mais parecido com a própria personalidade, pois não há tempo nem espaço para que ela se estenda. O presente artigo trata, justamente, da composição de personagens na vida social, não nos grandes espaços urbanos, mas no ciberespaço. Para isso é proposto um caminho teórico no qual se entrelaçam espetáculo e vigilância em torno de certas transformações nos modos de subjetivação – termos, todos eles, derivados do pensamento de Michael Foucault, mas também, e sobretudo,

---

* Tradução de María Sandra Arencón Beltrán e Marta Mourão Kanashiro. Dados da publicação original: "Espetáculo do dividual: tecnologias do eu e vigilância distribuída nas redes sociais", *Revista Eco Pós*, v. 18, n. 2, 2015, p. 57-68. (N. E.)

[1] G. Simmel, "Las grandes urbes y la vida del espíritu", em *El individuo y la libertad: ensayos de crítica de la cultura* (Barcelona, Península, 1986), p. 167 [ed. bras.: "As grandes cidades e a vida do espírito (1903)", trad. Leopoldo Waizbort, *Mana*, Rio de Janeiro, v. 11, n. 2, p. 577-91, out. 2005; disponível em: <http://www.scielo.br/scielo.php?script=sci_arttext&pid=S0104-93132005000200010>, acesso em 29 out. 2018].

das propostas feitas por Gilles Deleuze para atualizar a teoria foucaultiana. A hipótese que guia essa trajetória é a seguinte: as sociedades de controle, que na interpretação de Deleuze rearticulam o triângulo vigilância-tecnologia--subjetividade, tal como Foucault o imaginou, apoiam-se num tipo de relação social nomeada pelo termo "dividual", no qual se resumem velhos modos de interpretação da vida em sociedade (a teatralidade, o espetáculo) sob um novo território de exercício das relações de poder.

A pretensão deste trabalho é contribuir nos estudos críticos da vigilância, que aumentam na proporção do crescimento de seu objeto de estudo, com uma visão ancorada nos seus aspectos culturais e, mais especificamente, na sua relação com os modos contemporâneos de subjetivação. Nesse sentido, nossa suposição é que vivemos numa época de transformações consideráveis no nível das subjetividades, que desestabilizam nossas ideias acerca do sujeito, do indivíduo e da pessoa e que, portanto, imediatamente, nos obrigam a alterar as definições de publicidade, privacidade e intimidade. A partir daí, em uma sequência lógica, torna-se claro que a vigilância adquire novos contornos na medida em que surgem novas respostas a velhas perguntas: o que se observa, o que se protege, o que se invade, o que é, definitivamente, estar vigiado ou sentir-se vigiado, a serviço de quem se vigia, quem vigia e quem é vigiado.

Vigilância e espetáculo

Na perspectiva de Simmel[2], a grande cidade é um espetáculo de tipo teatral, pois provoca no sujeito a necessidade de compor um personagem que seja em si mesmo "notório, compacto". No entanto, na perspectiva de Foucault, está claro que o fenômeno da vigilância moderna começa precisamente quando a lógica do castigo abandona a do espetáculo. Numa passagem de *Vigiar e punir*[3], muito citada nos estudos da vigilância, Foucault sustenta que o modelo do panóptico de Bentham conseguiu inverter o espetáculo tal como o concebiam os antigos, onde muitos observavam poucos, para reconhecer o encarceramento como tecnologia privilegiada de poder, onde poucos, às vezes um só e outras vezes ninguém, observavam muitos[4].

---

[2]   G. Simmel, "Las grandes urbes y la vida del espíritu", cit.

[3]   M. Foucault, *Vigilar y castigar* (Madri, Siglo XXI, 1996) [ed. bras.: *Vigiar e punir: nascimento da prisão*, trad. Raquel Ramalhete, 42. ed., Petrópolis, Vozes, 2018].

[4]   Ibidem, p. 219.

Além da observação, isto é, do nível da visibilidade, é preciso indicar que existem ao menos outros dois eixos centrais nos quais se baseia a eficácia do panoptismo: de um lado, a possibilidade de registro crescente das atividades vigiadas com vistas ao seu controle e modificação em função de uma norma; e, de outro, a ambição de uma reforma moral que converta os sujeitos primordialmente em seres trabalhadores, de acordo com as exigências do capitalismo do século XIX.

O campo dos estudos sobre a vigilância contemporânea retomou muitas vezes esse aspecto da teoria foucaultiana para salientar algumas das suas limitações quando é aplicada ao mundo atual. A primeira é que, no que diz respeito ao registro de dados, se produziu, nas últimas três décadas, uma mudança quantitativa tão grande que ela se converteu em uma mudança qualitativa; assim, mais que *surveillance*, assistimos a uma época de *dataveillance*[5]. A segunda, inspirada na análise dos conhecidos programas televisivos de estilo *Big Brother*, concerne à economia da visibilidade contemporânea, na qual não se trata de poucos inspecionando muitos, mas de muitos inspecionando poucos, no que se conhece como o sinóptico[6]. Finalmente, outra objeção à perspectiva foucaultiana, do ponto de vista histórico-conceitual, provém do fato de que não é certo que a lógica do espetáculo, ou da teatralidade, tenha estado ausente durante os anos de maior vigência das sociedades disciplinares[7]. Por outro lado, entre os autores que continuaram o caminho da hipótese deleuziana sobre as sociedades de controle, sem se dedicar por completo à questão da vigilância, também se sustenta que o espetáculo constitui uma etapa que poderia, caso assim se queira chamar, ser "intermediária" entre a disciplina e o controle[8].

---

[5] D. Lyon, *The electronic eye: the rise of surveillance society* (Minnesota, University of Minnesota Press, 1994); R. Clarke, "Information technology and dataveillance", *Communications of the ACM*, Nova York, Association of Computation Machinery, v. 3, n. 5, 1988, p. 498-512.

[6] T. Mathiesen, "The viewer society: Michel Foucault's 'Panopticon' revisited", *Theoretical Criminology: an International Journal*, v. 2, 1997, p. 215-32.

[7] P. Smith, *Punishment and culture* (Chicago, The University of Chicago Press, 2008).

[8] M. Lazzarato, Trabajo inmaterial y subjetividade, em M. Lazzarato, A. Negri, *Trabajo inmaterial: formas de vida y producción de subjetividad* (Rio de Janeiro, DP&A Editora, 2001), p. 11-8.

184 • Tecnopolíticas da vigilância

Não é possível então furtar-se de citar o livro clássico de Guy Debord, *A sociedade do espetáculo*[9], na busca de pistas para compreender a lógica atual da vigilância. A sociedade do espetáculo é aquela em que "tudo o que antes se vivia diretamente se afasta agora numa representação" (tese 1). O espetáculo não é um conjunto de imagens, mas uma relação social entre pessoas, midiatizada através de imagens" (tese 4)[10]. E, mais adiante, Debord afirma que existe uma "exterioridade do espetáculo em relação ao homem que age", posto que "seus próprios gestos já não lhe pertencem, mas a outro que o representa". Nesse processo, "o espectador não se sente em casa em lugar algum, pois o espetáculo está em toda parte" (tese 30)[11].

Haveria, então, um novo tipo de relação entre vigilância e espetáculo, diferente da prevista por Foucault. O sinóptico e a sociedade do espetáculo seriam figuras convergentes no momento de descrever o surto das camadas de representação, segundo Debord, que começam a se agregar entre os sujeitos.

Em ambos os casos, a inspiração provém dos meios massivos de comunicação. Todavia, tanto a perspectiva de Smith[12] sobre o vínculo entre castigo e cultura nos tempos disciplinares como a observação de Simmel com a qual iniciamos este artigo levariam o problema do espetáculo até uma zona especificamente teatral, na qual a composição de personagens é algo que pertence a toda vida social, ao menos nas sociedades modernas. Simmel afirmava que na grande cidade todos devemos ter uma imagem. Debord esclarece que, na realidade, nas relações sociais, não há outra coisa senão imagens, mas com a ressalva de que essas imagens estão sempre sendo representadas por outros e isso impede "viver algo diretamente". Pretendemos então abrir uma via diferente para analisar esse problema.

Intimidade e teatralidade

Smith destaca que o sociólogo norte-americano Erving Goffman "fornece a base para a compreensão da vida social como uma série de encontros

---

[9] G. Debord, *La sociedad del espectáculo* (Buenos Aires, La Marca, 2008) [ed. bras.: *A sociedade do espetáculo*, trad. Estela dos Santos Abreu, Rio de Janeiro, Contraponto, 1997].

[10] Ibidem, p. 32.

[11] Ibidem, p. 40.

[12] P. Smith, *Punishment and culture* (Chicago, The University of Chicago Press, 2008).

Espetáculo do dividual • 185

ritualizados face a face, em que o estatuto sagrado do si mesmo (*self*) é continuamente reafirmado", seguindo o caminho da teoria de Émile Durkheim[13]. E teríamos de adicionar: ele o faz tomando como modelo o encarceramento disciplinar, que Foucault havia excluído da lógica do espetáculo, ao menos a teatral. Ao longo de sua vasta obra, Goffman, em vez de ver o encarceramento como sendo o controle do corpo, dos movimentos e gestos, do espaço e do tempo, tal como demonstrado por Foucault, observou o que ele mesmo nomeou de "as instituições totais": todos encenando, atuando, compondo uma obra. Já não se trata da grande cidade, como em Simmel, nem dos meios massivos de comunicação, como em Debord; foi o próprio encarceramento que virou cenário de um espetáculo. Mas, como se trata da vida social, os espectadores são ao mesmo tempo os atores. Parafraseando Debord, o "homem que age", nessa perspectiva teatral, o faz na medida em que consegue que seus gestos lhe pertençam, que sua atuação seja convincente e que ele seja coerente com o que está percebendo.

A teoria de Goffman torna-se, assim, essencial, pois desloca a relação entre imagem e pessoa para o campo de construção da subjetividade, mais do que para o das representações sociais, no sentido amplo. Para o sociólogo norte-americano, o significado original de pessoa é a máscara; portanto, personificar um papel significa vestir-se, disfarçar-se, cobrir o que se é com o que se deveria ou se gostaria de ser. Mas, "na medida em que essa máscara representa o conceito que nós formamos de nós mesmos – o papel com o qual nos esforçamos para viver –, essa máscara é o nosso 'si mesmo' mais verdadeiro, o eu que gostaríamos de ser"[14]. A máscara não é, então, algo que oculta; e o que é próprio do indivíduo não é possuir uma interioridade própria, irrepetível, e sim transformar-se em um ator a compor um personagem. Se o personagem se cumpre, segundo Goffman, terá construído um "si mesmo" (*self*) que é a representação com a qual o personagem brinda os outros para que se esqueçam de que é um personagem. Diz Goffman: "Uma cena corretamente montada e representada conduz o auditório a atribuir um 'si mesmo' ao personagem representado, mas essa atribuição – esse 'si mesmo' – é um *produto* da cena representada, e não *causa* dela"[15]. Ou seja,

---

[13] Ibidem, p. 19.

[14] E. Goffman, *La presentación de la vida cotidiana* (Buenos Aires, Amorrortu, 1989), p. 31.

[15] Ibidem, p. 268.

se, a partir do olhar dos demais personagens, a atuação é eficaz, o "si mesmo" passa a ser a coincidência entre o ator e o personagem, do mesmo modo que os demais são, por sua vez, personagens e público.

Dessa forma, a vigilância, ainda que nos espaços de encarceramento, não compromete unicamente os supostos vigiados, mas todos os implicados nos vínculos sociais. Trata-se de um tipo de vigilância menos "a partir de fora" do que "para dentro", ou "entre todos". Sempre existe uma normalização em tais processos, pois se trata de ajustar um "si mesmo" em uma negociação entre o que se pode atuar e o que se espera dessa atuação, mas o vetor da visibilidade não corre em um só sentido (a partir da torre central, onde pode não haver ninguém, como no panóptico), mas em vários. Além disso, essa perspectiva teatral dos espaços de encarceramento, do castigo e da vigilância, desde Simmel e Goffman até Smith, permite repensar as categorias do íntimo, do privado e do público, todas elas eixos centrais da construção moderna das subjetividades.

Nesse sentido, é fundamental a referência ao trabalho de Paula Sibilia[16], que afirma que no ciberespaço, seja no Facebook, no Twitter ou Instagram, seja em *blogs* ou em qualquer tipo de rede social, o eu foi convertido em um "show" e a intimidade foi convertida em espetáculo[17]. Isso supõe uma transformação considerável da vigilância por várias razões. A primeira é que, de certo modo, se inverte a matriz foucaultiana do vínculo entre tecnologia, vigilância e subjetividade. Com efeito, Foucault considerava que a vigilância exercida pelo panoptismo (entendido como a extensão do modelo panóptico até as formas de socialização, diferentes da administração explícita do castigo) implicava, no fundo, a promessa de que o sujeito vigiado pudesse se autovigiar, o que geraria um interior, uma alma, submetido a um trabalho introspectivo sobre si. Por outro lado, se as subjetividades, nas redes sociais, continuam a exteriorizar justamente aquilo que constituiria sua intimidade ou sua privacidade, essa autovigilância é compartilhada socialmente e o interior subjetivo passa a ser unicamente o valor agregado daquilo que se exibe.

A segunda transformação concerne às próprias definições da suposta autenticidade daquele que antes "se escondia" ou pertencia ao âmbito interior. Entre outras coisas, recorrer a obras como a de Goffman faz com

---

[16] P. Sibilia, *La intimidad como espectáculo* (Buenos Aires, Fondo de Cultura Económica, 2008).

[17] Idem.

que descartemos a possibilidade de entender a exibição da interioridade como uma frivolidade, um fenômeno trivial que não merece maiores análises. De fato, merece análise porque constitui uma das situações mais novas do mundo contemporâneo no que diz respeito às ideias de sujeito vigentes no século XIX e parte do XX. A própria imagem de uma interioridade privada, íntima, é uma construção moderna; mas, além disso, se a vida social consiste, como mostra Goffman, num teatro onde se encena a criação de um "si mesmo", é preciso salientar que não são as redes sociais que levam a intimidade a se divulgar, mas sim que os dispositivos que cuidavam dessa intimidade se encontram entrelaçados com outros que a usam como valor de exibição. Assim, as redes sociais seriam, em todo caso, o cenário onde se expressa essa mudança nas condições de criação de subjetividades, e pelo qual fica claro que a imagem na construção do eu, essa imagem tão desdobrada pela psicanálise, em especial na versão de Jacques Lacan, não se encontra no interior nem na superfície do indivíduo, mas difusa no curso da ação social[18].

A terceira transformação da vigilância que gostaríamos de ressaltar é a consequência da confrontação dessas novas realidades com os três níveis antes expostos do panoptismo: o dos registros feitos dos indivíduos, o do regime de visibilidade vigente (panóptico, sinóptico, banóptico, segundo o termo de Didier Bigo) e o do tipo de teatralidade implicado na vigilância. Essa confrontação requer lançar mão de um conceito fundamental da filosofia de Gilles Deleuze, não demasiadamente destacado pelos comentadores e muito presente no seu texto sobre as sociedades de controle: o do dividual. "Quando considerarmos que o corpo do indivíduo foi construído através da noção de um espaço de confinamento e que Deleuze vê claramente que esses lugares estão chegando ao seu fim, então é evidente que deveria surgir um novo sujeito"[19].

---

[18] Na literatura especializada, recuperou-se nos últimos anos o conceito de *extimidad*, originalmente apresentado por Jacques Lacan em *Seminário, livro 7: A ética da psicanálise*, ampliado por Jacques-Alain Miller e aplicado à temática deste artigo de acordo com Serge Tisseron, *L'intimité surexposée* (Paris, Hachette, 2001). Ver P. Sibilia, *La intimidad como espectáculo*, cit.

[19] L. Muir, "Control space? Cinematic representations of surveillance space between discipline and control", *Surveillance & Society*, Kingston, Queen's University, v. 9, n. 3, 2012, p. 267.

O dividual I: novas tecnologias do eu

As sociedades disciplinares têm dois polos: a assinatura que indica o indivíduo e o número de matrícula que indica sua posição numa massa [...]. Nas sociedades de controle, ao contrário, o essencial não é mais uma assinatura nem um número, mas uma cifra: a cifra é uma senha, ao passo que as sociedades disciplinares são reguladas por palavras de ordem. A linguagem digital do controle é feita de cifras, que marcam o acesso à informação, ou a rejeição. Já não nos encontramos diante do par massa-indivíduo. Os indivíduos tornaram-se "dividuais", divisíveis, e as massas tornaram-se amostras, dados, mercados ou "bancos".[20]

Segundo essa definição, o dividual corresponderia à parte do indivíduo que compõe o mundo digital e que se relaciona, por sua vez, com os dados no nível global, o rosto digital das massas. Como afirma Muir[21], Deleuze "fala sobre a possibilidade de uma decomposição do indivíduo mediante 'uma divisão de cada um dentro de si' nesse novo paradigma de controle". Todavia, antes do *Post scriptum sobre as sociedades do controle*, o termo dividual tinha sido utilizado por Deleuze em outro sentido. Em *Cinema: a imagem-movimento*, um dos seus livros consagrados ao cinema, escreve: "O afeto é indivisível e sem partes; mas as combinações singulares que forma com outros afetos constituem por sua vez uma qualidade indivisível, que só se dividirá mudando de natureza (o 'dividual')"[22]. Um pouco antes se referia, na relação com a imagem no cinema de Serguei Eisenstein, a "uma nova realidade que se poderia denominar o Dividual, unindo diretamente uma reflexão coletiva imensa às emoções particulares de cada indivíduo, exprimindo, enfim, a unidade da potência e da qualidade"[23]. Por último, no platô 11 sobre o *ritornelo* de *Mil platôs* (com Félix Guattari), pode-se ler: "é preciso que uma multidão seja plenamente individuada, mas através de individuações de grupo, que não se reduzem à individualidade dos sujeitos que a compõem", na qual essas individuações compõem "tanto o Um-multidão quanto o Dividual"

---

[20] G. Deleuze, "Posdata sobre las sociedades de control", em C. Ferrer (org.). *El lenguaje libertário: antología del pensamiento anarquista contemporáneo* (Buenos Aires, Altamira, 1999), p. 107-8.

[21] L. Muir, "Control space?", cit., p. 267.

[22] G. Deleuze, *La imagen-movimiento: estudios sobre cine I* (Barcelona, Paidós, 1984), p. 146 [ed. bras.: *Cinema 1: a imagem-movimento*, trad. Stella Senra, São Paulo, Brasiliense, 1985].

[23] Ibidem, p. 137.

Espetáculo do dividual • 189

na medida em que "o povo deve individuar-se, não segundo pessoas, mas segundo os afetos que ele experimenta simultaneamente e sucessivamente"[24].

Por um lado, então, o dividual corresponde aos afetos e, por sua vez, à "imagem desterritorializada", como diz explicitamente Deleuze, como um lugar diferente do individual e do coletivo, como um reino, um domínio ou um nível em que se trama outro modo de existência. Mas, por outro lado, no marco da sua reflexão sobre as sociedades de controle, o dividual está imbricado, está a serviço de um novo tipo de "vigilância a céu aberto". Numa primeira definição, seria possível dizer que o dividual é tudo aquilo que constitui os indivíduos, mas não enquanto indivíduos, e sim como um tipo de duplo, ou partes de si mesmo que são compartilhadas por outras regiões dividuais, relacionadas com indivíduos. Essa dividualidade está conformada por afetos que não são individuais nem coletivos, mas que são sim imediatamente digitais. Parece-nos que essa definição se ajusta em boa medida aos modos de subjetivação nas redes sociais, modos que alteram a relação entre o individual e o coletivo, redefinindo o íntimo e o privado.

Um dos primeiros autores a salientar o vínculo entre modos de subjetivação, tecnologias e meios de comunicação é Lucien Sfez, em sua *Crítica da comunicação*[25], cuja publicação original em francês é de 1988, isto é, um tempo no qual nem sequer existia a *world wide web*. Sfez afirma que uma série de saberes provenientes da cibernética e da teoria dos sistemas desenvolveram tecnologias do espírito, entendidas como "procedimentos para colocar em prática a comunicação pela tecnologia"[26], que podem se agrupar em quatro imagens-força: a rede, o paradoxo, a simulação e a interatividade. Tomando como base o famoso livro de Sherry Turkle, *O segundo eu*, Sfez afirma que essas tecnologias estão acompanhadas por tecnologias do *self* que mostram "uma prática social total, delirante, pela qual adolescentes e adultos intercambiam seu corpo e seu espírito com a máquina"[27].

Acreditamos que o enfoque de Sfez se aproxime, ainda que seja pela menção explícita do mesmo conceito, do que Foucault desenvolveu como

---

[24] G. Deleuze; F. Guattari, *Mil mesetas* (Valencia, Pretextos, 1994), p. 345 [ed. bras.: *Mil platôs: capitalismo e esquizofrenia*, v. 4, trad. Suely Rolnik, São Paulo, Editora 34, 1997].

[25] L. Sfez, *Crítica de la comunicación* (Buenos Aires, Amorrortu, 1995).

[26] Ibidem, p. 21.

[27] Ibidem, p. 346.

"tecnologias do *self* " na sua conferência de 1982, na Universidade estadunidense de Vermont. Essa perspectiva nos conduz diretamente aos modos de
subjetivação num sentido estritamente comunicacional. Foucault[28] distingue
ali tecnologias de quatro tipos, entendidas como "técnicas específicas que os
homens utilizam para entender a si mesmos": as tecnologias de produção
para as coisas, as tecnologias da significação para os signos, as tecnologias
de poder para os sujeitos e, por último, as tecnologias do eu[29]:

> que permitem aos indivíduos efetuar, com seus próprios meios ou com a
> ajuda de outros, um certo número de operações em seus próprios corpos,
> almas, pensamentos, conduta, modo de ser, obtendo assim uma transforma-
> ção de si mesmos com o objetivo de alcançar um certo estado de felicidade,
> pureza, sabedoria, perfeição ou imortalidade.[30]

Os exemplos que Foucault utiliza remetem aos antigos gregos, em especial
a certas técnicas ascéticas relacionadas à escrita como modo de conhecimento de si mesmo. Sfez, em contrapartida, sustenta que as tecnologias do
espírito se encontram ativadas num novo modelamento do *self*, em que a
comunicação, através das metáforas da rede – o paradoxo, a simulação e a
interatividade (tecnologias do espírito) –, ocupa o primeiro plano. É claro
que Sfez se refere ao imaginário da comunicação através das tecnologias
digitais e que não leva em conta, por razões temporais, as práticas comunicacionais das redes sociais da base digital. Mas também parece evidente
que a identificação desses nós imaginários tem sido muito precisa, porque
todas essas figuras compõem na atualidade aspectos centrais dessas práticas.

Sustentamos, então, que pode existir uma convergência entre as três
perspectivas acerca do si mesmo (*self*): a de Goffman, segundo a qual a vida

---

[28] M. Foucault, "Tecnologías del yo", em *Tecnologías del yo y otros textos afines* (Buenos
Aires, Paidós, 2008), p. 45-94.

[29] A conferência de Foucault tem por título *Technologies of the self*, e o original é *Technologies du soi*. Tanto *self* como *soi* se traduzem como *si* ou como um *si mesmo*,
segundo o filósofo espanhol Miguel Morey, tradutor da conferência para o espanhol.
Contudo, Morey decidiu traduzir o termo como "tecnologias do eu", para evitar a
pouca elegância de "tecnologias de si mesmo" ou "tecnologias de si", embora advirta
que *si, soi* e *self* são o interlocutor interior de um sujeito que estaria representado
pelo eu. O si é o outro identitário do eu, é o espelho no qual se mira o sujeito, mas
ao invés disso é construído por esse sujeito. Por isso, falar de si mesmo supõe falar
de subjetivação mais que de sujeito: é o sujeito que se faz a si mesmo como tal.

[30] M. Foucault, "Tecnologías del yo", cit., p. 48.

social consiste num espetáculo teatral baseado na composição de personagens que oferecem uma imagem de personalidade; a de Foucault, segundo a qual os indivíduos se fazem "a si mesmos", sozinhos e com ajuda dos outros, a partir de operações que os transformam para alcançar algum estado espiritual específico; e a de Sfez, segundo a qual essa modelagem de si mesmo se realiza por meio da comunicação tecnológica, na qual confluem a interatividade e a simulação, em particular, como bastidores de um novo modo de subjetivação.

Analisadas segundo essa convergência, as identidades nas redes sociais seriam o produto das operações de subjetivação baseadas na interatividade e na simulação digitais que geram transformações nos si mesmos segundo cânones performativos. Propomos, então, considerar os si mesmos do Facebook, do Twitter, do Orkut, do MySpace etc., os perfis, as fotos, os relatos, a explosão da opinião (o que falou tal pessoa hoje, o que respondeu a outra etc.), a exibição da vida cotidiana e da vida íntima formando a vida pública, a vida comum, e ao mesmo tempo a participação política ancorada nessas novas formas de comunicação, que geram novos coletivos e novos processos de transformação social cujo sujeito político está em construção (como ocorre nos protestos dos últimos anos no Brasil, na Espanha, no Egito etc.), tudo isso, como novas tecnologias do eu baseadas na comunicação pelos meios digitais, assim como em Foucault se sustentavam na escrita ou em Goffman na interação face a face.

O dividual II: vigilância distribuída e imanente

Em que consiste a vigilância nas sociedades do controle e de que forma se relaciona com o âmbito do dividual? Segundo Deleuze[31], trata-se de uma vigilância a céu aberto, isto é, que já não precisa do encarceramento para se desenvolver. Mas, no que se refere ao nosso tema, o ponto fundamental é que o dividual como elemento central dos novos modos de subjetivação amplia consideravelmente o espectro da vigilância. A exteriorização de tudo aquilo que constituía imaginariamente um interior íntimo, privado, através de um imperativo comunicacional no qual se encenam afetos que estão entre o individual e o coletivo – precisamente porque o que se compartilha não é algo individual, ou é individual só para ser compartilhado –, se realiza por meios digitais. Isso significa que, além de ser compartilhado, tudo fica

---

[31] G. Deleuze, "Posdata sobre las sociedades de control", cit.

registrado e, portanto, passível de ser vigiado. Essa dupla faz o dividual, em Deleuze, vincular-se com uma transformação que Fernanda Bruno[32] denomina "a vigilância distribuída e imanente".

A vigilância distribuída se refere a um "processo reticular, espalhado e diversificado", diferente da vigilância homogênea do panóptico ou mesmo das tecnologias atuais, como as câmeras estatais ou privadas de vigilância, que seguem imaginando um olho central de inspeção. Esse processo tem a ver com as "formas atuais de comunicação, sobretudo no ciberespaço"[33]. Essa vigilância tem, além disso, um caráter imanente porque não há "redes sociais (MySpace, Facebook, Orkut) separadas de qualquer forma de vigilância ou monitoramento e um aparato de vigilância adicional que se apropriaria delas"[34]. As novas formas de comunicação seriam, então, e de modo imanente, novas formas de vigilância num duplo sentido: porque fazem que qualquer aspecto da vida social fique registrado e porque, por sua própria natureza, a vontade de exibição faz com que esses aspectos sejam, por sua vez, objeto de desejo de visibilidade. Distribuída e imanente, sem se apresentar como tal, ou mesmo aceita pelos dividuais que se comunicam, a vigilância hoje em dia se confunde com a estética de si. "Se o eu se constitui na imagem e como imagem, é preciso que tome para si seus atributos contemporâneos, ampliando a sua margem de interatividade", de forma que "os leitores e espectadores participem ativamente da escritura e da composição da imagem que o autor constitui para si e para os outros."[35]

O dividual III: o perfil

O perfil é um conjunto de traços que não concerne a um indivíduo específico, mas sim expressa relações entre indivíduos, sendo mais interpessoal do que intrapessoal. O seu principal objetivo não é produzir um saber sobre um indivíduo identificável, mas usar um conjunto de informações pessoais para agir sobre similares. [...] [buscando] [...] a probabilidade de

---

[32] F. Bruno, *Máquinas de ver, modos de ser: vigilância, tecnologia e subjetividade* (Porto Alegre, Sulina, 2013).

[33] Ibidem, p. 25.

[34] F. Bruno, "Mapas de crime: vigilância distribuída e participação na cultura contemporânea", em F. Bruno; M. M. Kanashiro; R. Firmino, *Vigilância e visibilidade: espaço, tecnologia e identificação* (Porto Alegre, Sulina, 2010), p. 158.

[35] F. Bruno, *Máquinas de ver, modos de ser*, cit., p. 69.

manifestação de um fator (comportamento, interesse, traço psicológico) num quadro de variáveis.[36]

Essa definição corresponde à distinção original de Deleuze entre o dividual e os bancos de dados, isto é, aquilo que nas sociedades disciplinares eram os indivíduos e as massas. É interessante observar que a geração de perfis não é uma prática exercida unicamente pelos sistemas mais evidentes de vigilância, estatais ou privados, em busca de informação qualificada sobre um sujeito. Participar de uma rede social é também, e de maneira fundamental, gerar um perfil. O perfil pode adotar várias formas, é possível mudar de perfil; é preciso fazê-lo.

Pode-se dizer, então, que o perfil é o si mesmo do dividual e o lugar em que se encenam definições de si mesmo, que constituem atuações, e não custaria então levar a reflexão de Goffman, ou a de Simmel sobre o si mesmo "notório, compacto, característico", a esse terreno. As muitas microeleições que se realizam diariamente nas redes sociais (fotos, gestos, exibição de gostos, relatos de atividades cotidianas, convocatória para passeatas, informações compartilhadas, eleição de *links* de outros usuários etc.) "constituem simulações, e não representações fiéis ancoradas num referente"[37]. De todo modo, é necessário esclarecer imediatamente que, de acordo com tudo o que se disse até aqui, a vida social moderna sempre esteve atravessada por um nível de atuação, pelo qual se apagariam as fronteiras entre uma simulação e uma representação "fiel". Sem dúvida, a atribuição de um sujeito a um corpo e a uma pessoa permitia, em tempos disciplinares, supor uma identidade fixa, embora não fosse de todo certo. Mas, no reino do dividual, a construção de si mesmo é evidente. Essa seria uma das principais transformações dos modos contemporâneos de subjetivação.

Bruno afirma que no perfil existe "um efeito de identidade, num sentido pontual e provisório, uma vez que não atende a critérios de verdade e falsidade, mas de performatividade"[38]. Efetivamente, um dos traços característicos dessa construção de si mesmo sob a forma do dividual é seu caráter mutante e, ao mesmo tempo, decisivo para a atribuição da identidade. Daí deriva que a identidade mesma, mais que resultado de um atributo relativamente

---

[36] Ibidem, p. 161.

[37] Ibidem, p. 169.

[38] Idem.

194 • Tecnopolíticas da vigilância

permanente de um indivíduo, por sua vez associado a uma pessoa, a qual é associada a um corpo, se define num terreno digital e por meios performativos. Definitivamente, a identidade é atuada, e bem seria possível falar de um teatro do digital. Nesse sentido, embora não seja objeto do presente trabalho, o estudo do dividual poderia levar em conta tudo o que se pesquisou desde as clássicas conferências de John Austin sobre "como fazer as coisas com palavras" até a consolidação dos *performance studies*[39], incluindo a importância da obra de Deleuze para eles[40].

Um exemplo retirado do serviço básico de ajuda do Facebook pode nos auxiliar a compreender como se cruzam as linhas de força nas sociedades de controle quando se considera o elemento do perfil, o do dividual pura e simplesmente. Diz esse serviço de ajuda: "O Facebook é uma comunidade cujos membros utilizam sua identidade real. Necessitamos que os usuários forneçam o nome que usam na vida real; desse modo, cada um sempre saberá com quem está se conectando. Isso ajuda a manter a segurança na comunidade". Certamente, já desde o nome, desde a intenção declarada por seu criador, Mark Zuckerberg, ou desde os usos habituais, o Facebook sinaliza construir relações sociais entre "seres reais". O problema é que os ditos seres reais existem tanto quanto existem seres dividuais. Pode haver uma correspondência "pontual, provisória" entre uma foto, um nome e um documento de identidade fora da rede, mas trata-se de situações mutantes, porque o Facebook, assim como o restante das redes sociais, é constituído por seres que mudam seus perfis, isto é, que vão modificando suas atribuições de identidade. Incitar os usuários a utilizar seus "nomes reais", sem poder obrigá-los a isso, porque definitivamente carece de poder policial para fazê-lo, é no mínimo paradoxal.

Contudo, esse pedido tem sua razão de ser. A partir das conhecidas revelações realizadas por Edward P. Snowden em junho de 2013, sobre a colaboração do Facebook com o sistema de vigilância global edificado pela National Security Agency (NSA) [Agência de Segurança Nacional], é possível concluir que o perfil, assim como a atribuição de identidade, tem uma importância fundamental para o uso das informações pessoais por parte dos principais poderes estatais e privados –

---

[39] R. Schechner, *Performance studies: an introduction* (Nova York, Routledge, 2002).

[40] L. Cull, *Theatres of immanence: Deleuze and the ethics of performance* (Londres, Palgrave MacMillan, 2013).

dado que também fica claro que o Facebook está na base da criação dos bancos de dados privados para operações de *marketing*, entre muitas outras operações. O perfil mostra, dessa forma, sua dupla face entre seus múltiplos rostos. Por um lado, a partir das tecnologias do eu contemporâneas, constitui uma atribuição mutante de um si mesmo digital que redefine os nexos clássicos entre identidade, corpo e pessoa. Mas, por outro, na medida em que configuram atividades registráveis e registradas, os perfis constituem um dos elementos centrais na expansão da vigilância em âmbito global; uma expansão que permite pensar que essas atividades terão consequências nessa vida real, com indivíduos portando documentos de identidade que podem ser requeridos pelos poderes públicos e privados para diversos fins.

Conclusão

A intenção geral deste trabalho é chamar a atenção para os modos de subjetivação que operam nas redes sociais como objeto de estudo possível para os *surveillance studies*. É parte do sentido comum desse campo de pesquisas o fato de que o 11 de Setembro significou uma mudança radical nos sistemas globais de vigilância, pois reativou as tensões entre liberdade e segurança, a favor da última, quebrando muitas barreiras ligadas à proteção da privacidade e da intimidade. Esse processo conta, para isso, com dois elementos adicionais de muita importância que antecedem o atentado contra as Torres Gêmeas nova-iorquinas e o Pentágono: o crescimento dos sistemas de vigilância governamentais, estatais e privados graças às tecnologias da informação e o predomínio da semântica da (in)segurança nos meios massivos de comunicação, ligados às ameaças das práticas de delitos nas grandes cidades que justificam, entre outras coisas, os caros sistemas de videovigilância instalados nas últimas duas décadas e a exibição espetacular de seus produtos.

Todavia, consideramos que a privacidade e a intimidade encontram-se em processo de transformação não só por uma questão de segurança mas também por certas mudanças na forma de construir subjetividades. Isso tem sido salientado pelo trabalho pioneiro de Paula Sibilia sobre a intimidade como espetáculo. Essas mudanças trazem implicações no âmbito da vigilância e para isso é preciso, por um lado, responder o que significa o espetáculo na vida social e, por outro, quais novas formas de inspeção, monitoramento e controle emergem dessa virada, nesse processo. Trata-se do paradoxo da visibilidade. Se, para Foucault, nas suas análises clássicas sobre a vigilância panóptica, os modos de subjetivação estavam ligados a uma economia do visível e do não visível, na atualidade os indivíduos se manifestam e concordam em gerar amplas visibilidades de suas próprias vidas e, com isso, se oferecem a uma vigilância inédita em relação aos tempos disciplinares.

Encontramos, na hipótese deleuziana das sociedades de controle e, em especial, na sua noção do dividual, um campo fértil para explorar as linhas de análise que permitem compreender em que consistem esses modos de subjetivação. Não havendo uma tradição teórica instalada sobre esse tema, recorremos a um tipo de quebra-cabeça conceitual no qual cabem a sociedade do espetáculo de Guy Debord, o ritual da interação social de Erving Goffman, as tecnologias do espírito de Lucien Sfez, as tecnologias do eu de Michel Foucault e as reflexões sobre a vigilância distribuída e permanente e sobre o perfil nas redes sociais de Fernanda Bruno. Todas essas linhas convergem numa nova definição de um si mesmo (*self*) no qual se valoriza, em especial, uma construção subjetiva particularmente espetacular (no sentido da exibição e sem nenhum tom pejorativo) que se desdobra num aumento dos dados pessoais à disposição de qualquer rede de vigilância. Não se trata de uma invasão adicional à privacidade ou à intimidade (distinção importante, muito embora não tenhamos desenvolvido por exceder o escopo deste artigo), porque foram elas mesmas que se modificaram. Sendo assim, faixas não menores da vigilância na atualidade deveriam ser explicadas a partir de tais transformações em nível subjetivo.

O que quisemos fazer foi explicar as consequências, para o pensamento crítico sobre a vigilância, de dar-se conta do fato de que "a tentação de se apresentar de modo mais notório, compacto e, tanto quanto possível, característico torna-se algo extraordinariamente mais sugestivo do que a imagem inequívoca da personalidade que o trato frequente e longo propicia ao outro"; não mais um fenômeno das grandes cidades, como disse Simmel, e sim uma parte não desdenhável das relações sociais, uma vez que a vida cotidiana começa a passar por Facebook, Twitter, MySpace, Instagram, pelas redes sociais que antecederam essas e pelas que virão.

Referências

AUSTIN, J. L. *Cómo hacer cosas con palabras*. Barcelona, Paidós, 1991.

BIGO, D. Globalized (in)security: the field and the Ban-Opticon. In: BIGO, D.; TSOU-KALA, A. *Terror, insecurity and liberty: illiberal practices of liberal regimes after 9/11*. Nova York, Routledge, 2008, p. 10-48.

BRUNO, F. Mapas de crime: vigilância distribuída e participação na cultura contemporânea. In: BRUNO, F.; KANASHIRO, M. M.; FIRMINO, R. *Vigilância e visibilidade: espaço, tecnologia e identificação*. Porto Alegre, Sulina, 2010.

_____. *Máquinas de ver, modos de ser: vigilância, tecnologia e subjetividade*. Porto Alegre, Sulina, 2013.

CLARKE, R. Information technology and dataveillance. *Communications of the ACM*, Nova York, Association of Computation Machinery, v. 3, n. 5, 1988, p. 498-512.

CULL, L. *Theatres of immanence: Deleuze and the ethics of performance*. Londres, Palgrave MacMillan, 2013.

DEBORD, G. *La sociedad del espectáculo*. Buenos Aires, La Marca, 2008 [ed. bras.: *A sociedade do espetáculo*, trad. Estela dos Santos Abreu, Rio de Janeiro, Contraponto, 1997].

DELEUZE, G. *La imagen-movimiento: estudios sobre cine I*. Barcelona, Paidós, 1984 [ed. bras.: *Cinema 1: a imagem-movimento*, trad. Stella Senra, São Paulo, Brasiliense, 1985].

_____. Posdata sobre las sociedades de control. In: FERRER, C. (org.). *El lenguaje libertário: antología del pensamiento anarquista contemporáneo*. Buenos Aires, Altamira, 1999, p. 105-10 [ed. bras.: Post-scriptum sobre as sociedades de controle. In: *Conversações: 1972-1990*. Rio de Janeiro, Editora 34, 1992].

DELEUZE, G.; GUATTARI, F. *Mil mesetas*. Valência, Pretextos, 1994 [ed. bras.: *Mil platôs: capitalismo e esquizofrenia*, v. 4. Trad. Suely Rolnik. São Paulo, Editora 34, 1997].

FOUCAULT, M. Tecnologías del yo. In: *Tecnologías del yo y otros textos afines*. Buenos Aires, Paidós, 2008, p. 45-94.

_____. *Vigilar y castigar*. Madri, Siglo XXI, 1996 [ed. bras.: *Vigiar e punir: nascimento da prisão*, trad. Raquel Ramalhete, 42. ed., Petrópolis, Vozes, 2018].

GOFFMAN, E. *Internados: ensayos sobre la situación social de los enfermos mentales*. Buenos Aires, Amorrortu, 1994.

_____. *La presentación de la vida cotidiana*. Buenos Aires, Amorrortu, 1989.

LAZZARATO, M. Trabajo inmaterial y subjetividad. In: LAZZARATO, M.; NEGRI, A. *Trabajo inmaterial: formas de vida y producción de subjetividad*. Rio de Janeiro, DP&A Editora, 2001, p. 11-8.

LYON, D. *The electronic eye: the rise of surveillance society*. Minnesota, University of Minnesota Press, 1994.

MATHIESEN, T. The viewer society: Michel Foucault's 'Panopticon' revisited. *Theoretical Criminology: an International Journal*, v. 1, n. 2, 1997, p. 215-32.

MILLER, J.-A. *Extimidad*. Buenos Aires, Paidós, 2010.

MUIR, L. Control space? Cinematic representations of surveillance space between discipline and control. *Surveillance & Society*, Kingston, Queen's University, v. 9, n. 3, 2012, p. 263-79.

SCHECHNER, R. *Performance studies: an introduction*. Nova York, Routledge, 2002.

198 • Tecnopolíticas da vigilância

SFEZ, L. *Crítica de la comunicación*. Buenos Aires, Amorrortu, 1995.

SIBILIA, P. *La intimidad como espectáculo*. Buenos Aires, Fondo de Cultura Económica, 2008.

SIMMEL, G. Las grandes urbes y la vida del espíritu. In: *El individuo y la libertad: ensayos de crítica de la cultura*. Barcelona, Península, 1986 [ed. bras.: "As grandes cidades e a vida do espírito (1903)", trad. Leopoldo Waizbort, *Mana*, Rio de Janeiro, v. 11, n. 2, p. 577-91, out. 2005; disponível em: <http://www.scielo.br/scielo.php?script=sci_arttext&pid=S0104-93132005000200010>, acesso em 29 out. 2018].

SMITH, P. *Punishment and culture*. Chicago, The University of Chicago Press, 2008.

TISSERON, S. *L'intimité surexposée*. Paris, Hachette, 2001.

VOCÊ É O QUE O GOOGLE DIZ QUE VOCÊ É: A VIDA EDITÁVEL, ENTRE CONTROLE E ESPETÁCULO

Paula Sibilia

O que faz com que cada um seja quem é e com que os outros o identifiquem como tal? A capacidade de lembrar-se da própria experiência compõe, sem dúvida, uma parte importante dessa definição, pois tal acúmulo de recordações é a base a partir da qual se gera um relato a respeito da própria vida e do seu protagonista: *eu*. Ou seja, essa complexa entidade que, sem pensar demais, costumamos nomear recorrendo à primeira pessoa do singular. Que os outros também tenham acesso às narrativas tecidas em torno dessa memória – de modos obviamente fragmentados e formando um caleidoscópico de apropriações – é outro fator importante, pois esse conhecimento partilhado da história vital de alguém contribui para assentar a identidade de cada um. Mas a maneira como isso se efetua, tanto no plano individual como no coletivo, talvez seja uma das tantas características de nossos "modos de ser" que estão mudando, em sintonia com os avanços das tecnologias digitais de comunicação e informação, acompanhando o ritmo das intensas transformações socioculturais, políticas e econômicas que gestaram esses movimentos.

"Antes da internet, se você era uma má pessoa, podia começar uma nova vida", ponderou numa entrevista o advogado argentino Miguel Sumer Elías, especialista em direito informático. Como se costumava dizer antigamente, esse indivíduo podia tentar "se regenerar". De que modo? Elaborando as próprias experiências passadas para iniciar uma nova etapa vital, por exemplo, contando com certo esforço e algo de sorte, além da benéfica ajuda dos imprescindíveis aliados, fossem estes voluntários ou não. Mas isso deixou de ser factível porque agora "você é o que Google diz que você é", conforme concluiu, em seus depoimentos, o advogado acima citado[1]. A fonte da verdade a respeito de quem é – e quanto vale – cada sujeito parece ter se deslocado. Esse saber já não brota mais das próprias entranhas, onde se acreditava que ficavam hospedadas as lembranças das vivências, bem como os pensamentos, as emoções, os princípios éticos e os sentimentos de cada um, de acordo com a perspectiva moderna de uma interioridade laica assimilável a conceitos como os de psiquismo ou mente. Agora, essa instância capaz de atestar quem é cada um parece ser outra; e, de fato, é bem diferente: a rede mundial de computadores. Nada menos que a internet, essa sorte de aleph do novo milênio[2], que congrega todos os olhares alheios e expõe escancaradamente a totalidade do que existe, ora encarnado no emblemático buscador da empresa Google.

Direito a esquecer(-se) e a ser esquecido

O homem é o único animal capaz de lembrar. Pelo menos é isso o que supomos, e também é o que Friedrich Nietzsche observou em sua *Segunda consideração intempestiva*, datada de 1873, com um significativo subtítulo: *Da utilidade e desvantagem da história para a vida*. Mas esse raro privilégio da memória não era, para o filósofo alemão, uma grande qualidade capaz de enaltecer o gênero humano; aliás, poder-se-ia dizer justamente o contrário. "É possível viver quase sem lembranças, sim, e viver feliz assim, como o mostra o animal", constatava então Nietzsche, "mas é absolutamente impossível viver, em geral, sem esquecimento". Por isso, a muito humana possibilidade de esquecer – ruminando ou mastigando o vivido – seria, para ele, "a capacidade mais elevada do espírito"[3]. Hoje pode parecer estranha essa afirmação, lançada numa época em que o orgulhoso ideal de progresso ocidental ainda estava no ápice como a grande meta do Ocidente triunfante. Mas esse autor não foi o único a se revoltar contra as tiranias da memória

---

[1] M. Gianbartolomei, "Hostigamiento anónimo: cuando un extraño te arruina la vida", *La Nación*, 15 out. 2012; disponível em: <http://www.lanacion.com.ar/1516028-hostigamiento-anonimo-cuando-un-extrano-te-arruina-la-vida>, acesso em 27 jul. 2018.

[2] J. L. Borges, "El aleph", em *Obras completas*, v. 1 (Buenos Aires, Emecé, 1999), 617-27 [ed. bras.: *O aleph*, trad. Davi Arrigucci Jr., São Paulo, Companhia das Letras, 2008].

[3] F. Nietzsche, *Segunda consideração intempestiva: da utilidade e desvantagem da história para a vida* (Rio de Janeiro, Relume Dumará, 2003), p. 9-10.

em plena modernização do mundo, defendendo em troca as potências libertadoras do esquecimento.

Para se ter uma ideia mais cabal das desventuras que lembrar de tudo pode implicar, basta evocar o célebre protagonista do conto de Jorge Luis Borges, "Funes, o memorioso", publicado originalmente em 1942. Esse personagem fictício não podia se esquecer de nada e, de acordo com a sagaz interpretação borgiana, uma tal quantidade avassaladora de lembranças o impedia de viver[4]. Não se trata de uma metáfora: a impossibilidade era literal, não só literária ou lírica. Para poder agir no mundo, é necessário relegar tudo aquilo que, no momento presente, só poderia atrapalhar a vital percepção com o pesado fardo de inúmeras lembranças. Isso é algo que também seria elucidado – não sem poesia – pelo filósofo Henri Bergson[5], nas páginas de seu célebre livro *Matéria e memória*, audazmente subtitulado *Ensaio sobre a relação do corpo com o espírito*. Suas reflexões delatam que esse autor francês – honrado com o Prêmio Nobel de Literatura, em 1927, devido em grande medida ao singular sucesso dessa obra – também se deixou interpelar pelas complexidades que implicava habitar os derradeiros anos do século XIX e os primeiros do XX, assumindo, em particular, a aloucada aventura de ter de explicar de maneira racional em que consiste a condição humana.

Tudo isso vem à tona agora porque subitamente convivemos com uma máquina monstruosa que – assim como o desventurado Irineu Funes do conto de Borges – parece lembrar-se de tudo, inclusive daquilo que poderia (ou supõe-se que deveria) ser esquecido. Trata-se, é claro, da internet. A esse fabuloso atributo da rede mundial de computadores – a capacidade de nada esquecer – apontam as reclamações que vêm se erguendo, nos últimos anos, contra os motores de busca como Google ou Yahoo, em nome do "direito ao esquecimento" daqueles que se sentem lesados por essa memória demasiadamente incisiva. O que se pede, nesses casos, é que sejam apagados certos dados pessoais que se referem a situações do passado e que, embora sejam verdadeiros, são considerados prejudiciais de algum modo pelo demandante. Sobretudo, pela sua ingrata capacidade de manchar algo indispensável num mundo governado

---

[4] J. L. Borges, "Funes el memorioso", em *Obras completas*, v. 1, cit., p. 485-90 [ed. bras.: "Funes, o memorioso", em *Ficções*, trad. Davi Arrigucci Jr., São Paulo, Companhia das Letras, 2007].

[5] H. Bergson, *Matéria e memória: ensaio sobre a relação do corpo com o espírito* (São Paulo, Martins Fontes, 1999).

pela lógica empresarial e submetido aos impiedosos vaivéns de todos os mercados: a reputação pessoal. Em tempos de excessiva exposição, em suma, ser esquecido – ou, mais precisamente, que algum detalhe infeliz a nosso respeito fique protegido por um abençoado manto de escuridão – pode ser um luxo difícil de alcançar. A batalha rumo à sua conversão em "direito", portanto, apela à força da lei para atingir essa conquista que, talvez, seja quimérica.

Em maio de 2014, a União Europeia tomou uma decisão insólita nesse sentido, que provocou uma imensa onda de debates ao repercutir nos noticiários de todo o planeta. Segundo as medidas aprovadas naquele momento, os buscadores da internet deveriam atender às petições dos usuários quando estes solicitassem que fossem eliminados de seus resultados alguns conteúdos que os afetavam de forma negativa. A partir dessa polêmica resolução, e por toda parte, não cessaram de proliferar os processos judiciais com vistas a limitar a informação disponível acerca de um determinado indivíduo, quando este considerava que tal lembrança pública o danificava.

Assim, por exemplo, entre os casos que mais ecoaram, estão os de atrizes ou modelos que pediam a omissão de *links* para sites pornográficos em todas as buscas associadas a seus nomes. Nessa classe de pleitos, é evidente que a demandante não quer ser completamente esquecida, pois ela vive de sua fama como "celebridade"; no entanto, reclama que seja apagado algum episódio específico do seu passado que – pelo menos em sua opinião, e isso é a única coisa que importa – a condena. Mas não se trata apenas desse tipo de litígio. A variedade é enorme: há aqueles que desejam desaparecer dos resultados mostrados pelo Google, pois temem pela sua segurança, por exemplo, ou porque almejam proteger a sua privacidade. Ou, de modo geral, como nos casos antes mencionados, porque os associam a acontecimentos de sua vida que preferiam que não fossem lembrados por ninguém. Por exemplo? Um conflito judicial, um dado financeiro ou, então, uma fofoca ou qualquer referência mais ou menos vergonhosa a respeito dos diversos aspectos de suas experiências vitais.

São inúmeros os ingredientes desse debate, que é muito complexo e não só está cheio de ambiguidades mas também traz à tona algumas contradições interessantes. Em primeiro lugar, cabe frisar que não se trata do tradicional "direito à réplica" que a imprensa concede àqueles que se consideram ofendidos por uma notícia publicada de modo incorreto, com informações falsas ou inexatas. Associada aos valores democráticos e à liberdade de expressão, essa normativa está em pauta desde a França revolucionária de 1789 e, com a generalização desse espírito, tem sido plasmada nas Constituições nacionais e nos códigos legais de cada país. Mas aqui o problema é outro: os fatos revelados pela internet são verdadeiros, nesses casos ninguém nega ou contesta essa veracidade. O que se consente agora é uma novidade: o desejo do protagonista de que esses dados *reais* permaneçam ocultos.

Por isso, esse reconhecimento tão recente do "direito ao esquecimento" por lei parece capaz de abalar não apenas um conjunto de velhos costumes e certezas mas também alguns alicerces de nossa tradição filosófica. Surge, por exemplo, a seguinte dúvida: porventura estaria se realizando, afinal, em pleno século XXI, aquele feliz desprendimento das garras da memória proposto pelos autores anteriormente mencionados – Nietzsche, Bergson e Borges – que, não por acaso, marcaram a fogo o pensamento e o imaginário dos séculos XIX e XX? Talvez sim, em certo sentido, porém não exatamente como eles o enunciaram. Porque o que entendemos por memória e esquecimento, inclusive o que consideramos que significa "ser alguém", e a relação que isso mantém com as próprias lembranças, são todas definições que costumam mudar nos diversos contextos socioculturais. Com as sacudidas mais recentes da nossa história, talvez tenham se reconfigurado de maneira inesperada e ainda impensada.

Continuando nessa perspectiva, não surpreende muito que figuras como Friedrich Nietzsche e Jorge Luis Borges tenham se encarniçado contra os possíveis abusos da memória, já que suas obras costumavam disparar agudos dardos em direção aos valores vigentes na época em que cada um deles escreveu, ironizando e pondo em xeque algumas das crenças mais prezadas da cultura ocidental em seus respectivos momentos. E, como é sabido, tanto o século XIX como boa parte do XX estiveram obcecados pela memória, ou seja, pela suposta verdade que deveria emanar dos arquivos e dos registros preservados naquele período com minuciosa laboriosidade, tanto nas mais respeitáveis instituições estatais como na sagrada intimidade de cada lar. Com a valiosa ajuda desses acervos verídicos – dos prontuários policiais ou das coleções museológicas até os diários íntimos e os álbuns familiares – operava-se a reconstrução histórica de todos os fatos com reverente fidelidade ao que realmente aconteceu.

Até mesmo Sigmund Freud[6], autor de uma das teorias mais bem-sucedidas sobre o que significa ser humano na era moderna, atribuiu à memória um papel despótico. De acordo com esse saber tão sedimentado entre nós,

---

6   S. Freud, *Obras completas* (Buenos Aires, Amorrortu, 1978).

podemos não lembrar algo ou acreditar que o esquecemos, mas tudo o que vivemos nos constitui de um modo profundo e crucial. As experiências passadas alimentam o que somos porque definem as forças – bem como as dificuldades e impotências – que nos habitam, dando lugar a uma cosmovisão na qual resulta impensável essa lógica do apagamento voluntário que hoje se insinua. Mesmo que determinado episódio não se encontre esclarecido no nível mais imediato da consciência, segundo essa perspectiva cultural que tem sido tão impregnada pela psicanálise, admite-se que *todo* o vivido está abrigado em substratos ainda mais profundos de nossa configuração psíquica. E não há o que fazer: ainda que pensemos que não nos lembramos de algo, ainda que tentemos soterrar determinada recordação, ainda que briguemos contra tudo isso, que o neguemos obstinadamente e queiramos extirpá-lo de nossa vida, estamos feitos dessa matéria tão escorregadia como insistente. Nada menos que a memória do que alguma vez fomos e que fatalmente nos constitui.

Deletar lembranças para editar o passado

O quadro pintado no parágrafo anterior não soa completamente alheio às nossas convicções; contudo, é preciso admitir que muita água correu sob a ponte desde aquelas vitorianas épocas. E, por isso, é provável que a nossa relação com a memória já não seja a mesma. Cartografar essas mutações não é fácil, visto que os indícios são múltiplos e estão cheios de ciladas. Hoje, por exemplo, talvez mais do que nunca, são realizados incontáveis eventos e inauguram-se museus ou parques temáticos para prestar culto a uma imensa diversidade de acontecimentos do passado. Isso sem deixar de lado a encenação espetacularizada de épocas inteiras, quando uma infinidade de material jornalístico ou bibliográfico, bem como cinematográfico e televisivo, também se ocupa do assunto. E o mercado aproveita para reciclar tudo, enquanto fatura com as modas em clima *retrô* ou *vintage*. Ademais, é impossível não pensar na multidão de *blogs* que proliferam na internet, assim como nos perfis das redes sociais e nas toneladas de fotos que geramos para documentar cada instante de nossas peripécias vitais – ou de seja lá o que for –, multiplicando ao paroxismo os registros e os arquivos.

De modo que aquela mania oitocentista de tudo registrar e arquivar parece ainda muito presente em nossa cultura do século XXI, inclusive exacerbada. Mas o curioso é que isso convive com uma novidade, sobre a qual vale a pena colocar o acento: as ferramentas para apagar lembranças e, junto com elas, a legitimidade de fazê-lo. Algo que no auge da era moderna teria sido inconcebível – ou, no mínimo, condenável – para a enorme maioria dos mortais. Nesse sentido, a reivindicação do "direito ao esquecimento" que estourou recentemente nos debates públicos não parece ser um fato isolado, mas algo alinhado com essa tendência mais geral que, talvez, esteja assinalando importantes transformações em nossos valores e crenças, bem como nos modos como construímos as nossas subjetividades.

Já faz alguns anos que estão se desenvolvendo diversos experimentos científicos com vistas a descobrir uma substância química que seja capaz de eliminar reminiscências dolorosas do cérebro daqueles que sofrem de "estresse pós-traumático", por exemplo[7]. É a esse esforço que alude, de modo ficcional, o filme *Brilho eterno de uma mente sem lembranças*, dirigido por Michel Gondry e lançado em 2004. Os personagens da história recorrem a uma empresa que vende esse tipo de serviço para extirpar, de modo indolor e com alta praticidade, a tristeza de uma desilusão amorosa. Fica claro que essa tecnologia ainda não está disponível, embora seja pensável e inclusive chegue a ser desejável, ou pelo menos desejada, motivo pelo qual já há várias pesquisas em neurociências e farmacologia que avançam nessa direção com total seriedade.

Não é casual que, justamente agora, surjam esses sonhos de uma memória editável ao gosto do consumidor, como se a própria vida fosse uma história contada em suporte digital, cujos episódios desagradáveis pudessem ser apagados – ou melhor, *deletados* – com a eficácia típica dos computadores e por livre decisão de cada um. Ao que parece, trata-se de mais um caso em que a metáfora acaba aderindo ao referente, de modo que já não é mais possível desgrudar ou diferenciar um elemento do outro. A *timeline* do Facebook, por exemplo, que ainda é a mais popular rede social da internet, não *representa* apenas a epopeia do seu protagonista por meio de uma série de imagens cuidadosamente selecionadas, mas de algum modo a *apresenta*, a *performa* e a constitui. Agora, ambos os planos – vida e relato audiovisual – se fundem e se confundem nessa biografia cuja textura é informática.

Tratadas como arquivos digitais, as lembranças deixam de ser concebidas como aquelas entidades etéreas e misteriosas que, de acordo com as crenças

---

[7]   P. Sibilia, *O show do eu: a intimidade como espetáculo* (Rio de Janeiro, Contraponto, 2016).

modernas, nutriam a interioridade de cada indivíduo. Considerava-se que essa essência oculta e enigmática era algo decididamente analógico; em termos contemporâneos – e, portanto, anacrônicos –, diríamos que a sua materialidade era incompatível com qualquer dispositivo eletrônico que procurasse escaneá-la para digitalizar seus "conteúdos". Justamente por isso, jamais poderia se converter em informação. Devido a essas peculiaridades, exigia outras técnicas para o seu deciframento ou a sua interpretação. As viagens introspectivas e as evocações retrospectivas, por exemplo, faziam parte desses rituais cotidianos cuja meta era conhecer a si mesmo e dar um sentido coerente ao caótico fluxo que compõe toda e qualquer vida. Não é por acaso que várias ferramentas tipicamente oitocentistas se destinavam a tal fim: desde o diário íntimo até a psicanálise, passando pela leitura de romances e pelas trocas epistolares.

Contudo, algo parece ter mudado bastante nesse panorama. Quando se opera segundo a lógica informática, se ninguém lembrar que algo aconteceu – inclusive consigo mesmo –, porque esse dado foi eliminado tecnicamente, é possível agir como se isso nunca tivesse ocorrido. Exigir da Google que deixe de mostrar imagens e textos vergonhosos a seu respeito é comparável ao que acontece quando se recorre ao bisturi para modelar o próprio aspecto físico, por exemplo, ou quando se pratica o *ghosting*, bloqueando alguém de todas as redes de comunicação para finalizar, assim, um relacionamento sem ter de dar explicações. Ou, então, quando alguém edita a "linha do tempo" em sua página do Facebook. Em todos esses casos, o que somos perde a sólida consistência que costumava ostentar para se tornar bem mais flexível e reprogramável ao gosto de cada um. Convém ressaltar que não se trata de uma questão meramente tecnológica: se as ferramentas para fazê-lo estão sendo inventadas agora, isso acontece porque nos resulta legítimo não só pensá-lo, mas também eventualmente realizá-lo.

A naturalização de todas essas atitudes entre nós, portanto, sugere algo inquietante. A matéria que nos constitui parece ter mudado sutilmente para transmutar-se em outra coisa, ao se redefinirem os pilares que sustentam a história pessoal de cada sujeito. Já não é algo cujos vestígios são *guardados* no mais recôndito do próprio lar, como se fazia com o álbum de fotos familiares ou com as cartas e os diários de antigamente, por exemplo. Mas não se trata só disso: esses rastros do vivido tampouco se acumulam "dentro" das entranhas mais profundas de cada um, nem no empoeirado porão da memória nem no fundo do coração. Em vez disso, agora, essa substância que nos conforma parece ter se tornado uma espécie de capital que se deve administrar com o propósito prioritário de *mostrá-lo*. Por isso, o que importa para verificar a sua existência – ou, então, a sua irrelevância – é, precisamente, que os outros tenham acesso ou não a essas informações, para além de que seja algo de fato ocorrido e que, portanto, integre a história real de cada indivíduo.

A transformação aqui em foco pode parecer sutil, mas está longe de ser insignificante. Em lugar de encarnar naqueles tesouros que deviam ser protegidos na intimidade do espaço privado – e/ou na própria interioridade – para dar consistência ao *eu*, agora a trajetória vital de cada sujeito se tornou um relato editado com muito cuidado porque a sua função primordial consiste em ser exibido. Isto é, procura-se que os outros assistam a ele como se fosse um espetáculo e que o testemunhem com seus próprios olhos; e, na medida do possível, que também o "curtam" clicando nos botões adequados ou fazendo comentários afirmativos, inclusive compartilhando-o com outros contatos para obter uma repercussão mais ampla.

Performar o que se é para o olhar alheio

Embora ainda seja algo bem recente, a constatação é inegável: já não se guarda quase nada para sempre, nem na interioridade impalpável da alma nem na privacidade da casa. Não se conservam fotos impressas, cartas ou diários, por exemplo, pois se tornou imprescindível compartilhar logo tudo nas telas e, em seguida, descartá-lo para renovar o próprio perfil e dar lugar às novidades. É preciso exibir tudo o que se é; ou, mais exatamente, fazer uma sorte de curadoria permanente daquilo que se *está* ou se deseja *parecer*, clamando sempre pela imprescindível aprovação alheia, pois essa será a instância capaz de conceder estatuto de verdade ao exposto. Refinando mais um pouco essa intuição, dir-se-ia que é necessário mostrar tudo o que cada um gostaria que os outros considerassem que se é, para assim receber o seu almejado apoio com o polegar para cima e outras formas do aplauso contemporâneo, pois somente esse gesto alheio será capaz de confirmar a própria existência ao lhe dar valor.

Além disso, cabe destacar outros aspectos dessas transformações. Em primeiro lugar, tem ficado cada vez mais ambígua a diferença que separava ambos os polos daqueles pares de oposições, antes consideradas excludentes, alguns dos quais foram mencionados no parágrafo anterior. Assim como ocorre com as categorias de público e privado, agora essência e aparência

208 • Tecnopolíticas da vigilância

também se confundem e se misturam nessas novas práticas vitais, sem privilégios morais para a primeira nem desprezo para a segunda. O importante é que, se *somos* algo ou alguém, tudo isso tem de estar à vista; porque, se não se mostra e os demais não enxergam, então nada nem ninguém poderá nos garantir que existe. Dessa curiosa mutação se desprende algo importantíssimo: o fato de que alguma coisa tenha acontecido ou não parece ter perdido relevância. Também muda a maneira como uma lembrança do passado afeta o presente, sem necessariamente se afixar de modo indelével na "essência interior" do seu protagonista. Em vez de tudo isso, o que mais interessa agora é outra coisa: o efeito produzido nos outros. O que determinará a sua veracidade é o modo como os demais o enxergarão e avaliarão, pois é assim que somos julgados e legitimados (ou não): pelo olhar alheio.

Daí que as reivindicações em torno do "direito ao esquecimento" também costumem se apresentar sob outro rótulo: o "direito à autodeterminação informativa". Nesse caso, o que se tenta defender é a faculdade de cada indivíduo para administrar por si mesmo a divulgação e o uso dos dados referidos à sua pessoa. Tais sonhos de autonomia também levam a marca da atualidade. Essa ilusão de controle total, porém, não cessa de nos desapontar, dando ressonâncias inesperadas às sagazes teorias de Gilles Deleuze[8] sobre o mundo contemporâneo. Cabe lembrar que esse filósofo francês recorreu à expressão "sociedades de controle" para designar o "novo monstro", como ele mesmo ironizou em seu breve e contundente ensaio publicado em 1990. A que se referia? À gradual implantação de um regime de vida inovador, que se distanciava dos modos de funcionamento tipicamente modernos e industriais, ou seja, daquilo que Michel Foucault[9] nomeara "sociedades disciplinares" em seus estudos publicados alguns anos antes.

Essas novidades começaram a se delinear nas últimas décadas do século passado, com o apoio crucial das tecnologias eletrônicas e digitais, para configurar uma organização social mais compatível com o ágil capitalismo que se consagrou no final do século XX e no início do XXI. Isto é, um sistema regido pelo excesso de produção e pelo consumo exacerbado, pelo *marketing* e pela publicidade, pelos fluxos financeiros em tempo real e pela

---

[8] G. Deleuze, "Post-scriptum sobre as sociedades de controle", em *Conversações: 1972--1990* (Rio de Janeiro, Editora 34, 1992).

[9] M. Foucault, *Vigiar e punir* (Petrópolis, Vozes, 1977).

interconexão em redes globais de comunicação. E, sobretudo, marcado pela decadência de certos estabelecimentos básicos da sociedade moderna – tais como a escola, a fábrica, a prisão e o hospital, inclusive a casa destinada a hospedar a família nuclear inspirada no modelo burguês. De um modo paralelo, oposto, mas também complementar a esse declive, a empresa foi se entronizando como uma espécie de inspiração exemplar que impregnaria todas as demais instituições. Inclusive, e talvez fundamentalmente, as versões mais atuais daqueles fósseis modernos. Ao contagiá-las com seu onipresente "espírito empresarial", as reformula fatalmente numa crescente compatibilização com os ritmos e as demandas da contemporaneidade.

Como parte desse movimento, entraram em crise as figuras de autoridade mais tradicionais: pais, maridos, chefes, mestres, diretores, Estado. Assim, também desabou o antigo sistema de poder centralizador, que exercia uma vigilância vertical e internalizada por meio de regulamentos e culpas. Entretanto, por mais intensas e vertiginosas que tenham sido essas transformações, a sua colocação em prática não significou uma libertação total das velhas amarras; ou, pelo menos, não foi apenas isso o que aconteceu. Com esse afrouxamento das opressões mais antiquadas, abriu-se o horizonte para a implantação de um tipo de controle descentralizado, embora bem mais sutil e eficaz, que opera em todo momento e lugar, além de se exercer em todas as direções e em fluxo constante, graças à espantosa ubiquidade dos dispositivos digitais de comunicação e informação. Essa eficácia se deve, em boa medida, ao fato de que o uso desses dispositivos é voluntário, e não obrigatório, embora seja estimulado em sintonia com as poderosas promessas de felicidade que hoje nos enfeitiçam. Além de se tratar de consumo em seu sentido mais estrito: afinal, ninguém desconhece que são produtos e serviços nada gratuitos e que devem ser renovados constantemente. Em síntese, trata-se de um poder extremamente ágil e com uma eficiência inédita, distribuído pela totalidade do tecido social, como Deleuze vislumbrou com tanta perspicácia há três décadas.

Contudo, suspeita-se que esse controle sobre a fatal insegurança da vida opere mais como uma armadilha muito lucrativa do que como um fato consumado ou mesmo como algo que alguma vez possa vir a se consumar. O mercado, a tecnociência e os meios de comunicação selam, todos os dias, uma aliança tácita para manter essa dinâmica em funcionamento. Esse movimento se vê atiçado, ao mesmo tempo, pelo temor ao inimigo – ou ao simples acaso que, afinal de contas, tudo comanda – e pela astuta promessa

210 • Tecnopolíticas da vigilância

de que sempre será possível afugentá-lo tecnicamente[10]. Por isso, como nos é explicado todos os dias, os mais variados artefatos estão à nossa disposição para que possamos "controlar" com eles o confuso acontecer desta perigosa vida.

Porém, isso não é tudo. Além dessa eficácia um tanto analgésica que emana do bem-sucedido "mito tecnocientificista" e sua venda parcelada de uma segurança mais ou menos garantida, agora também vivemos na "sociedade do espetáculo". Quer dizer, aquilo que Guy Debord entreviu com espanto há cinco décadas. Em plena agitação das rebeliões contraculturais, esse autor notou que estava se engendrando essa nova configuração sociocultural, política e econômica, que tem como uma de suas definições mais citadas a de que "o espetáculo é uma relação social entre pessoas mediada por imagens"[11]. Quase nada do mencionado nestas páginas teria sido imaginável no longínquo ano de 1967. No entanto, tudo isso leva a supor que algo daquela ácida previsão talvez esteja se cristalizando agora. A sua concretização envolveu alguns ingredientes imprevistos, sem dúvida, que se desenvolveram nas últimas décadas, mas é inevitável associar o que acontece hoje em dia com aquilo que Debord intuiu, com furioso desdém, numa época em que recursos técnicos como a internet nem ousavam sequer habitar os mais audazes relatos da ficção científica.

É muito peculiar a combinação que atualmente se dá entre estas duas vertentes: por um lado, a incitação ao *espetáculo* de si mesmo; por outro, os sonhos de *controle* total – de todos por todos e de cada um por si – com ajuda da tecnociência. Os conflitos que essas novidades suscitam não deixam de causar toda sorte de perplexidades. Assim, por exemplo, em plena proliferação dessas estratégias de visibilidade que todos somos intimados a colocar em jogo cotidianamente, com o propósito de projetar perfis atraentes que sejam capazes de seduzir o maior número de olhares, conquistando *likes* e seguidores para dar espessura à própria existência, cabe se questionar se é possível ter algum controle sobre aquilo que se difunde acerca de si mesmo.

Essa pergunta evoca os casos, cada vez mais frequentes, de fotos ou vídeos de pessoas famosas em atitudes sensuais, muitas vezes sem roupas ou prati-

---

[10] P. Sibilia, "A técnica contra o acaso: os corpos inter-hiperativos da contemporaneidade", em M. C. F. Ferraz; L. Baron (orgs.), *Potências e práticas do acaso: o acaso na filosofia, na cultura e nas artes ocidentais* (Rio de Janeiro, Garamond/Faperj, 2012), p. 177-92.

[11] G. Debord, *A sociedade do espetáculo* (Rio de Janeiro, Contraponto, 2000), p. 14.

cando atos sexuais, que de repente "vazam" pela internet e imediatamente se transformam em notícias de alto impacto. A comoção costuma durar uns poucos dias, mas – caso não seja capitalizada com certa fortuna – seus efeitos podem ser desastrosos. É cada vez mais comum que isso aconteça também fora do âmbito glamoroso das celebridades, como é o caso dos adolescentes que produzem esse tipo de registro audiovisual e depois o fazem circular pelas redes, perturbando o clima escolar ou familiar ao suscitar dramas de novo cunho que ninguém está em condições de resolver.

Nessa mesma linha tem se dado à luz todo um subgênero altamente polêmico: a "pornografia de vingança", exercida por um membro do antigo casal que divulga essa classe de imagens realizadas na intimidade. Algo semelhante acontece com a prática conhecida como *bullying*, outra manifestação bem contemporânea que costuma desembocar em consequências de diversos graus de gravidade. Embora seja habitual supor que não se trata de nenhuma novidade, mas de uma atualização – e talvez até de uma generalização – do clássico assédio escolar que *sempre* teria existido, o fato é que tanto o fenômeno como a palavra para nomeá-lo são bastante recentes e estão muito afinados com a dinâmica atual[12]. Não é por acaso que hoje o constrangimento se multiplique exponencialmente graças à sua virtual exibição em inúmeras telas; como consequência dessa irradiação, pode chegar a ter efeitos descomunais. Quando se dissemina pelas redes informáticas, a humilhação decorrente de um ato vergonhoso se torna ainda mais asfixiante, pois o que antes costumava ser de ordem privada – limitando-se ao interior da escola, do lar ou do pequeno círculo íntimo – agora se joga no âmbito público com uma abrangência potencialmente infinita.

Nesse contexto, as reivindicações pelo "direito ao esquecimento" parecem justíssimas. Aqui emerge, porém, outra das complicações desse assunto: como consegui-lo? Como obter esse apagamento tão buscado, quando algo indevido escapole pelas entrelinhas de nossa cuidadosa curadoria existencial e estoura sem filtros? Se a espetacularização de si mesmo se legitimou e se generalizou de modo tão irrefutável, a pretensão de manter algum controle sobre os próprios dados em suporte digital torna-se cada vez menos plausível. Ainda mais quando se trata de imagens com teor erótico, essas faíscas especialmente inflamáveis que deslizam pelas telas como um pavio

---

[12] P. Sibilia, "Bullying: ¿culpa o verguenza?", *La Época*, n. 6, 2015; disponível em: <https://laepoca.apa.org.ar/6/bullying-culpa-o-verguenza>, acesso em 27 jul. 2018.

de pólvora, despertando grande voracidade e desdobramentos incalculáveis. Talvez os dois componentes dessa equação – espetáculo e controle – sejam inconciliáveis, pois não constituem duas linhas paralelas, mesmo sendo tortuosamente complementares. Mas acontece que há, em seu horizonte, um brusco choque em potencial. De modo que a única forma de controlar o que se diz sobre si mesmo – incluindo aí o que cada indivíduo conta ou mostra acerca da própria vida – seja se abstendo não só de fazê-lo circular, mas também de produzir qualquer documento digital a seu respeito.

Algo altamente improvável, aliás. E que poderia ser digno de pesadelos para boa parte dos sujeitos contemporâneos; ou seja, esses seres que se converteram em loquazes autores, narradores e personagens de si mesmos. Vale notar que essas criaturas, os personagens, nunca estão sozinhas. Sempre há alguém para testemunhar tudo o que elas fazem, alguém que segue com avidez seus atos e gestos, seus sentimentos e pensamentos; até suas emoções mais minúsculas ou banais costumam estar sob observação. Há sempre um espectador, um leitor, uma câmera, um olhar sobre o personagem que usurpa dele seu caráter meramente humano, mesmo que seja um personagem *real* como qualquer um de nós. Para poder existir, esse tipo de sujeito precisa fervorosamente desse olhar alheio apontando para a sua figura[13]. Por isso resulta tão insuportável, para as subjetividades "alterdirigidas" que tanto proliferam hoje em dia, deixar de contar com esse reconhecimento constante[14].

Na vida corrente de qualquer mortal, porém, nem sempre há um público disposto a observar as suas ações: nem as heroicas, nem as miseráveis, menos ainda as trivialidades cotidianas. Com demasiada frequência, aliás, ninguém nos olha, tampouco somos aplaudidos ou festejados. Nesses casos altamente habituais, não temos testemunhas do que fazemos nem do que somos. Algo que não seria muito grave e até poderia significar um alívio, se não vivêssemos imersos numa cultura como a contemporânea. Isto é, numa sociedade na qual a verdade sobre quem se é deixou de brotar prioritariamente da interioridade psicológica, ou seja, daquele âmago que permanecia zelosamente resguardado "dentro" de cada indivíduo e que constituiria a própria essência[15]. Em vez disso, de modo crescente, cabe ao olhar alheio

---

[13] P. Sibilia, *O show do eu*, cit.

[14] D. Riesman, *A multidão solitária* (São Paulo, Perspectiva, 1995).

[15] B. Bezerra, "O ocaso da interioridade e suas repercussões sobre a clínica", em C. Plastino (org.), *Transgressões* (Rio de Janeiro, Contracapa, 2002).

o poder de irradiar essa verdade, ao avaliar tudo – e tão somente – o que cada um é capaz de mostrar.

As redes sociais da internet são canais extremamente adequados para consumar esses jogos. No entanto, mesmo dispondo de tais recursos e usando-os ativamente, se ninguém constata, ou – ainda melhor – se ninguém celebra a nossa existência traduzida em valiosas imagens, como garantir que somos *alguém* ou que temos algum valor? Se são poucos aqueles que nos "seguem", os que clicam no botão "curtir" ou deixam algum comentário positivo diante da última *selfie* que postamos na internet, como confirmar que existimos ou que somos valiosos? Embora os personagens às vezes pareçam estar a sós, não é o que de fato acontece: eles sempre estão à vista. Absolutamente tudo em sua vida deve acontecer sob os olhos mais ou menos gulosos de algum espectador ou leitor ou, então, dos mais atuais seguidores, amigos ou fãs. Assim como costuma ocorrer com qualquer um de nós, nestes tempos de gregarismo interconectado que nos incita a *performar* constantemente na visibilidade de qualquer cenário: sozinhos, não existimos. Os personagens somente *são* (ou *estão* ou *existem* ou supõe-se que *valham*) quando alguém os observa, sobretudo se esse público é amplo e ativo. Sob esse olhar tão cobiçado e tão cotidianamente quantificado, eles ganham a sua fantástica vitalidade. Aí é onde reside o núcleo deste dilema, portanto: como resistir a esse anseio atual de se mostrar e mendigar aplausos, se o mundo nos converteu em verdadeiros personagens?

O luxo do anonimato: sonho ou pesadelo?

Considerando tudo o que foi exposto nos parágrafos anteriores, cabe deduzir que o anonimato não é uma possibilidade viável hoje em dia, supondo que alguém pudesse chegar a desejá-lo. Entre tantos cruzamentos de dados que integram as densas redes informáticas da atualidade, se algum excêntrico cidadão do globalizado século XXI quisesse manter-se na obscuridade do invisível, provavelmente lhe seria muito difícil. O velho sonho da ilha deserta, por exemplo, não parece mais factível; aliás, hoje em dia não é imaginável nem sequer como pura fantasia. Pelo menos, não sem Wi-Fi; e, portanto, com acesso aos apetecidos – mas também bastante temíveis – portais do Google ou Facebook.

Este parece ser o ponto culminante daquilo que Walter Benjamin compreendeu, em seus escritos da década de 1930, como o "triunfo sobre o anonimato". Acompanhando o percurso de seu famoso *flâneur* pelas ruas de Paris, o ensaísta alemão descreveu alguns mecanismos de controle administrativo arduamente implantados na Europa do século XIX, como os processos de identificação dos cidadãos e o reordenamento urbano das populações. Todos os fatores imprescindíveis para a modernização do mundo então em andamento. Naqueles textos, porém, o autor constatava algo fundamental para o projeto moderno: "um homem se torna mais suspeito quanto mais difícil seja encontrá-lo"[16].

Com a transição do paradigma analógico para o digital, as tecnologias de processamento de dados reduziram ainda mais as possibilidades de permanecer oculto, alheio ao controle, fora da abrangência das tentaculares redes[17]. Não apenas porque não é mais possível se esconder, mas, sobretudo, porque quase ninguém deseja fazê-lo. Por isso, as novas ferramentas informáticas parecem concluir o processo iniciado pelas técnicas criminalísticas da época comentada por Benjamin, como a assinatura, a carteira de identidade e a fotografia. "A história de detetives surge no instante em que se assegura essa conquista, a mais decisiva de todas, sobre o anonimato do homem", afirmava então o filósofo; "a partir daí, não se pode mais pressentir onde acabarão os esforços para fixá-lo no falar e no fazer"[18].

Contudo, o ponto mais extremo dessa trajetória talvez não tenha sido aquele vislumbrado já faz quase um século pelo célebre ensaísta. Essa culminação pode ser intuída, de modo muito mais crucial, na exposição por livre vontade que se consumou nos últimos anos através de canais interativos como as redes sociais da internet ou os aplicativos para celulares, que permitem manter um circuito de contatos permanentemente ativado e sempre alerta. Através desses dispositivos, todos os dias, milhões de indivíduos comunicam dados de toda classe sobre si mesmos, inclusive textos e imagens pessoais de diversa índole. Entre essas últimas se destacam, cada vez mais, as fotografias e os vídeos que expõem a própria nudez. Muitos investem nessa tarefa de autoexibição boa parte de sua energia e seu tempo, mas não se trata só disso: todos costumam monitorar também, com diversos graus de

---

[16] W. Benjamin, "A Paris do Segundo Império em Baudelaire", em *Sociologia* (São Paulo, Ática, 1985), p. 76.

[17] P. Sibilia, *O homem pós-orgânico: a alquimia dos corpos e das almas à luz das tecnologias digitais* (Rio de Janeiro, Contraponto, 2015).

[18] W. Benjamin, "A Paris do Segundo Império em Baudelaire", cit., p. 76.

curiosidade e afinco, as informações relativas a quantidades crescentes de gente interconectada e facilmente localizável.

A maioria desses usuários adota tais práticas com prazer e bastante compromisso, cumprindo rituais de cotidiana devoção por livre vontade, e não porque alguma autoridade os obrigue a fazê-lo como um sofrimento imposto sob o peso da lei. Pelo menos, isso é o que costuma acontecer até que a situação fique complicada e termine revelando, de repente, a sua face mais obscura. Então, a tecla *delete* será abraçada como uma ambígua promessa de salvação absoluta. É aí que o "direito ao esquecimento" aparece como uma válvula legal que procura cumprir, de algum modo, essa virtual impossibilidade.

O Google é um poderoso emblema desse conflito. O buscador mais usado da internet parece constituir não apenas um oráculo que tudo sabe, mas também uma instância legítima – ou, ao menos, assim legitimada, inclusive pelas instituições jurídicas mais respeitadas e poderosas do mundo – para administrar as referências pessoais de seus milhões de usuários de todo o planeta. Afinal, que dúvida pode restar? "Você é o que o Google diz que você é", conforme afirmava o advogado citado no início deste ensaio. Por isso mesmo, tentar lhe colocar barreiras jurídicas – ou de qualquer outro tipo – pode resultar tão inócuo como problemático ou até mesmo paradoxal.

Sem dúvida, o debate continua e está longe de ter cicatrizado. No entanto, essa polêmica em torno do "direito ao esquecimento" na internet já parece indicar algo importante. Talvez seja mais um indício de uma mudança histórica de enorme magnitude e complexidade, que vem se anunciando há algum tempo e cujos sintomas se vislumbram por toda parte. Em suma, sublinhando algo que já foi insinuado nestas páginas, mas ora reformulado a partir dessa nova perspectiva e a modo de conclusão, cabe ressaltar que a verdade tem deixado de emanar do interior de cada um, como costumávamos pensar até pouco tempo atrás. Agora ela brota do olhar alheio. Isso parece se confirmar cada vez com mais força, inclusive no que se refere a algo fundamental: quem se é, quem se tem sido e quem se poderia chegar a ser.

Referências

BENJAMIN, W. A Paris do Segundo Império em Baudelaire. In: *Sociologia*. São Paulo, Ática, 1985.

BERGSON, H. *Matéria e memória: ensaio sobre a relação do corpo com o espírito.* São Paulo, Martins Fontes, 1999.

216 • Tecnopolíticas da vigilância

BEZERRA, B. O ocaso da interioridade e suas repercussões sobre a clínica. In: PLASTINO, C. (org.). *Transgressões*. Rio de Janeiro, Contracapa, 2002.

BORGES, J. L. El aleph. In: *Obras completas*, v. 1. Buenos Aires, Emecé, 1999, p. 617-27 [ed. bras.: *O aleph*, trad. Davi Arrigucci Jr., São Paulo, Companhia das Letras, 2008].

_____. Funes el memorioso. In: *Obras completas*, v. 1. Buenos Aires, Emecé, 1999, p. 485--90 [ed. bras.: "Funes, o memorioso", em *Ficções*, trad. Davi Arrigucci Jr., São Paulo, Companhia das Letras, 2007].

DEBORD, G. *A sociedade do espetáculo*. Rio de Janeiro, Contraponto, 2000.

DELEUZE, G. Post-scriptum sobre as sociedades de controle. In: *Conversações: 1972-1990*. Rio de Janeiro, Editora 34, 1992.

FOUCAULT, M. *Vigiar e punir*. Petrópolis, Vozes, 1977.

FREUD, S. *Obras completas*. Buenos Aires, Amorrortu, 1978.

GIANBARTOLOMEI, M. Hostigamiento anónimo: cuando un extraño te arruina la vida. *La Nación*, 15 out. 2012. Disponível em: <http://www.lanacion.com.ar/1516028-hostigamiento-anonimo-cuando-un-extrano-te-arruina-la-vida>; acesso em 27 jul. 2018.

NIETZSCHE, F. *Segunda consideração intempestiva: da utilidade e desvantagem da história para a vida*. Rio de Janeiro, Relume Dumará, 2003.

RIESMAN, D. *A multidão solitária*. São Paulo, Perspectiva, 1995.

SIBILIA, P. A técnica contra o acaso: Os corpos inter-hiperativos da contemporaneidade. In: FERRAZ, M. C. F.; BARON, L. (orgs.). *Potências e práticas do acaso: o acaso na filosofia, na cultura e nas artes ocidentais*. Rio de Janeiro, Garamond/Faperj, 2012, p. 177-92.

_____. Bullying: ¿culpa o verguenza?. *La época*, n. 6, 2015. Disponível em: <https://laepoca.apa.org.ar/6/bullying-culpa-o-verguenza>; acesso em 27 jul. 2018.

_____. *O homem pós-orgânico: a alquimia dos corpos e das almas à luz das tecnologias digitais*. Rio de Janeiro, Contraponto, 2015.

_____. *O show do eu: a intimidade como espetáculo*. Rio de Janeiro, Contraponto, 2016.

A AMÉRICA LATINA E O APOCALIPSE: ÍCONES VISUAIS EM *BLADE RUNNER* E *ELYSIUM**

Nelson Arteaga Botello

Introdução

Filmes distópicos apresentam modelos de sociedades futuras que projetam o temor de perder a liberdade, a individualidade e a autonomia diante do poder, seja o do Estado, seja o de grandes corporações privadas. Eles delineiam ambientes onde supercomputadores e androides desempenham um papel central como meios de dominação, uma vez que exercem uma vigilância permanente sobre a população. De modo geral, a trama de tais filmes mostra como os sujeitos resistem e enfrentam, com resultados variados, esses sistemas de vigilância. Exemplos desses enredos podem ser observados em filmes como *Metrópolis, 1984, Fuga de Nova York, Robocop – o policial do futuro, Os 12 macacos, Farenheit 451, Brazil – o filme, Fuga no Século 23, Matrix, Minority report – a nova lei* ou *V de vingança*.

Esses filmes se desdobram em enredos nos quais se nota que o futuro só pode resultar em uma sociedade em que os valores da sociedade ocidental contemporânea entraram em colapso. Tais enredos são acompanhados por ambientes escuros e sombrios; os protagonistas portam roupas que denotam reciclagem e desgaste. Regularmente, as histórias se desenrolam em áreas urbanas devastadas, onde a presença de vários dispositivos tecnológicos evidencia um ambiente de desumanização generalizada. No entanto, pode-se notar a persistência de contextos sociais específicos, recentemente marcados por um certo tipo de multiculturalismo que mistura raças, etnias e línguas. Cabe

---

* Tradução de Lucas Melgaço e Heloísa Cardoso Mourão. Dados da publicação original: "Latinoamérica y el Apocalipsis: íconos visuales en *Blade runner* y *Elysium*", *Liminar: Estudios sociales y humanísticos*, v. 13, n. 2, 2015, p. 13-26. (N. E.)

218 • Tecnopolíticas da vigilância

ressaltar que, a partir da década de 1980, a presença do latino-americano – caracterizada pela língua castelhana e por grupos sociais próprios da América Latina – começa a dar corpo aos cenários de distopias. O latino-americano proporciona um ambiente no qual não só a trama se desenrola mas também sua presença serve de prova do grau de decomposição social das sociedades futuras. Trata-se, assim, de uma forma de expressar o medo das sociedades ocidentais de perder sua identidade baseada principalmente na hegemonia da cultura anglo-saxã. Nesse sentido, esses filmes refletem, como aponta Erreguerena[1], uma espécie de manifesto de resistência ao futuro.

Os filmes desse tipo são uma articulação imaginada e idealizada das relações sociais. Eles mostram como se articulam e se distinguem os espaços de dominação e poder[2]. No entanto, expressam mais que uma catarse sobre os possíveis riscos das sociedades modernas. Eles constroem um conjunto de representações sobre atores e eventos sociais em processo. Assim, criam marcos em que se distinguem dinâmicas e processos sociais que são relevantes para a modelagem atual das relações políticas e culturais. Os filmes – seguindo a abordagem de Alexander[3] – delineiam um repertório de categorias dicotômicas que revelam dinâmicas sociais e personagens em situações típicas que questionam ou idealizam uma série de valores, como o poder, a dominação, a liberdade, a individualidade e as formas de convivência social. O presente trabalho destaca como certas distopias cinematográficas projetam formas específicas de dominação e um conjunto de tensões nas sociedades contemporâneas.

Considera-se que os filmes *Blade runner – o caçador de androides* (1982) e *Elysium* (2013) articulam de forma particular esse e outros elementos próprios das distopias cinematográficas. Primeiramente, eles esboçam um futuro em que as elites abandonam a Terra, relegando-a aos pobres, criminosos e doentes. Em segundo lugar, têm como pano de fundo a cidade de Los Angeles: seja como uma urbanização altamente tecnificada, escura e úmida em *Blade runner*, seja como uma grande zona marginal muito semelhante às periferias e favelas da América Latina, tal como mostrado em

---

[1] M. J. Erreguerena, *Resistencia al porvenir: las distopías en el cine hollywoodense* (Cidade do México, Universidad Autónoma Metropolitana, 2011).

[2] M. Nellis, "Since 'Nineteen Eighty Four': representation of surveillance in literary fiction", em B. J. Goold; D. Neyland (eds.), *New directions in surveillance and privacy* (Cullompton, Willan, 2009).

[3] J. Alexander, *The civil sphere* (Oxford, Oxford University Press, 2006).

Elysium. Em terceiro lugar, as duas histórias se desenrolam em sociedades em que predomina uma população latino-americana em termos demográficos e culturais. Por fim, ambos os filmes apresentam formas tecnológicas de vigilância biométrica dos seus habitantes, bem como dispositivos de vigilância vertical – de cima para baixo – do espaço urbano. Esses dois filmes constroem quatro figurações que podem ser consideradas – seguindo a óptica da sociologia cultural – objetos que têm uma força simbólica e estética, em outras palavras, que constituem certa consciência iconográfica sobre o futuro distópico da humanidade.

O artigo abre com uma breve revisão de conceitos básicos para a análise proposta aqui. Em seguida, ele descreve a trama argumentativa de *Blade runner* e *Elysium*. Isso serve para sublinhar os quatros ícones do desastre que explicam as lógicas distópicas que se constroem nesses filmes. Na sequência, o documento examina como tais ícones ampliam, em cenários futuros, processos sociais atuais que são considerados a semente do desastre iminente e, em certa medida, projetam o presente apocalíptico que vive a América Latina. Finalmente, o artigo conclui com uma série de reflexões que destacam como certas visões do futuro expressam um tipo particular de guerra das imagens, por meio do qual a ocidentalização do mundo deposita e impõe, como sugere Gruzinski[4], seus imaginários sobre a América Latina.

Vigilâncias icônicas

Segundo Alexander[5], as narrativas cinematográficas podem ser entendidas como formas simbólicas que tecem códigos binários que refletem os possíveis modelos de liberdade e autonomia social ante as relações autoritárias. Os romances e filmes não são, como sugere Habermas[6], "substitutos de relações com a realidade", que permitem aos leitores entrar na ação da ficção como "um fundo de treinamento para a reflexão pública crítica" ou como um "*precursor* literário da esfera pública", mas sim projeções e identificações estéticas, como dimensões vitais na formação da opinião pública e do discurso

---

[4] S. Gruzinski, *La guerra de las imágenes: de Cristóbal Colón a "Blade runner" (1492--2019)* (Cidade do México, Fondo de Cultura Económica, 1994).

[5] J. Alexander, *The civil sphere*, cit.

[6] J. Habermas, *The structural transformation of the public sphere: an inquiry into a category of bourgeois society* (Cambridge, MIT Press, 1989).

civil. Em outras palavras, as narrativas de ficção não são laboratórios nem espaços onde se treina a capacidade crítica, mas sim concebem modelos de liberdade e autonomia. Esses modelos expressam, de forma problemática, vivências específicas. As narrativas de ficção problematizam e padronizam o quadro de compressão de certos problemas para o conjunto social, projetando sentimentos diversos, situações, tensões e conflitos que dificilmente podem materializar-se a não ser através da ficção. Dessa forma, permitem entender nossas sociedades atuais por jogos de comparação entre objetos sagrados e profanos que se movem em tempos distintos: o passado, o presente, as utopias e distopias[7]. Ao problematizar temas como a liberdade, a autonomia e a individualidade, apela-se à reflexão de valores em situações práticas e concretas[8]. Da mesma forma, podem-se ver seres humanos em momentos em que se questionam princípios morais e o próprio sentido do humano[9]. Finalmente, projetam-se situações em que os personagens se envolvem em dilemas éticos com efeitos políticos e sociais[10].

As narrativas fílmicas que são discutidas neste trabalho se referem a constelações de significantes que adquirem uma materialidade visual no mundo social através de objetos que expressam ideias sobre liberdade ou opressão, fraqueza ou força. Ícones podem ser vistos como condensações simbólicas de sentido social que estão cristalizadas de forma material ou visual. Isso permite que abstrações morais que estão por trás dessas condensações se tornem visíveis através de elementos estéticos – permitindo, assim, formas específicas de cognição e classificação do mundo social. O sentido icônico se torna visível, sugere Alexander[11], através de algo belo, sublime, feio, inclusive na vida material banal. A consciência icônica aparece quando uma forma estética material adquire um valor social. No entanto, o contato com

---

[7] D. Kammerer, Surveillance in literature, film and television, em K. D. Haggerty; D. Lyon (eds.). *Routledge handbook of surveillance studies* (Nova York, Routledge, 2012).

[8] M. Nussbaum, *Love's knowledge: essays on philosophy and literature* (Nova York, Oxford University Press, 1990).

[9] R. Rorty, *Contingency, irony, and solidarity* (Cambridge, Cambridge University Press, 1989).

[10] M. Whitebrook, "Taking the narrative turn: what the novel has to offer political theory", em J. Horton; A. Baumeister (eds.), *Literature and the political imagination* (Londres, Routledge, 1996).

[11] J. Alexander, "Iconic consciousness: the material feeling of meaning", *Thesis Eleven*, v. 103, n. 1, 2010, p. 10-25.

a superfície estética não é comunicacional em um sentido convencional; está mais relacionado com a lembrança de experiências e emoções. Para serem iconicamente conscientes é necessário entender sem conhecer; em outras palavras, entender por meio das emoções ou pela "evidência do sentido", mais que pelo discernimento que se poderia chamar de puramente racional.

Os ícones são o resultado da transformação de um significante (uma ideia) em algo material, que já não está apenas na mente, metamorfoseando-se em algo vivido, que se sente no coração e no corpo[12]. Isso significa que a consciência icônica está imersa em processos semióticos que definem códigos binários[13]. Eles assumem uma "aura" especial que pode transformá-los em objetos mágicos[14]. Assim como os símbolos, os ícones adquirem características que os colocam como sagrados ou profanos. Com base em Durkheim[15], Alexander afirma que, uma vez que a moralidade é abstrata e pode ser imaginada com dificuldade, podemos compreender os sentimentos espirituais apenas em conexão com objetos concretos. Os ícones fornecem essa materialidade.

A cidade de Los Angeles, as tecnologias da vigilância, a autossegregação das elites e o ambiente multicultural com ênfase em certa ideia do latino-americano se projetam como os quatro ícones das sociedades contemporâneas que adquirem uma textualidade em *Blade runner* e *Elysium*: constituem os elementos que definem o perfil do apocalíptico. Conectando esses ícones entre seu presente e seu possível futuro – como pontes entre o hoje e o amanhã –, os filmes projetam medos e esperanças sobre o futuro de uma das cidades mais importantes do norte global. A cidade de Los Angeles, polo da indústria cinematográfica mundial, é apresentada como uma cidade devastada, como se as revoltas de 1992 relacionadas ao caso Rodney King tivessem se tornado permanentes ou o bairro Skid Row tivesse se expandido para toda a cidade. Em ambos os filmes, as elites econômicas e políticas literalmente se isolaram do planeta, enfatizando assim, como sugere Davis[16],

---

[12] Idem.

[13] D. Bartmanski, "Successful icons of failed time: rethinking post-communist nostalgia", *Acta Sociologica*, v. 54, n. 3, 2011, p. 213-31.

[14] J. Alexander, "Iconic consciousness", cit.

[15] É. Durkheim, *Las formas elementales de la vida religiosa* (Madri, Alianza, 2003).

[16] M. Davis, *Más allá de Blade runner: control urbano: la ecología del medio* (Barcelona, Virus, 2001).

seu processo de autossegregação em cidades verticais e condomínios fechados em Los Angeles. Por outro lado, as tecnologias de vigilância implementadas por políticas de segurança naquela cidade – que constroem uma espécie de panóptico urbano[17] – são expostas nos filmes como mecanismos de controle social exaustivos e onipresentes. Finalmente, o multiculturalismo e a multirracialidade que caminham junto com a história de Los Angeles – marcada pela presença de diferentes grupos de herança hispânica e indígena – se dilatam de tal modo que terminam por transbordá-la, como se a fronteira do Rio Bravo tivesse se deslocado para o norte. Nesse sentido, ambos os filmes projetam medos e esperanças que hoje em dia parecem perseguir o imaginário de uma parte importante da sociedade norte-americana, em nome, ao que parece, do resto dos países desenvolvidos.

Os futuros da Terra

O filme *Blade runner* se passa na cidade de Los Angeles, Estados Unidos, no ano de 2019[18]. As formas de vida na Terra foram quase exterminadas pelo uso de armas biológicas e radiativas. O planeta foi contaminado e grande parte da população sobrevivente apresenta mutações. A maioria dos humanos ainda saudáveis migrou para outros planetas, deixando os restantes na Terra à própria sorte e proibidos de deixar o planeta. Assim, o governo implanta uma vigilância cuidadosa que visa, por um lado, evitar a migração da população

---

[17] M. Davis, *City of quartz: Los Angeles, capitale du future* (Paris, La Découverte, 2000) [ed. bras.: *Cidade de quartzo: escavando o futuro em Los Angeles*, trad.: Marco Rocha e Renato Aguiar, São Paulo, Boitempo, 2009].

[18] *Blade runner – o caçador de androides* (1982) foi dirigido por Ridley Scott e distribuído pela Warner Bros. O filme se baseia no romance *Do androids dream of electric sheep?* [*Androides sonham com ovelhas elétricas?*], escrito e publicado por Philip K. Dick em 1968. Há uma literatura importante em torno de *Blade runner*, ver: J. Gold; G. Revill, "Exploring landscapes of fear: marginality, spectacle and surveillance", *Capital & Class*, n. 80, 2003, p. 27-50; R. Kitchin; J. Kneale, "Science fiction or future fact? Exploring imaginative geographies of the new millennium", *Progress in Human Geography*, v. 25, n. 1, 2001, p. 19-35; D. Williams, "Concealment and disclosure: from 'Birth of a nation' to the Vietnam war film", *International Political Science Review*, v. 12, n. 1, 1991, p. 29-47; C. Feixa; I. Pereira; J. Juris, J., "Global citizenship and the 'New, New' social movements: Iberian connections", *Youth*, v. 17, n. 4, 2009, p. 421-42; D. Williams, "Ideology as dystopia: an interpretation of 'Blade runner'", *International Political Science Review*, v. 9, n. 4, 1988, p. 381-94.

A América Latina e o apocalipse • 223

mutante e doente e, por outro, o ingresso na Terra dos "replicantes" – androides orgânicos indistinguíveis dos seres humanos, que serviram primeiro como soldados e mais tarde como escravos em minas interplanetárias e que, em algum momento ao se amotinarem, são banidos da Terra.

A trama do filme está centrada na perseguição de vários replicantes que conseguiram chegar à Terra: a série Nexus-6. Praticamente perfeitos, neles foram implantadas memórias, o que lhes permitia gerar sentimentos e formas específicas de empatia. Seu propósito na Terra era encontrar os engenheiros que os projetaram para desacelerar o seu processo de degradação e evitar sua morte – tinham uma vida limitada a quatro anos. A polícia solicita os serviços de um ex-policial, Rick Deckard, um *blade runner*, ou caçador de androides. Esse personagem usa, como outros na sua profissão, o teste Voigt-Kampff para remover – eufemismo para eliminar – os replicantes. O teste consiste em relacionar uma série de perguntas que medem a relação de emoções com reações faciais do entrevistado – como piscar, mover os lábios e as sobrancelhas. Os humanos respondem com uma desaprovação ou aprovação verbal que é acompanhada por expressões faciais quando questionados sobre sua opinião sobre uma cena violenta ou absurda. Androides não conseguem conectar suas respostas com a dilatação da íris, com os reflexos nas bochechas e outras reações involuntárias. Replicantes respondem o que se espera da pergunta, mas não há nenhuma emoção refletida em seu rosto.

Deckard, em sua jornada retirando replicantes, acaba se apaixonando por Rachel – uma replicante que pensa que é humana. Uma vez que Deckard elimina o Nexus-6, ele foge com Rachel, sabendo que outro *blade runner* – de nome Geff – está ciente da condição replicante de sua amada. "É uma pena que ela não vá viver... mas, afinal, quem vive?" é a frase que, como uma ameaça velada, Geff dirige a Deckard pouco antes de ele fugir com Rachel[19].

O cenário do filme é a cidade de Los Angeles, imersa em uma chuva eterna e na escuridão. Os edifícios são arranha-céus luminosos, cujas raízes são ruas escuras iluminadas por luzes de néon; conforme ganham altura, rompem o céu com enormes telas pendentes e acabam coroados com enormes chaminés que cospem vapor e fogo. O edifício mais imponente

---

[19] Há dois finais autorizados para *Blade runner*. A versão que apareceu pela primeira vez nos cinemas termina com Deckard e Rachel fugindo para um campo marcado por prados verdes idílicos e um céu azul. Na versão do diretor, ambos os protagonistas acabam fugindo de Geff, que vai atrás deles.

da cidade é o da corporação Tyrell – a produtora e desenvolvedora dos androides orgânicos –, uma enorme pirâmide de centenas de andares, inspirada na arquitetura de Hugh Ferries e Raymond Hood, assim como na do "arquiteto-arqueólogo mexicano Francisco Mújica"[20]. De tal modo que as peças arquitetônicas recordam, como sugere Gruzinski[21], os grandes templos pré-colombianos de Teotihuacán.

Em termos sociais, o ambiente da cidade é caracterizado por certa polifonia linguística, marcada pelo inglês, espanhol, japonês, chinês e cambojano, que representam certo poliglotismo devastador[22]. A cidade está tomada por pessoas de diferentes origens étnicas, onde se desvanece toda característica localizável da cultura anglo-saxã e que motiva no espectador uma espécie de pânico racial[23]. Na verdade, pode-se observar que o protagonista do filme se esforça para compreender o que as outras pessoas querem dizer – seja porque falam em uma mescla de idiomas, seja porque simplesmente falam mal inglês. Em todo momento, a busca de Deckard por replicantes está ambientada por frases e palavras em espanhol, que, além disso, são combinadas com o chinês e o alemão[24]. A música de fundo é construída com tons do Oriente e do Oriente Médio. Assim, a combinação de raças, línguas e culturas se acopla ao mobiliário cenográfico que simula um lixão tecnológico formado por resíduos urbanos decadentes[25].

Alguns elementos trabalhados em *Blade runner* são também tratados em *Elysium*[26]. Ambientado no ano 2154, em *Elysium* a Terra foi abandonada pelos mais ricos, que foram viver em um satélite que gira ao seu redor e que, graças ao seu campo gravitacional artificial, pode reproduzir as condições de vida dos subúrbios norte-americanos: grandes áreas de jardins, campos de golfe, escolas e, acima de tudo, a plataforma-satélite conta com cápsulas médicas que podem detectar e curar qualquer doença. O resto da população – obviamente

---

[20] M. Davis, *Más allá de Blade runner*, cit., p. 5.

[21] S. Gruzinski, *La guerra de las imágenes*, cit.

[22] M. Davis, *Más allá de Blade runner*, cit.

[23] D. Massey, "Angeleno anomalies", *New Left Review*, n. 1, 2000, p. 174.

[24] D. Williams, "Ideology as dystopia", cit.

[25] G. Bruno, "Ramble city: postmodernism and *Blade runner*", em A. Kuhn (ed.), *Alien zone: cultural theory and contemporary science fiction cinema* (Londres/Nova York, Verso, 1987), p. 183-95.

[26] *Elysium* (2013) foi dirigido por Neill Blomkamp e distribuído pela TriStar Pictures.

A América Latina e o apocalipse • 225

a maioria da população – vive na Terra em condições de extrema pobreza, racionamento de comida e com um sistema de saúde incapaz de assegurar cuidados médicos à população[27]. Se isso não bastasse, há um ferrenho controle social por parte dos androides e dos sistemas de vigilância biométrica – câmeras de vigilância, *drones* e pulseiras que medem as reações bioquímicas no corpo para "prever" comportamentos violentos ou criminosos. Tal sociedade policial se encontra sob as ordens de um governo sediado na estação de satélite, que, além de monopolizar o poder político e os benefícios do sistema de saúde, define os critérios para o exercício da cidadania.

O enredo do filme centra-se em Max da Costa, um ex-presidiário que trabalha em uma fábrica de robôs. A empresa que os fabrica, Armadyne, também é responsável pela construção de Elysium, de robôs policiais e do sistema de computação que mantém funcionando toda a sociedade. O protagonista, como a maioria dos funcionários da fábrica, encontra-se sob pressão para manter ativa a linha de produção sob sua responsabilidade. Qualquer erro ou falha praticamente causa demissão imediata, razão pela qual ele luta para manter o funcionamento da máquina sob seu comando, mesmo à custa de sua vida. Por essa razão, Da Costa é exposto a uma radiação letal. Como o dano mortal que sofre só pode ser reparado nas cápsulas médicas de Elysium, ele concorda em sequestrar o presidente da Armadyne, John Carlyle, para roubar informações orgânicas alojadas em seu cérebro: bancos de dados, contas bancárias, senhas de acesso e qualquer outra informação de Elysium.

Da Costa consegue extrair informações de Carlyle, mas não sem contratempos. O governo, por intermédio de um mercenário, o chantageia para que repasse informações em troca de que a única pessoa que ama não seja assassinada. Ao longo da trama, Da Costa descobre que Carlyle e a secretária da Defesa da plataforma-satélite haviam planejado com antecedência um golpe de Estado para intensificar os mecanismos de vigilância e impedir, por via armada, que os migrantes da Terra chegassem a Elysium. Da Costa não consegue se curar e morre, mas, no processo, reinicia o sistema que sustenta a ordem social, garantindo que as cápsulas médicas cheguem à Terra de forma maciça para aliviar o sofrimento dos doentes.

---

[27] Nesse contexto, os habitantes da Terra buscam desesperadamente chegar às baías de saúde de forma ilegal – não há outra maneira de fazê-lo –, por meio de naves espaciais e do roubo de códigos biométricos dos habitantes de Elysium.

226 • Tecnopolíticas da vigilância

A cidade de Los Angeles em *Elysium* também é um lixão, mas totalmente diferente. É um enorme deserto com casas em ruínas, ruas não pavimentadas e terrenos baldios empoeirados. A cidade é banhada por um sol de deserto. As edificações são de dois tipos: de um lado, as pequenas casas e edifícios de quatro a cinco andares deteriorados e localizados na periferia de Los Angeles; de outro, o centro da cidade, com seus arranha-céus em ruínas recobertos por enormes chaminés que exalam fumaça negra. Em uma das cenas, pode-se ver uma réplica da pirâmide Tyrell que aparece em *Blade runner*. Aqui ela surge, no entanto, como um edifício que acompanha o complexo urbano deteriorado. Em termos sociais, pode-se observar a prevalência de um acentuado bilinguismo entre os habitantes da Terra: falam particularmente o espanhol e o inglês – ainda que também o africâner. Cabe ressaltar que Da Costa, ao contrário de Deckard, fala inglês e um espanhol limitado – além disso, um número significativo de personagens no filme se expressa neste último idioma. Talvez os robôs policiais que supervisionam a vida social sejam os únicos que falam exclusivamente inglês. Enquanto isso, na plataforma-satélite, podem-se ouvir diálogos em inglês, francês e alemão. Uma diferença entre a plataforma e os habitantes da Terra reside no fato de que, na primeira, predominam justamente os homens e as mulheres caucasianos e, no segundo, os latinos, assim como outras etnias – chineses, árabes e negros. Demarca-se, assim, uma sociedade que se encontra polarizada: branca e rica no espaço; multicultural, multirracial e pobre na Terra. Portanto, com diferenças e semelhanças, *Blade runner* e *Elysium* constroem distopias nas quais a cidade de Los Angeles se cristaliza como um lugar devastado, habitado por uma sociedade multicultural predominantemente latino-americana que é regida e monitorada de cima para baixo.

O desastre e seus ícones

Os elementos que foram destacados aqui dos dois filmes são ícones que cristalizam formas de classificar o mundo social através do desastre de uma cidade como Los Angeles, ícone da modernidade, em que as elites políticas e econômicas exercem, a partir do seu isolamento, uma vigilância exacerbada para dominar uma sociedade pluriétnica e multicultural ameaçadora e aparentemente incontrolável. Esses ícones condensam esperanças e medos que atormentam o imaginário, especialmente daqueles que habitam as cidades do Norte global, mas que se apresentam em cenários futuristas.

A América Latina e o apocalipse • 227

Em primeiro lugar, o ícone que representa a cidade de Los Angeles, tanto em sua versão escuro-úmida quanto na ensolarado-deserta, projeta-se como um espaço inóspito, longe das condições do clima subtropical-mediterrânico que a caracteriza hoje: é transformada em uma cidade-fantasma[28]. É um marco adequado para justificar o seu abandono por aqueles que têm a capacidade de fazê-lo, e um destino do qual não podem escapar aqueles que têm de permanecer nela. Os arranha-céus em *Blade runner* e *Elysium* estão recobertos por chaminés que se assemelham às de uma enorme fábrica, enfatizando assim a mecanização da cidade e, em certa medida, a sua desumanização. Ambos os filmes começam mostrando grandes e amplos planos aéreos que revelam o enorme tamanho da cidade e sua presença esmagadora, sugerindo, de alguma forma, o número de pessoas que ali vivem e abarrotam as ruas, praças e mercados; uma cidade onde todas as etnias possíveis se misturam e em que diferentes línguas são faladas. Mas há outra particularidade: ela é também uma grande prisão-hospital, um local onde perambulam doentes, pobres, criminosos e desvalidos.

Na outra extremidade da Terra, no silêncio do espaço, estão aqueles que puderam construir outro mundo. Em *Blade runner*, só é possível saber que os migrantes começaram uma vida além da Terra. Em *Elysium*, esses afortunados adquirem uma materialidade: são mostrados vivendo no satélite que dá nome ao filme, onde a qualidade de vida é emoldurada por enormes espaços verdes e céu azul em que se pode ver, com um pouco de esforço, a tranquilidade do espaço coroado com a imagem da Terra como lua. Os campos de golfe, escolas e casas remetem claramente ao estilo de vida das classes média e alta dos países desenvolvidos. Uma tranquilidade que é resguardada por robôs policiais responsáveis pela manutenção da ordem e, acima de tudo, por evitar que os migrantes consigam irromper nesse paraíso idílico.

Essa distância entre a cidade da miséria e a do bem-estar, tanto em *Elysum* como em *Blade runner*, é acompanhada por mecanismos de controle social para impedir a fuga dos condenados da Terra. Para isso, várias tecnologias de vigilância são utilizadas. A maioria é de caráter biométrico e transforma os corpos em um conjunto de códigos que contêm a identidade dos indivíduos, seu *status* e destino social. No entanto, existem diferenças

---

[28] F. Duarte; R. Firmino; A. Crestani, "Urban phantasmagorias: cinema and the immanent future of cities", *Space and Culture*, v. 7, n. 2, 2014, p. 1-11.

228 • Tecnopolíticas da vigilância

entre os filmes. No caso de *Blade runner*, o objetivo é evitar que pessoas consideradas "indesejáveis" deixem a Terra, assegurando, ao mesmo tempo, que os replicantes não cheguem a ela. Ao passo que, em *Elysium*, pode-se ver a presença de um sistema de governo que visa regular, a cada momento, a vida dos que habitam o planeta, seja por meio de postos de controle de robôs policiais em pontos de ônibus, de detecção de estados de ânimo, de leitura preventiva de comportamentos, seja por meio dos códigos genéticos que atuam como discriminadores de acesso à plataforma-satélite e às cápsulas médicas. Em ambos os filmes, é possível observar também a presença de dispositivos de vigilância aérea. Em *Blade runner*, os automóveis da polícia se movem pelos céus de Los Angeles e, em conjunto com as câmeras de vigilância por vídeo colocadas em pontos elevados da cidade, controlam as grandes massas de população. Em *Elysium*, aparecem não só naves que operam nos céus para perseguir criminosos, mas também pequenos *drones* que, como cães de caça, procuram determinados alvos humanos. A vigilância onipresente se converte tanto em uma forma de controle da população como em um modo de intervenção para formar, orientar e direcionar a conduta das pessoas.

A população sobre a qual se concentram os mecanismos de vigilância é um mosaico multicultural e multiétnico, em que se observa o papel específico do que é considerado latino-americano. No entanto, há diferenças entre os filmes. Em *Blade runner*, por um lado, os latino-americanos aparecem apenas como vozes que ambientam a trama, por outro, adquirem um peso fundamental como a consciência que fala ao personagem principal na figura de Geff – o policial-*pachuco** que acompanha e vigia Deckard. É Geff quem leva Deckard à delegacia de polícia para que retorne a seu trabalho como caçador de replicantes. Geff é quem mantém uma estreita vigilância sobre os movimentos de Deckard em sua perigosa ronda por Los Angeles. É ele quem finalmente sabe da condição de replicante de Rachel e que ameaça retirá-la e, com ela, ameaça o próprio Deckard – de quem se chega a desconfiar que também seja um replicante. Em *Elysium*, o latino-americano é uma presença constante, tanto como pano de fundo quanto como alguns dos protagonistas que acompanham a jornada de Da Costa. No entanto, eles vão morrendo e

---

* *Pachuco*: palavra que designa certo personagem da cultura de rua das comunidades hispânicas radicadas nos Estados Unidos dos anos 1930 e 1940. Caracteriza-se pela intensa vida noturna, delinquência e estilo de vestuário ostentatório, com ternos de corte largo, chapéus e sapatos bicolores, algo semelhante à figura do "malandro" no Brasil. (N. T.)

desaparecendo de cena à medida que o filme transcorre: os latino-americanos perdem força cênica como protagonistas do filme e se transformam, com o passar dos minutos, em entes passivos diante da coragem e determinação – mas sobretudo da capacidade de sobrevivência – de Da Costa.

Portanto, o latino-americano parece ser uma parte essencial do quadro distópico tanto de *Elysium* como de *Blade runner*, um ingrediente que dá corpo à construção de cenários apocalípticos. Como se o fim da sociedade que conhecemos hoje tivesse algo a ver com a presença do latino-americano. Uma presença que anuncia a ruptura das formas democráticas de organização, do respeito pela individualidade, da sustentabilidade de uma cidade. Sua expansão é um ícone que reflete a emergência da sociedade ocidental. No entanto, isso não se dá da mesma forma em ambos os filmes. No caso de *Blade runner*, Geff é um ícone da miscigenação que permanentemente mostra a Deckard a impossibilidade de transcender a fatalidade que paira sobre ele: é a presença do latino-americano que o lembra de que vive em um mundo que já não pode controlar, e que nada resta além da resignação. Já em *Elysium* a população latino-americana é um vírus, que pode ser neutralizado, ocidentalizado e humanizado por meio de sua medicalização, graças ao sacrifício do protagonista.

O futuro é o presente

Elysium e *Blade runner* delineam uma paisagem em que a Terra, representada pela cidade de Los Angeles, foi reduzida a um lixão social – caracterizado pela mistura de etnias e culturas, e onde o latino-americano tem um peso relevante – gerido e governado, por meio de tecnologias de vigilância sofisticadas, por um setor da população que está fora do planeta. Ambos os filmes mobilizam, assim, uma série de ícones que projetam nosso presente como chave para o futuro. Eles mostram o medo de contaminação social por grupos não anglo-saxões, da favelização das cidades do Norte global. Os filmes tornam visíveis os mecanismos de vigilância necessários para conter os grandes grupos de população latino-americana. Eles descrevem o isolamento das elites sociais para não serem contaminadas pela diversidade de etnias, culturas e idiomas. Mas, acima de tudo, ensinam que o processo de mistura e hibridização étnica é o futuro inevitável e melancólico da sociedade contemporânea.

Em Los Angeles, a diáspora das elites e o multiculturalismo impregnado de certa projeção do latino-americano são constelações de significantes que

230 • Tecnopolíticas da vigilância

adquirem uma materialidade visual específica, o qual expressa ideias sobre o desastre urbano, a desigualdade, o bem-estar e a onipresença do Outro na cultura anglo-saxã. São ícones que podem ser vistos como condensações simbólicas de sentido social que estão cristalizadas de forma específica em tramas cinematográficas. Através de elementos estéticos, tornam visíveis abstrações morais sobre os elementos que caracterizam a possível sociedade futura, na qual as virtudes morais da sociedade ocidental entraram em colapso. Assim, estabelecem formas de cognição e classificação do mundo social que permitem ver, através de uma narrativa futurista, os elementos que no presente anunciam o advento do desastre. Projetam, em tantos ícones, o presente apocalíptico que vive hoje a América Latina.

No caso de *Elysium*, as imagens icônicas que permitem construir tanto as imagens do desastre que existe na Terra quanto as imagens do bem-estar das pessoas que vivem na plataforma-satélite se referem diretamente a espaços do presente. As áreas marginalizadas dos municípios de Ecatepec, Nezahualcóyotl, Naucalpan, Valle de Chalco e o lixão do Bordo de Xochiaca, no México, são os cenários onde foi filmada a cidade de Los Angeles do ano 2154. Ao passo que a plataforma-satélite Elysium foi filmada em áreas suburbanas de British Columbia, no Canadá, combinadas com paisagens de Beverly Hills e Bel-Air. Assim, o filme evidencia os contrastes existentes entre as condições de vida urbana das cidades do Norte e do Sul globais, mas de forma vertical, para acentuar e destacar sua disparidade.

Por outro lado, as formas de vigilância que permitem o gerenciamento da população, tanto no último filme como em *Blade runner*, expressam ao extremo o emprego de tecnologias que já estão em uso em alguns países da América Latina e da América Anglo-Saxã para controlar a migração, a delinquência e os grupos empobrecidos considerados potencialmente perigosos. Weizman[29] chama esse processo de política da verticalidade, em que o governo utiliza o monitoramento de cima para baixo como critério de observação e intervenção sobre espaços e grupos sociais com a finalidade de garantir a segurança. A altura não tem um mero fim estratégico: ela projeta uma determinada morfologia do Estado. Historicamente, o castelo, a montanha e as plataformas têm sido os lugares onde se assentam os poderes estatais, transformando-se, assim, em ícones de poder. A verticalidade estatal gera uma sensação de controle e uma vigilância de poder quase onipresente.

---

[29] E. Weizman, *Hollow land: Israel's architecture of occupation* (Londres, Verso, 2002).

A operação atual de satélites, *drones*, câmeras de vigilância, que espreitam a partir de locais remotos, otimizam o olhar vertical, potencializando a observação governamental, projetando e condensando essa propriedade de força e onipresença diante de sua população.

Dessa forma, tanto *Blade runner* quanto *Elysium* projetam claramente a sensação de altura dos grupos e instituições dominantes que, literalmente, estão por cima dos grupos dominados, em uma espécie de projeção da possível política do futuro já contida no nosso presente. Em tal projeção, cristalizam-se uma cultura, uma política e um uso da tecnologia. São expressões que enfatizam a conexão entre formas de conhecimento biológico, formas do poder e um empreendimento cultural em que a diversidade social e racial é apontada como potencialmente perigosa. Elas projetam para o futuro um modo de dominação do território e da população que está incubado já no presente e que tem como uma de suas expressões mais claras as políticas de segurança pública que geram processos de segregação urbana e social, reforçando as lógicas de classificação de grupos sociais como alvos – um processo que adquire uma lógica de racionalização do presente quando três de cada cinco planejadores urbanos afirmam que esperam que, no futuro, Los Angeles seja, como no filme *Blade runner*[30], um modelo para cidades em escala global[31].

Ambos os filmes galvanizam a ideia de que a insegurança e as expressões de instabilidade social são um problema que decorre da poluição representada pela presença latino-americana na sociedade norte-americana, como representação da sociedade global. Dessa forma, os estereótipos que predominam em um setor da sociedade norte-americana são projetados como globais, transformando uma visão paroquial do apocalipse em uma visão global da cultura popular ocidental[32]. Em ambos os casos, os latino-americanos são projetados transbordando as fronteiras da civilização, vivendo em condições quase selvagens, marcadas por caos e violência, contaminados em seu corpo e em seu sangue: ícones da degeneração moral e biológica do que no passado se chamou de Ocidente.

No entanto, o peso dado a esse último elemento é diferente em cada um dos filmes. Em *Blade runner*, o latino-americano é reduzido à presença

---

[30] N. Klein, "Building *Blade runner*", *Social Text*, n. 28, 1991, p. 147-52.

[31] M. Davis, *City of quartz*, cit.

[32] S. Ewen; E. Ewen, *Typecasting: on the arts and sciences of human inequality* (Nova York, Seven Stories, 2008).

232 • Tecnopolíticas da vigilância

de espanhol no som ambiente da multidão que transita por Los Angeles e à pirâmide Tyrell. Ao passo que, em *Elysium*, a presença de referências da cultura latino-americana permeia quase todas as cenas. Na trama, o latino-americano desaparece pouco a pouco até se tornar um mero pano de fundo para o sacrifício que Da Costa faz para salvar a humanidade. Enquanto isso, em *Blade runner*, o papel de Geff – o policial-*pachuco* que acompanha Deckard – passa da periferia ao centro da trama: é a consciência que lembra o inevitável, o fim de qualquer esperança das sociedades ocidentais de sobreviver ao futuro, pela presença daquilo que Gruzinski[33] encontra como peça-chave em *Blade runner*: as culturas mescladas e contaminadas como depósito de resíduos da modernidade e da pós-modernidade.

Conclusões

As distopias permitem dramatizar as tensões, esperanças e medos que vivem as sociedades contemporâneas[34]. Além disso, elas proporcionam espaços cognitivos que permitem visualizar as morfologias da dominação e do poder[35]. Propiciam cenários de resistência ao futuro, mas também projetos que buscam transformar ficção em realidade[36]. Esses pontos podem contribuir, como se tentou fazer neste texto, para emoldurar mais amplamente a análise de distopias a partir da academia. Por outro lado, abrem um veio de trabalho para explorar, em séries de televisão, jogos de computador, videoclipes ou anúncios comerciais, a questão dos medos sociais do presente em face do futuro[37].

Essas ficções projetam modelos de sociedade em que se põe em tensão o sentimento de incerteza sugerido pela presença de certas dinâmicas sociais como as que foram descritas aqui: o multiculturalismo, o latino-americano e as tecnologias de vigilância. Os discursos na esfera pública e civil que

---

[33] S. Gruzinski, *La guerra de las imágenes*, cit.

[34] C. Abbott, "Cyberpunk cities: science fiction meets urban theory", *Journal of Planning Education and Research*, v. 27, n. 2, 2007, p. 122-31; Kitchin; J. Kneale, "Science fiction or future fact?", cit.

[35] E. Campbell, "The future(s) of risk: Barthes and Baudrillard go to Hollywood", *Crime, Media, Culture*, v. 6, n. 1, 2010, p. 7-26.

[36] M. Dodge; R. Kitchin, *Mapping cyberspace* (Londres, Routledge, 2000).

[37] J. Lauer, "Surveillance history and the history of new media: an evidential paradigm", *New Media Society*, v. 14, n. 4, 2001, p. 566-82.

A América Latina e o apocalipse • 233

enfatizam o temor sobre o que "poderia acontecer se..." cada um dos ícones aqui analisados se materializasse não só desencadeiam o imaginário especulativo sobre possíveis ameaças mas reforçam o ímpeto nas entidades governamentais e privadas de trazer para a realidade dispositivos do mundo da ficção. Portanto, parafraseando Cohen[38], essa iconografia da distopia está profundamente enraizada em nossas fantasias, visões e expectativas sobre os efeitos constitutivos e por vezes perversos da modernidade.

Ao retratarem essas situações de angústia sobre a direção do futuro, os filmes, de forma mais ou menos crítica, representam-nos e corporificam-nos nessa angústia – seja porque a sofremos em nossa experiência cotidiana, seja porque, às vezes, contribuímos com seu próprio desenvolvimento. Os filmes, dessa forma, ajudam a entender esses processos em mais de um sentido e em diferentes intensidades. Isso também depende de mediações sociais estabelecidas entre a ficção e sua audiência. Esse é certamente um ponto central. A ficções projetam as tensões e os conflitos entre indivíduos e grupos, mas isso não significa que de imediato se estabeleça uma conexão entre o que acontece na ficção e os problemas concretos enfrentados no dia a dia. Talvez, nesse sentido, convenha explorar em futuras pesquisas como esses tipos de construção estética modelam e são modelados, quem os consome e em que medida isso impacta a construção de uma sociedade mais crítica ou complacente com os regimes contemporâneos de dominação.

Esse último ponto não é um problema menor. Os filmes aqui revisitados expressam as maneiras como se imagina que acabará a ocidentalização do planeta contaminado por esse Outro que as sociedades ocidentais tentaram compreender e dominar. Ao contrário de distopias cinematográficas tradicionais, como *1984*, *Farenheit 451* ou *Brazil – o filme*, em que o temor está centrado na presença de um Grande Irmão, um Ministério da Verdade ou um enorme Leviatã, *Blade runner* e *Elysium* localizam o sentido de crise em uma sociedade intoxicada e cheia de culturas que se misturam, que levam ao extremo a diferenciação social e que desmoronam a vida urbana – o que justifica a operação maciça de vários dispositivos de vigilância. Todos esses são não só ícones que refletem uma maneira de perceber no presente os problemas do futuro mas também dispositivos a partir dos quais se impõe um imaginário sobre a América Latina. Segundo Gruzinski[39], a imagem

---

[38] S. Cohen, *Visions of social control* (Cambridge, Polity, 1985).

[39] S. Gruzinski, *La guerra de las imágenes*, cit.

234 • Tecnopolíticas da vigilância

constitui uma das principais ferramentas da cultura ocidental europeia; sua expansão para o resto do mundo teve como peça-chave o desenrolar de uma guerra de imagens que parece não ter terminado. A esse respeito, há que se perguntar em que momento os filmes analisados aqui, entre outros, fazem parte dessa guerra de imagens em que certa iconografia do desastre coloca seus protagonistas latino-americanos como peça central da calamidade que não apenas está aparentemente por vir mas que já vive hoje nas sociedades do Norte e do Sul globais. Mas, acima de tudo, obriga-nos a pensar como, nessa última região do planeta, tais imagens e ícones são repetidos, reproduzidos, transformados e midiatizados por aqueles que são identificados como os principais responsáveis por contaminar a sociedade do futuro.

Referências

ABBOTT, C. Cyberpunk cities: science fiction meets urban theory. *Journal of Planning Education and Research,* v. 27, n. 2, 2007, p. 122-31.

ALEXANDER, J. Iconic consciousness: the material feeling of meaning. *Thesis Eleven,* v. 103, n. 1, 2010, p. 10-25.

_____. *The civil sphere.* Oxford, Oxford University Press, 2006.

BARTMANSKI, D. Successful icons of failed time: rethinking post-communist nostalgia. *Acta Sociologica,* v. 54, n. 3, 2011, p. 213-31.

BRUNO, G. Ramble city: postmodernism and *Blade runner.* In: KUHN, A. (ed.). *Alien zone: cultural theory and contemporary science fiction cinema.* Londres/Nova York, Verso, 1987, p. 183-95.

CAMPBELL, E. The future(s) of risk: Barthes and Baudrillard go to Hollywood. *Crime, Media, Culture,* v. 6, n. 1, 2012, p. 7-26.

COHEN, S. *Visions of social control.* Cambridge, Polity, 1985.

DAVIS, M. *City of quartz: Los Angeles, capitale du future.* Paris, La Découverte, 2000 [ed. bras.: *Cidade de quartzo: escavando o futuro em Los Angeles.* Trad.: Marco Rocha e Renato Aguiar. São Paulo, Boitempo, 2009].

_____. *Más allá de Blade runner: control urbano: la ecología del medio.* Barcelona, Virus, 2001.

DODGE, M.; KITCHIN, R. *Mapping cyberspace.* Londres, Routledge, 2000.

DUARTE, F.; FIRMINO, R.; CRESTANI, A. Urban phantasmagorias: cinema and the immanent future of cities. *Space and Culture,* v. 7, n. 2, 2014, p. 1-11.

DURKHEIM, É. *Las formas elementales de la vida religiosa.* Madri, Alianza, 2003.

ERREGUERENA, M. J. *Resistencia al porvenir: las distopías en el cine hollywoodense.* Cidade do México, Universidad Autónoma Metropolitana, 2001.

EWEN, S.; EWEN, E. *Typecasting: on the arts and sciences of human inequality.* Nova York, Seven Stories, 2008.

FEIXA, C.; PEREIRA, I.; JURIS, J. Global citizenship and the "New, New" social movements: Iberian connections. *Youth,* v. 17, n. 4, 2009, p. 421-42.

GOLD, J.; REVILL, G. Exploring landscapes of fear: marginality, spectacle and surveillance. *Capital & Class*, n. 80, 2003, p. 27-50.

GRUZINSKI, S. *La Guerra de las imágenes: de Cristóbal Colón a "Blade runner" (1492-2019)*. Cidade do México, Fondo de Cultura Económica, 1994.

HABERMAS, J. *The structural transformation of the public sphere: an inquiry into a category of bourgeois society*. Cambridge, MIT Press, 1989.

KAMMERER, D. Surveillance in literature, film and television. In: HAGGERTY, K. D.; LYON, D. (eds.). *Routledge handbook of surveillance studies*. Nova York: Routledge, 2014.

KITCHIN, R.; KNEALE, J. Science fiction or future fact? Exploring imaginative geographies of the new millennium. *Progress in Human Geography*, v. 25, n. 1, 2001, p. 19-35.

KLEIN, N. Building *Blade runner*. *Social Text*, n. 28, 1991, p. 147-52.

LAUER, J. Surveillance history and the history of new media: an evidential paradigm. *New Media Society*, v. 14, n. 4, 2011, p. 566-82.

MASSEY, D. Angeleno anomalies. *New Left Review*, n. 1, 2000, p. 174.

NELLIS, M. Since "Nineteen Eighty Four": representation of surveillance in literary fiction. In: GOOLD, B. J.; NEYLAND, D. (eds.). *New directions in surveillance and privacy*. Cullompton, Willan, 2009.

NUSSBAUM, M. *Love's knowledge: essays on philosophy and literature*. Nova York, Oxford University Press, 1990.

RORTY, R. *Contingency, irony, and solidarity*. Cambridge, Cambridge University Press, 1989.

WEIZMAN, E. *Hollow land: Israel's architecture of occupation*. Londres, Verso, 2002.

WHITEBROOK, M. Taking the narrative turn: what the novel has to offer political theory. In: HORTON, J.; BAUMEISTER, A. (eds.). *Literature and the political imagination*. Londres, Routledge, 1996.

WILLIAMS, D. Concealment and disclosure: from "Birth of a Nation" to the Vietnam war film. *International Political Science Review*, v. 12, n. 1, 1991, p. 29-47.

_____. Ideology as dystopia: an interpretation of "Blade runner". *International Political Science Review*, v. 9, n. 4, 1988, p. 381-94.

PARTE III
(IN)VISIBILIDADES

VISÕES MAQUÍNICAS DA CIDADE MARAVILHOSA: DO CENTRO DE OPERAÇÕES DO RIO À VILA AUTÓDROMO

Fernanda Bruno

A cidade, nas suas diferentes escalas, é invisível para o olho humano desprovido de agenciamentos técnicos, maquínicos. Nesse sentido, toda visão da cidade é tecnicamente mediada. Tal mediação toma vastas e complexas proporções com os atuais sistemas de visualização do espaço urbano baseados em tecnologias de captura e processamento de imensos fluxos e volumes de dados[1]. Tanto o planejamento quanto o imaginário urbanos são aí redesenhados segundo um modelo em que visão, gestão e controle se tornam cada vez mais misturados. Este texto explora alguns elementos dessa visão maquínica da cidade contemporânea, especialmente do Rio de Janeiro, segundo dois movimentos: *sobrever*[2] e *antever*. Um terceiro movimento – *rever* – adiciona-se à nossa análise e, na contramão dos anteriores, aponta para mediações tecnológicas relacionadas a outros modos de ver e habitar a cidade. Esses três movimentos estão longe de esgotar o diversificado espectro estético, técnico e político das visões da cidade contemporânea. Eles nos permitem, contudo, compreender alguns dos importantes processos em curso, tanto na esfera do controle quanto

---

[1] R. Kitchin, "Urban data and city dashboards: six key issues", *SocArXiv*, 1º set. 2016. Disponível em: <osf.io/preprints/socarxiv/k2epn>; acesso em 29 jul. 2018.

[2] Proponho esse neologismo para designar uma visão que se exerce sobre a cidade em diversos sentidos: não apenas "a propósito" da cidade mas também e sobretudo "acima" dela. Pretende-se também que o prefixo "sobre" expresse um "mais que" ou um "além de", no sentido de que se trata de uma visualidade além dos limites da visão humana.

no campo das táticas de contravisualidade[3], particularmente na cidade do Rio de Janeiro em sua fase "pré-olímpica"[4].

Sobrever e antever

Nos dois primeiros movimentos – *sobrever* e *antever* –, atualiza-se a histórica aliança entre aparatos de visão e sistemas de controle da cidade[5]. Vemos surgir em diversas partes do mundo projetos de gestão, ordenação e controle das cidades baseados na construção de aparatos de *sobrevisão,* no sentido de uma *hipervisão.* Aparatos que prometem uma gestão inteligente da cidade a partir de complexos sistemas de captura, tratamento e visualização de dados urbanos. Usualmente abrigados pela vaga e controversa noção (ou *brand*) de *smart city*[6], tais projetos proclamam estar na ponta da já velha aliança entre eficácia tecnológica e controle da cidade. Um caso exemplar dessa modalidade de *sobrevisão* é o Centro de Operações do Rio (COR), que reúne a ambição tanto de ver a partir de distintas perspectivas (*sobrevisão*) quanto de ver adiante no tempo (antevisão). Inaugurado em 2010 pela prefeitura do Rio de Janeiro, em parceria com a IBM, o COR surge com o objetivo de fazer do Rio uma cidade inteligente (*smart city*) de ponta, tendo como laboratório os grandes eventos que a cidade sediaria, especialmente a Copa do Mundo Fifa em 2014 e os Jogos Olímpicos

---

[3] A noção de contravisualidade, proposta por N. Mirzoeff (*The right to look: a counterhistory of visuality*, Durham, Duke University Press, 2011), é aqui retomada num sentido próximo ao que o autor propõe, mas não plenamente coincidente, uma vez que não exploramos neste texto o alcance histórico-político da noção, tampouco seu vínculo com um "direito ao olhar" e um "direto ao real". Tomada de empréstimo num recorte muito pontual, interessa sobretudo o caráter insurgente da contravisualidade, entendida tanto como uma instabilidade inerente à visualidade dominante (ou "complexos de visualidade", nos termos de Mirzoeff) quanto como um modo de confrontar a sua naturalização e estetização na produção da ordem social, afirmando alternativas.

[4] Estamos designando como fase pré-olímpica o período entre 2009 e 2016, que corresponde aos dois mandatos do prefeito Eduardo Paes, voltados em grande parte para a preparação da cidade do Rio de Janeiro para abrigar uma série de megaeventos, entre os quais se destacam a Copa do Mundo Fifa em 2014 e os Jogos Olímpicos de 2016.

[5] P. Virilio, *L'espace critique*, cit.

[6] R. Kitchin, "The real-time city?", cit.

em 2016[7]. O material de divulgação anuncia a *sobrevisão* maquínica, 24 horas desperta: "O COR é o cérebro da cidade e funciona 24 horas por dia, sete dias da semana"[8].

Desde o COR, o Rio de Janeiro é visto segundo uma perspectiva na qual a cidade se apresenta numa impactante parede de vídeo para a qual convergem alternadamente novecentas câmeras que monitoram espaços públicos da capital, além de um painel georreferenciado (geoportal) que visualiza, associa, minera e simula em tempo quase real informações provenientes das mais diferentes fontes, que são, além das câmeras, os radares de trânsito, os sensores, as informações meteorológicas, as bases de dados sobre populações e áreas específicas, a defesa civil, os serviços de eletricidade e gás e até as redes sociais como Waze e Twitter[9]. Tudo isso é apresentado numa linha do tempo (*timeline*) que reporta os últimos incidentes, conforme o que o operador do geoportal seleciona. Nesse mesmo portal, indica-se o *status* corrente da cidade: normalidade, atenção ou crise (Figura 1).

Figura 1: Centro de Operações do Rio de Janeiro/COR.
Fonte: George_G/Wikimedia Commons.

Nessa arquivisão que combina interfaces ópticas, informacionais e algorítmicas, a visão da cidade torna-se mediada por algoritmos que não apenas capturam e correlacionam os dados como também os traduzem em formatos visuais que orientam decisões na gestão urbana.

---

[7] Além desses, o Rio de Janeiro sediou nos últimos quatro anos os seguintes megaeventos: Conferência Ambiental da ONU (Rio+20), em 2012, a Copa das Confederações Fifa e a Jornada Mundial da Juventude, em 2013.

[8] Disponível em: <centrodeoperacoes.rio/>; acesso em 29 jul. 2018.

[9] No total, o COR recebe, associa e visualiza dados de aproximadamente trinta órgãos ligados à prefeitura da cidade do Rio de Janeiro.

242 • Tecnopolíticas da vigilância

Há muitos elementos a explorar nesse tipo de projeto, anunciado como uma das mais atuais tecnologias de visualização e gestão do espaço urbano. Neste texto, tomo o COR como caso exemplar de uma *sobrevisão* cujo regime escópico é uma combinatória de: a) uma visão de sobrevoo desde o alto, com imagens de satélite e de câmeras, materializada na forma de um mapa georreferenciado e navegável em diferentes escalas (é possível visualizar simultaneamente o estado global do território urbano e dados locais); b) uma visualização reticular, agregada e modular de grandes volumes e variedade de dados e informações (além das bases de dados dos órgãos ligados à prefeitura, informações e imagens sobre os fluxos urbanos em tempo real e dados climáticos podem, por exemplo, ser agregados seletivamente ou selecionados de modo a visualizar processos que não seriam visíveis isoladamente); c) procedimentos algorítmicos de visão e de antevisão de estados e processos urbanos, cuja pretensão é não apenas a de fornecer uma representação da cidade em múltiplas camadas (como as descritas nos itens anteriores) mas também a de *antever* incidentes e acidentes a tempo de intervir.

A cidade vislumbrada e gerida a partir dessa *sobrevisão* algoritmicamente mediada está ainda por ser compreendida, não apenas no que diz respeito à sua viabilidade e funcionalidade mas sobretudo no que concerne à experiência e aos modos de vida de seus habitantes. Um aspecto a ser problematizado são os tipos de assimetria implicados nessa modalidade de mediação algorítmica. Sabemos que a experiência em ambientes sociotécnicos complexos como as nossas metrópoles seria inviável sem mediações técnicas. Iniciamos este texto apontando essa condição tecnicamente mediada da visão urbana. Recentemente, a mediação algorítmica tem se tornado cada vez mais presente na gestão e visualização das grandes cidades. Cabe deixar claro que o propósito deste texto não é o de fazer uma crítica à mediação algorítmica enquanto tal. Tampouco se deseja fazer qualquer avaliação sobre a eficiência ou a insuficiência desses aparatos. Tecnicamente, um algoritmo é uma sequência de regras ou de instruções voltadas para a execução automatizada de uma tarefa. O problema não é essa mediação em particular, mas o modo como ela vem sendo construída: encapsulada nas caixas-pretas dos Estados ou corporações, torna-se extremamente difícil tanto a compreensão como a negociação dos habitantes da cidade com tais mediadores. Em suma, o problema é o fato de certas experiências coletivas da cidade tornarem-se prioritariamente mediadas por algoritmos privados ou estatais extremamente opacos.

Interessa, portanto, ressaltar algumas assimetrias produzidas por essa modalidade de mediação algorítmica. Focalizarei apenas duas, e elas não são exclusivas do COR, mas de uma série de dispositivos de visualização algorítmica, especialmente aqueles que se dedicam a formas de controle ou gestão de indivíduos e populações nos espaços urbanos e informacionais. Um dos elementos que esses dispositivos têm em comum é o fato de serem geridos por algoritmos capazes de monitorar e analisar quantidades gigantescas de dados, muitas vezes em tempo real, de forma a modular o nosso campo de experiência e intervir sobre nossas ações e escolhas: desde os painéis eletrônicos da CET RIO que nos informam qual é o melhor caminho a seguir no trânsito ou os trajetos indicados no aplicativo Waze até os filtros que escolhem o que visualizamos em nosso *feed* de notícias no Facebook, ou os diversos sistemas de recomendação de filmes, músicas, vídeos, livros que utilizamos na *web*, ou ainda as câmeras inteligentes que nos alertam de perigos nas proximidades etc.

A primeira assimetria recorrente nesses dispositivos concerne justamente à visibilidade. A mediação algorítmica alimenta-se da visibilidade de nossas ações, informações e corpos e, ao mesmo tempo, intervém naquilo que vemos (selecionando, por exemplo, o que cada um deve ver preferencialmente, sugerindo trajetos, cliques, *links*, *likes*, alertas etc.). Mas, enquanto se alimenta de nossa visibilidade e nos oferta um mundo visível personalizado, a camada algorítmica é, ela mesma, praticamente invisível.

A segunda assimetria concerne à escala. Os algoritmos que fazem funcionar tais aparatos, serviços e aplicativos são alimentados pelos dados, metadados e rastros que produzimos. Estes são, por sua vez, agregados e associados em vastíssima escala conhecida como *big data*[10]. A escala de dados operada pelos algoritmos que modulam a nossa experiência ultrapassa enormemente as nossas capacidades de apreensão e de negociação.

Um exemplo nos ajuda a visualizar tais assimetrias. Numa visita recente ao COR[11], um técnico responsável pela apresentação do painel georreferenciado mostrou como é possível selecionar uma determinada área da cidade nesse painel, visualizar e "minerar"[12] nela uma série de dados, entre os quais

---

[10] R. Kitchin, "Big data, new epistemologies and paradigm shifts", *Big Data & Society*, v. 1, n. 1, 2014.

[11] A visita foi realizada em julho de 2015.

[12] O termo refere-se à técnica de "mineração de dados", proveniente do inglês *data mining*.

o que as pessoas estão, por exemplo, postando no Twitter naquela área. O técnico seleciona um tema qualquer, de sua escolha – no caso, "acidente" –, e na barra esquerda da tela, ao lado da imagem-satélite da região selecionada, visualizamos todas as postagens que tinham partido de dispositivos com geolocalização ativa no local, contendo a palavra "acidente".

O exemplo permite perceber as duas assimetrias mencionadas: a de visibilidade e a de escala. Entrelaçadas, elas nos colocam numa condição bastante inquietante. A opacidade da visão algorítmica e a incomensurabilidade sensorial e cognitiva da escala tornam extremamente difícil saber precisamente onde incide o controle ou a vigilância sobre a minha ação. Impede também que eu apreenda o efeito ou a consequência de minha própria ação nessa rede de controle. O indivíduo que está "tuitando" algo na região monitorada pelo COR torna-se especialmente visível para essa instituição. Ao mesmo tempo, tal *sobrevisão* é bastante opaca para ele, a ponto de nem sequer saber desse rastreamento e, ainda que soubesse, não ter meios de negociar nem de controlar os seus efeitos.

Se compararmos essa impossibilidade de perceber aquele que me observa com a astúcia benthamiana[13], que dissociava o ver do ser visto, a tática algorítmica dissocia ação de consequência, ou ação de efeito. Vejam que o dilema ou a inquietação aqui não é apenas o fato de eu não poder perceber o olho que me inspeciona, embora isso também ocorra. O inquietante é sobretudo o fato de eu não ser capaz de perceber, saber (ou controlar) qual parte de mim ou de minha ação está sob observação e quais são as consequências em jogo.

Tais assimetrias tornam-se ainda mais problemáticas nos processos de antevisão ambicionados por esses dispositivos de visualização e gestão urbana. Na mesma linha do COR no Rio de Janeiro, cidades como Nova York[14] e Los Angeles investem em dispositivos de *sobrevisão* que funcionam com princípios e algoritmos muito similares. O departamento de polícia de Los Angeles implantou o PredPol, sistema de antevisão inteligente de crimes operado por algoritmos que cruzam uma série de informações de arquivos e bases criminais com dados em tempo real para prever as áreas e momentos

---

[13] J. Bentham, "O panóptico ou a casa de inspeção", em T. T. Silva (org.), *O panóptico* (Belo Horizonte, Autêntica, 2000).

[14] O departamento de polícia de Nova York implantou, em 2012, o programa Domain Awareness System, desenvolvido pela Microsoft; disponível em: <on.nyc.gov/1WVt3Al>, acesso em 29 jul. 2018.

em que crimes provavelmente ocorrerão (*crime hotspots*), possibilitando sua visualização em mapas para que a polícia intervenha preventivamente[15].

Além desses grandes aparatos de visualização urbana, outro dispositivo de antevisão algorítmica sobre as cidades e seus corpos é emblemático: a chamada geração "inteligente" da videovigilância ou *smart camera*. O que uma *smart camera* vê ou percebe? Além de capturar ou transmitir imagens, possui uma camada algorítmica que pretende "ler" a imagem segundo padrões de regularidade e de irregularidade previamente programados. Tais câmeras são, muitas vezes, anunciadas como multifuncionais: além da função securitária, podem ser usadas para monitorar hábitos de consumo e padrões de movimento, realizar contagem de clientes, reconhecimento de face, detecção de objetos suspeitos ou de eventuais marcas de transgressão num determinado espaço, como pichações etc.

No campo da segurança e do controle urbano, são usualmente programadas para detectar movimentos, comportamentos e situações suspeitas ou consideradas de risco. Uma política do visível opera partições entre mundo regular, que pode ficar no pano de fundo da nossa atenção, e mundo irregular: um mundo que sai dos eixos e que é, nesse caso, sinônimo de suspeita, de perigo ou simplesmente de algo não funcional.

Delega-se à visão algorítmica a função de filtrar, interpretar e detectar irregularidades que devem ser controladas, orientadas ou conjuradas. A Figura 2 ilustra um sistema que detecta, numa estação de metrô, corpos parados por demasiado tempo próximos à faixa de segurança que antecede os trilhos. Esse padrão comportamental indicaria um potencial suicida e deve alertar o operador da câmera a tempo de impedir o salto mortal. A detecção deve ser quase simultânea à intervenção, que pretende, nesse caso, desviar o curso da ação. A imagem, já provida de um tempo real de observação, agora almeja um tempo real de reação.

Princípios similares operam em dispositivos que, por exemplo, detectam pessoas caminhando no contrafluxo do que seria considerado regular em espaços como aeroportos, museus, estações de trem, onde os percursos dos

---

[15] Em entrevista concedida ao jornal *The Guardian*, um dos desenvolvedores do projeto afirma: "Isto não é como *Minority Report*... Em *Minority Report* trata-se de prever quem cometerá um crime antes que esse alguém o faça. Aqui, trata-se de onde e quando é mais provável que o crime ocorra, não quem o cometerá"; N. Berg, "Predicting crime, LAPD style", *The Guardian*, 25 jun. 2014; disponível em: <http://bit.ly/1pBez8y>, acesso em 29 jul. 2018.

Figura 2: Material ilustrativo de sistema de detecção automatizada de pessoas próximas à faixa de segurança numa estação de metrô.
Fonte: <https://www.checkvideo.com/video-surveillance-applications/>.

corpos devem ser relativamente previsíveis. No Brasil, o Detecta, um sistema de policiamento inteligente comprado da Microsoft pela polícia do estado de São Paulo, conjuga tecnologias de monitoramento e *big data* e contaria com câmeras inteligentes capazes de reconhecer padrões suspeitos e acionar medidas que evitem crimes ou incidentes[16].

---

[16] Até 2015, entretanto, o Detecta ainda não havia sido integralmente implementado, pois os algoritmos dessas câmeras não haviam sido reprogramados tendo em vista os padrões de comportamento suspeito ou irregularidades próprios ao contexto brasileiro ou paulista. Em setembro de 2015, a Secretaria de Segurança Pública anunciou a implementação da terceira fase do Detecta, na qual as câmeras inteligentes já estariam em ação detectando automatizadamente situações suspeitas como: "carro no acostamento; moto parada entre veículos no caso de congestionamento; pedestre transitando entre veículos parados no congestionamento; pessoas ao redor de veículos parados em congestionamentos nas estradas"; o documento que informava essas especificações não está mais disponível no site da Secretaria de Segurança Pública de São Paulo. Uma cartilha de adesão ao sistema, publicada em maio de 2017, está disponível em: <http://www.sapp.org.br/sapp/wp-content/uploads/Sistema_Detecta_cartilha_completa_v3.pdf>, acesso em 5 nov. 2018. Sobre o atraso na implementação, cf. "Programa de Alckmin diz agora que Detecta está em fase de testes", *Folha de S.Paulo*, 18 set. 2014; disponível em: <bit.ly/1QsvVRl>, acesso em 29 jul. 2018.

Em todos esses exemplos, os corpos são inspecionados em sua mobilidade cotidiana sem que se interrompa, salvo em caso de suspeita e irregularidade, o curso das ações e deslocamentos nos espaços. Enquanto os aparatos disciplinares[17] precisavam parar e confinar os corpos ou inscrevê-los num sistema predefinido de atividades para observá-los, conhecê-los e normalizá-los, tais sistemas se interessam pelos fluxos dos corpos moventes e integram-se à própria dinâmica das atividades dos indivíduos e populações cujos padrões de conduta interessa conhecer e orientar, produzindo efeitos normativos próprios.

Está em curso, nessa visão algorítmica, uma lógica do controle que deseja intervir diretamente sobre a própria ação, ou melhor, antes da ação. Como uma espécie de sismógrafo paranoide, tais máquinas alucinam cenários futuros e acionam procedimentos de controle do presente tendo em vista essa antevisão. Uma tentativa de ver adiante e agir antes ou, mais exatamente, um modo específico de gestão e controle do tempo. Essa proatividade do algoritmo é banal e corriqueira nos serviços e plataformas que utilizamos na internet. Os algoritmos do *big data* buscam extrair de nossos rastros digitais padrões comportamentais que permitam antecipar ações que eles possam incitar, estimular ou evitar, desviar[18]. Os sensores, câmeras e outros dispositivos da chamada cidade inteligente pretendem estender essa proatividade para a experiência urbana.

Na esteira e além desses dispositivos, os *drones* (veículos aéreos não tripulados) operam uma nova interseção entre antevisão e *sobrevisão*. No excelente *Teoria do drone*[19], notamos como os elementos apresentados na antevisão algorítmica no campo civil estão presentes também na *sobrevisão* militar e drônica. Dois dos princípios mencionados no livro são exemplares dessa logística. O "princípio de esquematização das formas de vida", por exemplo, é operado por sistemas de visualização algorítmica que combinam dados de diversas fontes (espaciais, temporais, metadados capturados de celulares) a fim de estabelecer esquemas ou padrões de vida que permitam identificar, pelo comportamento, e não por um saber sobre *quem* é o suspeito, indivíduos potencialmente perigosos. Estes, uma vez detectados, tornam-se alvo da visão mortífera do *drone*. O segundo princípio caracteriza-se pela "detecção de anomalias e antecipação preventiva". Visa à detecção automatizada de

---

[17] M. Foucault, *Vigiar e punir* (Petrópolis, Vozes, 1983).

[18] Cf. F. Bruno, *Máquinas de ver, modos de ser: vigilância, tecnologia e subjetividade* (Porto Alegre, Sulina, 2013).

[19] G. Chamayou, *Teoria do drone* (São Paulo, Cosac Naify, 2015).

248 • Tecnopolíticas da vigilância

comportamentos anormais, de modo a inferir seus desdobramentos e trajetórias futuras e agir preventivamente em caso de ameaças, suspeitas, riscos.

Como se pode notar, tais princípios têm grande similaridade com as operações de visão e vigilância algorítmica no espaço urbano e informacional mencionadas neste texto, ainda que, no caso dos *drones* descritos por Chamayou[20], a intervenção preventiva tenha alta letalidade. Sabemos, contudo, que os *drones* não estão mais restritos aos territórios militares. Essas máquinas voadoras não tripuladas estão povoando de forma crescente os céus das cidades, com os mais diversos propósitos: publicidade, gestão urbana e planejamento, monitoramento de áreas de risco ou de preservação, jornalismo, entrega de objetos, segurança urbana etc.

Importante lembrar que tais projetos de sobrevisão e antevisão não prescrevem um destino que estaria determinado em algum tipo de propriedade intrínseca aos algoritmos. Eles são fruto de uma série de agenciamentos sociotécnicos que podem ser alterados ou pelo menos perturbados. Além de afirmarmos a impossibilidade e o caráter fantasioso desse tipo de controle e gestão do porvir, além de darmos visibilidade à violência que exercem e de inventariarmos as inúmeras falhas e panes a que esses sistemas estão sujeitos, além de inventarmos modos de sabotar ou enlouquecer os algoritmos, é preciso lembrar que o seu perigo político reside, entre outras coisas, na dimensão performativa da sua antevisão. A antecipação em muitos casos acaba "performando" e tornando efetivo o que se previu. Como já apontamos, no caso de operações militares, o efeito dessa performatividade é letal e terrível[21]. Mas aí também reside, sob outras formas, uma das principais armadilhas desse tipo de antevisão aplicada à gestão urbana. Não por acaso, esse é um dos focos privilegiados de disputa pelo futuro das cidades.

---

[20] Idem.

[21] Os dados sobre a campanha estadunidense de assassinato seletivo (*targeted killing*) via *drone* são brutais. Para dar apenas um exemplo dos assassinatos colaterais, somente no Paquistão, entre 2004 e 2018, para uma média de 430 ataques de *drone* no período, o total de mortos varia entre 2.515 e 4.026, sendo o número de civis entre 423 e 965 e o número de crianças entre 172 e 207; cf. The Bureu of Investigative Journalism, "Strikes in Pakistan"; disponível em: <https://bit.ly/2JDNYJ2>, acesso em 5 nov. 2018. Outro dado, ainda do Paquistão: para 24 alvos de assassinato seletivo detectados por sistemas similares aos mencionados por Chamayou (*Teoria do drone*, cit.), 874 pessoas foram mortas. Cf. S. Ackerman, "41 men targeted but 1,147 people killed: US drones strikes – the facts on the ground", *The Guardian*, 24 nov. 2014; disponível em: <bit.ly/1uS1SeR>, acesso em 29 jul. 2018.

Na contramão das modalidades de *sobrevisão* e antevisão que exploramos até aqui, uma série de ações e projetos no cruzamento da arte, da arquitetura, do ativismo e da sociedade civil vem buscando potencializar, a partir de tecnologias de visão dos fluxos e processos urbanos, modos de habitar e viver na cidade em que a produção coletiva de interfaces seja ela própria permeável a aprendizagens, conflitos e negociações em prol da construção de uma vida urbana comum. Mais uma vez, o espectro dessas ações é vasto e me restrinjo a apresentar apenas uma experiência em que a *sobrevisão*, no lugar de aliar-se à antevisão e ao controle, busca propiciar uma espécie de *contra-visão* e uma *re-visão* de territórios urbanos e dos conflitos que os atravessam.

Contra-visão, re-visão

A experiência relatada neste tópico retoma o projeto #dronehackademy[22], coordenado por Pablo de Soto e Lot Amóros, cuja primeira edição foi realizada no MediaLab.UFRJ[23] em 2015. O interesse é apontar algumas pistas sobre os limites e as possibilidades da sobrevisão mediada por *drones* na produção de uma contravisualidade urbana. Meu foco será a experiência do #dronehackademy na Vila Autódromo, uma comunidade autoconstruída e situada há mais de quarenta anos à beira da Lagoa de Jacarepaguá, na cidade do Rio de Janeiro, e ao lado da qual crescia o Parque Olímpico da Barra da Tijuca[24]. Essa comunidade vem sendo ameaçada de remoção pela prefeitura da cidade desde os anos 1990, mas a partir de 2013 e 2014 a política de remoção ganhou força e em 2015 a comunidade já havia sido reduzida em 83% (num período de dois anos). Após um penoso embate com a prefeitura, restaram apenas cerca de 20 famílias das mais de 650 que ali já residiram[25].

---

[22] Disponível em: <http://dronehackademy.net/>; acesso em 29 jul. 2018.

[23] Essa primeira edição do projeto contou com o apoio da Fundação Ford e foi realizada no período de 2015 a 2017; disponível em: <http://medialabufrj.net/dronehackademy/> e <http://medialabufrj.net/2015/09/cartografia-aerea-da-vila-autodromo/>, acesso em 29 jul. 2018.

[24] O Parque Olímpico integrou o conjunto de construções realizado para os Jogos Olímpicos de 2016.

[25] Em julho de 2016, a prefeitura do Rio de Janeiro entregou, como parte do plano de urbanização acordado, novas casas às vinte famílias que permaneceram na Vila Autódromo, graças à incansável luta dessas famílias pela permanência em seu território. Parte do processo de destruição e de resistência da comunidade está documentada

A partir de encontros e conversas com moradores da vila que estavam à frente do movimento Viva Vila Autódromo[26], um grupo de artistas, desenvolvedores, ativistas, estudantes e pesquisadores que participavam do projeto #dronehackademy no MediaLab.UFRJ decidiu, juntamente com os moradores, fazer uma cartografia aérea da vila, usando imagens capturadas por um *drone*. A intenção primeira era permitir que a comunidade tivesse uma imagem atual da devastação do seu território e da comunidade. Para os moradores, a cartografia aérea se traduzia sobretudo em um instrumento de luta política no enfrentamento tanto das ações concretas da prefeitura[27] quanto de suas imagens institucionais e publicitárias, em que o conflito em curso era invisibilizado. As imagens da prefeitura e seus parceiros nesse projeto (Carvalho Hosken, Odebrecht e Andrade Gutierrez) narram, quase sempre e muitas vezes em perspectiva aérea, a passagem de um *antes* (associado à desordem ou ao atraso) a um *depois* (que chega triunfante, em geral por meio de recursos de *time lapse* e de imagens computacionais[28]). Para parte do grupo do projeto #dronehackademy, uma inquietação adicional se somava a essas, pois interessava também explorar as possibilidades de leitura e os modos de relação com essa imagem de sobrevoo que guarda relações históricas e materiais com uma visão de domínio, cálculo e controle.

Como já apontamos, sobrevoar com *drones* cidades, territórios e populações é hoje uma operação que faz parte de um vasto leque de ações que envolvem desde a guerra e o controle até o entretenimento e diversos

---

nas páginas da Vila Autódromo (disponível em: <https://www.facebook.com/viva-avilaautodromo/>, acesso em 29 jul. 2018) e do Museu das Remoções (disponível em: <https://www.facebook.com/museudasremocoes/>, acesso em 29 jul. 2018) na rede social Facebook. Cf. também M. Simões, "Uma demolição dentro do Parque Olímpico", Agência Pública, 25 fev. 2016; disponível em: <bit.ly/1R4FTrG>, acesso em 29 jul. 2018; C. Huggins, "Viver junto das Olímpiadas: a evolução do plano popular da Vila Autódromo", *RioOnWatch*, 31 out. 2015; disponível em: <bit.ly/1oQoLiL>, acesso em 29 jul. 2018.

[26] Disponível em: <bit.ly/21EyISc>; acesso em 29 jul. 2018.

[27] A prefeitura contraria, inclusive, o plano urbanístico que venceu o concurso que ela própria promoveu para a construção do Parque Olímpico da Barra da Tijuca. Nesse plano, uma parte significativa da Vila Autódromo permanece vizinha ao parque; cf. informações disponíveis em: <https://museudasremocoes.files.wordpress.com/2018/04/plano-popular-2016.pdf>, acesso em 5 nov. 2018.

[28] Cf. vídeos institucionais disponíveis em: <bit.ly/1WVDbJm> e <bit.ly/218IpCI>; acesso em 29 jul. 2018.

negócios de uma indústria que cresce vertiginosamente. Qualquer ação ou pesquisa com *drones* exige, portanto, cuidados ético-políticos importantes. A proveniência e os usos correntes dessas máquinas não podem ser esquecidos nem silenciados nas práticas artísticas e ativistas que se apropriam dos chamados veículos aéreos não tripulados. O projeto #dronehackademy ingressa nessa arena difícil que é a de enfrentar e subverter essas duas pontas da matriz "drônica" contemporânea – a violência extrema, de um lado, e o fascínio vazio dos modismos e empreendedorismos que entretêm os seus chamados usos civis, de outro.

De que modo ver a cidade desde o alto pode ser um meio de questionar ou mesmo subverter as fronteiras do controle, em vez de reforçá-las? Um meio de expor os conflitos e tensões da cidade, em vez de silenciá-los? Uma forma de perturbar o espetáculo visual da Cidade Maravilhosa e seus projetos olímpicos, em vez de reiterá-los? Ainda: que leituras são possíveis diante de uma imagem na qual somos inevitavelmente objetos e jamais sujeitos? Como nos relacionarmos com essa sobrevisão maquínica e materialmente assimétrica?

Passemos ao sobrevoo propriamente dito: um *drone* sobrevoa a Vila Autódromo e traz consigo, acoplada ao seu "corpo", uma câmera que captura imagens em alta resolução. Seu voo e trajetória são pilotados desde o solo por um dos integrantes do projeto #dronehackademy. O que o *drone* vê e registra?

Numa faixa de terra estreita, situada entre um tapume de alumínio, as águas de uma lagoa e vias automobilísticas, avistam-se telhados de casas modestas, algumas árvores, espaços vazios entre uma casa e outra. Veem-se também "carcaças" de construções, pedaços de chão e paredes sem interior e sem teto. Veem-se escombros aqui e acolá. Salvo pelo verde das árvores e da lagoa, ou pelo azul das caixas-d'água nos telhados, tudo o mais é cinza e cor de terra. Desse lado do tapume de alumínio situa-se o que resta da Vila Autódromo. Do outro lado, avista-se um vasto terreno com grandes construções de diferentes formatos e alturas, máquinas de construção civil, asfalto, alguns caminhões e muitos contêineres. Quase nenhuma árvore no interior do terreno, ficando a vegetação restrita à margem da lagoa que o circunda parcialmente. Ali também, salvo o verde da lagoa, predomina o cinza, mas algumas construções são pintadas de branco ou cobertas de espelho fumê. Ergue-se, nesse lado, o Parque Olímpico da Barra da Tijuca.

Destruição e construção lado a lado. A imagem capturada pelo *drone* é um instante congelado no tempo da cidade do Rio de Janeiro. Um instante em que os seus futuros estão em pleno confronto. Um confronto bastante assimétrico e que, entregue apenas à visão maquínica do *drone*, teria os seus sentidos e efeitos limitados. A questão retorna: como ver e agir ante a sobrevisão do *drone* e as imagens por ele capturadas?

Um modo de responder parcialmente a essa questão foi produzir um mapa a partir das imagens capturadas pelo *drone* e entregá-lo aos moradores da Vila Autódromo (Figuras 3 e 4). Era necessário dar densidade à cartografia aérea e inscrevê-la num mapa impresso. A impressão do mapa em papel foi uma tentativa de criar uma relação materialmente mais próxima com a imagem, de modo que ela pudesse ser tocada, manipulada e eventualmente rasurada. Era, portanto, fundamental que essa imagem pudesse ser devolvida aos moradores de um modo que estivesse "diante de" e não mais "acima de". Imaginávamos que esse contato com o mapa pudesse desencadear processos mnemônicos, narrativos, afetivos, mas não fazíamos a menor ideia do que de fato ocorreria. Havia uma zona incerta a percorrer.

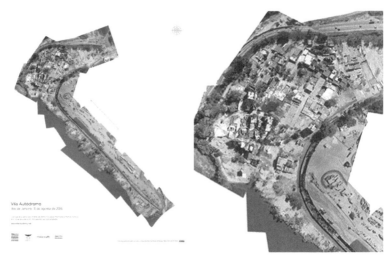

Figura 3: Cartografia aérea da Vila Autódoromo (esquerda) e detalhe da parte central da Vila Autódromo (direita). Fonte: #dronehackademy.

Não cabe nos limites deste texto narrar em detalhes o encontro do dia 12 de setembro de 2015, ocasião em que entregamos o mapa impresso (Figura 4) a um grupo de moradores presente na igreja da Vila Autódromo. Restrinjo-me a um breve e parcial relato desse encontro. Dispusemos o mapa sobre uma mesa e os moradores se acomodaram ao redor delas. Inicialmente, poucas palavras

Visões maquínicas da cidade maravilhosa • 253

Figura 4: Entrega da cartografia aérea da Vila Autódromo aos moradores, em 12 de setembro de 2015. Fontes: #dronehackademy e acervo da autora.

e a impressão de que a imagem pedia um tempo de reconhecimento[29], pois aquela perspectiva não lhes era familiar. Em seguida, esse reconhecimento visual e relativamente silencioso passou a contar com as mãos e se iniciou

---

[29] Interessante notar, com H. Farocki ("Imagens fantasmas", *Revista ECO-Pós*, v. 18, n. 2, 2015, p. 151-60), que, na língua alemã, a palavra "reconhecimento" (*Aufklärung*) designa tanto "reconhecimento aéreo" quanto "esclarecimento".

254 • Tecnopolíticas da vigilância

uma busca tátil e visual pelo que era mais próximo: as casas de cada um ou de familiares, os terrenos, os vizinhos. Uma mulher, talvez uma das mais antigas moradoras presentes, procurava pelo seu "telhadinho". Passou-se um bom tempo nesse movimento de rever ali casas, telhados, terrenos, árvores, até que uma fala marcou para mim a passagem para um outro movimento, agora menos sobre o que estava presente e ainda lhes pertencia e mais sobre o que lhes tinha sido retirado, destruído. A mesma mulher mostra que "as árvores foram cortadas; tinha 36 espécies de árvores frutíferas".

Adiante, as falas dedicaram-se às ausências, às perdas, às violações e pressões da prefeitura sobre o território; às casas que ficaram "isoladas" e sem vizinhos, às que seriam proximamente demolidas. Um dos moradores, nesse momento, fala das casas ao redor da sua que seriam demolidas dentro de dois dias; fala da preocupação e do cuidado de não deixar as crianças verem a demolição e que sua casa ficará sem entorno, sem vizinhos. Essa fala revela sensivelmente que o lugar está sendo suprimido das relações que o mantêm, dos seus entornos e zonas de vizinhança, e que uma casa sem vizinhos ou rodeada de escombros, ainda que permaneça ali, já não pode ser a mesma. Dimensões vitais e estrategicamente negadas pela prefeitura, que em seu discurso oficial, na ocasião, anunciava haver cedido à vontade da comunidade por não obrigar ninguém a sair.

Um descolamento do mapa ocorre a partir de então. Os moradores passam a falar entre si e a entreolhar-se, ficando o mapa no fundo ou na base das associações, mas fora do foco de atenção. Uma intervenção de um integrante do projeto #dronehackademy os fez voltar ao mapa e identificar as casas que aí ainda estavam presentes, mas que de fato já não existiam, pois tinham sido demolidas entre a captura das imagens e a entrega do mapa. Iniciou-se uma marcação dessas ausências com *post-its*, quando uma moradora contou sobre a derrubada de um muro que fazia fronteira com o Parque Olímpico, introduzindo o novo e hostil vizinho na conversa. A partir de então, os conflitos entre os próprios moradores também aparecem, pois há conflito entre aqueles que desejam permanecer e os que aceitaram partir. Seguem-se outras falas sobre a resistência da vila, sobre o plano de urbanização; um pouco de futuro é enfim enunciado. Ao mesmo tempo, surgem falas sobre as dificuldades e incertezas quanto ao destino da vila. Adiante, um breve mas expressivo silêncio é rompido por uma moradora: "Sabe o que isso está parecendo? Um velório. O mapa é o corpo do morto e nós aqui, ao redor, velando". Um novo ciclo de falas surge a partir daí.

A moradora parece ter enunciado aquilo que, ao mesmo tempo, estava acontecendo – a morte da comunidade – e o que não podia acontecer por completo, razão pela qual estavam ali, afinal, resistindo. Junta-se ao grupo uma moradora que traz um novo movimento às lembranças e conversas. Um senhor pergunta: "E em 2016, como estará esse mapa?". Ela diz, com ênfase: "A minha casa vai estar aqui, nesse mesmo lugar!". Uma série de risos tanto sobre os problemas quanto sobre uma possível e desejada vitória final toma conta do grupo. Um riso de revanche e um pouco de fabulação. Ao final, os moradores agradecem o mapa e, ao mesmo tempo, nos lembram, de forma amigável, mas também provocativa, que iríamos embora e que seria bom se fôssemos vizinhos. Um modo de apontar os limites de nossa participação e de dizer, entre outras coisas, que o lugar é de quem permanece e que permanecer é fundamental.

A imagem produzida por uma sobrevisão maquínica, ao ser restituída aos moradores da Vila Autódromo na forma de um mapa impresso, permite que se adicionem camadas e gestos à visão do *drone*, ampliando as interfaces com essa *sobrevisão*. O *sobrever* dá lugar a *rever*, desde uma nova perspectiva, o espaço onde habitam e que tanto conhecem. Esperávamos, ainda, que essa imagem pudesse ajudar a pressionar os agentes do Estado a rever, no sentido de reconsiderar, a continuidade do projeto de remoção. Uma contravisualidade incerta, mas potencial.

Referências

ACKERMAN, S. 41 men targeted but 1,147 people killed: US drones strikes – the facts on the ground. *The Guardian*, 24 nov. 2014. Disponível em: <bit.ly/1uS1SeR>; acesso em 29 jul. 2018.

BENTHAM, J. O panóptico ou a casa de inspeção. In: SILVA, T. T. (org.). *O panóptico*. Belo Horizonte, Autêntica, 2000.

BERG, N. "Predicting crime, LAPD style". *The Guardian*, 25 jun. 2014. Disponível em: <http://bit.ly/1pBez8y>; acesso em 29 jul. 2018.

BRUNO, F. *Máquinas de ver, modos de ser: vigilância, tecnologia e subjetividade*. Porto Alegre, Sulina, 2013.

CHAMAYOU, G. *Teoria do drone*. São Paulo, Cosac Naify, 2015.

FAROCKI, H. Imagens fantasmas. *Revista ECO-Pós*, v. 18, n. 2, 2015, p. 151-60.

FOUCAULT, M. *Vigiar e punir*. Petrópolis, Vozes, 1983.

HUGGINS, C. Viver junto das Olímpiadas: a evolução do plano popular da Vila Autódromo. *RioOnWatch*, 31 out. 2015. Disponível em: <bit.ly/1oQoLiI>; acesso em 29 jul. 2018.

256 • Tecnopolíticas da vigilância

KITCHIN, R. Big data, new epistemologies and paradigm shifts. *Big Data & Society*, v. 1, n. 1, 2014.

_____. The real-time city? Big data and smart urbanism. *GeoJournal*, v. 79, n. 1, 2014, p. 1-14.

_____. Urban data and city dashboards: six key issues. *SocArXiv*, 1º set. 2016. Disponível em: <osf.io/preprints/socarxiv/k2epn>; acesso em 29 jul. 2018.

MIRZOEFF, N. *The right to look: a counterhistory of visuality*. Durham, Duke University Press, 2011.

PROGRAMA de Alckmin diz agora que Detecta está em fase de testes. *Folha de S.Paulo*, 18 set. 2014. Disponível em: <bit.ly/1QsvVRl>; acesso em 29 jul. 2018.

SIMÕES, M. Uma demolição dentro do Parque Olímpico. Agência Pública, 25 fev. 2016. Disponível em: <bit.ly/1R4FTrG>; acesso em 29 jul. 2018.

VIRILIO, P. *L'espace critique: essai sur l'urbanisme et les nouvelles technologies*. Paris, Christian Bourgois, 1984.

#DRONEHACKADEMY: CONTRAVISUALIDADE AÉREA E CIÊNCIA CIDADÃ PARA O USO DE VANTS COMO TECNOLOGIA SOCIAL*

Pablo de Soto

Introdução: nosso futuro *drone*

Os Vants (veículos aéreos não tripulados), também conhecidos como *drones*, estão revolucionando os conceitos de privacidade, fronteiras, guerra, espaço urbano e aéreo. Presentes cada vez mais tanto nos céus como na psique coletiva, estão nos fazendo questionar os limites que colocamos a essas máquinas de poder.

Em sua primeira versão, militar e de agressividade, a realidade dos *drones* está marcada por sua distribuição geográfica desigual. Na Faixa de Gaza, no Iêmen ou no Paquistão[1], os Vants são uma ameaça constante e letal para a integridade física da população civil há pelo menos uma década[2].

O artista, escritor e pesquisador Patrick Lichty[3] assinala como esse uso de aviões não tripulados pela CIA para assassinatos seletivos no Oriente

---

* Tradução de Luciana Santos Guilhon Albuquerque. Dados da publicação original: este texto é uma versão ampliada do trabalho "Contravisualidade aérea e direito a olhar desde algum lugar: apresentando a #dronehackademy", publicado nos anais do III Simpósio Internacional Lavits: Vigilância, Tecnopolíticas, Territórios, realizado no Rio de Janeiro em 2015. (N. E.)

[1] Somente nesse país, os *drones* militares dos Estados Unidos são responsáveis por um número estimado de 2.876 assassinatos entre os anos 2004 e 2013. A região mais afetada é Waziristão, uma área montanhosa do noroeste que faz fronteira com o Afeganistão. Ver T. H. Schei (dir.), *Drone* [vídeo] (Noruega, Flimmer Films, 2014) e P. Yost (dir.), *Rise of the drones* [vídeo] (Estados Unidos, WGBH, 2013).

[2] A. Singh, *Death by drone: civilian harm caused by U. S. targeted killings in Yemen* (Nova York, Open Society Foundations, 2015).

[3] P. Lichty, "Drone: camera, weapon, toy: the aestheticization of dark technology", *Furtherfield*, 28 maio 2013; disponível em: <https://www.furtherfield.org/

Médio, a interseção dessas práticas por setores críticos de criação artística da chamada Nova Estética[4] e sua obsessão pela visão da máquina, assim como a proliferação de *drones* domésticos, mostram as complexidades do impacto cultural dessa tecnologia que denomina "obscura". O que surge, segundo Lichty, é uma paisagem cultural complexa, onde uma força aérea remota vigia o mundo em nome do poder estadunidense, gerando imagens que provocam uma perversa fascinação visual entre certas subculturas.

Our drone future é uma destacada contribuição audiovisual a essa nova paisagem cultural, imaginando um cenário possível em que os Vants, com suas tecnologias e capacidades, chegarão a ter uma presença ubíqua nos céus de nossas cidades. O vídeo simula como, num futuro próximo, a polícia dos Estados Unidos utilizará *drones* semiautônomos para a segurança urbana. Oficiais humanos irão monitorar os sinais dos *drones* de vigilância recebidos de forma remota, e os informes de dados se mostrarão com um HUD[5] detalhado, comunicando-se por meio de uma voz humana sintética, desenhada para mitigar o desconforto (tornando o *drone* sensível). Ainda que atuem de modo independente, os *drones* serão "guiados" por operadores humanos, que poderão fazer perguntas e sugerir planos de missões alternativas. Ao se especializarem em análises preditivas, os *drones* de segurança poderão redesignar suas missões a fim de investigar potenciais ameaças.

O HUD é um dos elementos constitutivos da visão do *drone*. Tem como objetivo assistir, com indicadores, o voo do piloto, oferecendo informação sobre a altitude, inclinação, velocidade ou distância do alvo. Geralmente inclui indicadores na tela que têm relação com a função ofensiva e de vigilância, própria do âmbito militar e policial. Por meio de incontáveis

---

drone-camera-weapontoy-the-aestheticization-of-dark-technology-2/>, acesso em 1º out. 2018.

[4] A Nova Estética (*The New Aesthetic*) é um termo cunhado por James Bridle para se referir à crescente aparição da linguagem visual da tecnologia digital e da internet no mundo físico e à mistura entre virtual e físico.

[5] Um HUD (*head-up display*) é um instrumento desenvolvido para proporcionar informações visuais ao piloto, uma tela transparente que apresenta fluxos de informação remota e recepção de dados de forma que o piloto não precise mudar seu ponto de vista para ver tais informações. A origem do nome vem do fato de que o piloto pode ver a informação necessária com a cabeça erguida (*head up*) e olhando para a frente, em vez de abaixar a cabeça para revisar os instrumentos. Ainda que seu desenvolvimento inicial tenha sido para aeronaves militares, atualmente esses sistemas são utilizados na aviação civil, em automóveis e veículos aéreos não tripulados, como os *drones*.

vídeos disponíveis na internet, o HUD do Vant ressignifica, com seus algoritmos, elementos específicos da filmagem realizada pela aeronave e se estabelece como uma maneira contemporânea de ver a cidade e o território, parte constitutiva dessa "nova estética" de visão de robô.

Em sua análise do olhar do *drone*, Patrick Lichty evita partir de regimes tecnológicos ou mesmo dos paradigmas tradicionais da ganância do olhar masculino de Mulvey[6] e toma como ponto de partida a rede latouriana de atores que "a linha de voo" do olhar do *drone* configura. No modelo de Lichty, o nó operador enquadra o objeto "visto" através do HUD da câmera do *drone*, parte do qual é controlado por algoritmos de reconhecimento de modelos. O que resulta é uma visão aumentada, uma visão ciborgue, em que a encenação dá a ilusão de ser nítida e penetrante pelo regime tecnológico dos sistemas tecnológicos do *drone*. É uma linha de voo que viaja ao longo dos três nós da rede de visão: 1) o centro de operações, 2) o nó de enquadramento programático do objeto-*drone* que logo redirige a visão e 3) o objeto observado, transformando a casa, a pessoa ou o ser querido em um alvo ou objetivo. Esse é, segundo Lichty, o problema do olhar ciborgue do *drone*.

Existem projetos que propõem uma visão ciborgue emancipadora? Podemos imaginar ou prototipar um HUD com uma matriz de visão oposta à militar e policial? Que informações adicionais em tela e dados sobre o território deveriam visualizar? Como seria uma *"sentient drone technology"* contra-hegemônica? E por último, mas não menos importante: qual é a pertinência e o sentido de fazer essas perguntas quando, como assinala Lichty[7], existe tal assimetria de prestação de serviço entre os *drones* domésticos e os militares e, ao mesmo tempo, o efeito cultural do *drone* caseiro (aquele utilizado por jovens e entusiastas da tecnologia) chega a ser a banalização e a estetização da tecnologia militar e seus produtos?

---

[6] L. Mulvey, "Visual pleasure and narrative cinema", *Screen*, v. 16, n. 3, 1975, p. 6-18.

[7] O autor problematiza ainda mais essa questão, apontando que, quando uma mesma tecnologia está num lugar como arma (o Predator da General Atomics, por exemplo), em outro como brinquedo e em um terceiro como objeto fetichizado, isso nos leva a um complexo lugar discursivo, onde a extensão do poder militar, o corpo aumentado mcluhaniano e a produção cultural são todos postos em questão.

#dronehackademy: teoria crítica e prática situada de Vants como tecnologia social

Com o objetivo de anteciparmos no presente os problemas do "nosso futuro *drone*", imaginamos e inventamos um projeto de pesquisa que combina teoria e prática no uso dos Vants como tecnologia social, o qual batizamos de #dronehackademy[8]. Como tecnologia social, nós nos referimos a uma *práxis* que tenha, muito seriamente, em conta uma dupla ética. Em sua dimensão maquínica, empregando e cocriando *hardware* e *software* de licenças livres, que, por sua vez, possam ser reapropriados e reaplicados: uma ética *hacker*[9]. Em sua dimensão social, vinculando as ações materiais do projeto à ética do bem comum; condicionando o que, onde, como e com quem às ações de defesa e expansão dos bens comuns e dos direitos sociais. O interesse nessa aproximação não é inocente: é nessas brechas que surge a inovação cidadã que nos chama a atenção.

A iniciativa é fruto da colaboração entre Lot Amorós, engenheiro de computação e artista transdisciplinar, e Pablo de Soto, arquiteto e pesquisador, ambos com um passado comum em laboratórios hacktivistas e no ativismo tecnológico dos anos 2000[10].

#dronehackademy toma forma com um dispositivo tecnopolítico "extitucional": operando dentro e fora das instituições universitárias e da arte, transbordando os muros da academia e do museu para se constituir em uma infraestrutura aberta em conexão com os movimentos sociais. O projeto adota como *leitmotiv* e constante inspiração uma academia hacktivista[11] e se desenvolve criando comunidades de aprendizagem e de intercâmbio de conhecimentos situados. Os participantes são eleitos mediante uma chamada pública com o objetivo de fazer convergir, de maneira propositiva, pessoas de origens e habilidades diferentes: cineastas, mídia-ativistas, artistas, arquitetos, pesquisadores, *hackers*, engenheiros, geógrafos, desenvolvedores de *software*,

---

[8] P. de Soto; L. Amorós, #dronehackademy, 2015; disponível em: <http://dronehackademy.net>, acesso em 30 jul. 2018.

[9] Na tradição dos *hacklabs* e das subculturas ciberpunk: o desejo de apropriação e experimentação de todas as tecnologias disruptivas.

[10] Principalmente no território geopolítico do Estreito de Gibraltar, como Indymedia Estrecho e o projeto Fadaiat: liberdade de conhecimento, liberdade de movimento.

[11] Como a Hackademy do CSOA Patio Maravillas de Madri: <https://info.nodo50.org/IMG/pdf/PROYECTO_PATIO_MARAVILLAS.pdf>, acesso em 31 out. 2018.

biólogos etc. A chamada privilegia a seleção de responsáveis por coletivos de áreas periféricas e de menos recursos ou acesso material a essa tecnologia.

Apresentamos neste trabalho os fundamentos da teoria crítica, a proposta de conteúdos práticos e os resultados da primeira ação do projeto na cidade do Rio de Janeiro.

Contravisualidade aérea e o direito a olhar do céu

O teórico da cultura visual e dos estudos pós-coloniais Nicholas Mirzoeff traz em seu livro *The right to look: a counterhistory of visuality*[12] uma genealogia da relação da visualidade com o poder e a autoridade. O autor se refere à noção de visualidade como o conjunto de mecanismos que ordenam o mundo e, ao fazê-lo, naturalizam as estruturas de poder subjacentes. A visualidade é entendida como um meio para a sustentação da autoridade, o colonialismo e o totalitarismo. Em sua genealogia histórica, o autor propõe uma periodização em três regimes ou "complexos de visualidade": o *plantation*, o imperialismo e o atual, o complexo militar-industrial. Esses complexos de visualidade naturalizam o poder através da classificação, da separação e da estetização.

A visão panóptica do *drone* é central no regime de visualidade do complexo militar-industrial. Este está baseado nas doutrinas de contrainsurgência e suas estratégias de controle e punição, articuladas na combinação da visualização local e remota, e em suas máquinas de ver e matar, como o *Global Hawk* e o *Predator*, que, como afirma Grégoire Chamayou em sua investigação filosófica sobre a guerra dos *drones*, "convertem o olho numa arma"[13].

Por sua vez, Mirzoeff propõe o "direito a olhar" como ponto de partida para as formas de oposição a essa aliança entre visualidade e poder. O direito a olhar é, segundo o autor, a contravisualidade popular que, diante da autoridade da visualidade hegemônica, emerge para reivindicar autonomia. Não é apenas uma forma diferente de ver as imagens, mas inclui as táticas para desarticular as estratégias visuais do sistema hegemônico. Ante este, o direito a olhar implica uma visão relacional, igualitária e recíproca. Diante da distribuição policial do sensível – cada um em seu lugar e cada um por si –,

---

[12] N. Mirzoeff, N., *The right to look: a counterhistory of visuality* (Durham, Duke University Press, 2011).

[13] G. Chamayou, *A theory of the drone* (Nova York, The New Press, 2013).

diante da distribuição normativa e naturalizada do visível e do dizível, o direito a olhar expõe uma subjetividade autônoma capaz de subverter essa divisão, de olhar ali onde nos dizem que não há nada para ver[14].

Um dos primeiros projetos de contravisualidade aérea remonta a 2004; batizado de System 77 Civil Counter-Reconnaissance, tinha o *slogan*: "Olhos nos céus, democracia nas ruas". Com a popularização dessas tecnologias, hoje, o direito a olhar a partir do céu como uma prática contra-hegemônica, empregando Vants, é exercido por um número cada vez maior de *hackers*, artivistas, jornalistas independentes e cientistas sociais[15].

Outro projeto relevante é o de Mark Devries, cineasta que decidiu pôr uma câmera em seu *drone* e sobrevoar uma granja de suínos, dirigida por Murphy-Brown, a maior produtora de carne de porco do mundo. Encontrou uma piscina do tamanho de quatro campos de futebol americano cheia de urina e fezes de porcos.

A filmagem[16] faz parte de um documentário longa-metragem que expõe os segredos das fábricas modernas de gado nos Estados Unidos, onde a maioria dos animais usados é criada em gigantes e bizarras instalações escondidas em lugares remotos do território.

Também se destacam os vários projetos de Lot Amorós, engenheiro de computação e artista transdisciplinar desenvolvedor de tecnologia e arte com *drones: Hacked Freedom*[17], *Flone*[18]. Uma ação recente de Amorós

---

[14] N. Mirzoeff, N., *The right to look*, cit.

[15] A crescente popularização do uso de *drones* cidadãos torna-se evidente quando analisamos a cobertura imagética e videográfica da perspectiva dos manifestantes de numerosas ocupações e levantes populares do chamado novo ciclo global de lutas. Nos eventos de 2011, o uso de *drones* pelos mídia-ativistas foi quase inexistente, tanto na filmagem dos acampamentos de Tahrir, no Cairo, quanto na Puerta del Sol, em Madri. A partir de 2013, o cenário muda radicalmente, coincidindo com a disponibilidade e o barateamento dessa tecnologia. Tanto nas ações de defesa do Parque Gezi Istambul quanto no Euro Maidan em Kiev, os *drones* cidadãos ou amadores documentaram, com sucesso, do alto, os acampamentos de protesto.

[16] M. Devries, *Spy drones expose Smithfield Foods factory farms* [vídeo]. 17 dez. 2014; disponível em: <https://www.youtube.com/watch?v=ayGJ1YSfDXs >, acesso em 1º out. 2018.

[17] L. Amorós, *Hacked freedom*, 2013-2015; disponível em: <https://www.scoop.it/t/hacked-freedom>, acesso em 23 out. 2018..

[18] Idem, *Flone português*, 2014; disponível em: <http://wiki.flone.cc/index.php?title=Flone_Portugues>; acesso em 30 jul. 2018.

Figura 1: Fotografia aérea do Parque Augusta, em São Paulo, realizada com flone, abril de 2015. Fonte: Lot Amorós, em Grupo Organismo Vivo Parque Augusta.

foi a cartografia aérea do Parque Augusta em São Paulo (Figura 1), que se encontra, ainda, documentada em um vídeo didático[19].

O parque é uma das últimas áreas florestais originais da megalópole paulista e está situado em uma zona de alto interesse especulativo imobiliário. Uma rede bastante ativa de cidadãos reivindica seu reconhecimento como bem comum urbano com campanhas e ocupações culturais. O sobrevoo do parque foi realizado com o objetivo de monitorar o estado das árvores e documentar quais estavam sendo cortadas ilegalmente ou danificadas pela construtora que atualmente é a proprietária do local, a fim de efetuar as denúncias cabíveis.

---

[19] Area Coop, *Mapeando Parque Augusta* [vídeo], 20 abr. 2015; disponível em: <https://www.youtube.com/watch?v=i0dtLwWRYgQ>, acesso em 29 jun. 2018.

Objetividade feminista contra a visão
conquistadora de lugar nenhum

A teórica de estudos da ciência feminista Donna Haraway dedica parte de seu texto "Saberes localizados: a questão da ciência para o feminismo e o privilégio da perspectiva parcial"[20] à persistência da visão, em que expressa sua confiança metafórica no que o discurso feminista considera um sistema sensorial maligno. A autora insiste na natureza incorporada de toda visão para reivindicar um sistema sensorial que foi utilizado para saltar do enquadrado no corpo a uma visão conquistadora de *lugar nenhum*. Haraway escreve que

> os olhos têm sido usados para significar uma habilidade perversa – esmerilhada à perfeição na história da ciência vinculada ao militarismo, ao capitalismo, ao colonialismo[21] e à supremacia masculina – de distanciar o sujeito cognoscente de todos e de tudo no interesse do poder desmesurado. Os instrumentos de visualização na cultura multinacional, pós-moderna, compuseram esses significados de des-corporificação. As tecnologias de visualização aparentemente não têm limites; o olho de um primata comum como nós pode ser infindavelmente aperfeiçoado por sistemas [de visão artificial].[22]

Os "olhos" proporcionados pela tecnociência moderna, segundo Haraway, estilhaçam qualquer ideia de visão passiva. Esses dispositivos protéticos nos mostram que todos os olhos, incluindo nossos próprios olhos orgânicos, são sistemas perceptivos ativos, construindo-se em traduções e em formas específicas de ver, ou seja, em formas de vida. Não existe nenhuma fotografia sem mediação ou câmara escura passiva nas contas dos organismos científicos e das máquinas; há somente possibilidades visuais altamente específicas, cada uma com uma forma maravilhosamente detalhada, ativa, uma maneira parcial de organização de mundos. Todas essas imagens de mundo não deveriam ser alegorias de uma infinita mobilidade e capacidade de intercâmbio, segundo nos diz Haraway, mas de uma elaborada especificidade e diferença, do cuidado carinhoso que a gente poderia ter para aprender a ver fielmente o

---

[20] D. Haraway, "Saberes localizados: a questão da ciência para o feminismo e o privilégio da perspectiva parcial", *Cadernos Pagu*, n. 5, 1995, p. 7-41.

[21] Ver, como exemplo, o recente Drone Show Latin America, realizado em São Paulo: pilotos brancos a serviço de latifundiários; disponível em: <http://www.droneshowla.com/>, acesso em 30 jul. 2018.

[22] D. Haraway, "Saberes localizados", cit., p. 19.

ponto de vista do outro, inclusive quando o outro é nossa própria máquina. Isso, assinala a autora, não é alienar a distância, é uma possível alegoria para as versões feministas da objetividade. A compreensão de como esses sistemas visuais funcionam técnica, social e psiquicamente deveria ser uma maneira de dar corpo a uma objetividade feminista.

Segundo Haraway, devemos buscar não os saberes governados pelo *falocentrismo* (a nostalgia pela presença da única e verdadeira Palavra) e sua visão desincorporada, mas aqueles governados pela visão parcial e voz limitada. Não buscar a parcialidade por seu próprio bem, mas pelo bem das conexões e aberturas inesperadas que os saberes localizados tornam possíveis. Para a autora, a única maneira de encontrar uma visão mais ampla é estar *em algum lugar* em particular. A questão da ciência no feminismo trata da objetividade como uma racionalidade posicionada. Suas imagens não são produto de uma evasão ou transcendência de limites, ou seja, a visão desde cima, mas da união de pontos de vista parciais e vozes vacilantes em uma posição de sujeito coletivo, que promete uma visão dos meios para realizar uma corporificação finita, de viver dentro dos limites e contradições, isto é, de pontos de vista *desde algum lugar*.

A persistente visão do *drone* como uma visão *desde nenhum lugar* é expressa, de forma irrefutável, por Edward Snowden em *Citizenfour*[23]. O ex-administrador de sistemas da NSA explica no documentário como, de seu computador pessoal e com suas credenciais de segurança, podia acessar *feeds* de vídeo, em tempo real, das câmeras de centros de *drones* militares dos Estados Unidos, sobrevoando os céus do planeta. Uma visão desde qualquer lugar, em qualquer momento, mas sem contexto. Ou seja, *desde nenhum lugar*.

Construindo máquinas voadoras de ciência aberta

Ante os Vants com projetos fechados, os *DIY drones*, ou "*drones* faça-você-mesmo", oferecem a oportunidade da máquina voadora como um protótipo de experimentação constante, baseado na liberdade do indivíduo e de seus amigos, vizinhos e colaboradores para modificar e melhorar os *designs*. *Flone, the flying phone*[24] é o projeto atual de Lot Amorós e seus

---

[23] L. Poitras (dir.), *Citizenfour* [filme documentário] (Estados Unidos/Alemanha, Praxis Films, 2014).

[24] *Flone* é composto pelos seguintes elementos: madeira de 5 mm de espessura, de 300 mm x 300 mm; 4 motores Brushless Outrunner de 1534Kv 11,1v 4 hélices de

colaboradores, um exemplo de "*drone* cidadão concebido por e para cidadãos críticos"[25], que utiliza um *smartphone*[26] como controlador de voo. Foi confeccionado utilizando *software* livre e *hardware* de código aberto; é de baixo custo, de fabricação artesanal (Figura 2), potente e suficientemente pequeno para caber numa mochila.

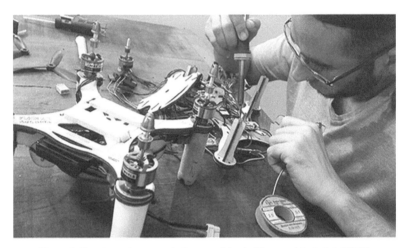

Figura 2: Lot Amorós construindo o modelo de *Flone* no MediaLab.UFRJ.
Fonte: acervo do autor.

Como e por que se proteger dos veículos aéreos não tripulados

Com o *boom* comercial dos *drones* de baixo custo, estes já não são apenas uma ferramenta de poder e controle para governos, forças de segurança e organizações privadas, mas também estão agora ao alcance de quase

---

6 cm x 4,5 cm, 4 Prop savers ou Prop Mounts 4 ESC de 10 ampères, 1 bateria 3S 11,V de 1800mAh, 1 placa Multiwii MicroWii ATmega32U4, Flight Controller USB/BARO/ACC/MAG 1, Módulo de Bluetooth-Multiwii MWC FC Bluetooth Module Programmer (compatível com Android) e conector XT60. Para construí-lo, são necessárias 12 bridas, cobertura termorretrátil, velcro, almofadas adesivas, faixa de látex para forrar os pontos de apoio da fuselagem móvel; e um soldador, estanho, pistola de cola quente e cola de madeira como ferramentas.

[25] L. Amorós, *Flone português*, cit.

[26] O aplicativo para Android está programado em *processing* e pode ser baixado no Google Play, na página do projeto.

qualquer indivíduo. Ser sobrevoado por um artefato pode revelar-se algo muito intimidador, se nem o piloto nem a natureza do voo são conhecidos. Não é possível saber se a aeronave está em condições de voar com segurança, tampouco saber que tipo de câmera carrega ou a finalidade das imagens que está registrando. O voo pode se tornar especialmente violento se sobrevoar, ostensivamente, uma propriedade privada em baixa altitude, violando o direito à intimidade e à privacidade dos moradores. Existe, portanto, um possível uso indiscriminado dos *drones*, e não há suficiente conhecimento de quais seriam as contramedidas adequadas diante desses usos ilícitos.

O manual *Como e por que proteger-se dos veículos aéreos não tripulados*[27], publicado em espanhol, português e inglês, oferece um guia de medidas práticas que não se apresenta como manual *antidrones*, mas é motivado pela máxima: "Se você não controla os *drones*, eles vão controlar você". O guia compartilha indicações de segurança e autodefesa e recomenda aceitarmos, ocasionalmente, que nossa privacidade seja violada para não corrermos o risco de causar feridas graves em pessoas à nossa volta, caso o *drone* seja derrubado. Convida a avaliarmos os riscos de cada ação e a determinarmos o melhor momento de efetuá-la, assim como a estudarmos a força e a direção do vento e a avaliarmos a zona onde cairá o *drone* abatido, antes de qualquer intenção de interceptar uma aeronave.

O manual propõe uma série de métodos de desativação, bastante diversos – psicológicos, balísticos, eletromagnéticos –, cuja escolha vai depender do tipo de Vant do qual queremos nos proteger.

#dronehackademy Rio de Janeiro

A primeira ação do #dronehackademy ocorreu no Rio de Janeiro, em junho de 2015, hospedada pelo MediaLab da Escola de Comunicação da Universidade Federal do Rio de Janeiro, com o apoio da Rede Latino-Americana de Estudos sobre Vigilância, Tecnologia e Sociedade, ambas instituições coordenadas pela professora Fernanda Bruno.

A proposta tem como antecedente direto um pequeno evento realizado em 2012 no Centro Cultural Casa Amarela, situado no alto do Morro da

---

[27] L. Amorós, *Como e por que proteger-se dos veículos aéreos não tripulados*, 27 jun. 2015; disponível em: <http://dronehackademy.net/pt/como-e-por-que-proteger-se-dos-veiculos-aereos-nao-tripulados/>, acesso em 30 jul. 2018.

Providência, a primeira favela do Brasil onde o projeto Guerrilha Drone foi apresentado. Equipado com um projetor a laser, para ampliar as possibilidades de ações diretas ou atuações com apoio audiovisual aéreo, Guerrilha Drone realizou uma série de projeções nos muros das casas para denunciar as tentativas de despejo dos vizinhos por parte da prefeitura.

A metrópole brasileira é um cenário urbano central e desafiante[28] para pensar a visualidade hegemônica e a contravisualidade aérea contemporâneas. No contexto da realização do #dronehackademy no Rio de Janeiro, a cidade se encontrava atravessada pelas controvertidas transformações urbanas vinculadas aos megaeventos da Copa do Mundo e dos Jogos Olímpicos, que produziam violência imobiliária e tentativas de expulsão de comunidades da área portuária ou da Vila Autódromo (Figura 3), ou dos protestos do movimento #OcupaGolf contra a construção de um campo de golfe na reserva biológica de Marapendi, na Barra da Tijuca.

Figura 3: Parque Olímpico (esquerda) e Vila Autódromo (direita). Rio de Janeiro, 2015. Fonte: Douglas Monteiro e #dronehackademy.

---

[28] Com altos níveis de violência vinculada à polícia e às facções criminosas, o caso do Rio de Janeiro é dramaticamente paradigmático, com estatísticas de mortes violentas de civis, fundamentalmente na população jovem negra e de baixa renda, equiparáveis às de um país africano em guerra. Com um forte monopólio da comunicação visual por parte de uma rede de televisão; a visualidade aérea em relação à produção de autoridade e de limites de um espaço comum paisagístico e semântico é um campo em

O #dronehackademy Rio de Janeiro contou com a participação de dez estudantes, artivistas e representantes de coletivos e associações da região metropolitana do Rio de Janeiro e de outras cidades do Brasil, que foram selecionados mediante convocatória pública. Entre os participantes havia dois cineastas de áreas periféricas metropolitanas (Pavuna e Duque de Caxias); um jovem de dezoito anos do Grupo de Teatro do Oprimido da favela da Maré, uma das mais tensas do Rio de Janeiro; uma jovem pesquisadora de *drones* e arte de Cuiabá; o criador da primeira impressora 3D do Brasil, o projeto Metamáquina; um fotógrafo da área portuária, em pleno processo de resistência à gentrificação; um piloto experiente de DJI Phantom; um ativista pelo espectro livre; e uma estudante de arquitetura que faz parte do laboratório de fabricação digital da UFRJ.

Durante uma semana, os participantes foram introduzidos a uma genealogia radical do espaço aéreo[29] e praticaram voo com simulador e voo real com multicópteros. Foram construídos, a partir do zero, dois *flones* (Figura 4), um dos quais com ArduCopter, uma plataforma para Vants de código aberto criada

Figura 4: *Sapiens* construíram *drones* na universidade pública brasileira!
Fonte: #dronehackademy.

---

    disputa. O termo "favela" foi eliminado em 2011 das bases cartográficas do Google Earth e do Google Maps por reivindicação da Riotur.

[29] L. Amorós, *Espacio aéreo radical* [vídeo], 25 nov. 2015; disponível em: <https://www.youtube.com/watch?v=cZf5TbXGFfU>, acesso em 30 jul. 2018.

pela comunidade de *drones do it yourself*, baseada na plataforma Arduino. O passo a passo de sua construção foi documentado em uma plataforma wiki.

Cartografia aérea de conflitos: a Vila Autódromo contra os cercamentos olímpicos

Figura 5: No momento de dar a partida à OP Vila Autódromo.
Fonte: Vito Ribeiro e #dronehackademy.

Como atividade prática final, propomos nos situar *em algum lugar* da cidade (Figura 5) para experimentar a potência dos Vants em produzir contravisualidade aérea e objetividade feminista *contra a visão conquistadora de lugar nenhum*. Se a visão aérea, para além do âmbito militar, é utilizada extensivamente pelos atores do desenvolvimento do modelo de cidade neoliberal (construtor, promotor, prefeito), a atividade do #dronehackademy, no contexto metropolitano, foi produzir uma cartografia aérea para visualizar a violência imobiliária e os cercamentos dos bens comuns: levantar voo ali onde está o conflito. Aprendendo, mas se diferenciando de importantes projetos, como *Forensic architecture*[30], #dronehackademy pretende intervir *no processo*, antes que tudo tenha sido destruído, expropriado ou privatizado, enquanto o último capítulo da vida das criaturas e dos espaços envolvidos ainda não foi escrito.

---

[30] E. Weizman, *Forensic architecture*, 2014; disponível em: <http://www.forensic-architecture.org/case/drone-strikes/>, acesso em 30 jul. 2018.

O lugar escolhido no Rio de Janeiro para realizar o voo foi a Vila Autódromo, uma comunidade autoconstruída e autourbanizada, originalmente um povoado de pescadores, que existe no entorno da Lagoa de Jacarepaguá/ Barra da Tijuca há mais de quarenta anos. A comunidade conquistou os títulos de propriedade da terra e o direito à moradia reconhecidos na Constituição do Brasil. Desde os anos 1990, a comunidade está ameaçada de despejo pela prefeitura do Rio de Janeiro, pelas mais diversas razões. Como a aldeia gaulesa de Asterix e Obelix, com a qual é às vezes comparada, a vila resiste, desde muitos anos, às tentativas invasoras realizadas pela aliança de promotores e governo local, pelas formações predatórias das elites, tais como são definidas por Saskia Sassen em *Expulsions*[31]. Atualmente se encontra ao lado do local onde o Parque Olímpico está sendo construído, um projeto imobiliário da prefeitura em colaboração com três das maiores construtoras do Brasil: Andrade Gutierrez, Carvalho Hosquen e Odebrecht – estas duas últimas condenadas por trabalho escravo nas obras da Vila Olímpica[32] – local que é a maior área de expansão do mercado imobiliário da cidade.

Com todas as transformações em marcha, as constantes demolições[33] e as obras que dificultam a vida diária dos moradores, somente 100 das 600 famílias originais resistiam em agosto de 2015 ao processo total de despejo da comunidade (Figura 6). Essas famílias contam com o apoio jurídico do Núcleo de Terras da Defensoria Pública, de técnicos de duas universidades públicas e de diversos movimentos sociais.

A cartografia aérea[34] da Vila Autódromo foi realizada a partir de 20 fotografias selecionadas entre mais de 1.200 que foram tiradas com um quadricóptero, a uma altitude de 200 a 300 metros, entre as 9 e as 11 horas

---

[31] S. Sassen, *Expulsions: brutality and complexity in the global economy* (Cambridge, Belknap, 2014).

[32] C. Thomé, "Operários são resgatados em condição de escravidão em obras da Vila Olímpica", *Estadão*, 14 ago. 2015; disponível em: <http://esportes.estadao.com.br/noticias/geral,fiscais-resgatam-11-operarios-em-condicao-de-escravidao-em-obras-da-vila-olimpica,1744242>, acesso em 30 jul. 2018.

[33] P. López, "Vila Autódromo, un barrio devastado por los Juegos Olímpicos", *Diagonal*, 29 set. 2015; disponível em: <https://www.diagonalperiodico.net/global/27923-brasil-juegos-olimpicos-desalojan-otras-500-familias.html>, acesso em 30 jul. 2018.

[34] P. de Soto; D. Monteiro; M. Araujo, *Cartografia aérea da Vila Autódromo*, 18 ago. 2015; disponível em: <http://dronehackademy.net/pt/cartografia-aerea-da-vila-autodromo/>, acesso em 31 out. 2018.

Figura 6: Vizinhos sendo aereoentrevistados durante a OP Vila Autódromo, Rio de Janeiro, 2015. Fonte: acervo do autor.

Figura 7: Entrega aos moradores da cartografia aérea de sua comunidade.
Fonte: acervo do autor.

da manhã de 15 de agosto de 2015, o dia em que os moradores organizaram um festival cultural chamado #OcupaVilaAutódromo. A fotografia em alta resolução foi composta com a ferramenta *online* Mapknitter, da Public Lab, uma organização e rede aberta de ciência cidadã. Em um ato público realizado em setembro de 2015 na vila, a cartografia foi entregue aos moradores (Figura 7) e às redes de apoio, a fim de explorar o uso da fotografia aérea nos processos de advocacia popular e defesa do direito à cidade da comunidade local[35].

Conclusões

É com a pretensão de exercer nosso direito a olhar do céu e experimentar os usos como tecnologia social dos Vants que surge o #dronehackademy, um projeto de pesquisa que nasce para combinar, de maneira destemida e corajosa, teoria crítica e prática localizada. A proposta teórica combina os conceitos de contravisualidade de Nicholas Mirzoeff e as noções de ciência feminista de Donna Haraway. Na parte prática, com a tradição combinada de hacktivismo e ciência aberta, os participantes aprendem tanto a construir eles mesmos veículos aéreos não tripulados de código aberto como a se proteger de sua possível presença intimidadora.

A primeira edição do #dronehackademy aconteceu em junho de 2015, no Rio de Janeiro, e teve como seus principais resultados a fabricação dos primeiros *drones* de *hardware* e *software* livre de uma universidade pública brasileira e a produção da cartografia aérea de uma comunidade local, que resiste contra a violência imobiliária das elites predadoras vinculadas ao setor imobiliário da Barra da Tijuca, ao lado do canteiro de obras do Parque Olímpico. Juntando jovens pesquisadores, hacktivistas, artivistas, comunicadores independentes, cientistas sociais e moradores de comunidades resistentes, o projeto se propõe a inspirar outros projetos, outras aventuras, para dar uma modesta luz localizada, desde algum lugar, a essa tecnologia obscura.

---

[35] C. Huggins, "Vila Autódromo usa mapa aéreo como ferramenta de resistência; demolições continuam", *RioOnWatch*, 22 set. 2015; disponível em: <http://rioonwatch.org.br/?p=16410>, acesso em 30 jul. 2018.

Referências

AMORÓS, L. *Como e por que proteger-se dos veículos aéreos não tripulados.* 27 jun. 2015. Disponível em: <http://dronehackademy.net/pt/como-e-por-que-proteger-se-dos-veiculos-aereos-nao-tripulados/>; acesso em 30 jul. 2018.

_____. Espacio aéreo radical [vídeo]. 25 nov. 2015. Disponível em: https://www.youtube.com/watch?v=cZf5TbXGFfU>; acesso em 30 jul. 2018.

_____. *Flone português.* 2014. Disponível em: http://wiki.flone.cc/index.php?title=Flone_Portugues>; acesso em 30 jul. 2018.

_____. *Hacked freedom.* 2013-2015. Disponível em: <https://www.scoop.it/t/hacked-freedom>.

AREA COOP. *Mapeando Parque Augusta* [vídeo]. 20 abr. 2015. Disponível em: <https://www.youtube.com/watch?v=i0dtLwWRYgQ>; acesso em 29 jun. 2018.

CHAMAYOU, G. *A theory of the drone.* Nova York, The New Press, 2013.

DE SOTO, P. *Guerrilha drone no Morro da Providência.* 27 dez. 2012. Disponível em: <http://medialabufrj.net/2012/12/guerrilha-drone-no-morro-providencia>; acesso em 30 jul. 2018.

DE SOTO, P.; AMORÓS, L. #dronehackademy, 2015. Disponível em: <http://dronehackademy.net>; acesso em 30 jul. 2018.

DE SOTO, P.; MONTEIRO, D.; ARAUJO, M. *Cartografia aérea da Vila Autódromo*, 18 ago. 2015. Disponível em: <http://dronehackademy.net/pt/cartografia-aerea-da-vila-autodromo/>; acesso em 31 out. 2018.

DEVRIES, M. *Spy Drones Expose Smithfield Foods Factory Farms* [vídeo]. 17 dez. 2014. Disponível em: <https://www.youtube.com/watch?v=ayGJ1YSfDXs>; acesso em 1º out. 2018.

HARAWAY, D. Saberes localizados: a questão da ciência para o feminismo e o privilégio da perspectiva parcial. *Cadernos Pagu*, n. 5, 1995, p. 7-41.

HUGGINS, C. Vila Autódromo usa mapa aéreo como ferramenta de resistência; demolições continuam. *RioOnWatch.* 22 set. 2015. Disponível em: <http://rioonwatch.org.br/?p=16410>; acesso em 30 jul. 2018.

LICHTY, P. Drone: camera, weapon, toy: the aestheticization of dark technology. *Furtherfield*, 28 maio 2013. Disponível em: <https://www.furtherfield.org/drone-camera-weapontoy-the-aestheticization-of-dark-technology-2/>; acesso em 1º out. 2018.

LÓPEZ, P. Vila Autódromo, un barrio devastado por los Juegos Olímpicos. *Diagonal*, 29 set. 2015. Disponível em: <https://www.diagonalperiodico.net/global/27923-brasil-juegos-olimpicos-desalojan-otras-500-familias.html>; acesso em 30 jul. 2018.

MIRZOEFF, N. *The right to look: a counterhistory of visuality.* Durham, Duke University Press, 2011.

MULVEY, L. Visual pleasure and narrative cinema. *Screen*, v. 16, n. 3, 1975, p. 6-18.

POITRAS, L. (dir.). *Citizenfour* [filme documentário]. Estados Unidos/Alemanha, Praxis Films, 2014.

SASSEN, S. *Expulsions: brutality and complexity in the global economy.* Cambridge, Belknap, 2014.

SCHEI, T. H. (dir.). *Drone* [vídeo]. Noruega, Flimmer Films, 2014.

SINGH, A. *Death by drone: civilian harm caused by U. S. targeted killings in Yemen.* Nova York, Open Society Foundations, 2015.

THOMÉ, C. Operários são resgatados em condição de escravidão em obras da Vila Olímpica. *Estadão*, 14 ago. 2015. Disponível em: <http://esportes.estadao.com.br/noticias/geral,fiscais-resgatam-11-operarios-em-condicao-de-escravidao-em-obras-da-vila-olimpica,1744242>; acesso em 30 jul. 2018.

WEIZMAN, E. *Forensic architecture*, 2014. Disponível em: <http://www.forensic-architecture.org/case/drone-strikes/>; acesso em 30 jul. 2018.

YOST, P. (dir.). *Rise of the drones* [vídeo]. Estados Unidos, WGBH, 2013.

CONTROVÉRSIAS ACERCA DA VIGILÂNCIA E DA VISIBILIDADE: EM CENA, OS *DRONES*[1]

Rosa Maria Leite Ribeiro Pedro
Ana Paula da Cunha Rodrigues
Antonio José Peixoto Costa
Cristina de Siqueira Gonçalves
Jéssica da Silva David
Luciana Santos Guilhon Albuquerque
Paulo Afonso Rheingantz
Rafael Barreto de Castro

Introdução

Dezembro de 2013 – durante o programa de televisão *60 Minutes* da emissora CBS, dos Estados Unidos, o diretor-executivo da empresa Amazon anuncia o lançamento do programa PrimeAir, com a intenção de viabilizar entregas ultraexpressas de encomendas via *drones*[2]. Três anos depois, em dezembro de 2016, a empresa anuncia a primeira entrega de produtos utilizando *drones* na Inglaterra[3].

---

[1] Este texto é uma versão atual e modificada de um artigo publicado na revista *Polis e Psique*, v. 4, n. 3, 2014, p. 51-79. Os autores fazem parte do Núcleo de Pesquisa Cultura Contemporânea: Conhecimento, Subjetividade e Tecnologia (Necst), coordenado pela professora Rosa Maria Leite Ribeiro Pedro no âmbito do programa de pós-graduação em psicologia do Instituto de Psicologia da UFRJ.

[2] "Amazon testa frota de aviões não-tripulados para entregar encomendas em até 30 minutos", *O Globo*, 2 dez. 2013; disponível em: <http://oglobo.globo.com/tecnologia/amazon-testa-frota-de-avioes-nao-tripulados-para-entregar-encomendas-em-ate-30-minutos-10940932>, acesso em 13 jan. 2014.

[3] "Amazon faz 1ª entrega de produtos usando *drone*; voo demorou 13 minutos", *G1*, 15 dez. 2016; disponível em: <http://g1.globo.com/tecnologia/noticia/amazon-faz-1-entrega-de-produtos-usando-drone-voo-demorou-13-minutos.ghtml>, acesso em 30 jul. 2018; A. Hern, "Amazon claims first successful Prime Air drone delivery", *The Guardian*, 14 dez. 2016; disponível em: <https://www.theguardian.com/technology/

278 • Tecnopolíticas da vigilância

Os *drones* abrangem os aeromodelos, usados para fins recreativos, e os veículos aéreos não tripulados (Vants), que podem ser controlados remotamente por pilotos. Chamados também de aeronaves remotamente controladas (RPAs, sigla em inglês), podendo ser totalmente autônomos[4], os Vants foram concebidos originalmente para uso em missões militares. Desde 1994, os Estados Unidos testam *drones* carregados com armas, mas apenas em 2001, durante a invasão norte-americana no Afeganistão, admitiram oficialmente o uso desses aviões[5].

No Brasil, o uso dos *drones* tem crescido e teve início antes de haver uma regulamentação própria. Em 2005, a partir do Projeto Arara (Aeronave de Reconhecimento Autônoma e Remotamente Assistida) – voltado para a agricultura de precisão –, é desenvolvido o primeiro *drone* com tecnologia 100% brasileira. Em 2010, a Força Aérea Brasileira (FAB) passou a montar *drones* produzidos pela AEL Sistemas, subsidiária da empresa israelense Elbit System, com a qual foi fechado um acordo de R$48 milhões. A partir desse acordo, foram produzidos *drones* para proteger as fronteiras e para fins de segurança durante a Rio + 20 (realizada em 2012), a Copa do Mundo de 2014 e os Jogos Olímpicos de 2016[6]. Empresas como a Petrobras e a Companhia Energética de Minas Gerais (Cemig), bem como o agronegócio, já fazem uso desses equipamentos em caráter experimental. Tudo isso tem forçado os órgãos responsáveis por sua regulamentação a publicar novas regras para tornar essa atividade mais segura[7].

2016/dec/14/amazon-claims-first-successful-prime-air-drone-delivery>, acesso em 30 jul. 2018.

[4] Segundo a Agência Nacional de Aviação Civil, os dispositivos completamente autônomos não são permitidos.

[5] L. E. Gomes, "*Drones*: o lado oculto da guerra contra o terror", *Terra*, 2013; disponível em: <http://www.terra.com.br/noticias/infograficos/drones/>, acesso em 13 dez. 2013.

[6] B. Ferrari, "O novo alvo dos *drones*: protagonistas em ações militares de combate ao terrorismo, os aviões não tripulados estão ganhando espaço no meio civil", *Exame*, 23 jun. 2012; T. Stochero, "Segurança da Copa 2014 terá '*drones*' da FAB e PF; Exército estuda compra", *G1*, 25 mar. 2013; disponível em: <http://g1.globo.com/brasil/noticia/2013/03/seguranca-da-copa-2014-tera-drones-da-fab-e-pf-exercito-estuda-compra.html>, acesso em 13 jan. 2013.

[7] Remetemos o leitor à publicação mais recente que regulamenta o uso de *drone*, disponível em: <http://www.anac.gov.br/assuntos/legislacao/legislacao-1/rbha-e-rbac/rbac/rbac-e-94-emd-00/@@display-file/arquivo_norma/RBACE94EMD00.pdf>, acesso em 23 out. 2018.

A cena inicialmente apresentada ilustra a força e a extensão da presença dos dispositivos tecnológicos em nossa vida cotidiana. Esses dispositivos atravessam a constituição de nossa sociedade e a ela se entrelaçam tão intimamente que não é raro que nos denominemos "sociedade tecnológica" – um modo de indicar que não há sociedade hoje fora da tecnologia.

Para além da compreensão de que a tecnologia é imanente à sociedade, argumentamos que os dispositivos tecnológicos não são meros objetos ou instrumentos totalmente determinados pela vontade humana, mas, antes, uma rede que "faz fazer" – portanto nos mobiliza, desvia nossas ações. Ou, segundo nos ensina a Teoria Ator-Rede (TAR), os não humanos "têm agência"[8]. Isso significa pensar como a sociedade se produz, tendo em vista a participação da tecnologia, e como as conexões entre atores humanos e não humanos constroem o social, produzindo ressonâncias na subjetividade.

Propomos compreender o "social" como efeito de associações, devendo esse processo contínuo de associação entre os atores ser descrito, investigado, explicado a partir de um olhar sobre os detalhes. Ao invés de tentar explicar a parte pelo todo, a TAR nos convida a repensar o todo pela parte, isto é, a nos voltarmos para uma pequena dimensão da realidade, perto o suficiente para observar suas redes emaranhadas e traçar as associações que estão sendo produzidas e irão configurar um contorno geral.

Nesse sentido, a proposta feita pela TAR de tornar rastreáveis as associações entende que nossas apreensões da realidade são sempre parciais[9] e imperfeitas[10], sem que exista "a versão correta". Portanto, o que almejamos em nossas investigações é evidenciar as várias versões que circulam no coletivo e a respeito dele.

Propomos, no âmbito deste capítulo, problematizar as conexões híbridas entre tecnologia e sociedade, com foco nas tecnologias de controle e vigilância, que têm sido objeto de nossas pesquisas do Grupo Cultura Contemporânea: Conhecimento, Subjetividade e Tecnologia (CNPq/Lattes).

---

[8]   B. Latour, *Reagregando o social: uma introdução à teoria do ator-rede* (Salvador/Bauru, EDUFBA/Bauru, 2012).

[9]   D. Haraway, "Saberes localizados: a questão da ciência para o feminismo e o privilégio da perspectiva parcial", *Cadernos Pagu*, n. 5, 1995, p. 7-41.

[10]   B. Latour, *Ciência em ação: como seguir cientistas e engenheiros sociedade afora* (São Paulo, Editora Unesp, 2000).

Utilizamos em nossas pesquisas a "Cartografia das controvérsias". Controvérsias "são situações nas quais atores discordam"[11]. Referem-se, portanto, a espaços de conflitos e negociação, o que nos distancia da ideia de pensar o mundo e a realidade como espaços estáveis e homogêneos. De forma sucinta, podemos dizer que as controvérsias envolvem atores humanos e não humanos; expõem o social em sua forma mais dinâmica; são resistentes à redução e simplificação; são intensamente debatidas, costumam emergir quando o que estava estável e garantido começa a ser questionado e discutido; e são conflitos, "decidem e são decididas pela distribuição do poder"[12].

Cartografar controvérsias consiste, assim, em um modo de pesquisar que visa à compreensão e à proliferação de realidades, pondo em foco as incertezas que produzem essas realidades, o que possibilita a descrição dos movimentos que as tornam estáveis. Pode-se dizer que a análise de controvérsias favorece uma espécie de ontologia, na qual o caráter contingencial dos fatos se evidencia, assim como os processos de fabricação dos coletivos[13]. Esse modo de investigar nos permite, portanto, observar as ações, práticas e escolhas que atuam na construção das realidades que experimentamos e, sobretudo, evidencia a possibilidade de existência de outros mundos.

É por meio do mapeamento das associações que estabelecem esses coletivos e das controvérsias a eles articuladas que pretendemos dar visibilidade aos temas dos dispositivos tecnológicos que apresentamos na cena que abre este trabalho.

Cartografando controvérsias acerca da vigilância e segurança

Voltemos à cena.

Segundo a notícia "Amazon testa frota de aviões não tripulados para entregar encomendas em até 30 minutos", publicada em dezembro de 2013, a Amazon, com seu programa Prime Air, pretendia reduzir o tempo de entrega de suas mercadorias fazendo uso de *drones*. Denominados Octopters, esses

---

[11] T. Venturini, "Diving in magma: how to explore controversies with actor-network theory", *Public Understanding of Science*, v. 19, n. 3, 2010, p. 258-73.

[12] Idem.

[13] R. Pedro, "Sobre redes e controvérsias: ferramentas para compor cartografias psicossociais", em A. A. L. Ferreira et al. (orgs.), *Teoria ator-rede & psicologia* (Rio de Janeiro, Nau, 2010), p. 78-96.

equipamentos podiam transportar pacotes de até 2,3 quilos – peso de 86% dos produtos vendidos pela empresa – em um tempo máximo de trinta minutos.

Esse programa nasceu controverso, uma vez que, para ser posto em ação, necessitaria de mais testes, bem como de uma regulamentação específica fornecida pela Federal Aviation Administration (FAA), que, na época, ainda não permitia o uso de *drones* para fins comerciais. Apenas em junho de 2016 a primeira legislação para o setor foi anunciada pela FAA, com o objetivo de aproveitar as "inovações com segurança, estimular o crescimento dos empregos e o avanço da pesquisa científica e salvar vidas"[14].

Os *drones*, ou Vants, aparecem inicialmente como uma tecnologia de uso militar. De lá para cá, surgiram inúmeras questões acerca de seu uso, que agruparemos aqui como *controvérsias acerca do uso militar desses dispositivos*. A primeira questão advém do uso secreto e não admitido desde o princípio. Os *drones* já eram usados em missões espiãs pelos Estados Unidos em 1975, em 1994 começaram a ser testados com a aeronave Predator, mas apenas em 2001, com a invasão ao Afeganistão, as Forças Armadas norte-americanas admitiram oficialmente o uso desses aviões não tripulados[15]. Coloca-se ainda em questão o uso de tais dispositivos em combates.

Alguns discursos, francamente favoráveis ao uso dos *drones*, ressaltam que as operações são secretas, que o piloto estaria fora de perigo e poderia agir com mais precisão, além de enfatizar o custo mais baixo do que o dos caças tripulados.

> Não apenas o piloto está fora de perigo, mas pode manobrar a aeronave mais próxima dos alvos, o que permite maior velocidade e precisão na conclusão da missão e diminuição no dano colateral.[16]

No entanto, alguns dados são elencados a fim de pôr em questão esses benefícios.

> O principal argumento contra o emprego de aeronaves não tripuladas armadas ocorre quando elas são usadas fora de zonas de combate, como é o caso do Paquistão, Iêmen e Somália, países que não estão oficialmente em guerra com os Estados Unidos.[17]

---

[14] "FAA libera a primeira legislação dos *drones* nos Estados Unidos", *Drone Show Latin America*, 21 jun. 2016; disponível em: <http://www.droneshowla.com/a-faa-libera-a-primeira-legislacao-dos-drones-nos-estados-unidos/>, acesso em 30 jul. 2018.

[15] L. E. Gomes, *"Drones"*, cit.

[16] Idem.

[17] Idem.

O emprego nesses países violaria de alguma forma as leis internacionais estabelecidas pela Convenção de Genebra sobre Armas Convencionais, ocorrida em 1980, que vigoram desde 1983. A convenção não estabelece regras para *drones*, mas diz que mísseis e bombas – carregados por essas aeronaves – não podem ser utilizados fora das zonas de guerra. Além disso, leis internacionais impõem que soldados e armas devam distinguir civis de combatentes, algo que os *drones* ainda não seriam capazes de fazer. Argumentos contrários também destacam que os *drones* não dão ao inimigo oportunidade de se render nem exaurem todas as tentativas de prendê-lo. Organizações de direitos humanos, além de contestarem a legalidade do emprego militar desse recurso, argumentam contra a eficácia das missões, dado o grande número de inocentes entre as vítimas de bombardeios.

Na era Obama, esse debate se intensificou, sobretudo pelo acirramento da "guerra ao terror", iniciada no governo Bush.

A forte pressão do eleitorado americano pela diminuição das mortes de soldados fez a administração buscar uma alternativa que conciliasse posturas aparentemente conflitantes: os *drones*.[18]

Como consequência, pudemos testemunhar a expansão da vigilância via *drones* em áreas como o Paquistão, por exemplo – e, como efeito, um aumento de mortes nesse país. As entidades Bureau of Investigative Journalism e New American Foundation tentam contabilizar os ataques e as mortes por *drones* e, em janeiro de 2012, a ONU lançou um projeto denominado Naming the Dead (Dando Nome aos Mortos), com a finalidade de investigar a morte de civis e militares por 25 ataques de *drones* norte-americanos no Paquistão, no Iêmen, na Somália e nos Territórios Palestinos[19].

Nesse contexto, busca-se enfraquecer o argumento favorável à utilização dos *drones* que ressalta a segurança do piloto – pois este controla a aeronave remotamente – com estatísticas de mortalidade, principalmente envolvendo civis[20]. Aqui, os dados – número de mortes – também figuram como atores

---

[18] Idem.

[19] Idem.

[20] Segundo o Bureau of Investigative Journalism, pelo menos 309 ataques teriam sido realizados desde 2004, 257 no governo Obama. O número de mortes estaria entre 2.373 e 2.997, sendo entre 391 e 780 o número de civis mortos, entre os quais 175 crianças. Já de acordo com a New America Foundation, seriam 350 ataques desde 2004, com número de mortes entre 1.963 e 3.293, dos quais 261 a 305 civis mortos.

importantes na definição de novos contornos para essa tecnologia, atuando como dispositivos de inscrição[21] que deslegitimam seu uso, ao apontarem para uma possível banalização dos ataques. O fato de não poder fazer a distinção entre militares e civis e violar as leis internacionais também acaba tendo efeito semelhante.

Como dissemos, o uso militar de *drones* nos Estados Unidos está intimamente ligado à "guerra ao terror". O alto investimento em tecnologias que garantam a segurança do cidadão norte-americano e promovam a eficácia do combate esbarra em análises que questionam o sucesso dessa política. Na reportagem intitulada "Crônica de um fracasso"[22], alguns dados sugerem que a "guerra ao terror", capitaneada pelo governo dos Estados Unidos há dezesseis anos, tem produzido o efeito oposto. Após a morte de Osama bin Laden, a Al-Qaeda, ao invés de diminuir, aumentou seu poder e alcance nos países muçulmanos.

No Brasil, diferentemente dos Estados Unidos, o foco dos *drones* ainda são os serviços de vigilância e monitoramento. *Ainda*, pois, segundo a reportagem "Segurança da Copa 2014 terá '*drones*' da FAB e PF"[23], já existem projetos do Ministério da Defesa e da Anvibras Indústria Aeroespacial para a produção e o emprego de *drones* de combate. A Estratégia Nacional de Defesa, decreto publicado pelo então presidente da República, Luiz Inácio Lula da Silva, em 2008, aponta as diretrizes dos programas de veículos aéreos não tripulados, que inicialmente seriam destinados à vigilância e depois ao combate. Segundo o general da reserva do Exército Alvaro Pinheiro, especialista em terrorismo e táticas de guerra:

> É evidente que o Brasil precisa ter capacidade de operar *drones*, tanto para vigilância como para combate. O *drone* é cirúrgico, é um instrumento de apoio ao combate exatamente para diminuir efeitos indesejáveis, como a morte de inocentes ou destruição de locais errados.[24]

---

[21] Latour (*Ciência em ação*, cit.) faz uso dessa expressão para referir-se a qualquer entidade que torne possível uma exposição visual de qualquer tipo num texto. O instrumento é o que nos leva do artigo àquilo que lhe dá sustentação. Os dispositivos de inscrição nos possibilitam ir dos enunciados às controvérsias. E, reciprocamente, o mundo de inscrições é invisível enquanto não há controvérsias.

[22] A. L. M. C. Costa, "Crônica de um fracasso", *Carta Capital*, 15 jan. 2014, p. 50-2.

[23] T. Stochero, "Segurança da Copa 2014 terá '*drones*' da FAB e PF", cit.

[24] Idem.

284 • Tecnopolíticas da vigilância

Podemos perceber uma aposta, ou uma espécie de confiança, na capacidade dos dispositivos tecnológicos, que seriam mais eficazes que os humanos em seu desempenho. Assim, continua o general:

> O *drone* é a evolução do poder de combate, ele sintetiza tudo. Ele tem sensores capazes de localizar qualquer coisa, consegue transmitir a informação em tempo real para qualquer lugar – o que só o *drone* é capaz – e pode neutralizar e eliminar a ameaça naquele exato momento.[25]

Apesar disso, outros porta-vozes envolvidos nesse processo aqui no Brasil se mostram mais cautelosos. Renato Tovar, diretor da Avibras, por exemplo, afirma que:

> O projeto [de emprego de *drones* de combate] existe, mas vai ficar para o futuro. Por enquanto, o foco prioritário é vigilância e monitoramento. O assunto é ainda bastante delicado. Precisamos primeiro avançar na atuação de Vants de reconhecimento.[26]

O capitão José Augusto de Almeida, do Departamento de Ciência e Tecnologia da FAB, parece concordar:

> Há possibilidades enormes do uso militar de Vants na América Latina. Mas seria um avião de maior porte e que pode até dar apoio a caças. A maior preocupação é com acidentes e riscos envolvendo sobrevoar áreas populosas.[27]

Desde 2010, a FAB passou a montar *drones* produzidos pela AEL, subsidiária da empresa israelense Elbit System, e foi fechado um acordo de R$48 milhões para produzir *drones* utilizados para proteger as fronteiras, bem como para monitoramento durante a Rio+20 em 2012, a Copa das Confederações em 2013, a Copa do Mundo de 2014 e os Jogos Olímpicos de 2016, apesar de fortes restrições ao uso em áreas povoadas[28].

---

[25] Idem.

[26] Idem.

[27] Idem.

[28] Idem. Em recente publicação do Departamento de Controle do Espaço Aéreo (Decea), parece haver uma brecha para a autorização de voos em áreas povoadas: "11.2.4.1 A operação RPAS sobre áreas povoadas ou aglomerações de pessoas, não anuentes, terá a análise da autorização condicionada às certificações de todo o sistema, em especial a de aeronavegabilidade, cabendo ao Explorador/Operador a obtenção da mesma junto às Agências reguladoras"; Portaria Decea n. 282/DGCEA, de 22 de dezembro de 2016, p. 32.

É interessante notar que, num primeiro momento, os *drones* podem funcionar para promover a segurança nesses grandes eventos, mas também podem se tornar uma ameaça. Durantes os Jogos Olímpicos no Brasil, o governo restringiu o uso civil de *drones* com o objetivo de reforçar a prevenção de ataques terroristas. Além disso, estava preparado para paralisar e derrubar possíveis ameaças[29].

Embora os grandes eventos sejam o principal mote para as ações de vigilância com *drones*, o que se vê é a extensão desse uso para outros fins – nos Jogos Olímpicos de Londres, por exemplo, os gastos com *drones* de vigilância ultrapassaram o total de 550 milhões de libras[30], de forma que esses investimentos permanecessem como "legado" no âmbito da segurança pública.

Na esteira da proliferação desses dispositivos de visibilidade voltados para a segurança, a discussão sobre privacidade também se acirra, na medida em que os *drones* podem captar imagens sem que as pessoas em foco percebam sua presença.

Mas o uso dos *drones* não para por aí.

De certa forma, os veículos aéreos não tripulados estão começando a seguir o caminho trilhado por outras tecnologias criadas para projetos militares, como a internet e o GPS, hoje presentes na vida de milhões de pessoas.[31]

Dessa forma, chegamos ao *segundo grupo de controvérsias* que gostaríamos de abordar, *acerca do uso civil desses dispositivos*. Segundo Rémy et al.[32], os *drones* vêm sendo usados em serviços de resposta a catástrofes, em serviços de localização, análise e emissão de substâncias perigosas no ambiente, na pulverização de plantações no Japão, no mapeamento de cardumes de atum nos Estados Unidos, no combate a incêndios e na perseguição de suspeitos.

---

[29] "*Drones* serão proibidos durante Olimpíada, diz ministro da Defesa", *G1*, 22 jun. 2016; disponível em: <http://g1.globo.com/rio-de-janeiro/olimpiadas/rio2016/noticia/2016/07/drones-serao-proibidos-durante-olimpiada-diz-ministro-da-defesa.html>, acesso em 30 jul. 2018.

[30] S. Graham, "Olympics 2012 security: welcome to lockdown London", *The Guardian*, 12 mar. 2012; disponível em: <https://www.theguardian.com/sport/2012/mar/12/london-olympics-security-lockdown-london>, acesso em 30 jul. 2018.

[31] B. Ferrari, "O novo alvo dos *drones*", cit.

[32] G. Rémy et al., "SAR.Drones: drones for advanced search and rescue missions", *Journées Nationales des Communications dans les Transports*, 2013; disponível em: <https://pdfs.semanticscholar.org/fd1b/70ed8327845aadd69c208e2a12be25a61d74.pdf>, acesso em 1º out. 2018.

286 • Tecnopolíticas da vigilância

Desde 1990, também a construção civil vem fazendo uso de dispositivos eletrônicos – sistemas de automação predial (SAP) – no monitoramento dos "edifícios inteligentes" e das indústrias de alta tecnologia, buscando com isso maior eficiência, confiabilidade e menor custo operacional dos edifícios. Exemplos recentes de monitoramento de obras de engenharia demonstram novos usos para os *drones* na verificação do estado de conservação de fachadas, bem como na avaliação do estado de conservação de pontes, estádios, arenas esportivas e viadutos[33].

Em 2012, o presidente Barack Obama anunciou um investimento de US$63 bilhões para a modernização do sistema aéreo norte-americano, que comporta a criação de rotas para aeronaves pilotadas remotamente, diminuindo as restrições da FAA e tornando a utilização de *drones* mais fácil por parte das agências de fiscalização[34].

Diante das transformações que a nova política de entregas anunciada pela Amazon demanda, evidencia-se uma discussão que é também mercadológica. O CEO do eBay, por exemplo, em resposta ao referido anúncio, declara que a entrega da Amazon usando *drones* seria uma "fantasia", destacando a existência do serviço eBay Now, que entrega produtos em até uma hora: "Não estamos focando em fantasias a longo prazo, estamos focando em coisas que podemos fazer hoje"[35].

No Brasil, a Agência Nacional de Aviação Civil (Anac) criou regras, recentemente[36], para as operações civis de aeronaves não tripuladas. Antes de o regulamento entrar em vigor em 2017, já era possível conseguir autorização para o uso experimental desses equipamentos – o que, como dito

---

[33] C. A. Cosenza; P. A. Rheingantz; F. R. Lima, *Diagnóstico de adequação ambiental e condições de uso do edifício do Inpi no Rio de Janeiro* [relatório técnico] (Rio de Janeiro, Coppe-UFRJ, 2000); P. A. Rheingantz, "Centro Empresarial Internacional Rio – RB1: território de conflitos de percepções, imagens e expectativas", em V. del Rio (org.), *Arquitetura: pesquisa & projeto* (São Paulo/Rio de Janeiro, ProEditores/ FAU-UFRJ, 1998), p. 183-200.

[34] B. Ferrari, "O novo alvo dos *drones*", cit.

[35] "Entrega da Amazon usando *drones* é uma 'fantasia', diz CEO do eBay", *IDG News Service*, 9 dez. 2013; disponível em: <http://idgnow.com.br/internet/2013/12/09/ entrega-da-amazon-usando-drones-e-uma-fantasia-diz-ceo-do-ebay/>, acesso em 13 jan. 2014.

[36] Mais informações disponíveis em: <http://www.anac.gov.br/assuntos/paginas-tematicas/drones>; acesso em 30 jul. 2018.

anteriormente, era feito por empresas como a Petrobras e a Cemig e pelo agronegócio. A Polícia Federal usa *drones* israelenses para o controle de regiões de fronteira, como também já mencionado. O consórcio responsável pela construção da usina hidrelétrica de Jirau, no rio Madeira, gerencia o desmatamento na floresta usando um aparelho controlado remotamente. A Embraer, terceira maior fabricante de jatos civis no mundo, abriu em 2011 a Harpia Sistemas, empresa dedicada à produção de veículos aéreos não tripulados. Ferrari[37] menciona a utilização dos *drones* para o monitoramento das fronteiras pelo Exército e no Sistema Proteger[38], que irá monitorar a Usina Hidrelétrica de Itaipu e outros locais estratégicos do país.

Além disso, são usados para filmagens aéreas e já existem no mercado brinquedos controlados por iPhone, iPad ou Android que filmam tudo e alcançam uma altura de seis metros. Qualquer pessoa pode ter seu *drone* particular, para capturar imagens a uma distância antes inalcançável sem alguma ajuda tecnológica, o que já tem provocado controvérsias e acidentes. Em 2015, um homem, nos Estados Unidos, foi preso por ter atirado em um *drone* que sobrevoava sua casa. Os donos do aparelho tiravam fotos da casa de um amigo[39]. Também em 2015, um *drone* utilizado pela *Folha de S.Paulo* caiu na avenida Paulista, ferindo duas pessoas[40].

---

[37] B. Ferrari, "O novo alvo dos *drones*", cit.

[38] "O Programa Estratégico do Exército PROTEGER é um sistema complexo que visa ampliar a capacidade do Exército Brasileiro de coordenar operações na proteção da sociedade, destacando-se a proteção de Estruturas Estratégicas Terrestres (Infraestruturas Críticas) em situação de crise e o apoio à defesa civil em caso de calamidades naturais ou provocadas, inclusive em áreas contaminadas por agentes químicos, biológicos, radiológicos e nucleares; coordenar a segurança e atuação em Grandes Eventos; realizar operações de Garantia da Lei e da Ordem (GLO) e Garantia da Votação e Apuração (GVA) em pleitos eleitorais e ações de prevenção e combate ao terrorismo, quando demandada pelo governo federal, entre outras operações subsidiárias"; mais informações disponíveis em: <http://www.epex.eb.mil.br/index.php/proteger> e <http://www.epex.eb.mil.br/index.php/ultimas-noticias/103-iii-edicao-2>; acesso em 30 jul. 2018.

[39] "Homem é preso ao atirar em *drone* de US$1,8 mil que voava sobre sua casa", *G1*, 31 jul. 2015; disponível em: <http://g1.globo.com/tecnologia/noticia/2015/07/homem-e-preso-ao-atirar-em-drone-de-us-18-mil-que-voava-sobre-sua-casa.html>, acesso em 30 jul. 2018.

[40] L. Machado, "*Drone* contratado pela Folha cai na avenida Paulista e fere duas pessoas", *Folha de S.Paulo*, 15 mar. 2015; disponível em: <http://www1.folha.uol.com.

A possibilidade de capturar imagens a grandes distâncias amplia a já alta proliferação de imagens no mundo contemporâneo e aumenta a possibilidade de uma cena do âmbito privado ser conseguida com a ajuda de um pequeno objeto tecnológico, sem que o fotografado perceba ou saiba quem é o autor da foto. Assim, podemos afirmar que, quanto mais aumentamos, com a ajuda de objetos técnicos, nossa capacidade de tornar visível o que está à nossa volta, também aumentamos a visibilidade daquilo que antes estava em segredo, escondido no espaço da intimidade. A privacidade vai se tornando cada vez mais pública, e a vida, mais vigiada e controlada. Isso potencializa tanto o desejo de espionar como o de se expor. O problema se coloca à medida que vamos perdendo o controle sobre nossa própria imagem, que, por conta dos dispositivos tecnológicos disponíveis e dos humanos que os operam, se torna alvo fácil de capturas e publicização. Não podemos responsabilizar somente a tecnologia nem somente os humanos, pois, como diria Latour[41], a ação é partilhada. Os objetos podem ter seus usos modificados e reapropriados pelos humanos, assim como os humanos são afetados em sua ação no mundo pela interação com os objetos.

Estimativas do Teal Group destacam que o segmento dos *drones* é o que mais cresce na indústria aeroespacial, somando US$6,6 bilhões ao ano e devendo movimentar US$11,4 bilhões em 2022. Grande parte disso ainda vem do uso militar, mas, com as devidas mudanças na legislação e a diminuição das restrições, possivelmente o mercado civil dos *drones* crescerá ainda mais. Do inofensivo Ar Drone, criado para fins de entretenimento, passando pelos *drones* postais da Amazon, até os *drones* usados para monitoramento, vigilância e combate, estamos caminhando para uma sociedade cada vez mais vigiada. Os *drones* vêm sendo reapropriados, ganhando espaços antes impensados, gerando novas controvérsias a cada uso.

Algumas projeções podem ser feitas. O aumento dos investimentos na fabricação dessa tecnologia pode forçar legislações para que diminuam a restrição ao seu uso, além de poder expandir seu uso para diversos fins. Na impossibilidade de antecipar esses fins, cabe-nos colocar questões acerca do que está sendo produzido e de que efeitos isso provoca em nossa vida.

---

br/poder/2015/03/1603233-drone-contratado-pela-folha-cai-na-avenida-paulista-e-fere-duas-pessoas.shtml>, acesso em 30 jul. 2018.

[41] B. Latour, *Reagregando o social*, cit.

Considerações finais

A partir da cena apresentada, foi possível cartografar algumas controvérsias que vão se produzindo à medida que as conexões entre sociedade e tecnologia se complexificam. O que essas controvérsias nos permitem evidenciar? O que estamos nos tornando a partir da presença e das ações dos não humanos? Ao problematizarmos a proliferação dos *drones*, dois temas despontaram como importantes: a preocupação com a segurança e a publicização da privacidade.

Quanto à segurança, os discursos que apoiam a utilização desses dispositivos se sustentam na aposta de que a tecnologia pode ser mais eficiente que os humanos, passíveis de imprecisões e erros. Além disso, seria mais capaz de proteger vidas humanas e evitar mortes, uma vez que dispensa o combate corpo a corpo, preservando, pela distância no espaço, a vida dos soldados. Os alvos inimigos poderiam ser cirurgicamente atacados, evitando estragos maiores. Esses argumentos perdem força quando vêm à tona, por outras vozes, os dados sobre o número de vítimas civis e inocentes nos ataques.

Se um dos objetivos dos *drones* é proteger a vida humana, cabe perguntar: qual vida humana? Certamente não a dos povos dos países muçulmanos, alvos dos ataques, que, se não são, podem se tornar terroristas perigosos. Nesse sentido, a vida de uns parece se banalizar em relação à vida de outros. Quem decide quem morre e quem sobrevive? Obviamente não é a tecnologia por si só, nem parece ser algum indivíduo isolado. Se concebermos a sociedade como uma rede de agenciamentos sociotécnicos, precisaremos conceber a responsabilidade como um efeito distribuído, em que participam atores bastante heterogêneos, tais como os dirigentes, seus assessores, o piloto, o povo norte-americano e a própria aeronave, pois nenhum deles age sozinho.

Além disso, o monitoramento por *drones* voltado, num primeiro momento, para o inimigo, bem longe e distante, vem se direcionando cada vez mais para perto e a perspectiva é que essas máquinas comecem a fazer parte do nosso cotidiano, tornando-nos alvos de sua vigilância e controle[42].

---

[42] Tempos depois de este texto ter sido escrito, deparamo-nos com notícias sobre a intenção do atual governador do Rio de Janeiro de usar drones que atiram como parte da política de segurança. Ver L. E. Magalhães e R. Soaes, "Especialistas criticam planos de Witzel de usar drone que faz disparos em ações policiais no Rio", *O Globo*, 3 nov. 2018. Disponível em <https://oglobo.globo.com/rio/especialistas-criticam-planos-de-witzel-de-usar-drone-que-faz-disparos-em-acoes-policiais-no-

Os efeitos disso ainda não são amplamente visíveis, mas não demorarão a se fazer sentir.

Quanto à privacidade, os *drones* parecem reforçar uma controvérsia que não é nova: até que ponto queremos e podemos abrir mão de certa privacidade em prol de fortalecer nossa segurança? Além disso, com a proliferação de máquinas que podem capturar imagens, não estaríamos banalizando a profusão de cenas privadas no espaço público? Até que ponto essa invasão do espaço público pela intimidade não o esvazia de questões coletivas, fazendo o nosso foco se voltar para a vida individual? Alcançar a visibilidade parece ter se tornado não apenas um desejo, mas quase uma obrigação para que algo confirme e afirme sua existência perante os outros. Até que ponto esse desejo de espionar e se expor não tem invadido diversas áreas da vida coletiva, reconfigurando as relações sociais?

Nosso objetivo, no âmbito deste trabalho, não foi encontrar respostas para todas essas questões, mas trazê-las à cena, no sentido de colocá-las como pontos de problematização. Isso significa não tomá-las como consequência inexorável das novas tecnologias, nem adotar, em relação a elas, uma posição favorável ou desfavorável. Quisemos, sim, destacar o quanto os dispositivos tecnológicos se configuram como atores-rede decisivos no cenário contemporâneo, fazendo-nos realizar coisas e participando, de forma radical, na constituição das formas de ser e de viver na atualidade.

Referências

AGÊNCIA NACIONAL DE AVIAÇÃO CIVIL. Drones. (s/d). Disponível em: <https://www.anac.gov.br/assuntos/paginas-tematicas/drones>; acesso em 30 jul. 2018.

AMAZON faz 1ª entrega de produtos usando *drone*; voo demorou 13 minutos. *G1*, 15 dez. 2016. Disponível em: <http://g1.globo.com/tecnologia/noticia/amazon-faz-1-entrega-de-produtos-usando-drone-voo-demorou-13-minutos.ghtml>; acesso em 30 jul. 2018.

AMAZON testa frota de aviões não-tripulados para entregar encomendas em até 30 minutos. *O Globo*, 2 dez. 2013. Disponível em: <http://oglobo.globo.com/tecnologia/amazon-testa-frota-de-avioes-nao-tripulados-para-entregar-encomendas-em-ate-30-minutos-10940932>; acesso em 13 jan. 2014.

---

rio-23208689>; acesso em 29 out. 2019; e "Witzel vai a Israel conhecer drones que atiram e tecnologia de reconhecimento facial", *G1* Rio, 4 dez 2018. Disponível em: <https://g1.globo.com/rj/rio-de-janeiro/noticia/2018/12/04/witzel-vai-a-israel-conhecer-drones-que-atiram-e-tecnologia-de-reconhecimento-facial.ghtml>; acesso em 29 out. de 2019.

COSENZA, C. A.; RHEINGANTZ, P. A.; LIMA, F. R. *Diagnóstico de adequação ambiental e condições de uso do edifício do Inpi no Rio de Janeiro* [relatório técnico]. Rio de Janeiro, Coppe-UFRJ, 2000.

COSTA, A. L. M. C. Crônica de um fracasso. *Carta Capital*, 15 jan. 2014, p. 50-2.

DRONES serão proibidos durante Olimpíada, diz ministro da Defesa. *G1*, 22 jun. 2016. Disponível em: <http://g1.globo.com/rio-de-janeiro/olimpiadas/rio2016/noticia/2016/07/drones-serao-proibidos-durante-olimpiada-diz-ministro-da-defesa.html>; acesso em 30 jul. 2018.

ENTREGA da Amazon usando *drones* é uma "fantasia", diz CEO do eBay. *IDG News Service*, 9 dez. 2013. Disponível em: <http://idgnow.com.br/internet/2013/12/09/entrega-da-amazon-usando-drones-e-uma-fantasia-diz-ceo-do-ebay/>; acesso em 13 jan. 2014.

FAA libera a primeira legislação dos *drones* nos Estados Unidos. *Drone Show Latin America*, 21 jun. 2016. Disponível em: <http://www.droneshowla.com/a-faa-libera-a-primeira-legislacao-dos-drones-nos-estados-unidos/>; acesso em 30 jul. 2018.

FERRARI, B. O novo alvo dos *drones*: protagonistas em ações militares de combate ao terrorismo, os aviões não tripulados estão ganhando espaço no meio civil. *Exame*, 23 jun. 2012. Disponível em: <http://exame.abril.com.br/revista-exame/edicoes/1019/noticias/o-novo-alvo-dos-drones?page=1>; acesso em 13 jan. 2014.

GOMES, L. E. *Drones*: o lado oculto da guerra contra o terror. *Terra*, 2013. Disponível em: <http://www.terra.com.br/noticias/infograficos/drones/>; acesso em 13 dez. 2013.

GRAHAM, S. Olympics 2012 security: welcome to lockdown London. *The Guardian*, 12 mar. 2012. Disponível em: <https://www.theguardian.com/sport/2012/mar/12/london olympics-security-lockdown-london>; acesso em 30 jul. 2018.

HARAWAY, D. Saberes localizados: a questão da ciência para o feminismo e o privilégio da perspectiva parcial. *Cadernos Pagu*, n. 5, 1995, p. 7-41.

HERN, A. Amazon claims first successful Prime Air drone delivery. *The Guardian*, 14 dez. 2016. Disponível em: <https://www.theguardian.com/technology/2016/dec/14/amazon-claims-first-successful-prime-air-drone-delivery>; acesso em 30 jul. 2018.

HOMEM é preso ao atirar em *drone* de US$1,8 mil que voava sobre sua casa. *G1*, 31 jul. 2015. Disponível em: <http://g1.globo.com/tecnologia/noticia/2015/07/homem-e-preso-ao-atirar-em-drone-de-us-18-mil-que-voava-sobre-sua-casa.html>; acesso em 30 jul. 2018.

LATOUR, B. *Ciência em ação: como seguir cientistas e engenheiros sociedade afora*. São Paulo, Editora Unesp, 2000.

_____. *Reagregando o social: uma introdução à teoria do ator-rede*. Salvador/Bauru, EDUFBA/Edusc, 2012.

MACHADO, L. *Drone* contratado pela Folha cai na avenida Paulista e fere duas pessoas. *Folha de S.Paulo*, 15 mar. 2015. Disponível em: <http://www1.folha.uol.com.br/poder/2015/03/1603233-drone-contratado-pela-folha-cai-na-avenida-paulista-e-fere-duas-pessoas.shtml>; acesso em 30 jul. 2018.

MAGALHÃES, L. E.; SOAES, R. Especialistas criticam planos de Witzel de usar drone que faz disparos em ações policiais no Rio. *O Globo*, 3 nov. 2018. Disponível em <https://oglobo.globo.com/rio/especialistas-criticam-planos-de-witzel-de-usar-drone-que-faz-disparos-em-acoes-policiais-no-rio-23208689>; acesso em 29 out. 2019.

PEDRO, R. Sobre redes e controvérsias: ferramentas para compor cartografias psicossociais. In: FERREIRA, A. A. L. et al. (orgs.). *Teoria ator-rede & psicologia*. Rio de Janeiro, Nau, 2010, p. 78-96.

RÉMY, G.; SENOUCI, S.; JAN, F.; GOURHANT, Y. SAR.Drones: drones for advanced search and rescue missions. *Journées Nationales des Communications dans les Transports*, 2013. Disponível em: <https://pdfs.semanticscholar.org/fd1b/70ed8327845aadd69c20 8e2a12be25a61d74.pdf>; acesso em 1º out. 2018.

RHEINGANTZ, P. A. Centro Empresarial Internacional Rio – RB1: território de conflitos de percepções, imagens e expectativas. In: DEL RIO, V. (org.). *Arquitetura: pesquisa & projeto*. São Paulo/Rio de Janeiro, ProEditores/FAU UFRJ, 1998, p. 183-200.

STOCHERO, T. Segurança da Copa 2014 terá *"drones"* da FAB e PF; Exército estuda compra. *G1*, 25 mar. 2013. Disponível em: <http://g1.globo.com/brasil/noticia/2013/03/ seguranca-da-copa-2014-tera-drones-da-fab-e-pf-exercito-estuda-compra.html>; acesso em 13 jan. 2013.

VENTURINI, T. Diving in magma: how to explore controversies with actor-network theory. *Public Understanding of Science*, v. 19, n. 3, 2010, p. 258-73.

WITZEL vai a Israel conhecer drones que atiram e tecnologia de reconhecimento facial. *G1* Rio, 4 dez 2018. Disponível em: <https://g1.globo.com/rj/rio-de-janeiro/ noticia/2018/12/04/witzel-vai-a-israel-conhecer-drones-que-atiram-e-tecnologia-de-reconhecimento-facial.ghtml>; acesso em 29 out. de 2019.

VISÍVEL/INVISÍVEL: SOBRE O RASTREIO DE MATERIAL GENÉTICO COMO ESTRATÉGIA ARTÍSTICO-POLÍTICA*

Flavia Costa

Nos últimos anos, o especialista em estudos sociais sobre a vigilância David Lyon, autor do pioneiro livro *O olho eletrônico*[1], vem apontando que estamos assistindo a uma transformação sutil, mas decisiva, no que se refere ao fenômeno da vigilância. Estamos atravessando, segundo Lyon[2], a passagem do que pesquisadores (incluindo ele próprio) chamavam, até fins do século XX, de "sociedade de vigilância" para uma "cultura da vigilância". A primeira implicava uma ampliação dos imaginários e práticas de monitoramento em relação ao "velho" panoptismo estatal de tipo orwelliano e significava que, com as novas tecnologias digitais e de telecomunicações, a vigilância começava a se converter em uma experiência social generalizada, que envolvia órgãos governamentais, polícia, espaços de trabalho, serviços de inteligência e empresas de uma maneira cada vez mais entrelaçada e complexa. A ideia de uma "cultura da vigilância" vai mais além, buscando apontar que, pouco a pouco, a vigilância vem se tornando um *modo de vida*, na medida em que é parte de nossa experiência cotidiana nos aeroportos e

---

* Tradução de Heloísa Cardoso Mourão. (N. E.)

[1] D. Lyon, *The electronic eye: the rise of surveillance society* (Minneapolis, University of Minnesota Press, 1994).

[2] David Lyon apresentou essa ideia em diferentes jornadas e encontros científicos, incluindo o último encontro da rede Lavits, realizado em novembro de 2016 em Buenos Aires, onde proferiu a conferência "Encountering and engaging with surveillance culture" [Encontro e envolvimento com a cultura da vigilância]. Muitas dessas exposições estão gravadas em vídeo e disponíveis *online*. Para citar apenas uma, cf. D. Lyon, *The culture of surveillance: who's watching whom, now?* [vídeo], 1º mar. 2012; disponível em: <http://sydney.edu.au/sydney_ideas/lectures/2012/professor_david_lyon.shtml>, acesso em 15 jan. 2017.

294 • Tecnopolíticas da vigilância

ruas da cidade, na entrada e saída dos edifícios e também dentro das casas, em *smartphones* e redes sociais.

A partir dessa perspectiva, a vigilância não é apenas algo que *se faz às* pessoas, mas sim algo em que elas se veem envolvidas e sobre o qual são forçadas a tomar decisões quando realizam ações tão corriqueiras quanto comprar produtos, comunicar-se com outros, compartilhar fotos ou visitar um parente.

Aceitando tal diagnóstico, pelo menos provisoriamente, é possível apontar que, dentro dessa nova *cultura*, existem âmbitos de desenvolvimento um tanto excêntricos em relação ao que costumamos entender como vigilância. O que se conhece como "vigilância genética", isto é, o rastreamento e a identificação de material biológico, em especial os vestígios de DNA que vamos deixando em nossa vida diária, é um desses terrenos incipientes e pouco conhecidos, mas em sólido desenvolvimento.

Também pouco conhecido é o fato de que essa emergência se fez notar no campo artístico. Em particular, foi a artista norte-americana Heather Dewey-Hagborg – uma graduada em Artes da Informação com conhecimentos avançados em programação e participante ativa do movimento "bio-*hacker*" (ou DIYbio, significando *Do-It-Yourself Biology*, também conhecido como biologia de garagem) – que decidiu explorar e interrogar essa prática a partir de 2012, com as mesmas técnicas e, significativamente, ao mesmo tempo que outros agentes – cientistas, empresários, agências governamentais, publicitários.

Ela o faz através de um gesto, comum a muitas das poéticas tecnológicas do nosso tempo, que consiste em irromper na cena do laboratório – biotecnológico, nesse caso – e abrir o que tanto Vilém Flusser[3] como Bruno Latour[4] chamam de "caixas-pretas" da ciência e da tecnologia. Um gesto potente, sem dúvida: exige audácia, destrezas incomuns no campo da arte e uma alta dose de reflexividade para entender e decidir se e como pôr em jogo os materiais e procedimentos que vão sendo incorporados. Mas não necessariamente positivo em si mesmo: se a reflexividade é evitada ou distorcida, a entrada no laboratório pode colaborar – e muitas vezes é o caso – com uma estetização açucarada e com a aceitação impensada desses mesmos procedimentos e técnicas que busca "descaixapretizar". Assumido como

---

[3] V. Flusser, *Für eine Philosophie der Fotografie* (Göttingen, European Photography, 1983).

[4] B. Latour, *Science in action: how to follow scientists and engineers through society* (Cambridge, MIT Press, 1987).

um desafio consciente, no entanto, o gesto busca apreender e disseminar saberes e práticas muitas vezes desconhecidos do público de arte, colocar em debate seus usos comerciais e governamentais e ajudar a promover a discussão pública sobre o que está acontecendo no âmbito da investigação e da "inovação" no que tange ao vivo e ao vivente.

Do meu ponto de vista, a sincronia temporal que acabo de sublinhar, bem como essas operações controversas – em que os artistas utilizam o laboratório a partir de "dentro" para ativar a discussão sobre o que ali acontece em âmbitos distintos e a partir de valores diferentes dos que habitualmente entram em jogo dentro desses mesmos laboratórios –, são elementos que reforçam e permitem ver, em uma perspectiva mais ampla, a hipótese de Lyon. Voltarei a isso no final. Mas, para chegar lá, permitam-me adentrar o tema com duas notícias de jornal.

Das identificações às "interpretações especulativas"

Informação 1: Em maio de 2016, a prefeitura de Mislata, em Valência, Espanha, promulgou um decreto que obriga os moradores a realizar a extração de material genético de seus cães para criar um banco de dados de DNA canino e, a partir da informação recolhida, poder punir aqueles que não recolhem os excrementos que seus animais de estimação deixam em via pública[5]. Para isso, a empresa concessionária de limpeza recolherá uma amostra de cada excremento encontrado nas ruas do município e enviará para um laboratório, onde a amostra será confrontada com o banco genético do Censo Municipal para determinar a identidade do cão e de seu proprietário. Assim, os proprietários "anticívicos", como os chamou a imprensa, pagarão multas que chegam a 200 euros por excremento não recolhido e 300 euros se os cães não estiverem registrados.

A prática não é de todo nova: em meados de 2015, começou a ser implementada em Barking e Dagenham, um bairro a leste de Londres, Inglaterra. A impressão genética de cada cão figura no *microchip*, que todos os cães na Inglaterra e no País de Gales necessariamente devem portar[6]. A empresa de

---

[5] O texto completo do decreto pode ser lido aqui: <www.mislata.es/rs/32026/d112d6ad-54ec-438b-9358-4483f9e98868/4db/fd/1/filename/>; acesso em 15 dez. 2016.

[6] P. Cocozza, "DNA-testing dog poo? You'd have to be barking!", *The Guardian*, 28 abr. 2015; disponível em: <www.theguardian.com/lifeandstyle/shortcuts/2015/apr/28/dna-testing-dog-poo-have-to-be-barking-council>, acesso em 15 dez. 2016.

296 • Tecnopolíticas da vigilância

biotecnologia que patenteou o sistema, chamada Poo Prints (literalmente, "impressões de cocô"), criada em 2008 e com sede em Knoxville, Tennessee (EUA), assegura que há mais de mil edifícios e bairros nos Estados Unidos que já usam o método.

Informação 2: A primeira vez que se recorreu à análise de material genético como parte de uma investigação criminal foi há trinta anos. Em 1986, Dawn Ashworth, uma jovem de quinze anos, foi estuprada e assassinada em uma pequena localidade da Inglaterra, no condado de Leicestershire. Três anos antes, em uma cidade próxima, ocorrera um crime semelhante, o de Lynda Mann, também de quinze anos. A análise de DNA realizada a partir de amostras de sêmen coletadas dos corpos mostrou que o autor de ambos os crimes era o mesmo, mas a comparação com o perfil genético do único suspeito – que, ademais, confessara culpa pelo segundo assassinato – não indicou coincidência. A prova serviu para atestar a inocência do acusado em primeira instância.

O caso foi resolvido, não sem alguns equívocos, mediante análise de perfis genéticos de homens adultos residentes na área[7]. Colin Pitchfork foi, portanto, o primeiro estuprador em série identificado por um estudo genético, algo que se realizou com uma pesquisa massiva.

A partir daí, a identificação de vestígios biológicos, mediante análise comparativa de DNA, foi gradativamente incorporada à investigação criminal até tornar-se uma ferramenta de rotina em pelo menos quatro campos: a criminalística, a investigação de paternidade, a identificação de restos mortais e as catástrofes de massa.

Pois bem: nesses dois procedimentos com objetivos tão diferentes, temos em comum a existência, por um lado, de rastros genéticos e, por outro, de um banco de dados, um arquivo ou, na falta deste, de um levantamento massivo ou dirigido que permita a comparação. O que acontece se o banco de dados não existe e os levantamentos dirigidos a construí-lo fracassam? Isso ocorre, como se sabe, com frequência. Como em 2011, quando Candra Alston e sua filha de três anos, Malasia Boykin, foram mortas em seu apartamento em Columbia, Carolina do Sul (EUA). Naquele momento, a polícia recolheu o DNA de mais de 150 pessoas, mas a investigação não deu nenhum resultado.

---

[7] Em uma primeira investigação, que levou seis meses e na qual foram coletados dados de 5 mil homens da região, não houve resultado. No entanto, pouco depois, soube-se que um homem da região, Colin Pitchfork, pagou a um amigo para se passar por ele na amostragem, pelo que Pitchfork foi preso e considerado culpado de ambas as mortes.

A genética forense vem trabalhando para superar essa limitação e, há cerca de dez anos, vêm sendo desenvolvidas, em diferentes laboratórios e universidades na Europa e nos Estados Unidos, técnicas que permitem especular com a possibilidade de reconstruir um rosto ou criar uma espécie de retrato falado a partir de traços de DNA.

A técnica se denomina fenotipagem por DNA (FDP, em sua sigla em inglês), ou *molecular photofitting*. A FDP difere da tipagem, digamos, "tradicional" de DNA em muitos aspectos. Em primeiro lugar, esta última não revela informações pessoais, mas determina se duas amostras pertencem à mesma pessoa. Em contrapartida, a FDP parte do DNA encontrado em um cenário qualquer para criar uma possível descrição da aparência de quem esteve ali. À diferença da tipagem de DNA, que confirma a identidade dentro de um universo de pessoas possíveis, a FDP procura prever a aparência de uma pessoa que não se conhece ou não se encontra.

A primeira aparição pública dessa técnica no campo da aplicação da lei foi em janeiro de 2015, precisamente para reabrir o caso de Alston e sua filha. Naquele ano, a polícia de Columbia contratou os serviços da empresa Parabon NanoLabs[8], através de cujo programa Snapshot pôde desenvolver e fornecer um possível retrato falado do agressor[9].

As investigações com esse método permitem obter dados probabilísticos sobre sexo, cor dos olhos, cor do cabelo e uma polêmica "categoria de etnicidade" ou "ancestralidade", elemento que causa inquietude porque sinaliza o retorno, em certos ramos da investigação, da noção mais ou menos encoberta de raça, que parecia ter sido deixada para trás desde os anos 1950[10], com seus riscos implícitos de estereotipia e exacerbação

---

[8] Não é a única empresa que oferece esse serviço. Além da Parabon (http://parabon-nanolabs.com/), há várias outras dedicadas à "fenotipagem forense", como a Identitas (http://identitascorp.com/) e a Illumina (www.illumina.com).

[9] O documento de difusão da Parabon Nanolabs pode ser consultado em: <https://parabon-nanolabs.com/news-events/2015/01/snapshot-puts-face-on-four-year-old-cold-case.html>, acesso em 15 dez. 2016.

[10] Ver, em especial, as quatro declarações sobre a questão racial da Unesco, elaborada por especialistas de diferentes disciplinas científicas reunidos em 1950, 1951, 1964 e 1967, como parte de um programa da agência para promover o conhecimento de noções científicas sobre raça e combater o preconceito racial; Unesco, *Cuatro declaraciones sobre la cuestión racial*, Paris, Organización de las Naciones Unidas para la Educación, la Ciencia y la Cultura, 1969.

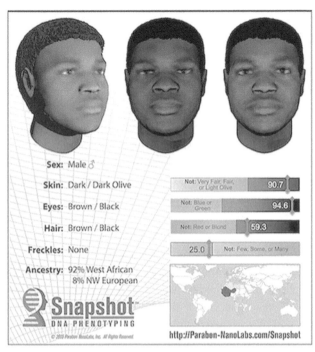

Figura 1: Esta imagem reproduz o perfil criado por uma empresa para a polícia em Columbia, Carolina do Sul (EUA), a partir da técnica de fenotipagem por DNA. Funcionou como o primeiro retrato falado em um caso – um duplo homicídio ocorrido em 2011 – em que não houve testemunhas ou câmeras de vigilância nem outro elemento de prova, exceto os rastros genéticos do criminoso. Ele foi tornado público em janeiro de 2015; o caso permanece sem solução*. O que diz o perfil: homem com pele, olhos e cabelos escuros. Sem sardas. Ancestralidade: 92% da África ocidental e 8% do norte da Europa ocidental. Fonte: Parabon-Nanolabs.

de tendências discriminatórias e racistas. Não permitem definir idade, porque, como indicado em 2010 pelo biólogo molecular Manfred Kayser, da Escola de Medicina Erasmus de Rotterdam, na Holanda, não existem marcadores de DNA para a idade. "Deparamo-nos com um

---

* Em março de 2017, a polícia prendeu um suspeito; ver Teddy Kulmala, "Calif. man held in 2011 slayings of Columbia mother and daughter", The State, 30 mar. 2017; disponível em: <https://www.thestate.com/news/local/crime/article141735144.html>, acesso em 31 out. 2018. (N. E.)

problema", explicou Kayser para a revista *MIT Technology Review*, "porque normalmente o DNA não muda com os anos. [...] Sendo assim, temos de encontrar outra via de acesso."[11] Para isso, Kayser – especialista em biologia molecular forense e um dos desenvolvedores do teste de DNA HIrisPlex, que permite prever a cor do cabelo e dos olhos – desenvolveu um método baseado no sistema imunológico para estabelecer a idade a partir de vestígios de sangue com uma margem de erro de nove anos.

Desde então, toda essa informação começou a circular em campos diferentes ao da ciência e da criminalística. Chegamos assim aos trabalhos da artista Heather Dewey-Hagborg, que participam da tendência vitalista ou biomedial da bioarte[12], ou seja, aquela que não só visualiza e tematiza a relação entre arte, ciência e biotecnologia, mas que também incorpora em sua prática artística materiais e técnicas de laboratório, colocando a obra em tensão máxima em termos de procedimentos e materiais com os quais e sobre os quais está trabalhando.

Da aplicação da lei à arte... E vice-versa

Em sua série *Stranger Visions* (2012-2013), Dewey-Hagborg criou retratos esculpidos em três dimensões a partir da análise do material genético extraído de restos ou detritos recolhidos em locais públicos, tais como chicletes, cabelos ou guimbas de cigarro. Trabalhando em conjunto com o

---

[11] J. Chu, "A spot of blood reveals your age", *MIT Technology Review*, 23 nov. 2010; disponível em: <www.technologyreview.com/s/421785/a-spot-of-blood-reveals-your-age>, acesso em 15 dez. 2016.

[12] Em seu livro *Bioart and the vitality of media* (Seattle, University of Washington Press, 2010), Robert Mitchell cunhou uma classificação da bioarte em dois grandes ramos, segundo a posição (mais ou menos crítica) a respeito de ciência e tecnologia e o tipo de material utilizado: a bioarte "vitalista", que trabalha com materiais biológicos e busca expandir a consciência a respeito do vivente através dos mesmos procedimentos de ciência e tecnologia, e "a profilática", que usa materiais tradicionais, tem como tema a pesquisa em biologia, genética etc., e geralmente assume uma posição crítica sobre elas. Por sua parte, López del Rincón e Cirlot referem-se, no mesmo sentido, a duas tendências: a biomedial, que usa substâncias biológicas como meio, e a biotemática, que tematiza a biologia, seus objetos, procedimentos e dilemas; D. López del Rincón; L. Cirlot, "Historiando el bioarte o los retos metodológicos de la historia del arte (de los medios)", *Artnodes*, n. 13, 2013, p. 62-71; disponível em: <www.raco.cat/index.php/Artnodes/article/view/285094>, acesso em 14 jan. 2017.

Genspace, um laboratório comunitário de "biologia de garagem" situado no Brooklyn, Nova York, Dewey-Hagborg extraiu o DNA desses materiais através de uma reação em cadeia de polimerase para decompor o material genético e concentrar-se nas cadeias que dão informações sobre sexo, cor dos olhos, pele e cabelo, categoria de etnicidade, bem como certas características faciais, como a largura do nariz e da boca. Aplicou esses dados em um *software* desenvolvido por ela mesma e produziu uma *previsão* ou estimativa especulativa das possíveis características faciais da pessoa a quem o material genético pertencia. Como vimos, uma limitação da técnica é que não permite saber a idade, de modo que a artista os *retratou* em torno de 25 anos. Em seguida, imprimiu o retrato resultante com uma impressora 3D a cores.

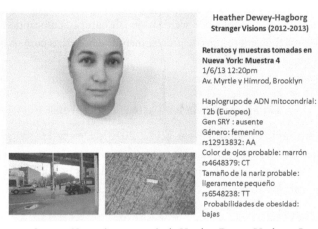

Figura 2: *Stranger Visions* (2012-2013), de Heather Dewey-Hagborg. Para esse projeto, a artista recolheu cabelos, guimbas de cigarro e outros resíduos encontrados em locais públicos e utilizou o DNA achado nos restos para construir, a partir de seus perfis genéticos, "interpretações especulativas"[13] sobre como seria o aspecto desses portadores desconhecidos. Fonte: Heather Dewey-Hagborg, Stranger Visions.

Dewey-Hagborg expôs *Stranger Visions* a partir de 2012. Como um derivado dessa mesma ação, e ingressando na linha bioativista da bioarte[14],

---

[13] M. Herper, "Artist creates portraits from people's DNA. Scientists say 'That's impossible'", *Forbes*, 31 maio 2013; disponível em: <www.forbes.com/sites/matthewherper/2013/05/31/turning-found-dna-into-portraits-what-an-imagination/#e44bed419c0c>, acesso em 15 jan. 2017.

[14] Foi Daniel López del Rincón quem apontou a existência, dentro da bioarte, dessa terceira tendência, que se soma às duas que já foram registradas no texto escrito em

no ano seguinte começou a trabalhar em técnicas de "contravigilância", promovendo a ocultação de seus próprios vestígios de DNA em uma estratégia que recupera, para proteção de informação biológica, o tema da anonimização, no jargão da informática. A primeira peça foi *Falsificação de DNA*, um vídeo em que mostra maneiras de ocultar impressões genéticas. Em seu site dedicado a essa peça, lemos:

> Como humanos, estamos constantemente derramando material genético no espaço público. É cada vez mais comum o uso dessas impressões para a vigilância e reconstrução de rostos. Assim como a ocultação de IP possibilita a navegação anônima na internet, a falsificação de DNA amplia esse potencial ao codificar material genético, permitindo trajetórias físicas anônimas iguais às navegações ocultas no mundo digital. Nesse espírito, nosso trabalho oferece algumas técnicas DIY [*Do It Yourself*/Faça Você Mesmo], para contrapor à vigilância genética.[15]

Em 2014, ela desenvolveu o projeto-produto *Invisible*, que funciona como ocultador de DNA. *Invisible* inclui um kit de dois frascos de spray, um chamado Apagar e outro, Substituir. Apagar remove 99,5% do material de DNA de qualquer superfície, enquanto Substituir esconde o restante 0,5% por pulverização de uma camada de material genético aleatório. "Você não deixaria seus registros médicos no metrô para qualquer um ler" – adverte o site do produto. "Deve ser uma escolha. Você deve estar no controle de como compartilha sua informação e com quem: seja seu *e-mail*, suas chamadas de telefone, suas mensagens de SMS e, certamente, seus genes. *Invisible* é um kit tático para proteção contra novas formas de vigilância biológica."[16] Tendemos a imaginar que *Invisible* serviria perfeitamente para ocultar as provas de um crime. Por alguma razão, isso não parece relevante para seus criadores. Em seu raciocínio, o produto-provocação é uma ferramenta

---

2013 com Lourdes Cirlot e mencionado anteriormente, na nota 12: a biotemática e a biomedial. A tendência bioativista, ou de "bioartivismo", pretende retirar o conhecimento técnico-científico dos limites do laboratório para "contribuir para a construção de uma consciência crítica que se baseie na própria experiência, transformando o público em usuário e não apenas receptor", e com a ideia de que a prática amadora pode descobrir novas vias de reflexão e aplicação da biotecnologia; D. López del Rincón, *Bioarte: arte y vida en la era de la biotecnología* (Madri, Akal, 2015), p. 109 e 112.

[15] Disponível em: <http://www.deweyhagborg.com/projects/dna-spoofing>; acesso em 30 jul. 2018.

[16] Disponível em: <http://www.deweyhagborg.com/projects/invisible>; acesso em 30 jul. 2018.

necessária em um mundo onde a mineração de dados se estende desde o ciberespaço até o genoma.

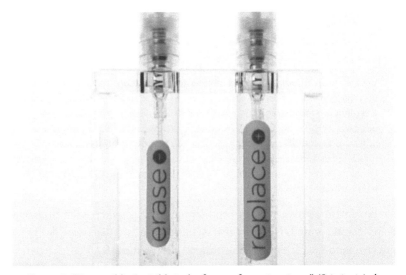

Figura 3: "Be invisible. Invisible is the future of genetic privacy" (Seja invisível. *Invisible* é o futuro da privacidade genética.) Junto às imagens, lê-se a frase: "Apague seu DNA e torne-se invisível graças ao spray ocultador de rastros genéticos"; disponível em: <http://biogenfutur.es/>.

No ano seguinte, Dewey-Hagborg foi uma das principais promotoras da Biononymus.me, que se define como "um centro para investigação comunitária sobre vigilância biológica"[17] e em cujo site se encontram, entre outras coisas, recursos para contornar os sistemas de identificação de impressões digitais ou instruções relativamente cômicas (maquiagem, penteados) para evitar o reconhecimento facial.

Em suma: partindo de "dentro" da biotecnologia, a artista desenvolve uma perspectiva a um só tempo crítica e controversa[18] dessas mesmas biotecnologias, chamando a atenção para a possibilidade de ascensão de uma

---

[17] Disponível em: <http://biononymous.me/>; acesso em 30 jul. 2018.
[18] Alguns críticos de *Stranger visions* objetam que a peça pode estar transgredindo limites éticos e até jurídicos ao usar informação genética pessoal sem consentimento informado. Outros apontam para o crescente movimento DIYbio ou "biologia de garagem": preocupam-se com as consequências indesejadas de experimentos não regulamentados realizados em laboratórios não tradicionais. Outros, cientistas ou jornalistas

cultura da vigilância biológica. Na verdade, *Stranger Visions* se desenvolveu simultaneamente com muitos dos usos científicos e criminalísticos dessas tecnologias. Pôde inclusive inspirar tais outros usos. Apresento dois exemplos. O primeiro: em 2013, Dewey-Hagborg foi convocada por Hal Brown, do instituto médico-legal de Delaware (EUA), para trabalhar no caso de uma mulher não identificada que falecera havia vinte anos. Depois de ver *Stranger Visions*, Brown perguntou se a artista poderia fazer um retrato tridimensional dessa mulher, para ajudar os investigadores a identificá-la, e Dewey-Hagborg aceitou o desafio[19].

O segundo: em um uso que tem algo em comum com o exemplo das "impressões de cocô" – o afã civilizador dos costumes –, a empresa de publicidade Ogilvy assessorou, em abril de 2015, as autoridades de Hong Kong, que, junto com a revista *Ecozine*, a ONG The Nature Conservancy e a empresa Parabon Nanolabs, lançaram uma campanha ambiental intitulada The Face of Litter [a face do lixo]. O objetivo: reduzir o lixo naquela região administrativa especial da República Popular da China usando o velho recurso da humilhação pública[20].

Combinando a técnica de fenotipagem de DNA, a pesquisa demográfica local e talvez também a inspiração das imagens desenvolvidas pela artista, a campanha utiliza amostras de DNA encontradas no lixo para, a partir delas, procurar prever os rostos daqueles que o jogaram nas ruas e, supostamente,

---

especializados, concentram-se na técnica da fenotipagem e advertem que ainda é muito inexata para produzir resultados confiáveis, algo que a própria artista assinala.

[19] Em declarações a Matthew Herper, da revista *Forbes*, Dewey-Hagborg assinalou que aceitou somente esse caso, entre outras propostas de agências de aplicação da lei, porque não se tratava de um caso criminal, mas de identificação de resíduos: "A mim incomoda que essa tecnologia seja utilizada em investigações criminais, quando segue sendo tão especulativa. [...] O único uso potencial que vejo para essa tecnologia 'hoje' é a colaboração que tenho mantido, trabalhando em restos não identificados. [...] Em contrapartida, tenho sérias dúvidas sobre o uso dessa tecnologia na busca de suspeitos. Os cientistas têm razão em se preocupar"; M. Herper, "Artist creates portraits from people's DNA", cit. Ver também C. Wood, "The future of forensic identification?", *Government Technology*, 27 set. 2013; disponível em: <www.govtech.com/The-Future-of-Forensic-Identification.html>, acesso em 15 jan. 2017.

[20] Para mais dados sobre essa campanha, ver o artigo de Liz Stinson, "Creepy ads use litterbugs' DNA to shame them publicly", *Wired*, 15 maio 2015; disponível em: <www.wired.com/2015/05/creepy-ads-use-litterbugs-dna-shame-publicly>, acesso em 15 jan. 2017.

humilhá-los publicamente ao divulgar seus retratos através de peças publicitárias, redes sociais e publicações impressas. Digo supostamente porque, como já mencionado, ao menos no atual estágio de desenvolvimento, a técnica está longe de ser capaz de representar com precisão o rosto do portador do DNA encontrado. Como observado por Dewey-Hagborg em diferentes ocasiões, os rostos produzidos a partir dessas tecnologias são "levemente parecidos a como poderiam ser" os verdadeiros consumidores desses chicletes ou cigarros. Há entre ambos "uma semelhança de família", assegura, "como se fosse um primo distante"[21].

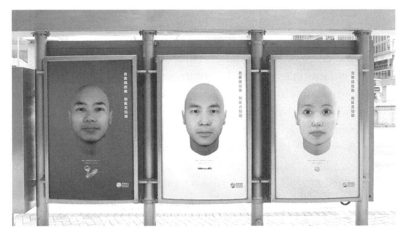

Figura 4: *The face of litter* [A face do lixo]. Junto das imagens, a frase diz: "Não permita que seja seu rosto. Não jogue lixo no chão". As autoridades de Hong Kong lançaram essa campanha em abril de 2015, visando reduzir o lixo nas ruas. A campanha utiliza técnica de fenotipagem por DNA para prever o rosto daqueles que sujam as ruas e, supostamente, humilhá-los em público. Fonte: Hong Kong CleanUp Outdoor, Case study The Face of Litter by Ogilvy & Mather Hong Kong.

---

[21] M. Martialay, "Stranger visions: interview with Heather Dewey-Hagborg", *The Approach: Discovery, Innovation and Imagination at Rensselaer Polytechnic Institute*, 11 abr. 2013; disponível em: <http://approach.rpi.edu/2013/04/11/stranger-visions>, acesso em 15 jan. 2017.

Uma técnica (ainda) imprecisa, invasiva, racializadora

Em 2015, a artista publicou em *The New Inquiry* um extenso documento intitulado "Sci-fi crime drama with a strong black lead": uma espécie de memória de trabalho que inclui, também, as reflexões que o projeto lhe suscitou e onde esclarece algumas das ambiguidades que lhe foram apontadas. Ali, ela conta:

> De 2012 a 2013, colecionei obsessivamente cabelos, guimbas de cigarro, chicletes mastigados e restos de unhas para investigar quanto poderia aprender sobre as pessoas que os deixaram cair. O que descobri foi que, ao combinar um arsenal de pesquisas publicadas, ferramentas bioinformáticas e de aprendizagem automática, poderia obter inferências ou predições estatísticas sobre como pareciam aqueles indivíduos e como atuavam, que tipo de condições de saúde tinham e até mesmo quais poderiam ser seus sobrenomes. Em meu projeto artístico *Stranger visions*, eu me apropriei de um subconjunto dessas técnicas e as interpretei para criar retratos em 3D, em tamanho real, dos estranhos cujo DNA havia reunido.
>
> Meu objetivo imediato com esse projeto era criar um diálogo público sobre a possibilidade emergente da vigilância genética. Naquele momento, muitos dos meios de comunicação descartaram a ideia como ficção científica, mas já não se trata de um futuro especulativo, é um presente preocupante. À medida que essas tecnologias passam rapidamente da pesquisa às agências de aplicação da lei ao redor do mundo, merecem escrutínio até mesmo em nível algorítmico.[22]

Para Dewey-Hagborg, nesse longo artigo, há pelo menos três riscos em tais procedimentos. O primeiro é a *imprecisão*: "Quão válidos são esses retratos derivados do DNA? Quanto se assemelham à pessoa real?", indaga a artista. Em seguida, responde: "Não muito. Mais precisamente, essas representações preditivas podem chegar a ser exatas na medida em que o indivíduo se assemelhe a uma representação média de seus traços genéticos e ancestrais, tais como foram representados em dados de rotina"[23]. E por isso a FDP não pode representar nem a idade, nem a influência ambiental sobre a expressão dos genes, nem as decisões voluntárias a respeito da própria aparência (dieta, cor do cabelo, maquiagem, cirurgia).

---

[22] H. Dewey-Hagborg, "Sci-Fi crime drama with a strong black lead", *The New Inquiry*, 6 jul. 2015; disponível em: <http://thenewinquiry.com/sci-fi-crime-drama-with-a-strong-black-lead>, acesso em 15 jan. 2017.

[23] H. Dewey-Hagborg, "Sci-Fi crime drama with a strong black lead", cit.

306 • Tecnopolíticas da vigilância

Acrescentemos dois elementos a essa observação da artista. Por um lado, um corolário do que acabamos de ler. Os retratos obtidos a partir da FDP, pelo menos no momento atual da técnica, são retratos – ainda que soe paradoxal – de indivíduos singulares que, no entanto, têm algo de genérico: retratam aquilo que talvez poderíamos ter sido se não fôssemos expostos às marcas da vida, sem a atualização concreta e eficaz daquelas possibilidades. São a leitura de uma probabilidade estatística que, mesmo quando conseguir ser muito mais precisa do que é hoje, só se referirá a um potencial biológico *genérico*, não atualizado. Dewey-Hagborg expressa isso da seguinte maneira, retomando o paralelismo entre informática e biologia:

> Como analogia, pense em um perfil fenotípico previsto como seu perfil de interesses no Netflix, Spotify ou um serviço de conteúdo semelhante. Ambos usam estatísticas e ferramentas de aprendizagem automática a partir de um banco de dados que reúne, classifica e faz previsões sobre os usuários. Dependendo do que o serviço oferece, o conteúdo desejado pode ou não estar presente. Na medida em que o seu gosto se desvie de certas normas ou padrões previsíveis, o serviço pode fazer sugestões que não lhe interessam. Da mesma forma, com o fenótipo, na medida em que o aspecto de um indivíduo se desvie do gênero previsível e dos tipos ancestrais definidos nos dados de entrada utilizados para criar o modelo, será difícil de prever. Não se trata exatamente de que a tecnologia seja imprecisa, mas de que seja reducionista, como tantos algoritmos que configuram nossa vida hoje em dia. Na medida em que um indivíduo tem cerca de trinta anos e vê o espectador como a representação genérica de seu sexo, ancestralidade e feições como representados no *software*, pode ser que se pareça muito com seu fenótipo de DNA. E pode ser que não.[24]

O segundo elemento a considerar em relação à imprecisão é que esses procedimentos ainda não foram validados por pares. Diante dessa crítica, no início de 2015, Ellen McRae Greytak, diretora de bioinformática da Parabon, afirmou que a tecnologia desenvolvida pela empresa é baseada em parte no trabalho de Mark D. Shriver, professor de antropologia genética da Universidade Estadual da Pensilvânia[25].

---

[24] Idem.

[25] A. Pollack, "Building a face, and a case, on DNA", *The New York Times*, 23 fev. 2015; disponível em: <www.nytimes.com/2015/02/24/science/building-face-and-a-case-on-dna.html?action=click&contentCollection=Science&module=RelatedCoverage&region=EndOfArticle&pgtype=article>, acesso em 15 jan. 2017.

Visível/invisível • 307

O segundo ponto que inquieta a artista é quão invasivos poderiam ser esses procedimentos – em caso de aperfeiçoamento da técnica – para a privacidade e os dados pessoais. Até que ponto se pode permitir que as autoridades investiguem, por exemplo, a propensão a uma doença ou um traço caracterológico? E a terceira grande preocupação é que se utilize a autoridade da ciência e da genética para produzir o que o sociólogo Troy Duster[26] chama de "reinscrição molecular da raça"; isto é, a restauração de estereótipos de gênero e raça na investigação científica e criminológica (Dewey-Hagborg dedica boa parte de seu texto a esse assunto).

Alguns elementos para debate

Chegando até aqui, vou me deter em apenas alguns dos múltiplos temas que esse cenário propõe ao pensamento.

1) Por um lado, temos o desenvolvimento de técnicas de identificação de um indivíduo (humano ou não humano) e, em particular, a obtenção e o processamento de material genético como prova em um procedimento. Essas tecnologias de identificação genética se somam às identificações biométricas e constituem um dos suportes da dimensão *individualizante* no cenário de um biopoder pós-disciplinar e informacional[27].

2) Esses dispositivos identificadores se apoiam na existência de "um sistema de informação geral"[28] estendido através de toda a sociedade que implica para as pessoas a obrigação de colaborar no desenvolvimento de bases de dados ou levantamentos massivos ou dirigidos. Quando, por algum motivo, esses apoios não são suficientes para localizar um indivíduo – e sempre que há vestígios de material biológico –, esses mesmos bancos de dados podem funcionar, com a ajuda de estatísticas computadas e ferramentas de aprendizagem automática, como ingredientes para construir *perfis especulativos*, imagens ou esquemas aproximados daquilo que *poderíamos chegar a ser* a partir de uma combinação, até agora bem

---

[26] T. Duster, "A post-genomic surprise: the molecular reinscription of race in science, law and medicine", *The British Journal of Sociology*, v. 66, n. 1, 2015, p. 1-27.

[27] F. Costa, "Biopolítica informacional. Apuntes sobre las tecnologías de gobierno de los públicos en las sociedades de control", *Espacios Nueva Serie*, n. 7, 2011, p. 138-53.

[28] M. Foucault, "Nuevo orden interior y control social", *Saber y verdad* (Madri, La Piqueta, 1991), p. 165-6.

pouco controlada e controlável, entre "informação genética" e curva estatística populacional.

3) Diante dessa pretensão de identificação preditiva de base estatística, biologizante e estereotipada, as "marcas de vida", ou seja, aquilo que não está inscrito no genótipo, incluindo a maquiagem e o *autodesign* voluntário, parecem ser e, por sinal, foram apresentadas como táticas de resistência – uma ideia que, talvez devido à sua aura cômica, talvez pela artificialidade dos exemplos (podemos ver alguns no site da Biononymus.me), não resulta muito convincente no momento.

4) Uma das fontes de imprecisão da técnica de FDP – além da impossibilidade de deduzir, a partir de um perfil, os modos como esses genes vão atualizar-se ou expressar-se de forma efetiva ao longo de uma vida – é o fato de que as estatísticas populacionais a partir das quais foram imaginadas possíveis variações como a largura do rosto ou a cor da pele eram, até agora, relativamente restritas. É possível imaginar que em breve o volume de dados biométricos e genéticos de diferentes populações em todo o mundo dará um salto qualitativo, não só pela informação que está sendo reunida por Estados, agências governamentais e institutos científicos ou de saúde, mas também pela disponibilidade de imagens e dados que as próprias pessoas entregam voluntariamente: seja quando publicam fotos de si mesmas e de suas famílias em uma rede social, seja quando participam de comunidades virtuais em torno de uma condição ou doença, seja quando solicitam os serviços de uma empresa privada para saber se estão em risco de desenvolver câncer hereditário de mama ou de ovário, para citar apenas três exemplos à mão.

5) É neste ponto que retomo a tese da "cultura da vigilância", de David Lyon. Com efeito, ela acentua esses tipos de prática que incluem a participação mais ou menos voluntária no fornecimento de dados pessoais, na gestão e proteção desses dados, em um vaivém entre "segurança" e "privacidade", entre exposição, conhecimento de si e dos outros, e anonimato. Lyon enfatiza o fato de que, desde os atentados de 11 de setembro de 2001, se reforçou em grande parte do mundo a sensação de que é necessário controlar os riscos, ou seja, aumentar a vigilância, "para nosso próprio bem". As pessoas não só já estão familiarizadas com a vigilância: ao mesmo tempo que elas a temem, solicitam-na e até se divertem com ela.

Nesse contexto, considero relevante voltar a chamar a atenção para os deslizamentos e as transposições cada vez mais frequentes – e que tentei exemplificar ao longo deste artigo – entre políticas da vida, tecnociência, criminologia, negócios, publicidade, ativismo cidadão, esforços civilizatórios dos costumes e estratégias de comoção e conscientização provenientes do campo artístico.

Essa interligação, e por momentos desdiferenciação, entre esferas e práticas tão diferentes, própria do semiocapitalismo ou, nos termos do próprio Lyon, da "modernidade digital", é uma das manifestações mais visíveis, mas nem sempre suficientemente examinada, dessa nova "cultura da vigilância" ou da omnivisibilidade, cuja condição material de possibilidade é a hiperdisponibilidade de enormes volumes de informação, assim como de ferramentas para lidar com ela em diferentes escalas, níveis de expertise e áreas de atuação.

Além disso, é correlata à imanentização ou ao achatamento[29] da nossa autocompreensão enquanto seres humanos viventes, que tem lugar na base de uma nova formação socioantropotécnica em que natureza e cultura, humanos e máquinas, viventes e não viventes, biologia, arte e tecnologia, negócios, entretenimento e políticas públicas entram tendencialmente em intercâmbio e hibridização.

6) Nesse contexto, os artistas começam a representar a si mesmos como consciência crítica da tecnologia, como promotores da "descaixapretização" de sistemas especializados e como facilitadores do acesso coletivo à informação, desativando ou profanando os dispositivos de captura e controle de bens comuns em sistemas proprietários e em identidades codificadas e estereotipadas. Em que medida serão capazes de enfrentar esse desafio sem contentar-se apenas em aprofundar a ambiguidade, o mal-entendido e a confusão – em uma época na qual esses efeitos de sentido, longe de contradizerem a opinião e a sensação comum, na verdade as ratificam – é um dos maiores desafios para a arte que está por vir.

Referências

CHU, J. A spot of blood reveals your age. *MIT Technology Review*, 2010. Disponível em: <www.technologyreview.com/s/421785/a-spot-of-blood-reveals-your-age>; acesso em 15 dez. 2016.

COCOZZA, P. DNA-testing dog poo? You'd have to be barking!. *The Guardian*, 28 abr. 2015. Disponível em: <www.theguardian.com/lifeandstyle/shortcuts/2015/apr/28/dna-testing-dog-poo-have-to-be-barking-council>; acesso em 15 dez. 2016.

---

[29] S. Lash, *Crítica de la información* (Buenos Aires, Amorrortu, 2005).

COSTA, F. Biopolítica informacional: apuntes sobre las tecnologías de gobierno de los públicos en las sociedades de control. *Espacios Nueva Serie*, n. 7, 2011, p. 138-53.

DEWEY-HAGBORG, H. Sci-fi crime drama with a strong black lead. *The New Inquiry*, 6 jul. 2015. Disponível em: <http://thenewinquiry.com/sci-fi-crime-drama-with-a-strong-black-lead>; acesso em 15 jan. 2017.

DUSTER, T. A post-genomic surprise: the molecular reinscription of race in science, law and medicine. *The British Journal of Sociology*, v. 66, n. 1, 2015, p. 1-27.

FLUSSER, V. *Für eine Philosophie der Fotografie*. Göttingen, European Photography, 1983.

FOUCAULT, M. Nuevo orden interior y control social. In: *Saber y verdad*. Madri, La Piqueta, 1991.

HERPER, M. Artist creates portraits from people's DNA. Scientists say "That's impossible". *Forbes*, 31 maio 2013. Disponível em: <www.forbes.com/sites/matthewherper/2013/05/31/turning-found-dna-into-portraits-what-an-imagination/#e44bed419c0c>; acesso em 15 jan. 2017.

LASH, S. *Crítica de la información*. Buenos Aires, Amorrortu, 2005.

LATOUR, B. *Science in action: how to follow scientists and engineers through society*. Cambridge, MIT Press, 1987.

LÓPEZ DEL RINCÓN, D. *Bioarte: arte y vida en la era de la biotecnología*. Madri, Akal, 2015.

LÓPEZ DEL RINCÓN, D.; CIRLOT, L. Historiando el bioarte o los retos metodológicos de la historia del arte (de los medios). *Artnodes*, n. 13, 2013, p. 62-71. Disponível em: <www.raco.cat/index.php/Artnodes/article/view/285094>; acesso em 14 jan. 2017.

LYON, D. *The culture of surveillance: who's watching whom, now?* [vídeo]. 1º mar. 2012. Disponível em: <http://sydney.edu.au/sydney_ideas/lectures/2012/professor_david_lyon.shtml>; acesso em 15 jan. 2017.

_____. *The electronic eye: the rise of surveillance society*. Minneapolis, University of Minnesota Press, 1994.

MARTIALAY, M. Stranger visions: interview with Heather Dewey-Hagborg. *The Approach: Discovery, Innovation and Imagination at Rensselaer Polytechnic Institute*, 11 abr. 2013. Disponível em: <http://approach.rpi.edu/2013/04/11/stranger-visions>; acesso em 15 jan. 2017.

MITCHELL, R. *Bioart and the vitality of media*. Seattle, University of Washington Press, 2010.

POLLACK, A. Building a face, and a case, on DNA. *The New York Times*, 23 fev. 2015. Disponível em: <www.nytimes.com/2015/02/24/science/building-face-and-a-case-on-dna.html?action=click&contentCollection=Science&module=RelatedCoverage&region=EndOfArticle&pgtype=article>; acesso em 15 jan. 2017.

STINSON, L. Creepy ads use litterbugs' DNA to shame them publicly. *Wired*, 15 maio 2015. Disponível em: <www.wired.com/2015/05/creepy-ads-use-litterbugs-dna-shame-publicly>; acesso em 15 jan. 2017.

UNESCO. *Cuatro declaraciones sobre la cuestión racial*. Paris, Organización de las Naciones Unidas para la Educación, la Ciencia y la Cultura, 1969.

WOOD, C. The future of forensic identification?. *Government Technology*, 27 set. 2013. Disponível em: <www.govtech.com/The-Future-of-Forensic-Identification.html>; acesso em 15 jan. 2017.

A DIMENSÃO FORENSE DA ARQUITETURA: A CONSTRUÇÃO ESTÉTICO-POLÍTICA DA EVIDÊNCIA

ENTREVISTA COM PAULO TAVARES

Anna Bentes
Fernanda Bruno
Paulo Faltay

Tornar visíveis os rastros opacos ou velados de processos de violência e crimes contra a humanidade e o ambiente é o inquieto exercício de Paulo Tavares. Professor da Faculdade de Arquitetura da Universidade de Brasília (UnB), o arquiteto e urbanista, formado pela Unicamp e doutor em Research Architecture pelo Goldsmith College de Londres, apura a percepção ao mapear e dialogar com os vestígios que elementos como florestas, geóglifos, arquivos de fotografias, imagens de satélites, índices de carbono e elementos botânicos podem revelar sobre os registros da história. Ao combinar fontes heterogêneas de dados, imagens e informações, suas pesquisas e trabalhos visam ampliar as ferramentas, as abordagens e o escopo das tecnologias científicas forenses para a defesa de direitos humanos e ambientais, como nos trabalhos *Arqueologia da violência: a floresta como evidência* e *Guatemala: Operación Sofía* e nos projetos da agência *autonoma*[1], plataforma recém-criada que se dedica a explorar novas formas de analisar e produzir o território.

O gesto de convocar o testemunho de entes tão diversos, articulando outros saberes e epistemologias às práticas forenses, é o foco da metodologia de trabalho da agência de pesquisa Forensic Architecture (FA)[2], à qual o pesquisador brasileiro é associado. Fundado em 2011 pelo arquiteto israelense Eyal Weizman e sediado no Goldsmith College de Londres, o grupo interdisciplinar, que reúne uma equipe composta de arquitetos, urbanistas, cineastas, ativistas e pesquisadores, opera a arquitetura como eixo para produção

---

[1]   Ver: <http://www.autonoma.xyz>.

[2]   Ver: <http://www.forensic-architecture.org/>.

de evidências e utiliza tecnologias de visualização diversas para investigar e retraçar situações de conflito em contextos jurídicos, políticos e artísticos.

A técnica forense desenvolvida pelo FA mapeia e reconstrói narrativas de violência em parceria com diferentes organizações internacionais de defesa dos direitos humanos – ONGs, Nações Unidas, Anistia Internacional e grupos de justiça política e ambiental, entre outros –, além de apresentar seus trabalhos em museus e demais espaços artísticos. Assim, as investigações do Forensic Architecture, operando em uma arena estético-política, invertem os propósitos de tecnologias de monitoramento e vigilância contra os próprios sistemas de controle hegemônicos que disputam os sentidos de verdade nas arenas públicas. No fórum jurídico-político, o FA analisou a destruição de edifícios por ataques com *drones* no Paquistão, em Gaza, no Iêmen, no Afeganistão e na Somália, desenvolvendo cartografias e visualizações de dados para apresentações no Conselho de Direitos Humanos das Nações Unidas e em cortes superiores em Israel, na Itália e na França; em 2014-2015, o grupo foi convidado a produzir evidências arquitetônicas para o julgamento de ações genocidas dos ditadores guatemaltecos Luca García e Ríos Montt na Corte Suprema de Justiça da Guatemala e na Corte Interamericana de Direitos Humanos, entre outros casos cujas visualizações produzidas pelo FA foram fundamentais para o encaminhamento jurídico-político de situações de violação de direitos humanos. Já no fórum artístico-político, o FA apresentou, sob curadoria de Eyal Weizman e Anselm Franke, a exposição *Forensis*, entre março e maio de 2014 no Haus der Kulturen der Welt (HKW) em Berlim, com visualizações em 3D, imagens de satélite, modelos e vídeos das investigações do grupo. Além disso, participou de exposições na documenta 14, de Kassel (2017), no Macba, de Barcelona (2017), na Bienal de Veneza de Arquitetura (2016), na 3ª Bienal de Design, em Istambul (2016), na Photographers' Gallery, em Londres (2016), e em outras importantes instituições internacionais.

Você poderia começar falando um pouco de seu percurso para integrar o Forensic Architecture, dos projetos e de como foi sua atuação.

Meu percurso no Forensic Architecture inicia-se antes de o projeto começar, por assim dizer, quando a gente começou a elaborar uma proposta de pesquisa para o European Research Council. Esse projeto, liderado pelo arquiteto Eyal Weizman, foi escrito junto com a artista Susan Schuppli e outras pessoas que estavam ali envolvidas e evoluiu nos anos seguintes dentro do contexto de um grupo de estudantes de doutorado de diferentes áreas, pessoas que estavam em volta do Centro de Pesquisa em Arquitetura[3]. As primeiras pesquisas vão surgindo e são de natureza variada. Havia projetos sobre questões de *"forensic sonora"*, campo que está muito relacionado com o trabalho de Lawrence Abu Hamdan e Nabil Ahmed, e o trabalho notável de Lorenzo Pezzani e Charles Heller sobre a violação dos direitos dos imigrantes do Mediterrâneo, entre muitos outros.

Há um pequeno projeto "anterior" à materialização propriamente dita do FA, que creio ter sido a primeira investigação realizada pelo grupo, que talvez valha a pena mencionar. Esse projeto buscava compilar evidências acerca da destruição de mesquitas no território de Kosovo, ocorrida durante a Guerra dos Bálcãs dos anos 1990. Nessa época, a Iugoslávia estava se desmantelando, existia um conflito entre os rebeldes separatistas kosovares e o Exército da Sérvia e, posteriormente, houve uma intervenção militar da Otan. Um tribunal internacional foi estabelecido para julgar os crimes cometidos no conflito; na verdade, salvo engano, foi o primeiro tribunal internacional estabelecido para uma situação como essa desde os Julgamentos de Nuremberg[4]. Tratava-se, portanto, de um caso bastante interessante e complexo, com grande significado histórico.

No centro dos julgamentos, principalmente no julgamento de Slobodan Milošević, acusado de crimes contra a humanidade, havia uma disputa em relação à destruição de várias mesquitas. Segundo a legislação internacional, em situações de conflito armado, o patrimônio arquitetônico constitui bem protegido, de modo que destruí-lo sem propósitos militares claros constitui crime de guerra. No tribunal, Milošević argumentava que as mesquitas haviam sido convertidas em bases militares pelos rebeldes e, logo, teriam se tornado alvos legítimos, conforme previsto pela legislação humanitária internacional ou lei da guerra, que é o corpo de leis que regimenta conflitos

---

[3]   Centre for Research Architecture: <http://www.gold.ac.uk/architecture/>, acesso em 31 jul. 2018.

[4]   Criado em 1993, por meio de uma resolução do Conselho de Segurança da ONU, o Tribunal Penal Internacional para a antiga Iugoslávia é um tribunal que trata de crimes de guerra que ocorreram durante os conflitos na região dos Bálcãs nos anos 1990. Sua importância é definida pelas decisões sobre o genocídio, crimes contra a humanidade e de guerra, ao demonstrar que pessoas em posições de liderança detêm a maior responsabilidade pela violência, afastando atribuições de responsabilidade coletiva às populações e definindo que a culpa deve ser individualizada.

armados. Os promotores diziam que os ataques às mesquitas e a outros edifícios simbólicos do islamismo objetivavam atingir a população muçulmana enquanto grupo, constituindo, assim, evidências de uma campanha calculada de "limpeza étnica". Um historiador chamado András Riedlmayer, que é especialista em patrimônio otomano, foi então convocado pelo tribunal para fazer uma investigação forense sobre a destruição das mesquitas durante o conflito e nós realizamos uma pequena colaboração com esse projeto.

Por que estou contando a história desse caso? Poderíamos desdobrar esse projeto em várias questões que depois vão tornar-se centrais para o Forensic Architecture, mas eu o menciono, principalmente, para enfatizar que ali havia uma situação muito interessante do ponto de vista do papel político da arquitetura enquanto prática e disciplina: um historiador da arte, especialista em arquitetura, confrontando um Estado autoritário e assassino dentro de um tribunal. De maneira geral, em toda a história da disciplina, os arquitetos vão ocupar uma posição muito próxima ao poder de Estado, em especial de Estados autoritários e ditatoriais, que são tipos de formação política que têm um papel central dentro da história do ambiente construído e da urbanização. Em certo sentido, a arquitetura é uma disciplina de Estado, tanto em sua dimensão simbólica, ao comunicar poder através da arte tectônica, quanto em sua dimensão funcional, oferecendo mecanismos disciplinares e biopolíticos de controle populacional. Essa relação íntima entre arquitetura e poder de Estado é verificável em vários momentos da história, por exemplo no papel que um arquiteto como Speer desempenhou na formulação da estética do regime nazista, entre vários outros exemplos. No caso do conflito em que estávamos engajados, a atuação de Riedlmayer como "arquiteto forense" posiciona essa relação entre arquitetura e poder de Estado de uma maneira dissidente, operacionalizando uma arquitetura "contra-Estado", por assim dizer, e localizando a prática da arquitetura dentro do campo dos direitos humanos ao permitir observar que a arquitetura, em si mesma, pode ser usada como um instrumento de violência.

Pragmaticamente, o que Riedlmayer fez foi compilar um extenso arquivo documentando os eventos de destruição de todas as mesquitas no território de Kosovo durante o conflito. Através desses mapas e arquivos, é possível concluir que a destruição de mesquitas e outros edifícios islâmicos não foi esporádica nem colateral, mas deliberada e sistêmica. Verifica-se, então, um padrão de violência direcionado contra um grupo populacional específico, manifestada na destruição de edifícios e símbolos que expressavam a identidade cultural

A dimensão forense da arquitetura • 315

e religiosa desse grupo. Nesse pequeno projeto, portanto, encontramos uma perspectiva ético-política rigorosa para a prática da arquitetura, o que chamei acima de "arquitetura contra-Estado". Também nos encontramos como um novo campo de ação, ainda incipiente neste momento, que busca utilizar os próprios meios da arquitetura como instrumentos de investigação de violações de direitos, e que encontra nos fóruns da lei, da justiça e da verdade histórica um novo espaço de conflito no qual a arquitetura deve tomar parte.

E sobre o seu percurso para chegar a projetos como Guatemala: Operación Sofía[5] ou outros aqui no Brasil[6]?

O caso da Guatemala é paradigmático porque as tecnologias forenses são utilizadas de maneira decisiva nas investigações sobre os crimes perpetrados pelas ditaduras militares dos anos 1960-1980. Eu creio que foi um projeto importante para o desenvolvimento da prática da arquitetura forense, em

---

[5] *Guatemala: Operación Sofía* – investigação realizada pelo FA sobre a violência ambiental e o genocídio do povo indígena maia ixil na região de El Quiché, no oeste da Guatemala, entre 1978 e 1984. Nessa investigação, o ambiente é lido não apenas como local onde ocorreram os conflitos, mas como meio pelo qual a violência se desenvolve. Como resultado, foi produzido um relatório em nome da acusação de genocídio de indígenas da etnia maia ixil, que foi utilizado em uma série de julgamentos na Guatemala, incluindo o julgamento do ex-ditador Efraín Ríos Montt na Corte Suprema de Justiça da Guatemala e na Corte Interamericana de Direitos Humanos. Além disso, foi desenvolvida uma plataforma cartográfica interativa para apresentar a natureza multifacetada da violência contra os direitos humanos e ambientais; disponível em: <http://guatemala.situplatform.com/>. A equipe de pesquisadores incluiu Eyal Weizman, Paulo Tavares, Daniel Fernández-Pascual, Maya Cueva Franco e uma equipe de pequisa do Situ. Mais informações em: <http://www.forensic-architecture. org/case/guatemala-operacion-sofia/#toggle-id-1>, acesso em 31 jul. 2018.

[6] Após o golpe militar em 1964 no Brasil, a região da Amazônia passou por uma violenta reconfiguração territorial a partir de programas de modernização implementados pela chamada Operação Amazônia. Na investigação coordenada por Paulo Tavares, são produzidas visualizações sobre as remoções das aldeias indígenas Waimiri-Atroari, praticamente exterminadas nos anos 1970. Nesse caso, a floresta é interpretada como uma "paisagem construída", isto é, como um arquivo de evidências arqueológicas de processos socioculturais e políticos. Além disso, na Amazônia, Tavares desenvolveu uma investigação acerca da política de apagamento imposta ao povo indígena xavante e da remoção de suas aldeias. Na análise forense sobre esses desaparecidos políticos, é realizada uma arqueologia das imagens combinando imagens de fotojornalismo do arquivo da revista *Cruzeiro* e de imagens do sistema de vigilância norte-americano KH-9 Hexagon. Mais informações em: <http://www.forensic-architecture.org/file/ archaeology-violence/>, acesso em 31 jul. 2018.

relação tanto a aspectos históricos e metodológicos quanto a questões relacionadas ao conceito de "violência ambiental", que é um tema sobre o qual cada vez mais nos debruçamos.

Para elucidar o ponto de vista conceitual, permita-me fazer uma breve contextualização histórica. O surgimento das práticas forenses está, num primeiro momento, relacionado às novas estratégias de policiamento científico que são desenvolvidas na Europa no século XIX. Nesse sentido, o "forense" ocupa a função de um mecanismo policial de Estado, permitindo uma forma de controle até então inédita sobre a massa da população urbana. O problema posto é o problema do policiamento e do controle populacional no contexto de alta densidade e complexidade que surgem com as grandes cidades industriais. Os atuais sistemas de controle populacional por *big data* são de alguma forma herdeiros dessas primeiras tecnologias de vigilância e punição.

Num segundo momento, e este é o ponto que gostaria de enfatizar, práticas forenses são desenvolvidas em resposta ao terror de Estado dos regimes ditatoriais que governaram a América Latina na segunda metade do século XX. Qual é o sujeito histórico dessa violência? *"Los desaparecidos"*, isto é, as centenas de milhares de civis que foram sistematicamente sequestrados, torturados e *desaparecidos* pelos regimes de exceção. Práticas forenses, mais precisamente o campo da antropologia forense que surge nesse momento, vão então desempenhar um papel fundamental em desvelar, analisar e reconstruir a história desses crimes. Na verdade, podemos dizer que as covas coletivas clandestinas dos desaparecidos políticos tornaram-se um "laboratório" para o desenvolvimento de uma nova forma de investigação de violação de direitos humanos e terror de Estado. O epicentro desse processo é o contexto argentino pós-ditadura militar, quando se estabelece a Comisión Nacional sobre la Desaparición de Personas e se cria o projeto Equipo Argentino de Antropologia Forense para investigar milhares de casos de desaparições políticas.

Por que as tecnologias de investigação forense passaram a ser fundamentais para analisar esses conflitos e os crimes perpetrados pelo Estado contra sua própria população? Porque era possível, por meio da análise das ossadas encontradas em covas clandestinas, identificar as vítimas e também saber como haviam sido assassinadas. Por exemplo: se a posição do corpo indica que, na hora em que foi enterrado, o sujeito estava com as mãos atadas atrás das costas, ou se identificamos um trauma na parte

A dimensão forense da arquitetura • 317

de trás do crânio, pode-se afirmar que se tratou de um caso de tortura seguido de execução sumária. Novamente, assim como no caso da destruição das mesquitas mencionado acima, na medida em que se observa o conjunto de eventos, e não apenas um episódio, desvela-se um padrão de violência orquestrado, quer dizer, é possível afirmar que essas execuções foram utilizadas como uma forma sistemática de repressão que seguia uma política bem definida.

O caso da Guatemala, como vocês sabem, foi talvez um dos mais extremos que aconteceram nesse período no continente latino-americano. Estima-se que cerca de 200 mil pessoas tenham sido mortas ou desaparecido, segundo o relatório da Comisión para el Esclarecimiento Histórico, principalmente populações indígenas maias. Práticas forenses, então, tornam-se muito importantes nesse contexto, e não apenas do ponto de vista jurídico, mas também do ponto de vista político. A Fundación de Antropologia Forense de Guatemala (FAFG) e outros movimentos de direitos humanos

Figura 1: Operación Sofía; densidade habitacional no "Triângulo Ixil". Os quadrados vermelhos marcam os novos assentamentos realizados pelos militares da Guatemala na reorganização territorial que concentrou o povo ixil em áreas urbanas, alterando radicalmente seu modo de vida. Fonte: Forensic Architecture e SITU Research.

Figura 2: Operación Sofía; mapa retratando a densidade dos massacres registrados pela Comisión para el Esclarecimiento Histórico. Fonte: Forensic Architecture e SITU Research.

318 • Tecnopolíticas da vigilância

do país são constantemente atacados por grupos historicamente filiados à antiga ditadura militar. O projeto que realizamos buscava colaborar com essas investigações e foi realizado dentro do contexto de um processo contra o ex-ditador Efraín Rios Montt pelo genocídio do povo maia ixil. Buscamos mostrar que certas ações do Estado sobre o território – desmatamento, reflorestamento, queima de colheitas, abertura de novas plantações, remoção de animais, instalação de grandes infraestruturas, destruição de aldeias e construção de novos assentamentos e cidades –, o que definimos como formas de "violência ambiental", foram mobilizadas como armas de guerra contra a população indígena com o objetivo de exterminá-la e ocupar seus territórios. Também estamos trabalhando em outros casos que lidam com situações similares, como o caso da deportação dos xavantes de Maráiwat-sédé para a abertura de grandes latifúndios ou o processo de deslocamento forçado dos kinjas para a construção da hidrelétrica de Balbina.

Um eixo importante do trabalho do FA é utilizar ferramentas de visualização para dar a ver violações de direitos humanos, na maior parte das vezes veladas por processos políticos ou sociais. No percurso de trazer para o visível o que está invisível, como são pensadas as técnicas de apresentação dos projetos, seja em contexto jurídico, seja em contexto artístico ou social? Qual a importância de técnicas de visualização para a produção de um discurso jurídico-político?

Cada caso apresenta seu próprio desafio metodológico, tecnológico e estético, dependendo da forma de violência que se busca mapear e analisar. Trazer ao visível atos que não se apresentavam como violência, ou formas de violência veladas e escondidas, significa ampliar nosso entendimento do que constitui direitos e de como protegê-los. Na maioria dos casos, o que se vê é um processo de apagamento, tanto das evidências como no próprio nível do discurso, de maneira que sempre estamos confrontando esse processo de apagamento e invisibilização de atos de violência tanto no plano da prova documental como no das narrativas. Então, a decisão sobre quais ferramentas utilizar, que tipos de imagem e de visualização, quais estratégias narrativas e arquivísticas, é de alguma maneira *"site-specific"*, quer dizer, contextual, dependendo do conflito e do terreno. Cada situação demanda uma inovação nos modos de mapear, documentar e visualizar formas de violência, como ilustrado no exemplo sobre o conceito de violência ambiental que mencionei acima e, por consequência, no nosso próprio entendimento do que constituiu violência e de como podemos pensar novos direitos em relação às novas formas de opressão. Com o passar do tempo, a arquitetura forense acabou desenvolvendo um conjunto de ferramentas e tecnologias que são replicáveis, e cada vez mais podemos observar a apropriação dessa "caixa de ferramentas" por diferentes movimentos sociais, organizações civis e novas formas de jornalismo investigativo.

O projeto *The left-to-die boat*[7] – um trabalho muito poderoso de Lorenzo Pezzani e Charles Heller, ativistas envolvidos na política de deportação e imigração na União Europeia – é muito significativo nesse sentido. O problema da invisibilidade-visibilidade que se apresentava estava relacionado com a necessidade de traçar a trajetória de um barco de refugiados no Mediterrâneo na época em que a Otan implementou uma *no-fly zone* na região, entre março e outubro de 2011, devido à intervenção militar na Líbia. Sabendo da trajetória, seria possível mostrar que a Otan tinha sido responsável pela morte desses refugiados ao ignorar seus pedidos de socorro, o que está determinado por lei internacional. Diferentemente da terra, os oceanos, por constituírem uma superfície líquida, aparentemente não registram nenhum traço de ações humanas. É fácil ver como a terra, o solo, o terreno, a paisagem funcionam como mídias ou documentos históricos. Esse é o princípio da arqueologia. Mas e o mar, esse meio inconstante e refratário a qualquer registro perene? A investigação necessitava de um tipo de conhecimento que lhe permitisse entender os "traços" deixados por esse bote no oceano, a história desse evento tal como registrada na "memória" do mar. Em outras palavras, era preciso fazer uma leitura do mar como mídia histórica.

Isso implicou trabalhar com especialistas no campo da oceanografia e dinâmica de fluidos para reconstituir a trajetória do barco.

No projeto da Guatemala, o problema era mostrar como ações no ambiente – construções e destruições – funcionaram como um meio de violência

---

[7] Como apoio a uma rede de ONGs para exigir a devida responsabilização pelas mortes de imigrantes no Mediterrâneo durante as intervenções da Otan na Líbia, o FA desenvolveu um projeto de oceanografia forense para investigar o caso conhecido como *The left-to-die boat*. Para investigar a morte de 63 imigrantes que se deslocavam em área sob monitoramento marítimo da organização militar internacional, Charles Heller e Lorenzo Pezzani utilizaram tecnologias de vigilância para reconstruir os acontecimentos, demonstrando como diferentes agentes mobilizaram jurisdições complexas e sobrepostas no mar Mediterrâneo central para evitar a responsabilidade pelo resgate de pessoas em perigo. Ao final, foi produzido um relatório que formou as bases para uma série de petições legais contra membros da Otan. Mais informações em: <http://www.forensic-architecture.org/case/left-die-boat/>, acesso em 31 jul. 2018.

320 • Tecnopolíticas da vigilância

contra modos de vida indígena. Então, era importante tentar entender e visualizar como transformações ambientais se relacionavam com padrões de violência política como assassinatos, massacres, violência sexual e deslocamentos forçados. Utilizamos códigos de análise de imagens de satélite que nos permitiram relacionar padrões de transformação da cobertura vegetal (desmatamento e aforestação) com padrões de violência política.

No caso de genocídio do povo kinja, um projeto ainda em andamento, o objetivo é mapear vestígios de antigos assentamentos que foram destruídos ou removidos forçosamente num contexto de floresta muito densa e úmida. A floresta tropical é, nesse sentido, parecida com o oceano, pois é difícil identificar rastros de ações humanas na superfície vegetal, uma vez que ela está em constante mutação, decomposição e crescimento; tudo é muito dinâmico e transformado rapidamente, inclusive as habitações indígenas, que são feitas de elementos da própria vegetação da floresta. É uma situação completamente diferente de uma região de deserto, por exemplo, onde, devido à falta de umidade, os registros arqueológicos são bem preservados por milhares de anos. Como visualizar padrões de remoção forçada na floresta-como-mídia? Sabíamos que as aldeias deixam uma espécie de rastro, vestígio ou ruína na forma de "florestas secundárias", quer dizer, florestas que cresceram em clareiras de antigos assentamentos. Utilizamos uma tecnologia de análise de imagens de satélite que possibilita identificar a idade da floresta e é usualmente utilizada para medir concentrações de carbono, porque florestas com diferentes idades contêm diferentes taxas de carbono que variam com a quantidade de biomassa. Trata-se de uma metodologia desenvolvida no contexto de mapeamentos do aquecimento global, de que nos apropriamos para mapear padrões de violência.

No último trabalho do FA[8], a equipe utilizou uma tecnologia de modelagem de dinâmica de fluidos em 3D; o trabalho do Lawrence Abu Hamdan

---

[8] *77SQM_9:26min* intitula o vídeo apresentado pelo FA na documenta 14 e que apresenta a investigação do testemunho do agente de segurança Andres Temme acerca do assassinato de Halit Yozgat em Kassel, na Alemanha. O crime é um dos dez assassinatos por racismo cometidos pelo grupo neonazista National Socialist Underground (NSU) na Alemanha entre 2000 e 2007. Comissionado pelo Tribunal Popular *Unravelling the NSU Complex*, o FA investigou os acontecimentos ocorridos no cibercafé onde Halit trabalhava como recepcionista e onde foi assassinado. Apesar de não ter relatado o fato à polícia, o agente de segurança é identificado no local do crime a partir dos registros de *log in* nos computadores do cibercafé. Em

dedica-se a explorar a dimensão sônica das práticas forenses, e acredito que seja pioneiro nesse sentido. Então, cada projeto apresenta um desafio estético, que é também tecnológico e metodológico e que tem diretamente a ver com uma intervenção no regime do sensível que permite que certas práticas, condutas e ações sejam visualizadas ou invisibilizadas. Trata-se de uma espécie de ciência autônoma, ativista e militante que busca romper com regimes hegemônicos do visível através da apropriação e subversão das próprias tecnologias de vigilância e de controle que são utilizadas para nos oprimir.

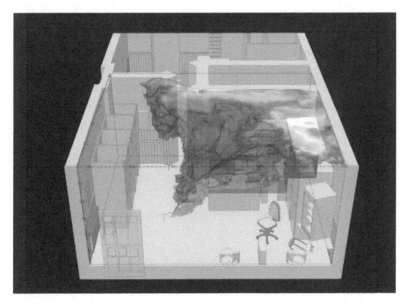

Figura 3: "77SQM_9:26MIN", vídeo apresentado pelo FA na documenta 14.
Fonte: Forensic Architecture.

Nesse processo de "restituição da imagem" ou de uma "devolução da imagem" desses rastros invisibilizados ou dessa violência invisibilizada, há efeitos bastante contundentes no campo jurídico-político. Mas o FA e o seu trabalho também

---

contradição com outros relatos de pessoas que estavam no local, o testemunho de Temme é submetido à analise forense para averiguar sua validade em relação a outras evidências sobre o crime. Mais informações em: <http://www.forensic-architecture.org/case/77sqm_926min/>, acesso em 31 jul. 2018.

têm uma ressonância grande no campo da arte e, nesse cruzamento, surge o que podemos chamar de uma estética forense. Quanto esse gesto estético de restituição da imagem e da estética forense está no horizonte de vocês? Isso está presente desde o início do projeto ou é algo que foi elaborado e descoberto depois? Como vocês lidam com as fronteiras com o campo da arte?

A arte e a história da arte, bem como a história das tecnologias e dos modos de criar imagens, têm uma relação muito forte com o conceito de evidência e com práticas de representação e documentação de violência. Aparentemente distantes, o campo da lei e o da estética se influenciaram mutuamente por meio de apropriações e ressignificações. Afinal, trata-se de uma questão de visibilidade em ambos os casos, de exposição. Poderíamos pensar, por exemplo, no papel que a fotografia desempenhou na documentação e exposição das atrocidades da política colonial belga no Congo, no final do século XIX, em que pela primeira vez o conceito de "crimes contra a humanidade" vai ser articulado. Inversamente, essas imagens podem ser entendidas dentro do espectro mais amplo do campo da estética e da história da arte, precisamente porque o movimento aqui consiste em ressignificar o campo do visível, no caso desvelar o genocídio constituinte da prática civilizatória colonial, expor a barbárie do progresso ocidental. Logo, possui claras implicações políticas.

Outro momento importante em que podemos ver essa relação entre o campo das culturas visuais e o dos direitos humanos é o julgamento de Adolf Eichmann, que se tornou famoso pelo livro de Hannah Arendt (como é mostrado no filme de *The Specialist: portrait of a modern criminal*, de Eyal Sivan, de 1999). Durante o julgamento, é projetada uma série de imagens cinematográficas dos campos de concentração, de modo que o filme-enquanto-documento entra na corte como uma evidência material e objetiva das atrocidades nazistas, mas ao mesmo tempo desempenha um efeito da ordem dos afetos, justamente porque se dirige ao campo do sensível como qualquer outro filme ou imagem. Essa dimensão afetiva, própria da arte, também está relacionada com processos de justiça social e com a maneira como entendemos e narramos a história.

Poderíamos mencionar também o Tribunal Penal Internacional da Antiga Iugoslávia (ICTY). Quando trabalhamos no caso que mencionei acima, notamos que o tribunal se configurava como um grande aparato midiático, onde tudo era registrado e transmitido – sons, imagens, documentos – por meio de vários monitores, câmeras, *scanners*, dispositivos sonoros etc. Assim como em outros fóruns jurídicos e políticos, o espaço do tribunal possui uma dimensão "museográfica", de exposição, e o papel das mídias e formas de visualização é cada vez mais importante nesse sentido. O espaço do museu, por sua vez, também possui uma dimensão de "corte pública", no sentido de que as imagens que são expostas carregam consigo um aspecto documental e testemunhal, mas também no sentido de que o espaço da arte é um lugar privilegiado desde onde se demarcam, ou se violam, os códigos que balizam os regimes de visibilidade que caracterizam determinado contexto social.

Essas questões, portanto, sempre acompanharam o projeto e são constitutivas do meio com o qual estamos lidando, de modo que não fazemos uma separação estrita entre o campo jurídico e o campo artístico, entre a dimensão política e a dimensão estética, pois estamos sempre em confronto com o processo de invisibilização e o de apagamento que operam simultaneamente nesses dois registros. Buscamos ocupar e atravessar diferentes espaços, habitar diferentes fóruns e, assim, confrontar diferentes regimes de poder. Recentemente conversei com Eyal [Weizman] sobre uma pequena entrevista que ele deu a respeito do trabalho que o FA apresentou na documenta 14. Ele diz algo muito interessante: fundamentalmente a arte engajada ou militante buscou desconstruir grandes narrativas da verdade, buscou revelar as estruturas de poder e exclusões que sustentavam essas grandes narrativas por meio de discursos e imagens. No contexto do mundo da "pós-verdade", essa desconstrução em certa medida foi capturada como arma de dominação, e, nesse sentido, a estética forense opera uma inversão de paradigmas anteriores, confrontando "fatos alternativos" com narrativas ancoradas em novas formas de evidências que agem como contraformas de poder.

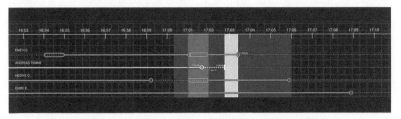

Figura 4: "77SQM_9:26MIN", vídeo apresentado pelo FA na documenta 14.
Fonte: Forensic Architecture.

324 • Tecnopolíticas da vigilância

Nesse gesto de "desconstruir a desconstrução", indo na contramão de toda uma corrente filosófico-estética do século XX e parte do XXI, por um lado, como descreve Eyal Weizman, o FA estaria reintroduzindo a verdade, o fato, a evidência nessa arena estético-política. E, de fato, esse é um gesto muito potente nestes tempos de pós-verdade. Por outro lado, quando se observa o trabalho do FA, há uma dimensão extremamente artefatual nessa verdade. A verdade é um artefato. Não há um retorno à verdade clássica, segundo um paradigma da objetividade do mundo, é a verdade como disputa e como artefato. Em uma entrevista, Eyal Weizman fala também sobre esse gesto do FA de convocar a materialidade e os objetos como testemunhas, convocá-los a falar. E, como testemunhas, esses artefatos também podem mentir, como uma testemunha humana pode mentir. Como trabalhar essas questões na busca pela verdade?

Acho que há, sim, uma dimensão construtiva no fato, uma dimensão artefatual na constituição da verdade, tanto do ponto de vista histórico como do científico, legal e no plano das narrativas e representações. Isso não significa corroborar a narrativa dos "fatos alternativos", mas sim afirmar que a verdade é sobretudo um campo de disputa sociopolítico que permeia vários espaços no qual esse processo construtivo é operado e legitimado. Eu gosto muito de uma definição do Okwui Enwezor: "Por causa do vasto campo visual estendido no qual as imagens existem, o documentário pode gravar algo que é verdade, mas ao mesmo tempo falhar em revelar a verdade daquele algo"[9]. Acessar a verdade de algo, de um evento, de um contexto, exige esse trabalho construtivo sem o qual os fatos ou as evidências aparecem como meros fragmentos de uma realidade impenetrável em sua significância histórica, política e social.

A prática da arquitetura forense tem muito desse gesto de construir, tecer, narrar, editorializar, filtrar, compor e mapear. No contexto atual, observa-se que essa disputa é central e muito violenta, porque estamos imersos numa espécie de *noise* midiático, em que a proliferação de dispositivos, imagens, memes, virais e outras formas de mediação com o real que estruturam nosso cotidiano se tornou um arma de contrainformação. O poder, hoje, nutre-se da possibilidade de intervir na realidade por meio da criação dessa poluição contrainformativa midiática. Nesse sentido, acredito que práticas como a

---

[9] A definição pode ser encontrada em: "*Documentary/vérité*: bio-politics, human rights and the figure of 'truth' in contemporary art", *Australian and New Zealand Journal of Art*, v. 5, n. 1, 2004, p. 11-42.

arquitetura forense e o jornalismo investigativo se tornaram centrais para interpretar e agir nos conflitos contemporâneos. Um exemplo interessante é um trabalho do FA sobre o último ataque de Israel à Faixa de Gaza, a Operação Black Friday[10]. O projeto usa vídeos postados em mídias sociais, produzidos pelas vítimas e testemunhas desse ataque, para reconstituir a lógica da campanha de bombardeamento indiscriminado lançada por Israel nesse dia.

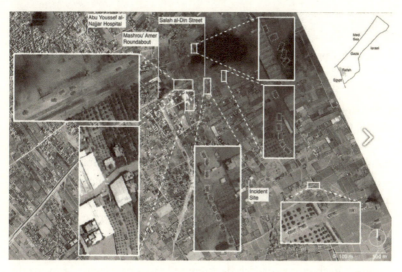

Figura 5: Operação Black Friday; imagens de satélite mostram a presença de tanques israelenses próximos à Faixa de Gaza. Fonte: Forensic Architecture e CNES 2014.

No início, quando a internet ainda era pensada como um espaço de amplificação da democracia, e não como esse grande sistema de vigilância global no qual se transformou, pensava-se que, através das comunicações

---

[10] O relatório *Rafah: black friday* é uma colaboração entre o Forensic Architecture e a Anistia Internacional, cujo objetivo é fornecer uma reconstrução detalhada do ataque de Israel à cidade e ao campo de refugiados Rafah, na Faixa de Gaza, entre os dias 1º e 4 de agosto de 2014. Como a equipe teve o acesso negado ao local, o FA utilizou uma série de técnicas para reconstruir os acontecimentos com base em informações, imagens e vídeos encontrados em plataformas sociais. Esses materiais foram reunidos em um modelo 3D da cidade que resultou em um dispositivo chamado de Image Complex, que permitiu o reconhecimento de padrões e associações espaciais e temporais dos ataques; disponível em: <http://www.forensic-architecture.org/case/rafah-black-friday/>, acesso em 31 jul. 2018.

Figura 6: Operação Black Friday; frame da videoanimação realizada utilizando o Image Complex. Fonte: Forensic Architecture.

em rede, teríamos acesso à realidade de forma mais transparente e sem mediação. O que se vê, no entanto, é justamente o contrário: a proliferação de imagens, documentos e registros não nos permite um contato mais direto e transparente com o real, mas cria a possibilidade de sua total desfiguração. A *cloud* é em larga medida uma nuvem de poluição altamente tóxica, que, inclusive, abre espaço para novas expressões de fascismo e racismo. Por isso o trabalho investigativo, construtivo e narrativo me parece fundamental, justamente porque vivemos em uma ecologia de ruídos e distorções.

É nesse sentido que as imagens e os objetos, enquanto testemunhas de eventos, são abertos e passíveis de serem utilizados para legitimar formas de poder, dominação e opressão. Um exemplo muito claro disso, que se refere à dimensão midiática dos fóruns políticos que mencionei acima, é o caso da invasão do Iraque liderada pelos Estados Unidos em 2003. Como vocês devem se lembrar, essa operação foi legitimada através da apresentação de uma série de imagens de inteligência militar no Conselho de Segurança da ONU por Colin Powell, então secretário de Estado do governo Bush, que supostamente mostravam o desenvolvimento de armas químicas no Iraque. Powell utilizou vários recursos imagéticos e tecnológicos encadeados numa narrativa de PowerPoint para legitimar a invasão perante o Conselho e o público em geral, mas, depois, soube-se que tal programa era inexistente e que o PowerPoint era um *hoax*. Então, objetos e imagens podem mentir, e na verdade creio que atualmente seu poder de decepção é maior que sua capacidade de verdade.

Outro ponto que você mencionou na questão anterior é esse movimento de usar tecnologias tradicionalmente atreladas ao aparato de controle e vigilância dos

Estados para produzir evidências da violência do próprio Estado. Essa prática forense é entendida por vocês ou pode ser pensada como um dispositivo de contravigilância? Emendando com o que você mesmo faz em relação ao povo xavante, quando você pega as imagens de satélite dos Estados Unidos e faz uma arqueologia das imagens, invertendo o dispositivo contra ele mesmo.

Para que que o sistema se torne operativo, para fazer o aparato de vigilância funcionar, para que a sociedade do controle de fato se realize em toda a extensão do corpo social, tanto em sua dimensão física quanto na subjetiva, é necessário que esses instrumentos e tecnologias de monitoramento, de gravação, de rastreamento e de mapeamento sejam disseminados na sociedade, na economia, na esfera política e na vida privada. Em certo sentido, os meios de produção do capitalismo contemporâneo são cada vez mais socializados, mas não de maneira a levar à libertação do trabalho ante o capital, e sim expandindo o alcance do capital para novos domínios e tornando o controle ainda mais incisivo. Logo, esses dispositivos e tecnologias são hoje bem mais que dispositivos, eles são parte constitutiva do ambiente em que vivemos, formando uma espécie de "camada infraestrutural", ou melhor, uma "camada ecológica" que dá forma às cidades e aos territórios contemporâneos.

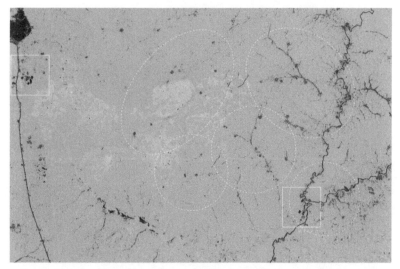

Figura 7: Arqueologias da violência; os círculos pontilhados no mapa apontam a potencial existência de aldeias dos waimiri-atroari antes da violência estatal na região durante a ditadura militar. Fonte: Paulo Tavares e Forensic Architecture.

Dito isso, eu acredito que existem linhas de fuga. A cidade e o urbanismo carregam em sua gênese um fundamento intrinsicamente relacionado às formas de poder de Estado e de controle populacional – colonial, militar e policial –, mas nem por isso relutamos em ocupar a cidade como espaço da política, da ação cívica e da luta por direitos. A cidade hoje é entendida, sobretudo, como um conjunto de direitos. Vejo esses novos dispositivos de igual maneira, como uma extensão do espaço político e conflitual que é a cidade, o urbano, a pólis. Penso que existem formas de se reapropriar, subverter e ressignificar esses dispositivos de controle como formas de contrapoder, e a prática forense trabalha nesse sentido.

Como mencionei acima, uma das origens das práticas forenses é o campo da ciência policial urbana. Fundamentalmente, práticas forenses são mecanismos de controle e vigilância de Estado. A ressignificação desse nome, que Eyal chama de "contraforense" e você chamou de "contravigilância", diz respeito a uma operação de reapropriação e subversão dessas tecnologias de controle utilizadas pelo Estado para mapear abusos e violência cometidos pelo próprio Estado e também por agentes privados, como grandes corpo-

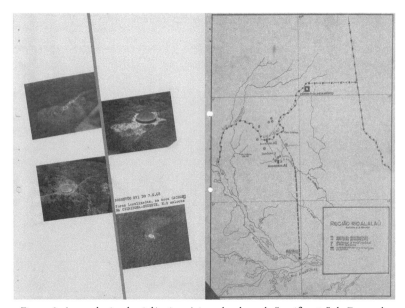

Figura 8: Arqueologias da violência; páginas do plano de "pacificação" da Frente de Atração Waimiri-Atroari (Fawa) concebido pelo padre João Giovani Calleri.
Fonte: Paulo Tavares e Forensic Architecture.

A dimensão forense da arquitetura • 329

rações, que também estão envolvidos na produção desse grande dispositivo de controle. Trata-se de inverter o dispositivo contra ele mesmo, atuando contra um aparelho de repressão através de seus próprios meios.

Um exemplo interessante do que estou tentando dizer é o caso do vídeo *Collateral murder* e da série de *logs* de guerra que documentavam ações do Exército norte-americano no Iraque, vazados por Chelsea Manning, através do WikiLeaks, em 2007[11]. O vídeo e os *logs* mostram que, para a máquina de guerra contemporânea operar – uma máquina cada vez mais informatizada, robotizada e automatizada –, o sistema necessita se autovigiar, por assim dizer, ele necessita gerar esse tipo de arquivo, gerar essas imagens, documentos e dados que inevitavelmente registram suas ações e práticas, mas não somente isso, registram a própria lógica e intencionalidade dessas ações e, consequentemente, deixam um rastro de evidências desses crimes. Deslocadas, hackeadas, vazadas e expostas ao público, essas informações operam como uma forma de contravigilância. Novas formas de controle e opressão abrem possibilidades para novas formas de resistência e atuação política, e creio que, hoje, isso passa pela apropriação e subversão desses sistemas tecnológico-militar-midiático-informacionais que estão tão difundidos no nosso cotidiano de modo a compor um novo "ambiente", uma nova condição espaço-ecológica.

No caso da investigação sobre a remoção forçada das comunidades xavantes de Marãiwatsédé, nós trabalhamos com um arquivo de centenas de imagens resultantes de um projeto de mapeamento realizado pela Usaif em colaboração com a FAB de 1966 a 1969. Também analisamos uma série de imagens de arquivos que documentaram as expedições de "desbravamento" dessa região e uma série de imagens de um programa secreto de vigilância geoespacial conduzido pelos Estados Unidos, entre os anos 1960 e 1980, que foram liberadas recentemente. Entre os anos 1940 e 1970, o território xavante foi exaustivamente fotografado e mapeado porque essa região constituía uma fronteira para a expansão do Estado nacional-colonial e para o

---

[11] *Collateral murder* é um vídeo confidencial do Exército norte-americano vazado em 5 de abril de 2010 pelo WikiLeaks. Gravado pela mira de um Target Aquisition and Designation System (Sistema de Aquisição e Designação de Alvo) de um helicóptero Apache de ataque, o vídeo mostra a ação que resulta em assassinato de doze pessoas, incluindo dois funcionários da agência de notícias Reuters, e deixa duas crianças gravemente feridas no distrito de Nova Bagdá, durante a invasão norte-americana no Iraque; disponível em: <https://collateralmurder.wikileaks.org/>, acesso em 31 jul. 2018.

330 • Tecnopolíticas da vigilância

capitalismo global. Essas imagens desempenharam um papel importante no imaginário moderno-colonial bandeirante forjado por projetos como a Marcha para o Oeste do regime getulista, o modernismo colonial de JK com Brasília e as estratégias de "integração" elaboradas pela geopolítica do general Golbery. O objetivo dessa nova forma de visualidade sobre esse território era obviamente a ocupação das terras indígenas e a expropriação de seus recursos naturais.

Nosso trabalho consistiu em inverter a perspectiva e mostrar como esses documentos configuram evidências do terror de Estado, uma vez que eles faziam parte de uma estratégia mais ampla de remoção forçada de comunidades indígenas. Quer dizer, são documentos de civilização na mesma medida em que são documentos de barbárie. Usamos uma metodologia que chamamos de "arqueologia da imagem", por meio da qual pudemos identificar vários traços de assentamentos que foram forçosamente removidos. Esse trabalho foi complementado com visitas de campo guiadas pelos anciãos de Marãiwatsédé, grandes geógrafos e botânicos que conhecem a região de uma maneira muito detalhada e sofisticada. Essas expedições mostraram que os vestígios arqueológicos desses assentamentos, a maioria dos quais se encontra fora das terras indígenas, manifestam-se na forma de arranjos botânicos muito específicos formados pela concentração de certos tipos de espécie de árvores e plantas. Nesse sentido, a própria terra, a própria floresta torna-se evidência, arquivo, testemunha da história, carregada de memória em si mesma e desconstruindo o processo de apagamento pelo qual o Estado buscava tomar posse desses territórios.

Como discutimos anteriormente, entre os sujeitos políticos centrais da história latino-americana estão os desaparecidos políticos. No meu entender, uma das contribuições mais importantes do Relatório Final da Comissão Nacional da Verdade, um documento tardio e ainda pouco debatido, foi concluir que os povos indígenas foram vítimas *políticas* da violência de Estado, quer dizer, que as violações que sofreram foram resultado de práticas sistemáticas desempenhadas de acordo com políticas centralizadas que visavam suprimir a resistência que esses povos ofereciam para a implementação dos projetos governamentais[12]. No entanto, se formos examinar com cuidado,

---

[12] Assinado por Maria Rita Kehl e inserido no volume II do Relatório Final da Comissão Nacional da Verdade, o capítulo "Violações de direitos humanos dos povos indígenas" apresenta a estimativa de que ao menos 8.350 indígenas tenham sido mortos entre os

A dimensão forense da arquitetura • 331

esses povos não aparecem no imaginário dos desaparecidos políticos do Brasil, nem mesmo na forma de imagens. Os indígenas que resistiram ao totalitarismo dos militares são os "desaparecidos dos desaparecidos", uma outra forma de apagamento que perpetua a política genocida implementada pela ditadura, consumando assim seu projeto colonial no plano da representação, da memória e da história. Através da análise desses arquivos, nosso trabalho busca mostrar que as imagens dessas comunidades desaparecidas existem, mas que, para vê-las, devemos tornar visíveis esses processos de violência através da subversão dos arquivos do "processo civilizatório" da formação nacional, ressuscitar esses fantasmas para que eles continuem a viver entre a gente, para que essa história nutra nossa memória e o conceito de "nunca mais" seja de fato uma realidade.

Uma questão muito presente no seu trabalho é apontar essa política do apagamento, sobretudo em relação aos povos indígenas, que se coloca de forma geral no campo do ativismo: trazer para o visível, a visibilidade ser uma luta no sentido de expandir, fazer valer direitos fundamentais. Mas, ao mesmo tempo, o ativismo tem se confrontado com a questão de como essa visibilidade produzida muitas vezes é usada contra essas próprias populações no sentido de controlá-las e vigiá-las reversamente. Como vocês refletem sobre essa ambiguidade presente no processo de fazer visível, de produzir visibilidade e reverter esse regime sensível, sabendo que isso pode também ser uma arma que se volta contra o próprio propósito?

Essa é uma questão que se torna cada vez mais crucial. Grande parte do ativismo e de suas estratégias e táticas de ação, principalmente no campo dos direitos humanos e do ecologismo, está fundamentada na ideia de que é preciso expor os atos e condutas do poder, de que é preciso trazer para o campo do visível e do sensível as formas de violência e violações perpetradas por esses agentes, de que é preciso trazer esses eventos ao conhecimento do

---

anos 1946 e 1988. O documento de sessenta páginas demonstra também que uma das especificidades dessa violência é a característica de se destinar não a indivíduos, mas a povos inteiros, através da expropriação das terras, de remoções forçadas de seus territórios, contágio por doenças infectocontagiosas, prisões, prática de tortura e maus-tratos; M. R. Kehl; Comissão Nacional da Verdade, "Violações de direitos humanos dos povos indígenas", em *Relatório*, tomo I: *Recomendações gerais e recomendações temáticas*, parte II: *Grupos sociais e movimentos perseguidos ou atingidos pela ditadura*; disponível em: <http://comissaodaverdade.al.sp.gov.br/relatorio/tomo-i/parte-ii-cap2.html>, acesso em 2 out. 2018.

público, de que é preciso criar uma arena pública onde esses fatos possam ser visibilizados de maneira a criar uma pressão social contra tais poderes para que esse tipo de prática, para que esses atos de violência e essas violações não voltem a se repetir. Então, no fundamento das práticas ativistas, está o princípio de que é preciso revelar e expor, de que é preciso tornar transparente, de que é preciso trazer certos eventos, fenômenos e práticas aos olhos do público.

Isso tem um fundamento histórico importante. Por exemplo, nos casos que discutimos acima, em relação aos regimes de exceção que governaram os países latino-americanos, existia um grande aparato de vigilância de Estado que permeava todo o tecido social. Ao mesmo tempo que existia esse aparato de vigilância total sobre o corpo social, de "visibilidade" máxima por parte do Estado, havia um processo complementar de apagamento daqueles que eram identificados como inimigos. Então, o ato de expor essas práticas era politicamente importante em diferentes dimensões, porque o poder operava como uma forma de encobrimento e apagamento e, ao mesmo tempo, de máxima vigilância.

Outro exemplo, no campo do ambientalismo, são as táticas que o Greenpeace desenvolveu nos anos 1980. Poderíamos citar outros grupos e movimentos, mas o caso do Greenpeace é interessante porque mostra tanto o potencial como as limitações desse tipo de "ativismo da exposição". Vocês devem se lembrar de algumas ações que o Greenpeace realizou nessa época e que se tornaram paradigmáticas: fazer uma intervenção com um pequeno barco em meio a grandes petroleiros; escalar chaminés de termoelétricas; abrir uma grande bandeira sobre Pão de Açúcar como na ocasião da Eco-92. A ideia era criar algum tipo de evento cuja ressonância midiática extrapolasse seu próprio contexto e assumisse escala global, trazendo para o campo do visível uma situação que, até então, era desconhecida do público. Buscava-se, portanto, através da criação de um efeito midiático de conscientização do público, uma forma de constranger os agentes de poder, fossem eles corporações ou Estados, a reverter essas práticas. Esse tipo de mídia tática foi, até certo ponto, efetivo, e o Greenpeace dos anos 1980 e 1990 é apenas um exemplo entre outros. Como disse anteriormente, trata-se de um exemplo interessante porque também mostra como esse tipo de estratégia atingiu atualmente o seu limite e se tornou um fim em si mesmo. O caso da intervenção de ativistas do Greenpeace nos geóglifos de Nazca no Peru durante o encontro das Nações Unidas sobre a Mudança Climática, realizado em Lima em 2014, quando esses ativistas – sem nenhuma atenção ao contexto em que estavam intervindo, mas apenas pensando na intervenção em si mesma – chegaram a destruir parte desse patrimônio arqueológico com as faixas de protesto que estenderam sobre o chão, mostra como esse tipo de ação se tornou desproporcionalmente midiática, espetacularizada e, em larga medida, perdeu sua relevância sociopolítica. De certo modo, trata-se de propaganda, não mais de mídia tática. Ou, ao contrário, a mídia tática tornou-se propaganda.

Outro ponto, ainda mais crucial, refere-se ao fato de que o ato de expor e de publicar, de tornar visível e transparente, de fazer com que algo se torne mídia, é hoje um dos eixos centrais pelos quais o sistema capitalista global extrai mais-valor e a sociedade do controle se realiza. Num mundo onde a exposição é constante, onde cada indivíduo tem a possibilidade de fazer sua própria mídia e no limite tornar-se mídia, onde as pessoas são constantemente convocadas a expor e publicar sua personalidade e sua vida privada, a própria ideia de visibilizar, expor e publicar passa a integrar um grande mecanismo de vigilância e controle. O exemplo clássico são as chamadas redes sociais, mas vai muito além disso. A rede como um todo tornou-se um grande sistema orwelliano.

É nesse sentido que se pode dizer que o "evento Snowden" foi um ponto de inflexão para as práticas ativistas de mídia tática. A partir de então, perdemos, ou deveríamos ter perdido, qualquer esperança de que a internet pudesse ser um mecanismo para tornar as relações sociais mais horizontais e a política mais democrática e transparente. A despeito das potencialidades abertas pela rede, ocorreu um rápido processo de fechamento, de "*enclosure*", de colonização dessas possibilidades, uma vez que a internet se tornou um gigantesco aparato de controle cujo poder não tem paralelos na história devido à sua capilaridade no tecido social. Assim, colocou-se em pauta algo com que os movimentos *cypherpunks* vêm trabalhando há algum tempo, a ideia de que a criptografia e os modos de segurança e privacidade digital devem ser massificados. Isso quer dizer que, assim como nos anos 1980--1990 a produção audiovisual se difundiu através da socialização/massificação dos meios, o conceito de criptografia e de como operar nesse novo *milieu* deve ser massificado, tornar-se mídia. Em outras palavras, assim como a comunicação passou a ser entendida como um direito, a criptografia passa a ser um direito, e o ativismo entra em um novo campo, não como a prática de expor ao público – o que continua extremamente relevante –, mas como a de proteger, de atuar no campo da invisibilização. Nesse sentido, há uma série de projetos interessantes trabalhando com novas formas de "camuflagem" para sistemas de *facial recognition*, por exemplo. Se muito do ativismo se concentrou em dar voz aos oprimidos, talvez devêssemos, agora, nos concentrar em maneiras de permitir que essas vozes menores sejam protegidas de um aparato de exposição que age contra nós, pensar a liberdade de expressão em relação não apenas ao direito à fala mas também em relação ao "direito ao silêncio", por assim dizer.

No seu trabalho na Amazônia, de uma forma geral, quando propõe entender a floresta como paisagem e como arquivo de processos socioculturais, você rompe com oposições clássicas como natureza e cultura, floresta e cidade. Nesse mesmo movimento, você fala dessa necessidade de vincular direitos humanos e não humanos ao trabalho de tornar visível e documentar violações perpetradas pelo Estado. Que implicações políticas, epistemológicas, estéticas há nessa reivindicação de fazer repensar as fronteiras entre direito humano e não humano e, em termos mais vastos, entre natureza e cultura?

Essa pergunta abre uma ampla discussão, esse é um assunto que tem ocupado boa parte dos debates contemporâneos em diferentes campos do conhecimento, de modo que nos tomaria uma longa conversa só para adentrar o debate... então, vou tentar responder à questão de modo bem pragmático.

Em uma cartografia que elaborei, chamada *Deadly environment*[13], mapeio vários casos de assassinatos de ativistas de direitos humanos e da natureza ocorridos na Amazônia entre os anos 2002 e 2013, período que os economistas chamam de "superciclo das *commodities*", que coincide com o período dos chamados "governos progressistas" na América do Sul. Esse mapa mostra que padrões espaciais de assassinatos de defensoras e defensores de direitos, remoções e deslocamentos estão intimamente relacionados à geografia do desmatamento e do avanço da fronteira

---

[13] *Deadly environment* [Ambiente mortal] publicado em abril de 2014, pela ONG Global Witness, lista o assassinato de 908 ambientalistas entre os anos de 2002 e 2013, em 35 países. Ao demonstrar que cerca de metade dos casos, 448 mortes, ocorreu no Brasil, o relatório acusa o governo brasileiro de negligenciar os conflitos de terra, os crimes perpetrados na Amazônia e em outros ecossistemas e de não oferecer proteção às famílias ameaçadas por latifundiários e madeireiros, transformando o país no Estado mais perigoso do mundo para a defesa do direito à terra e ao meio ambiente; disponível em: <https://www.globalwitness.org/en/campaigns/environmental-activists/deadly-environment/#report>, acesso em 31 jul. 2018.

extrativista. Ou seja, faz-se visível uma relação estrutural entre violência política e degradação ambiental.

Mas como esses processos estão relacionados? É possível pensar que a violência contra humanos e não humanos, contra os direitos humanos e os direitos da natureza, são dois lados de uma mesma moeda, quer dizer, manifestações mutuamente constitutivas de um modo de intervir no território? Genocídio e ecocídio são indissociáveis?

O mapa mostra que onde existe violência política existe desmatamento e vice-versa, de modo que se pode observar que o desmatamento é consequência da violência, mas também é em si mesmo uma forma de violência. O desmatamento, a degradação do ambiente, são maneiras pelas quais um certo tipo de poder e repressão a um modo de vida é exercido, na medida em que se destroem as bases existenciais por meio das quais esse modo de vida se reproduz. É, portanto, uma forma de violência política na medida em que seu objetivo, direta ou indiretamente, é acabar com um modo de existência que é percebido e caracterizado como inimigo ou barreira para certas ações e políticas do Estado-capital. Por sua vez, a violência política é condição fundamental para que as fronteiras extrativistas avancem pelo território, de forma que se pode dizer que violações de direitos humanos são também modos de destruição ambiental.

Logo, o que chamamos de "meio ambiente" é não apenas o pano de fundo da violência mas um meio pelo qual a violência é perpetrada. Novamente, isso é muito claro no contexto da formação do Estado nacional brasileiro e de outras nações periféricas. Certas ações, projetos, programas, estratégias que foram direcionados ao território e ao ambiente, principalmente projetos que buscavam realizar um desmatamento massivo para transformar a Amazônia numa grande *plantation* global, operaram como formas de violência política contra os povos que habitavam essas terras. Eram mobilizados como formas de violência política na medida em que atacavam a base ecológica que sustentava todo um modo de vida e de pensamento, modo de vida que era percebido e caracterizado como inimigo do projeto nacional-desenvolvimentista. Essa forma de violência tem como alvo não apenas os humanos mas também a própria natureza. Se a natureza é vítima de violência, seria então necessário considerá-la como sujeito de direitos?

A modernidade foi constituída a partir de uma relação de violência estrutural contra a natureza. Essa relação de violência e dominação opera tanto do ponto de vista epistêmico, ao sujeitar a multitude de seres viventes

336 • Tecnopolíticas da vigilância

não humanos à categoria de objetos de apropriação do humano, quanto do ponto de vista de intervenção no território. A tomada de consciência sobre essa violência estrutural contra a natureza é um processo que vai emergir principalmente a partir dos movimentos indígenas, por exemplo, com os movimentos indígenas do Equador nos grandes *levantamientos* dos anos 1990. Partindo do entendimento da violência estrutural da colonialidade- -modernidade, esses movimentos vão avançar na ideia de que era preciso que a natureza cessasse de ser objeto e fosse considerada um sujeito de direitos fundamentais. Que significa convidar a natureza para participar do contrato social como entidade detentora de "cidadania"? Aqui a questão política fundamental não é proteger a natureza, mas desestabilizar as estruturas políticas, econômicas, culturais, tecnológicas e morais que fundamentam os sistemas de conhecimento e representação da natureza, que são essencialmente coloniais.

Seus trabalhos combinam diferentes gêneros de imagens, diferentes fontes de informações, de dados, e os fazem convergir sobre a arquitetura, mas, em certo sentido, vão muito além da arquitetura. A arquitetura forense, nos parece, aproxima-se muito de uma arqueologia, uma vez que a arquitetura é apropriada como ruína, como vestígio de uma história que pode ser lida e recontada. Qual seria a diferença entre arquitetura forense e arqueologia? E como pensar essa questão ao trabalhar com ferramentas de uma arqueologia de imagens?

A questão da ruína, do vestígio material como documento histórico, da arquitetura como texto, evidência ou testemunho, é central para a prática da arquitetura forense. Mas trata-se de uma arqueologia de um passado recente, praticamente contemporâneo, e, logo, de sua força política tanto no contexto presente como no passado, no âmbito da luta por justiça e memória.

Nas metodologias que empregamos, a própria paisagem é interpretada como mídia, como algo similar a um negativo fotográfico, um arquivo, como um material sensível a acontecimentos sociopolíticos que ficam registrados no território e no ambiente, bem como nas imagens e representações desse território e desse ambiente. Nesse sentido, nós nos aproximamos da prática da arqueologia e também do que chamo de "arqueologia das imagens", uma vez que nossa prática busca articular o campo com investigações de arquivos fotográficos, documentais e de sensoriamento remoto que constituem em si mesmos registros propriamente arqueológicos.

Nesse sentido, podemos dizer que a arquitetura forense atualiza e politiza um gesto fundante da arquitetura. Ruínas são recursos epistêmicos centrais dentro da história da arquitetura das cidades, desempenhando um papel fundamental na maneira como entendemos a história das civilizações humanas. Poderíamos citar vários exemplos hegemônicos nesse sentido, como as ruínas gregas, mesopotâmicas e andinas. Logo, o que fazemos aproxima-se desse gesto fundamental do campo da arquitetura, mas, ao mesmo tempo, opera uma subversão dessa forma de conhecimento ao tratar a arquitetura como documento de processos que não podem ser tratados sob o conceito do civilizatório, que é um conceito colonial, mas sim do terror e da violência dos processos civilizatório-coloniais em seus múltiplos avatares – progresso, desenvolvimento etc. Trata-se, portanto, de uma tentativa de descolonizar a própria prática e a história da arquitetura.

PARTE IV

TECNORRESISTÊNCIAS

EXPERIÊNCIAS COM TECNOATIVISTAS: RESISTÊNCIAS NA POLÍTICA DO DIVIDUAL?

Henrique Zoqui Martins Parra

Que formas a resistência e a ação criativa podem assumir diante da sociedade de controle? É possível resistir através das mesmas tecnologias que a constituem? Como constituir um fora? Quais são os efeitos de poder, as formas de produção de valor, os regimes de dominação e hegemonia que emergem quando boa parte de nossa interação e comunicação digital acontece mediada por tecnologias corporativas (do *hardware* ao *software*, dos *smartphones* às plataformas como Google e Facebook)? Que relações de autonomia podemos estabelecer quando desejamos e produzimos os próprios ambientes que in-formam e controlam nossa vida tecnicamente mediada?

Essas são algumas das perguntas que dispararam nossa pesquisa. Seguindo a hipótese de que é possível praticar outros arranjos e composições entre técnica e política, temos acompanhado o rastro de coletivos tecnoativistas, em especial a vertente mais próxima ao critpoativismo[1]. Por meio de práticas situadas e colaborativas de pesquisa[2], que reconhecemos como epistemologicamente adequadas para o enfrentamento dessas questões, muitos aprendizados e outras formas de interrogar alguns desses problemas emergiram. A seguir, apresentamos algumas dessas inquietações e aprendizados provocados por esse encontro.

---

[1] Os criptoativistas podem ser considerados um subgrupo dentro do ativismo *hacker*. São tecnoativistas mais dedicados a problemas da criptografia voltada à privacidade, anonimato e segurança da informação.

[2] A noção de pesquisa ou conhecimento situado tem como inspiração as problematizações de Donna Haraway, "Saberes localizados: a questão da ciência para o feminismo e o privilégio da perspectiva parcial", *Cadernos Pagu*, n. 5, 1995, p. 7-41.

342 • Tecnopolíticas da vigilância

Tecnoativistas: comunidades de afetados e comunidades de práticas

Para onde olhar? Em que territórios, quais objetos e junto de quais populações podemos observar melhor aquelas perguntas iniciais? A opção realizada foi atuar conjuntamente com grupos que se percebem como criticamente afetados pelos efeitos de poder das tecnologias de comunicação digital: vigilância, controle, *profilling*, novas sujeições e formas de exploração do trabalho. Aqui, os tecnoativistas surgem como "comunidades afetadas" portadoras de práticas, conhecimentos e modos de organização que contribuem para tornar visíveis alguns problemas ainda imperceptíveis para outras populações.

A literatura dos estudos sociais em ciência e tecnologia é vasta na indicação de que as comunidades afetadas funcionam como antenas de antecipação de muitos problemas que tocam a todos, porém são primeiramente percebidos por minorias. Ao se constituírem como comunidades afetadas, forjando novos coletivos, também dão existência e produzem um comum que se encontra ameaçado. Como nos relata Antonio Lafuente[3], acerca da luta dos eletrossensíveis na Espanha, ao criar um vocabulário partilhado sobre sua condição de vida, ao lutar pelo reconhecimento de sua vulnerabilidade, eles tornaram tangível o problema da poluição eletromagnética a que estamos todos sujeitos, com diferentes graus de exposição e sensibilidade; sua luta produz e reivindica uma singularidade, uma condição comum referente à saúde em relação ao espectro eletromagnético. Essa singularidade apoia-se na afirmação de uma diferença, sustentada enquanto comum, por essa comunidade política fundada nesse ato. Em nosso caso, como veremos adiante, as ações de alguns grupos tecnoativistas permitirão interrogarmos a privacidade como esse comum.

Nesse percurso, também reconhecemos os tecnoativistas como *"comunidades de práticas"*, em que um tipo de conhecimento experiencial emerge, com base na construção de uma *expertise* coletiva, fruto de dinâmicas próprias de colaboração. Para Lave e Wenger[4]:

> o conhecimento é criado através do diálogo entre o conhecimento tático e o conhecimento explícito (formal/codificado) das pessoas, insistindo na natureza pragmática, corporificada, distribuída e trans-humana da geração

---

[3] A. Lafuente, *El carnaval de la tecnociencia* (Madri, Gadir, 2007).

[4] J. Lave; E. Wenger, *Situated learning: legitimate peripheral participation* (Nova York, Cambridge University Press, 1991).

de conhecimentos: a produção de conhecimentos ocorre através de grupos relativamente autônomos e informais, "comunidades de práticas", feitas de pessoas engajadas em atividades similares que são regularmente comunicadas.[5]

De maneira homóloga, os criptoativistas enunciam como a privacidade, a liberdade de pensamento e expressão se encontram ameaçadas no atual contexto de crescente mediação cibernética. Ao praticar uma posição contra-hegemônica e graças ao conhecimento das especificidades sociotécnicas do funcionamento de todo o aparato de comunicação digital, esses ativistas dão existência visível para dinâmicas desconhecidas e antecipam alguns dos efeitos críticos das transformações em curso.

O arranjo tecnopolítico: pensar com as máquinas

Há uma grande diversidade interna entre os coletivos tecnoativistas. Quando observamos suas posições com relação à maneira como as tecnologias reconfiguram as fronteiras entre informação pública e privada, percebemos diferentes entendimentos sobre a relação entre tecnologia e sociedade.

Para alguns grupos, toda tentativa de regulação institucional, na forma da lei, é uma batalha perdida. Por isso, buscam criar tecnologias que sejam promotoras da privacidade ou do anonimato por padrão, ou seja, procuram inscrever nas configurações e no modo de funcionamento da tecnologia certos requisitos que podem realizar os valores políticos que eles defendem. Tal perspectiva adquire um contorno tecnodeterminista e tende a subestimar os possíveis usos e os efeitos do campo social e político na aplicação da tecnologia.

Para outros coletivos, nenhuma tecnologia "flutua" no espaço e, como no caso das tecnologias de comunicação em redes cibernéticas as camadas envolvidas (físicas e lógicas) são muitas, não é possível considerar o funcionamento de qualquer tecnologia fora da influência da regulação social. Ademais, como se trata de mediações que envolvem infraestruturas físicas, *hardwares* e *softwares* cujo regime de propriedade e gestão são híbridos, havendo atores públicos, mas principalmente corporações privadas envolvidas,

---

[5] Citado em M. Akrich, "From communities of practice to epistemic communities: health mobilizations on the internet", *Sociological Research Online*, v. 15, n. 2, 2010; disponível em: <http://journals.sagepub.com/doi/abs/10.5153/sro.2152?journalCode=sroa>, acesso em 2 out. 2018.

haveria sempre a participação de fatores de ordem social, econômica e política na construção da tecnologia e nos efeitos produzidos na sua utilização.

Há, ainda, aqueles que apontam a impossibilidade de prevermos todos os usos possíveis de uma tecnologia, dando destaque para suas condições de apropriação e uso efetivo, assim como para a ativação e subversão realizada pelos usuários.

Diversamente, entre essas abordagens podemos reconhecer algumas experiências que almejam se realizar *com* as máquinas[6]. Ou seja, esforços de criação de novas composições políticas em que tanto a tecnicidade específica dos artefatos como seus efeitos práticos dialogam com as dinâmicas de regulação social (econômica, política, jurídica). Portanto, trata-se de um arranjo tecnopolítico que leva em conta tanto a dimensão pragmática do dispositivo (seu uso produz um mundo informado que pode incorporar certa racionalidade política) quanto uma dimensão normativa, relativa aos modos de ação e organização institucional, princípios e valores sociais.

Um dos desafios, portanto, seria manter essa dupla articulação e seguir através da produção desses híbridos, sem perder de vista as especificidades e os efeitos de cada dimensão. Através dessas composições, como criar a recursividade e a resiliência desses arranjos, de maneira a fortalecer um ambiente mais propício para a proliferação das práticas e valores desejados? Em suma, quais as tecnologias, protocolos, infraestruturas e institucionalidades necessários?

A privacidade e o comum[7]

> *"Devemos pensar a privacidade e a segurança da informação de maneira análoga à saúde coletiva."*[8]

A experiência e a noção de privacidade estão em plena transformação. Ao mesmo tempo, observamos que a disputa pela proteção dos direitos de privacidade concentra-se, sobretudo, na defesa e promoção dos direitos

---

[6] S. Rhatto; H. Parra; J. Tible, "Saravá! Tecnopolítica e organização", em A. Moraes; B. Tarin; J. Tible (orgs.), *Cartografias da emergência: novas lutas no Brasil*, v. 1 (São Paulo, Friedrich Ebert Stiftung, 2015), p. 137-63.

[7] O argumento que desenvolvo neste tópico foi primeiramente apresentado numa publicação em meu *blog*; disponível em: <https://pimentalab.milharal.org/2015/06/16/privacidade-como-um-bem-comum-privacy-as-a-commons/>, acesso em 31 jul. 2018.

[8] Depoimento de um criptoativista.

Experiências com tecnoativistas • 345

individuais. Porém alguns criptoativistas indicam que o problema já está noutro lugar. A proteção dos direitos individuais, no contexto das relações cibermediadas, seria insuficiente para evitar a emergência de novas formas de exercício do poder e também de novas formas de exploração econômica.

A experiência de enfrentamento tecnopolítico desses problemas indica outras alternativas. E se, em vez de pensarmos a regulação da privacidade em meios digitais apenas em termos de nossos direitos individuais, passássemos a abordá-la enquanto um *commons*, algo cuja existência depende de uma comunidade que a sustenta e cujo usufruto depende de direitos coletivos e de uma gestão compartilhada, da mesma forma que pensamos a saúde coletiva ou a qualidade do ar que respiramos? Os direitos de titularidade difusa, como alguns dispositivos jurídicos aplicados na legislação socioambiental, podem servir aqui de inspiração.

Nesse caso, partimos de uma noção "relacional" ou "contextual" de privacidade. Em termos práticos, a privacidade realiza-se como a capacidade de delimitar a fronteira entre aspectos privados e públicos de nossa existência. Acontece que, num contexto de crescente mediação das tecnologias digitais, essa capacidade é sempre "negociada", mediada, com os artefatos por meio dos quais interagimos.

Quando coloco informações sobre minha vida íntima num ambiente de fácil leitura (como uma rede social *online*), considero que essas informações não ameaçam a minha privacidade. Em suma, balizamos nossa percepção sobre nossa privacidade em função de expectativas relativas à capacidade dos outros de respeitar a fronteira que estabelecemos entre o nosso universo público e o privado.

Em cada ambiente, em cada meio de comunicação que utilizamos, em cada interação social, essa fronteira é estabelecida de maneira diferente. O surgimento de novas tecnologias (de comunicação ou de visualização) modifica radicalmente essas fronteiras. Sempre que surge uma nova tecnologia de comunicação somos surpreendidos em algum aspecto de nossas práticas culturalmente estabelecidas.

Por exemplo, atender o telefone e falar na presença de outros, como hoje fazemos com o celular na rua, no ônibus, em qualquer lugar, exigiu mudanças significativas em nossa percepção sobre a privacidade. Outro exemplo: quando estou no meu apartamento, considero que as paredes são sólidas o suficiente para proteger minha privacidade do olhar dos vizinhos do prédio da frente. Todavia, se o vizinho utilizar uma sofisticada câmera de leitura térmica, ele poderá visualizar minha atividade dentro do meu apartamento. Agora, com a popularização dos *drones*, muitas pessoas estão utilizando essas pequenas aeronaves para vasculhar e monitorar a vida alheia de formas inimagináveis há alguns anos.

Mas, nesses casos, estamos falando de uma "invasão" ativa da privacidade de alguém, ou seja, o controle que eu tinha sobre os contornos que fazem a fronteira da minha privacidade foram ultrapassados por terceiros. Em se tratando de nossa comunicação ou interação através das tecnologias digitais em redes cibernéticas, o problema muda de figura. Como conhecemos pouco sobre o funcionamento desses dispositivos, ignoramos as profundas transformações em jogo e suas consequências.

Quando nos comunicamos através de nossos computadores, celulares/ *smartphones*, seja para acessar um site qualquer, seja para falar com alguém etc., é necessário que haja um "aperto de mãos" entre nossas máquinas e aquelas que acessamos. Nossos dispositivos estão em contato, trocam dados, se "reconhecem" para que a comunicação funcione. Muitas das tecnologias que foram primeiramente desenhadas para funcionar na internet não levaram em conta a situação que hoje temos pela frente. Enquanto algumas dessas tecnologias são "protetoras" da privacidade por padrão (*privacy by design/ default*), outras são altamente permissivas.

O fato é que, hoje, a capacidade que temos de regular as condições de privacidade em nossa comunicação em meios digitais escapa, em grande medida, ao nosso poder. Nesse sentido, ainda que eu seja cauteloso com minha privacidade *online*, eu posso ser surpreendido pelas configurações de algum serviço ou site, por não entender ou por não ter acesso à forma como aquele site/serviço/dispositivo gerencia as informações que forneço a ele para utilizá-lo. O que significa, por exemplo, "consentimento informado" quando não podemos apreender todos os problemas em jogo ou, pior, quando não temos a opção de não participação em certos ambientes tecnológicos?

É nesse sentido que podemos fazer uma analogia entre a privacidade e os bens comuns, cuja existência e usufruto depende de uma comunidade que o sustente; bens e recursos cuja responsabilidade ou titularidade jurídica é difusa. Será que podemos pensar a privacidade em meios digitais de maneira análoga ao direito à paisagem? Quais são as implicações disso? Como seria a regulação sobre nossos dados pessoais em meios digitais nessa perspectiva? Como combinar os aspectos técnicos com aspectos jurídicos em que a proteção à privacidade seja promovida a recurso comum e responsabilidade coletiva?

Partilha do sensível e política do comum

O que se aplica à privacidade nesse ambiente tecnológico poderia ser estendido à liberdade de expressão, ao direito à informação e ao conhecimento. Quando denunciam a forma como uma empresa coleta e comercializa dados pessoais de forma controversa, os tecnoativistas contribuem para tornar tangível uma nova partilha do sensível, que se realiza sobre a nova produção do comum tecnicamente mediado. Nos termos de Rancière:

> Denomino partilha do sensível o sistema de evidências sensíveis que revela, ao mesmo tempo, a existência de um comum e dos recortes que nele definem lugares e partes respectivas. Uma partilha do sensível fixa, portanto, ao mesmo tempo, um comum partilhado e partes exclusivas. Essa repartição das partes e dos lugares se funda numa partilha de espaços, tempos e tipos de atividades que determina propriamente a maneira como um comum se presta à participação e como uns e outros tomam parte nessa partilha.[9]

Noutro artigo, lançamos a seguinte hipótese: o momento disruptivo que cria a política sobre algo que é comum e não exclusivo (por exemplo, a cultura) abre-se sobre um espaço-tempo liso, em que as posições prévias dos sujeitos no interior desse espaço social podem ser reconfiguradas de maneira a romper a lógica identitária do conflito: "no nível mais simples, Boulez diz que num espaço-tempo liso ocupa-se sem contar, ao passo que num espaço-tempo estriado conta-se a fim de ocupar"[10].

> Quando tratamos de algo que é comum (p. ex. o conhecimento, a cultura, a cidade ou o meio ambiente), o acesso, o usufruto ou a posse não podem ser definidos em termos de uma divisão sobre partes exclusivas. Temos, ao contrário, a possibilidade de reivindicar formas de uso, pertencimento ou apropriação de caráter não exclusivo e não proprietárias.[11]

Os conflitos que observamos em torno do direito à privacidade, mas também nas disputas sobre a extração e produção de valor em redes digitais, são expressões desses novos processos de codificação e estriamento

---

[9] J. Rancière, *A partilha do sensível: estética e política* (trad. Mônica Costa Netto, São Paulo, Editora 34/EXO, 2005), p. 15.

[10] G. Deleuze; F. Guattari, *Mil platôs: capitalismo e esquizofrenia*, v. 5 (trad. Peter Pál Pelbart e Janice Caiafa, São Paulo, Editora 34, 2005), p. 183.

[11] H. Z. M Parra, "Políticas da partilha e da distribuição", em S. Gallo; M. Novaes; L. B. de O. Guarienti (orgs.), *Conexões: Deleuze e política e resistência e...* (Petrópolis/Campinas/Brasília, De Petrus et Alli/ALB/Capes, 2013), p. 38.

348 • Tecnopolíticas da vigilância

capitalístico. O desafio que se coloca é que lidamos com novas dinâmicas de poder cujo campo de aplicação se efetua no nível do pré-individual e do supraindividual, nos agenciamentos maquínicos[12] e nos equipamentos coletivos[13]. Como veremos no próximo bloco, o "essencial" está na relação!

Governamentalidade algorítmica e o dividual

Como revelam os estudos de Antoinette Rouvroy[14], Fernanda Bruno[15] e Pablo Esteban Rodríguez[16], quando a disputa se desloca para o controle da relação no nível do dividual e para a produção/gestão do ambiente, essa nova forma de poder pode operar a despeito das regulações jurídicas que se aplicam sobre o indivíduo de direitos. Na realidade, o indivíduo (enquanto identidade civil e biológica) importa pouco. As formas de modulação existencial, de produção e gestão dos dados informáticos, de extração de valor que dão forma à governamentalidade algorítmica, ocorrem na dupla articulação do pré-individual e do supraindividual.

Quando o mais relevante é a "relação", a unidade de produção e controle é o perfil, e não mais o indivíduo. A disputa de poder desloca-se então para a capacidade de produzir e controlar o ambiente, o espaço medial, onde interagimos com informações, máquinas e pessoas e produzimos dados a cada ação cibermediada. Esses dados, rastros informacionais, funcionam como índices descontextualizados que se apresentam como portadores de

---

[12] M. Lazzarato, "Sujeição e servidão no capitalismo contemporâneo", *Cadernos de Subjetividade*, 2010.

[13] F. Guattari, *Líneas de fuga: por outro mundo de posibles* (Buenos Aires, Cactus, 2013).

[14] A. Rouvroy, "Le droit à la protection de la vie privée comme droit à un avenir non pré-occupé, et comme condition de survenance du commun", em C. Lobet-Maris; N. Grandjean; P. Vanmeerbeek (eds.), *Petits entretiens de la vie privée: expérience quotidienne sur le web* (Namur, Presses Universitaires de Namur, 2016); disponível em: <http://works.bepress.com/cgi/viewcontent.cgi?article=1065&context=antoine tte_rouvroy>, acesso em 28 out. 2015; A. Rouvroy; T. Berns, "Governamentalidade algorítmica e perspectivas de emancipação: o díspar como condição de individuação pela relação?", neste volume, p. 107-39.

[15] F. Bruno, *Máquinas de ver, modos de ser: vigilância, tecnologia e subjetividade* (Porto Alegre, Sulina, 2013).

[16] Ver P. E. Rodríguez, "Espetáculo do dividual: tecnologias do eu e vigilância distribuída nas redes sociais", neste volume, p. 181-98.

Experiências com tecnoativistas • 349

uma nova objetividade, como se esses dados estivessem desprovidos de qualquer subjetividade[17].

Os resultados que obtemos nos motores de buscas, as escolhas sugeridas para nossas interações nas redes sociais, os perfis potenciais que possuímos no e para o mercado, as disposições políticas que nos são atribuídas participam da maneira como os governos, as empresas e mesmo nossa sociabilidade mais cotidiana respondem a uma estatística preditiva (não mais aquela dos cálculos populacionais, do indivíduo mediano e das curvas de normalidade).

Rouvroy e Berns[18] problematizam como essa superpersonalização (as informações, serviços e produtos que parecem se adequar ao nosso perfil) acaba por hipertrofiar a esfera privada. Um dos resultados dessa dinâmica é o surgimento do efeito "bolha", causado pela customização dos filtros algorítmicos através dos quais interagimos com a informação. Isso minimiza o encontro com o contraditório e o diferente e reforça a radicalização das disposições e opiniões iniciais, corroendo a possibilidade de uma experiência comum[19].

E, o pior, desejamos cada vez mais o resultado que nos é oferecido por essas máquinas. Aquilo que percebemos como nossa liberdade de expressão *online* acaba por produzir todo um ambiente em que, na realidade, nem percebemos como nossas escolhas estão sendo conduzidas. Por isso a imagem do Big Brother e do panóptico não é mais suficiente ou adequada. "Não se trata mais de excluir o que sai da média, mas de evitar o imprevisível, de tal modo que cada um seja verdadeiramente si mesmo"[20].

Quando o poder informacional se desloca para a produção do ambiente e se combina com a modulação existencial, o que está em jogo é a possibilidade de produzir e gerenciar tendências. Em suma, produzir futuros. A seguir, selecionei pequenos trechos de Rouvroy e Berns que sintetizam de maneira precisa o problema:

---

[17] A. Rouvroy, "Le droit à la protection de la vie privée comme droit à un avenir non pré-occupé, et comme condition de survenance du commun", cit.

[18] A. Rouvroy; T. Berns, "Governamentalidade algorítmica e perspectivas de emancipação", cit.

[19] C. R. Sunstein, *Republic 2.0* (Princeton, Princeton University Press, 2009), citado em A. Rouvroy; T. Berns, "Governamentalidade algorítmica e perspectivas de emancipação", cit.

[20] A. Rouvroy; T. Berns, "Governamentalidade algorítmica e perspectivas de emancipação", cit.

350 • Tecnopolíticas da vigilância

> Por governamentalidade algorítmica, nós designamos, a partir daí, globalmente um certo tipo de racionalidade (a)normativa ou (a)política que repousa sobre a coleta, agregação e análise automatizada de dados em quantidade massiva de modo a modelizar, antecipar e afetar, por antecipação, os comportamentos possíveis.
> [...]
> A governamentalidade algorítmica não produz qualquer subjetivação, ela contorna e evita os sujeitos humanos reflexivos, ela se alimenta de dados "infraindividuais" insignificantes neles mesmos, para criar modelos de comportamento ou perfis supraindividuais sem jamais interpelar o sujeito, sem jamais convocá-lo a dar-se conta por si mesmo daquilo que ele é, nem daquilo que ele poderia se tornar.
> [...]
> A força bem como o perigo da generalização das práticas estatísticas à qual nós assistimos residiriam não em seu caráter individual, mas, pelo contrário, em sua autonomia ou mesmo em sua indiferença para com o indivíduo.[21]

Ora, diante da governamentalidade algorítmica na sociedade de controle, quais as possíveis formas de resistência? Quais seriam as formas de uma política crítica/emancipatória sob o regime do dividual que corresponderiam às formas de exploração do pré-individual e do supraindividual?

Arranjos tecnopolíticos para uma política do dividual

> *"Gostaríamos de reproduzir um tipo de interação online que criasse uma situação análoga a uma conversa na floresta. Nenhum registro, nenhum novo dado, só a memória pessoal da experiência do encontro."*[22]

Uma preocupação frequente em grupos tecnoativistas diz respeito às condições de autonomia sobre seus próprios meios de comunicação. Porém, como a comunicação digital se dá por meio de uma complexa pilha de camadas tecnológicas (lógicas e físicas), com diferentes jurisdições e regimes de propriedade, é praticamente impossível atravessar de maneira independente todas essas camadas. Por isso, em alguns grupos, surgem discussões em torno da ideia de "soberania tecnológica". A situação real, todavia, é muito distante disso, indicando a importância de buscar soluções híbridas. Não há um fora completo!

---

[21] Idem.

[22] Fala de um criptoativista numa oficina de criptografia.

Para pensarmos nos termos de uma política do dividual, as noções de autonomia e soberania, caso não sejam redefinidas, revelam-se insuficientes, uma vez que estão apoiadas num tipo de indivíduo (dotado de interioridade singular, capaz de escolhas racionais etc.) que a emergência do dividual faz desmoronar.

Nesse sentido, pensar a autonomia e a soberania nesse contexto de crescente mediação das tecnologias de comunicação digital exige uma reconfiguração da noção de indivíduo, das fronteiras tradicionais do direito e das formas de governança instituídas.

Graças às capacidades ampliadas de gestão informacional, através da *dataficação* de nossas vidas, mediada pela fortíssima centralização do controle sobre plataformas corporativas e dos sistemas de vigilância dos estados nacionais, a aplicação do poder desloca-se do indivíduo para a gestão dos perfis potenciais e para a modelização dos ambientes em que a ação humana se desenvolverá.

Defender, por exemplo, a liberdade ou a privacidade individual, sem levar em conta que o essencial se deslocou para o "meio", para a "relação", para o ambiente onde a ação de desenrola, é perder de vista o real deslocamento das práticas de poder. Um simples exemplo:

> Um cidadão pode decidir, individualmente, compartilhar seus dados quando esses incluem os de outros indivíduos? Se uma pessoa decide, livre e soberanamente, instalar em seu celular um aplicativo que captura dados, como fica a capacidade de escolha das pessoas de sua agenda de contatos, cujos dados são imediatamente transferidos a um terceiro? Administrar a vertente coletiva do impacto social da tecnologia é algo que escapa à noção de soberania.[23]

Voltamos, portanto, a dois problemas descritos acima: como pensar a relação entre tecnologia e sociedade para além do tecnodeterminismo e do sociodeterminismo; como pensar os problemas de privacidade e segurança da informação na perspectiva do comum?

É interessante observar como os criptoativistas se utilizam frequentemente de cenários de risco ou modelos de ameaça para refletir sobre os projetos que estão desenvolvendo. É uma linguagem parecida com a do pensamento

---

[23] G. Galdon, "¿Soberanía tecnológica? Democracia, datos y gobernanza en la era digital", *CCCBLAB*, 25 abr. 2017; disponível em: <http://lab.cccb.org/es/soberania-tecnologica-democracia-datos-y-gobernanza-en-la-era-digital/>, acesso em 29 maio 2017.

352 • Tecnopolíticas da vigilância

estratégico-militar e que corresponde, de certa forma, às disputas em jogo em torno da capacidade de produção de cenários e ambientes futuros nos meios digitais. Para conceber uma estratégia de comunicação segura, é preciso levar em conta os possíveis movimentos dos adversários, as possíveis tecnologias adotadas e sobretudo o contexto de ação e cultura tecnológica do grupo ameaçado. Em suma, questões de segurança da informação nunca estão reduzidas à adoção de uma tecnologia A ou B, é preciso levar em conta um conjunto complexo de fatores que dão forma ao arranjo sociotécnico.

Nesse percurso, com base nas práticas tecnoativistas observadas, podemos indicar algumas percepções e estratégias de ação que informam seus modos de criação e resistência à sociedade de controle:

1) As relações sociais tecnicamente mediadas operam "traduções" de ordem política; elas atualizam, transmitem e informam politicamente nossas interações;

2) As tecnologias, as instituições, os arranjos sociotécnicos são formas de tornar duráveis certas configurações sociais; portanto, a construção de protocolos e infraestruturas próprios é uma forma de ampliar a autonomia dos grupos, dar resiliência e propagação para outras formas possíveis de vida;

3) Promoção de uma política pré-figurativa e cotidiana: como viver no presente o que se projeta como forma de vida desejada? A criação de protótipos é uma forma de experimentar na prática os efeitos do que está sendo concebido. Ao mesmo tempo que não é suficiente a crítica do instituído, imagina-se outra articulação entre os meios e os fins da ação política, com a valorização do processual e a não subordinação dos meios a um objetivo idealizado;

4) Ênfase na utilização de *softwares* livres como requisito básico. A liberdade de conhecer o funcionamento dos programas é uma condição fundamental para a liberdade de expressão, privacidade e segurança da informação;

5) Ênfase nas arquiteturas distribuídas é também outra estratégia adotada como forma de evitar a emergência de poderes centralizados que possam ameaçar a autonomia no interior de uma rede. Em vez de enfatizar a centralização para otimizar recursos e controle, a distribuição propõe outro modelo de eficiência sociotécnica. Basta pensarmos nas inúmeras experiências de certificação, deliberação e produção de consenso que estão sendo desenvolvidas em sistemas distribuídos como o *blockchain*, os novos modelos de redes sociais federadas e diversos aplicativos inspirados na arquitetura *peer-to-peer*;

6) Destaque para a dimensão relacional da comunicação em redes digitais. As condições de privacidade, liberdade de expressão e conhecimento dependem de estratégias coletivas sobre o comum ameaçado. Por isso, tanto do ponto de vista tecnológico como do jurídico-normativo, é importante desenvolver soluções que coloquem limites à emergência de poderes muito assimétricos na rede.

Coletivamente teremos de fazer escolhas políticas importantes sobre algumas práticas que hoje estão no núcleo da reprodução da economia da internet. Com as novas tecnologias de poder, sob os novos arranjos entre estados e corporações da comunicação digital que dão forma à governamentalidade algorítmica, o livre acesso à informação e a liberdade de se comunicar confundem-se com as novas formas de servidão maquínica e sujeição social. Além de interrogarmos a escolha reducionista entre privacidade, segurança e liberdade, especialmente num momento em que a mentalidade securitária e a expansão do Estado policial corroem a democracia em toda parte, a defesa da liberdade depende da coprodução e da manutenção de um novo comum.

Não é apenas o indivíduo (unidade civil biológica) como sujeito de direitos que deve ser protegido. As dimensões pré-individual e supraindividual que compõem nossa existência, quando codificadas, rastreadas e quantificadas, abrem um novo campo de exploração econômica e de modulação existencial. Um ato político de criação de uma outra partilha do sensível que reconheça a dimensão transindividual de nossa existência tecnicamente mediada é uma bela contribuição dos *hackers* e tecnoativistas: práticas e saberes que colocam "novos" objetos no mundo e demonstram a "natureza" tecnopolítica dos artefatos de comunicação digital que compõem nosso atual meio ambiente.

Referências

AKRICH, M. From communities of practice to epistemic communities: health mobilizations on the internet. *Sociological Research Online*, v. 15, n. 2, 2015. Disponível em:<http://journals.sagepub.com/doi/abs/10.5153/sro.2152?journalCode=sroa>; acesso em 2 out. 2018.

BRUNO, F. *Máquinas de ver, modos de ser: vigilância, tecnologia e subjetividade*. Porto Alegre, Sulina, 2013.

DELEUZE, G.; GUATTARI, F. *Mil platôs: capitalismo e esquizofrenia*, v. 5. Trad. Peter Pál Pelbart e Janice Caiafa. São Paulo, Editora 34, 2005.

GALDON, G. ¿Soberanía tecnológica? Democracia, datos y gobernanza en la era digital. *CCCBLAB*, 25 abr. 2017. Disponível em: <http://lab.cccb.org/es/soberania-tecnologica-democracia-datos-y-gobernanza-en-la-era-digital/>; acesso em 29 maio 2017.

354 • Tecnopolíticas da vigilância

GUATTARI, F. *Líneas de fuga: por outro mundo de posibles*. Buenos Aires, Cactus, 2013.

HARAWAY, D. Saberes localizados: a questão da ciência para o feminismo e o privilégio da perspectiva parcial. *Cadernos Pagu*, n. 5, 1995, p. 7-41.

LAFUENTE, A. *El carnaval de la tecnociencia*. Madri, Gadir, 2007.

LAVE, J.; WENGER, E. *Situated learning: legitimate peripheral participation*. Nova York, Cambridge University Press, 1991.

LAZZARATO, M. Sujeição e servidão no capitalismo contemporâneo. *Cadernos de Subjetividade*. São Paulo, PUC-SP, 2010.

PARRA, H. Z. M. Políticas da partilha e da distribuição. In: GALLO, S.; NOVAES, M.; GUARIENTI, L. B. de O. (orgs.). *Conexões: Deleuze e política e resistência e....* Petrópolis/Campinas/Brasília, De Petrus et Alli/ALB/Capes, 2013, p. 35-44.

RANCIÈRE, J. *A partilha do sensível: estética e política*. Trad. Mônica Costa Netto. São Paulo, Editora 34/EXO, 2005.

RHATTO, S.; PARRA, H.; TIBLE, J. Saravá! Tecnopolítica e organização. In: MORAES, A.; TARIN, B.; TIBLE, J. (orgs.). *Cartografias da emergência: novas lutas no Brasil*, v. 1. São Paulo, Friedrich Ebert Stiftung, 2015, p. 137-63.

RODRÍGUEZ, P. E. Espetáculo do dividual: tecnologias do eu e vigilância distribuída nas redes sociais, p. 181-98 deste volume.

ROUVROY, A. Le droit à la protection de la vie privée comme droit à un avenir non pré--occupé, et comme condition de survenance du commun. In: LOBET-MARIS, C.; GRANDJEAN, N.; VANMEERBEEK, P. (eds.). *Petits entretiens de la vie privée: expérience quotidienne sur le web*. Namur, Presses Universitaires de Namur, 2016. Disponível em: <http://works.bepress.com/cgi/viewcontent.cgi?article=1065&context=antoinette_rouvroy>; acesso em 28 out. 2015.

ROUVROY, A.; BERNS, T. Governamentalidade algorítmica e perspectivas de emancipação: o díspar como condição de individuação pela relação? , p. 107-39 deste volume.

SUNSTEIN, C. R. *Republic 2.0*. Princeton, Princeton University Press, 2009.

MULTIDÕES CONECTADAS E MOVIMENTOS SOCIAIS: DOS ZAPATISTAS E DO HACKTIVISMO À TOMADA DAS RUAS E DAS REDES*

Guiomar Rovira Sancho

Em meados dos anos 1990, o surgimento espontâneo na internet de uma rede em solidariedade ao Exército Zapatista de Libertação Nacional (EZLN) foi um exemplo inovador do poder distribuído e transnacional de um novo tipo de ator político: as redes de ativistas, agregações *ad hoc* sustentadas em operações de informação e comunicação distribuídas, capazes de agir e irromper de forma multiescalar. O futuro dessas redes de ativistas em todo o seu esplendor resultou no movimento antiglobalização. Alimentando esses poderes, o ativismo comunicativo e *hacker* ganhou importância, trazendo à cena maneiras de fazer que quebram códigos e ampliam as formas e os modos dos protestos sociais.

Com a difusão da *web* 2.0, as multidões conectadas irrompem no cenário mundial a partir da Primavera Árabe. Trata-se de mobilizações autoconvocadas que constituem constelações performativas que conectam o espaço e o protesto local com os fluxos globais de indignação. Insurreições políticas como os motins na Islândia, a rebelião na Tunísia contra o autoritarismo de Ben Ali, a ocupação da praça Tahrir no Egito, o surgimento do 15 de Maio na Espanha, dos Indignados que ocupavam a Plaza del Sol, as experiências da tomada da praça Syntagma na Grécia, os acampamentos do Occupy Wall Street nos Estados Unidos, o movimento #YoSoy132 no México, as multidões de Junho de 2013 e o #PasseLivre no Brasil, a ocupação da praça Taksim na Turquia, os estudantes que invadiram o distrito financeiro de Hong Kong e, recentemente, a enorme concentração do #NuitDebout em Paris em 2016... Essas insurreições políticas têm em comum o uso de redes

---

* Tradução de Lucas Melgaço. (N. E.)

356 • Tecnopolíticas da vigilância

digitais e o surgimento *in situ* de uma multidão que se abre a *qualquer um**
e que prenuncia outro mundo possível.

Vinte anos de movimentos sociais e redes digitais

No capitalismo informacional, explica Christian Fuchs, o conhecimento
se torna uma força produtiva, mas o conhecimento é produzido não só pelas
corporações como também na vida cotidiana, nas estratégias de sobrevivência e de cooperação diária, na capacidade de alguns para inventar e propor
soluções criativas[1].

No entanto, uma vez que as pessoas têm acesso à internet, elas podem
fazer muitas coisas, inclusive ir de encontro às corporações ou à mesma
lógica que prevalece nos serviços que utilizam. Nas redes digitais coexistem
duas caras de uma dialética desigual: de um lado o cercamento corporativo
do comum que é tecido na *web* 2.0 e, do outro, a exploração do "prossu-
midor" (ou seja, ao mesmo tempo produtor e consumidor), o que nada
mais é do que uma forma de poder de extração, enquanto existe também,
inegavelmente, o encontro gerador de uma potência disruptiva. Não é algo
automaticamente dado, senão uma potencialidade precária, mas que merece
ser explorada e reconhecida em seus lampejos ao largo dos últimos anos.

O risco de abrir espaços de sociabilidade com o objetivo de capturá-los
como valor econômico tem também seus imprevistos: lá onde as pessoas
se reúnem, a revolução pode tomar forma. Nesses interstícios se baseia a
reflexão central deste artigo, o paradoxo de que a internet é ao mesmo tempo
um espaço social e um espaço para a acumulação de valor.

Na rede global, as lutas são citáveis e são citações. Elas são textos abertos
à recriação e ao mesmo tempo intertextos que invocam outros textos e os
trazem à cena em contextos distantes e distintos. O acontecimento, como
um raro momento de emergência política, é alimentado pelos fluxos de
comunicação *online*, trazendo-nos para fora de uma cena predeterminada
e abrindo as fronteiras de tudo o que foi tido como assentado.

Essas articulações políticas entraram em cena sem construir um sujeito
unitário nem uma coordenação centralizada, mas tendem à auto-organização

---

* No original em espanhol, a autora utiliza *cualquiera*, que em português poderia ser
traduzido por "qualquer um, quem quer que seja". (N. T.)

[1] C. Fuchs, *Foundations of critical media and information studies* (Nova York, Routledge,
2011), p. 280.

Multidões conectadas e movimentos sociais • 357

e à cooperação, mantendo a autonomia das partes. A rede como um paradigma tornou-se a forma mínima de organização, a infraestrutura de comunicação e o ideal normativo das lutas pela emancipação.

A internet anterior à *web* 2.0 era dotada de infraestrutura e propiciou o encontro entre ativistas e o tecido de redes transnacionais de contrainformação. Por sua vez, foram gestadas comunidades virtuais de todos os tipos de interesses entre os fãs das mesmas questões e colecionadores dos mesmos objetos em âmbito global. No entanto, é com as plataformas de redes sociais digitais que a tecnologia vai imprimir um formato inédito de comunicação para a ação política, alterando a sua qualidade de experiência "alternativa" mediada pelo ativismo. Será a partir de 2011, com a Primavera Árabe, que florescerá uma potência em rede, a partir de espaços cotidianos e não necessariamente antagônicos. Isso se dá mesmo a partir de redes privativas como Facebook e Twitter, abertos à intervenção de quem quer que seja, e mesmo sem uma credencial de ativista e sem a mediação dos meios de massa ou do meio radical. O poder da comunicação em todos os meios e escalas é recombinado e remisturado.

Distinguimos então duas etapas nos usos que os movimentos sociais e a ação coletiva fazem das ferramentas de comunicação digital:

1) A etapa das redes ativistas. Da década de 1990 à primeira década dos anos 2000, com a disseminação da internet a partir das redes de solidariedade com o zapatismo e a evolução do movimento altermundista, consolidam-se as ligações e os marcos transnacionais de lutas sociais contra o modelo capitalista e neoliberal. Emerge com força o paradigma da rede e torna-se importante a dimensão comunicativa de toda ação coletiva combativa. Aqueles envolvidos em manifestações e protestos estão habilitados e se tornam conectadores de mundos. As informações sobre os protestos já não estão mais exclusivamente nas mãos da mídia de difusão em massa. Vários pequenos meios de comunicação independentes e autogeridos, as "mídias radicais"[2], aprenderão a se conectar entre si para formar redes contrapúblicas mais amplas e deslocalizadas. É nessa fase que se desenvolve o hacktivismo como movimento global.

2) A fase de multidões conectadas, na segunda década do século XXI. Com o surgimento de plataformas de redes sociais digitais, a expansão dos telefones inteligentes e da conexão sem fio, a internet passa do quarto com computador ou cibercafé à rua. A irrupção política se torna mais distribuída,

---

[2] J. Downing, *Radical media: rebellious communications and social movements* (Thousand Oaks, Sage, 2001).

358 • Tecnopolíticas da vigilância

sensível à participação de quem quer que seja, sem precisar da mediação de coletivos de comunicação nem de líderes. O corpo se torna ciborgue em relação sinérgica com suas redes. Em momentos de emergência política, esses corpos formarão constelações performativas que ocuparão o espaço concreto das cidades, assim como o amplo espectro das redes digitais globais, multidões que, por estarem conectadas, terão a capacidade de se orientar sozinhas.

A etapa das redes ativistas: zapatismo, altermundismo, hacktivismo

Em 1º de janeiro de 1994, os indígenas rebeldes do Exército Zapatista de Libertação Nacional em Chiapas disseram: "Decidimos pegar hoje em armas em resposta à entrada em vigor do Acordo de Livre Comércio, pois ele representa um atestado de óbito para os indígenas do México, que são prescindíveis para o governo ilegítimo de Carlos Salinas de Gortari". Uma corrente global em defesa dos zapatistas surgiu espontaneamente, apropriando-se da então nova ferramenta de comunicação: a internet. Os zapatistas disseram que não queriam tomar o poder, que sua luta era para que "o que manda o faça obedecendo", que as mulheres participassem em pé de igualdade e que sua causa era a diversidade, o reconhecimento da diferença, por "um mundo em que caibam muitos mundos". O espaço comum que emergiu da defesa global do levante zapatista permitiu que se pensasse de outra forma e que se atraíssem novas potências: foi o primeiro germe do movimento antiglobalização, sob o lema "Outro mundo é possível" e que eclodiu em 30 de novembro de 1999, em Seattle, contra a reunião da Organização Mundial do Comércio. Essa mobilização massiva se tornou um "evento midiático global" que deu origem ao "movimento altermundista", "antiglobalização" ou "movimento pela justiça global" que se especializou em bloquear massivamente as reuniões de instituições econômicas internacionais, em organizar contracimeiras, jornadas de luta descentralizadas contra o capital e os Fóruns Sociais Mundiais.

Para os protestos de Seattle, os produtores independentes de vídeo criaram um centro de informação em um espaço de coordenação *ad hoc* abandonado após o protesto, o qual eles chamaram de Indymedia – Independent Media Center –, com a sua correspondente plataforma virtual que revolucionaria o mundo da comunicação alternativa e do jornalismo. O Software Active, desenvolvido na Austrália por Matthew Arnison e ampliado por outros técnicos, permitiu que qualquer pessoa pudesse enviar não só textos mas também fotos, vídeos e arquivos de áudio. A partir de Seattle, podemos falar de uma mudança definitiva na relação entre movimentos sociais e de comunicação, sob o lema *"Don't hate the media, be the media"* [Não odeie a mídia, seja a mídia].

Em pouco tempo se produziu em todo o mundo um "big bang dos Indymedia", que foi uma "mudança de época na forma de ação pública e de sua documentação"[3]. Em todos os lugares onde havia lutas e movimentos, ativistas abriram na internet uma plataforma Indymedia.

> Já disse o visionário Marshall McLuhan que *o meio é a mensagem* e, no caso da Indymedia, a mensagem (o meio) é clara: construir e defender uma rede de informação independente, participativa e segura; unir os esforços de hacktivistas e mídia-ativistas ao redor do globo para globalizar a comunicação livre.[4]

O ciclo altermundista, com as massivas manifestações contra as reuniões das instituições econômicas internacionais (FMI, BM, OMC, G8), sofreu uma queda no meio da primeira década do século XXI, depois dos ataques às Torres Gêmeas em Nova York e, posteriormente, das guerras contra o Iraque e o Afeganistão, as quais violaram todos os direitos humanos. Em 15 de fevereiro de 2003, as marchas organizadas em prol do altermundismo e contra a guerra mobilizaram mais de 10 milhões de cidadãos, o que não foi suficiente para alterar as decisões militares dos Estados Unidos e de seus aliados, Espanha e Reino Unido.

Os movimentos sociais, que haviam ensaiado uma dimensão transnacional poderosa, voltaram a atuar nas áreas locais, a construir a partir da escala mais imediata, sem com isso deixarem de se conectar com o mundo, com os seus pares e aliados, para, quando necessário, germinarem radicalmente, partilharem experiências ou se defenderem juntos. Será a partir de 2011 que uma onda de multidões furiosas, em diferentes latitudes, exigirá transformações democráticas.

O hackitivismo das redes

A partir da década de 1990, o hacktivismo, como um conjunto de experiências políticas que colocam no centro o fazer com tecnologia,

---

[3] M. Pasquinelli, *Mediactivismo, activismo en los medios* (Roma, DeriveApprodi SRL, 2002).

[4] EVhAck, "Indymedia.org: la mayor red mediactivista contra la hegemonía informativa", em *@rroba*, 4 maio 2006; disponível em: <https://sindominio.net/xabier/textos/evhack/indymedia/EVhAck_-_Indymedia_-_maquetado_CC-by-sa.pdf>, acesso em 31 out. 2018.

360 • Tecnopolíticas da vigilância

tornou-se uma parte significativa do movimento global a partir de três vertentes principais[5]:

1. O movimento pelo *software* livre e pela liberdade do código (que desenvolveu licenças *copyleft* e Creative Commons). Desde o início da pesquisa tecnológica, o espírito libertário permeou os jovens programadores que viram na computação uma ferramenta para a liberdade de informação. Um dos personagens mais proeminentes foi Richard Stallman, que, incapaz de entender o motivo de ter sido impedido legalmente de compartilhar ou melhorar seus próprios projetos, teceu uma crítica devastadora à propriedade de *software*. Ele foi o criador da licença GNU, cerne da primeira grande estrutura de propriedade livre, que permitiu a expansão do movimento por *software* livre para todo o mundo. Em 1991, um estudante da Universidade de Helsinque, Linus Torvalds, desenvolveu o sistema operacional Unix. Em poucos anos e com a participação de várias pessoas, foi desenvolvido o GNU--Linux, sistema operacional público e gratuito (*freeware*). Ao mesmo tempo, esse movimento pôs em questão a propriedade intelectual do conhecimento e desenvolveu as licenças *copyleft* e Creative Commons. Para um dos seus promotores, Lawrence Lessig[6], o código é a única lei: "Code is Law".

2. Garantir os dados pessoais e deixar transparente o que o poder esconde. A luta por privacidade na rede, ou seja, o direito de proteger conversas privadas como uma garantia de liberdade, encabeçado pelos *cyberpunks*, levou ao desenvolvimento de programas de criptografia, como Prety Good Privacy (PGP) e GNU Privacy Guard (GPG). Por sua vez, essa corrente do hacktivismo desenvolveu plataformas de vazamento de dados como o WikiLeaks (que busca expor os poderosos e denunciar a cibervigilância). A necessidade de garantias contra a criminalização dos *hackers* e pela liberdade na internet deu origem à Electronic Frontier Foundation, em atividade em todo o mundo. Mitch Kapor, um dos seus fundadores, disse certa vez em seu *blog* que "a arquitetura (de redes e computadores) é política e a política é arquitetura"[7].

---

[5] J. A. Lizama Mendoza, *Hackers en el contexto de la sociedad de la información* (tese de doutorado em Ciências Políticas, Cidade do México, Universidad Nacional Autónoma de México, 2005).

[6] L. Lessig, *Por una cultura libre: como los grandes medios usan la tecnología y la ley para controlar la cultura y la creatividad* (Madri, Traficantes de Sueños, 2004).

[7] F. Pisani, "Arquitectura de participación y negócios", *El País*, 4 maio 2006; disponível em: <http://elpais.com/diario/2006/05/04/ciberpais/1146707482_850215.html>, acesso em 31 jul. 2018.

Multidões conectadas e movimentos sociais • 361

3. Fazer das redes digitais espaços de rompimento e ação. No que poderia ser chamado de cultura underground eletrônica, tem havido uma enorme diversidade de atores, indo dos primeiros *phreakers* (manipulação telefônica) até o que Lizama Mendoza[8] chama de: *geeks, crackers, virii makers, cyberpunks, warez, friki people* etc.

No Texas, surgiu em 1984 o Cult of the Dead Cow (cDc), criador do Back Orifice (versões 1998 e 2000), programa que dá acesso a um outro computador, permitindo o seu controle. O termo hacktivismo foi cunhado por esse grupo em 1996, para se referir a "*hacking* com objetivos políticos". Em 2001, Cult of the Dead Cow lançou a Declaração do Hacktivismo, contra a censura na internet. Outro grupo lendário é o Chaos Computer Club (CCC), nascido em 1981 em Berlim. O grupo defendia a liberdade de acesso e se dedicava a mostrar as falhas de segurança dos sistemas informáticos. Seus integrantes tornaram-se famosos quando conseguiram transferir para a conta deles uma quantia de mais de 60 mil euros de um banco em Hamburgo. O dinheiro foi devolvido em um evento público perante a imprensa. Em 1989, um dos seus membros foi preso por invadir servidores do governo dos Estados Unidos. Durante décadas, o CCC organizou o Chaos Communication Congress e, nos últimos anos, o Chaos Communication Camp.

Txarlie Axebra[9], autodenominado "hacktivista, mídia-ativista e trabalhador autônomo em situação precária", explica que o hacktivismo, como tal, nasceu em 1990, quando o vírus Tanka infectou computadores da Nasa e do Exército dos Estados Unidos com a mensagem: "Falam de tempos de paz para todos e, em seguida, os preparam para a guerra".

Os primeiros *sit in* ou plantões virtuais foram convocados a partir da plataforma netsrike.it, em 1995, contra os testes nucleares da França. Anos mais tarde, a sede desse grupo em Bolonha foi invadida como parte da repressão aos protestos antiglobalização em Gênova em 2001. Essa primeira ação consistia na saturação dos acessos à página do governo da França, na qual era possível a cada participante atuar do conforto do seu lar e com um programa baixado da página.

---

[8]   J. A. Lizama Mendoza, *Hackers en el contexto de la sociedad de la información*, cit., p. 12.

[9]   T. Axebra, "Ya nadie baila, todos son DJ", *Diagonal*, 11 dez. 2012; disponível em: <https://www.diagonalperiodico.net/la-plaza/ya-nadie-baila-todos-son-dj.html>, acesso em 31 jul. 2018.

362 • Tecnopolíticas da vigilância

Nos Estados Unidos, os Electrohippies também participaram de ações contra os testes nucleares em Muroroa e, durante protestos contra a OMC em novembro de 1999 em Seattle, coordenaram uma ação virtual de que participaram cerca de 400 mil pessoas. Esse grupo se dedicou a fabricar robôs (*robots*), da mesma forma que posteriormente fariam os fabLabs:

> [...] modificar uma bicicleta para que, com a ajuda de braços mecânicos e um *laptop*, possa fazer grafites nas ruas de Nova York durante a última convenção republicana [...]. A bicicleta ainda por cima dispunha de uma conexão sem fio e utilizava sprays de pintura no modo permanente, já que em Nova York o grafite é proibido. Ainda assim, o inventor, Joshua Kinberg, foi preso. Poucas horas depois ele foi liberado, mas seu protótipo de bicicleta, incluindo computador, celular e rede sem fio, continuou confiscado[10].

Os experimentos hacktivistas proliferaram em torno da defesa dos indígenas zapatistas de Chiapas. Em 1994, os membros da Critical Art Ensemble (CAE) desenvolveram a ideia de criar o Electronic Disturbance Theater (EDT) [Teatro da Perturbação Eletrônica], especializado em transladar os protestos da rua à internet. O momento de pico coincidiu com os protestos contra o massacre de Acteal, Chiapas, ocorrido em 22 de dezembro de 1997, em que foram assassinadas 45 pessoas, a maioria crianças e mulheres indígenas. No domingo, 18 de janeiro de 1998, o EDT lançou um convite para que ativistas agissem nas páginas da Bolsa de Valores mexicana e de cinco instituições financeiras "símbolos do neoliberalismo mexicano". As instruções foram: logar nas páginas dessas instituições e atualizá-las (*reload*) a cada poucos segundos[11]. Segundo Wray[12], no dia 29 de janeiro, um domingo, um grupo chamado Anonymous Digital Coalition convocou uma *netstrike*, "Greve na rede em prol de Zapata", e divulgou as instruções para um "plantão virtual". Poucos dias depois, em 4 de fevereiro de 1998, um grupo de *hackers* invadiu a página do Governo da República do México e colocou slogans em favor do EZLN nas páginas iniciais.

---

[10] P. Garaizar Sagarminaga, "Introducción al hacktivismo", *El Blog de Txipi*, 30 jul. 2006; disponível em: <http://blog.txipinet.com/2006/07/30/8-ntroduccion-al-hacktivismo/>, acesso em 31 jul. 2018.

[11] R. Domínguez, "Digital zapatismo", *The Thing*, 1998; disponível em: <https://www.thing.net/~rdom/ecd/DigZap.html>, acesso em 31 jul. 2018.

[12] S. Wray, "Worldwide Chiapas protest statistics: version 2.3", mensagem eletrônica enviada para a lista Chiapas-l, recebida em 25 jan. 1998.

Em 10 de abril de 1998, o Electronic Disturbance Theater (EDT) convocou um ataque coletivo ao site da Presidência da República do México. De acordo com Domínguez, 8.141 internautas participaram da ação que interrompeu o funcionamento do site do então presidente Ernesto Zedillo[13].

Esses plantões eletrônicos têm características inovadoras em relação à prática da espacialidade relacionada à ação coletiva: trata-se da criação da experiência da presença comum a partir de formas de praticar o lugar que estão fisicamente desconectadas, que não coincidem geograficamente. Tece-se um espaço compartilhado e ao mesmo tempo deslocado a partir de diferentes locais: o dos ativistas envolvidos, o de seus provedores, o da página em que acontece o protesto e o da página à qual se direciona o objetivo político[14].

Em 9 de setembro de 1998, o EDT apresentou o projeto Swarm [enxame], na edição do festival Ars Electronica dedicada à guerra de informação, e lançou um ataque em três frentes: contra sites da Presidência mexicana, contra a Bolsa de Valores de Frankfurt e contra o Pentágono, como forma de testemunhar o apoio internacional para os zapatistas, ou seja, contra o governo mexicano, contra o Exército dos Estados Unidos e contra um símbolo do capitalismo internacional. Como resultado, entre 9 e 10 de setembro 20 mil pessoas em todo o mundo participaram dessa ação *online*. Rapidamente o fenômeno recebeu atenção da mídia e apareceram reportagens em veículos como *Wired*, ZDTV, Defense News e Rádio Pública Nacional dos Estados Unidos e, em 31 de outubro, o EDT ocupou a primeira página do *The New York Times*.

O que o EDT fez foi aplicar um *software*, o FloodNet, criado em 1998 pelo artista californiano Brett Stalbaum, com o qual se pode acessar muitas vezes a página inicial dos grandes servidores até que eles fiquem saturados e caiam. Participar dessa ação – de caráter público, a partir de uma mensagem que era enviada e difundida em listas de *e-mail* – custava tão pouco quanto clicar duas vezes com o *mouse* sobre o endereço eletrônico indicado por esse grupo promotor do "zapatismo digital".

Naquele mesmo ano, um jovem *hacker* britânico chamado "JF" se infiltrou em cerca de trezentos sites ao redor do mundo, introduzindo imagens

---

[13] C. Kaplan, "For their civil disobedience, the 'sit-in' is virtual", *The New York Times*, 1º maio 1998; disponível em: <http://www.nytimes.com/library/tech/98/05/cyber/cyberlaw/01law.html>, acesso em 31 jul. 2018.

[14] M. A. Fuentes, "Performance constellations: memory and event in digitally enabled protests in the Americas", *Text and Performance Quarterly*, v. 35, n. 1, 2015, p. 24-42.

364 • Tecnopolíticas da vigilância

e textos antinucleares. Mais uma vez o jornal *The New York Times* se referiu ao tema em outubro de 1998.

Meses mais tarde, o EDT participou do Dia de Ação Global contra o Capitalismo em 18 de junho de 1999, organizado por redes antiglobalização, com um plantão virtual novamente com caráter zapatista: contra a embaixada do México no Reino Unido. O sistema FloodNet recebeu um total de 18.615 chamadas de computadores de 46 países diferentes. O EDT ainda criou outras ferramentas, como o Zapatista Tribal PortScan, que analisa remotamente as portas (entradas) de um computador e envia um poema zapatista àquelas que estiverem abertas. O EDT, como grupo de ciberativismo, tem refletido teoricamente e transformado suas ideias em práticas, com intenções pacíficas, invocando as palavras da comandante Ramona do EZLN: "A rede intergaláctica é mais poderosa do que qualquer arma".

A etapa das multidões conectadas: um novo ciclo

É por volta de 2004 que surge a *web* 2.0, caracterizada pelas redes sociais digitais e pelos *microblogs*. A autocomunicação de massa, diria Manuel Castells, é a possibilidade de "construção autônoma de redes sociais controladas e guiadas por seus usuários"[15].

A grande mudança ocorrida naqueles anos se deu em função dos telefones celulares, das mensagens de texto e do fato de que a internet passou da casa à rua. Com a conectividade sem fio (Wi-Fi) e os *smartphones*, qualquer pessoa pode enviar mensagens em tempo real, sem ter de esperar até estar em sua mesa ou em um cibercafé (um fenômeno típico da década de 1990).

As novas plataformas de redes sociais digitais permitem uma "autocomunicação de massa"[16], a possibilidade de que as pessoas sejam produtoras, receptoras e remixadoras de suas próprias mensagens, alterando códigos e formatos, diversificando e multiplicando os pontos de entrada no processo de comunicação.

A participação e os usos das redes digitais em total remediação com a indústria cultural têm sido estudados no caso de narrativas transmidiáticas da "*fan culture*"[17]. No entanto, como microuniversos da autocomunicação

---

[15] M. Castells, *Redes de indignación y esperanza* (Madri, Alianza, 2012), p. 221.

[16] M. Castells, *Comunicación y poder* (Madri, Alianza, 2009).

[17] C. A. Scolari, *Narrativas transmedia: cuando todos los medios cuentan* (Barcelona, Deusto, 2013).

Multidões conectadas e movimentos sociais • 365

individualizada e ao mesmo tempo coletiva, o que acontece nessas plataformas digitais é imprevisível. Já que não têm uma finalidade específica, o seu uso pode ir do mais exibicionista ao informativo, acadêmico, recreativo, laboral ou mesmo criminal. Embora não haja nenhum exercício de autonomia definitiva do usuário, nas mesmas redes convivem duas concepções diferentes de participação: a corporativa e a político-participativa. Facebook, Hi5, Instagram, Twitter, Twenty, LinkedIn e YouTube, entre outros, são empreendimentos que, por suas intenções empresariais, constroem cercas no ciberespaço comum[18].

Passa a primar, nas redes, uma economia de interesse nas mãos do usuário: o usuário decide quem seguir, o que acrescentar, o que mudar, o que ver e o que compartilhar ou postar. Já dizia isso Rabble, um dos inventores do Twitter, que projetou o aplicativo de modo que o usuário decide não a quem vai enviar as suas mensagens, mas que mensagens quer ler.

Ao mesmo tempo, parte dos conteúdos é difundida e recebida através de redes confiáveis. Não é a mesma coisa a televisão transmitir uma mensagem ou um conhecido postar e comentar um *link* no Facebook. Ao internauta não importa tanto quem é o produtor original da mensagem, mas sim o que diz aquele amigo que a compartilhou. De certa forma, a marca de enunciação passa a recair não somente no "autor", mas em quem envia, publica ou altera uma mensagem. Assim acontece com mensagens políticas que viralizam: ao compartilhá-las, reiterá-las, repeti-las ou alterá-las, quem as envia se torna, para os demais, seu autor, ainda que de forma atenuada, submergindo-se assim o anonimato de quem quer que seja[19].

O compartilhamento e o remix são formas de expressão que tornam o enunciador um indivíduo coletivo, com toda a força da função expressiva (que corresponde, de acordo com Roman Jakobson[20], ao enunciador) somada à conativa (a que corresponde ao destinatário, que passa ou não à ação). Ser

---

[18] Há um paradoxo que se abre com as mobilizações da *web* 2.0 em que a potência de conexão se dá em serviços de redes sociais privatizadas. Há riscos aí, como assinala EvHack: "A *web* 2.0, a tendência à aglomeração dos usuários em serviços centralizados, em fazendas de exploração de redes sociais, é uma inimiga inesperada e difícil de combater. De nada serve o *software* livre ou os servidores autogestados se as interfaces de participação e comunicação exigem a agregação a um servidor corporativo, que pode mudar a seu próprio gosto os termos do contrato, o seu conteúdo e expulsá-lo de sua rede social".

[19] *Cualquiera*, no original em espanhol. (N. T.)

[20] R. Jakobson, *Essais de linguistique générale* (Paris, Minuit, 1963).

um nó na rede implica, de alguma forma, essa confusão e essa transitividade gelatinosa entre emitir e receber e, ao mesmo tempo, a impossibilidade de considerar a rede um sistema fechado, autocontido. Pode ser que caiba aqui retomar a diferença entre observar um fenômeno e fazer parte do fenômeno (estar "conectado"). Para se observar uma rede, é preciso estar conectado. Ao mesmo tempo, as redes distribuídas não são totalizáveis, permanecem sempre incompletas e abertas. "Nenhum nó tem a informação completa do sistema, porém se mantém conectado e, graças aos nós e entrenós com os quais se encontra entrelaçado, orienta-se mesmo sem ter a informação do todo", explica Javier Toret[21].

Essa capacidade de orientação sem timoneiro permite que a rede ativista – que surge a partir de um sentimento compartilhado de indignação – encontre especialistas em tudo aquilo que se precisa, promova a lógica colaborativa e possibilite a existência de formas agregativas e (mais) horizontais. O sucesso em uma rede ativista não está em ganhar "autoridade" em termos convencionais, como "autoria", "liderança" ou "originalidade", e sim em ser usada, em tornar-se útil: agir/reagir aos demais, ser reapropriada, remixada, copiada, replicada. Marga Padilla afirmou que, com o Acampamento da Plaza del Sol em Madri, em 2011, aconteceu algo maravilhoso: "Estavam nos copiando. Sim, amigos, isso é o *copyleft*. Remixar e reutilizar. Em centenas de cidades em todo o mundo se levantavam acampamentos. Replicabilidade. Retuíte: por favor, copie-me"[22].

O individual é o político e a rede é a rua

Foi a partir da *web* 2.0 que as estratégias dos militantes de movimentos, com os seus ativistas especializados ou as clássicas comissões de imprensa, se viram ultrapassadas por essas miríades de ações comunicativas dispersas de *qualquer um*. Os esforços de alguns ativistas em se comunicar por meios alternativos não atingirão a eficácia de algumas mensagens que surgem, de repente, a partir de um lugar inesperado e viralizam, criando ondas de indignação.

---

[21] J. Toret, *Tecnopolítica: la potencia de las multitudes conectadas – el sistema red 15M un nuevo paradigma de la política distribuida* (Barcelona, Universitat Oberta de Catalunya, 2013), p. 89.

[22] Em uma entrevista do documentário *15M.cc: "Excelente. Revulsivo. Importante"*, de S. M. Grueso (Madri, 15M.cc, 2012); disponível em: <https://vimeo.com/58436072>, acesso em 2 out. 2018.

Durante a *web* 1.0, trazida à tona com as redes de solidariedade a Chiapas e ao alterglobalismo, a internet funcionou como um campo de informação e interação, um instrumento complementar aos fóruns físicos. A internet foi também um espaço para a intervenção ciberativista, mas, como tal, diferenciava-se claramente da marcha ou da ocupação. Ao fim da ação política, ia-se para casa ou para o cibercafé a fim de ligar o computador e subir a informação na rede.

Algo diferente ocorre com as "multidões conectadas" a partir de 2011, nas quais quem participa das manifestações carrega suas extensões eletrônicas e não necessariamente está previamente politizado, nem responde ao chamado de uma organização, nem desenvolve um canal de comunicação próprio. Ao contrário, saem à rua e agem a partir de seus espaços de comunicação cotidianos, mesmo que sejam canais politicamente questionáveis, como a rede social privativa Facebook ou mesmo o Twitter. Não se trata de *contrapúblicos* formados em torno de meios alternativos e militantes conscientizados de esquerda, com uma série de princípios contra-hegemônicos claros, mas sim de públicos indistintos, de usuários ou prossumidores (dois eufemismos deliberados que despolitizam e tentam invisibilizar essa transformação) que, de repente, mudam sua dieta digital, ficam indignados e geram cascatas de difusão viral, de estados de humor disruptivos; são *os quaisquer* que, de repente, agem politicamente. Os contrapúblicos militantes, por sua vez, são tomados de surpresa. Diante da servidão voluntária da vida cotidiana, ou diante da rebelião voluntarista de ativistas conscientes, as multidões conectadas são uma espécie de rebelião involuntária.

A distinção entre públicos hegemônicos e contrapúblicos cai por terra e deixa de ser central a batalha para construir a "opinião pública", esse pseudos-sujeito que alimenta os meios de comunicação de massa, sempre reacionário – Arendt[23] afirma que nenhum processo político emancipatório se inicia por "maiorias" numéricas –, sempre passivo, na medida em que é o resultado de uma sondagem. A grande máquina para construir o "público" ou a "audiência" é deslocada, já não está no centro. Aqui, aquele que se entusiasma com a revolução *per se* já está nela, na própria rede de entusiasmo, e não fora, porque já não há "fora" (o físico como fronteira não se delimita, se gelidifica).

Santiago López Petit, ao analisar o 15M espanhol, diz:

> Nossa batalha é desfazer a opinião pública: eliminar o público. Durante as manifestações, não gritamos "Não nos observe, junte-se a nós"? "Ninguém

---

[23] H. Arendt, *La condición humana* (Barcelona, Paidós, 1993).

nos representa" no fundo significa que, para nós, não há opinião pública. De fato, é o que na prática temos verificado. O uso de internet, ao permitir que se mostrem outras verdades, faz explodir a construção política da unanimidade reacionária. A força política que surge com a tomada de praças não tem nada a ver com a opinião pública, mas sim com uma interioridade comum que todos pressentimos.[24]

Essa "interioridade comum"[25] dilui a dicotomia público/privado, mas também a dicotomia singular/universal, e traz à tona algo da qualidade do involuntário e, ao mesmo tempo, inevitável: a vida se torna o centro do tolerável e do aceitável, a capacidade de comunicar experiências íntimas e compartilhadas será o motor que inflamará o espírito coletivo, esse desejo de viver contrapondo os limites de uma crise e de um capitalismo que se isola e se torna impotente. A multidão conectada não é, então, uma figura da totalidade, mas a dimensão comum das singularidades[26] que colocam sua vida como um problema compartilhado.

A praça, igualmente, não está apenas na praça. É rede. Eu me sinto parte do 15M, apesar de não ter colocado os pés em nenhum acampamento e viver a 6 mil quilômetros da Plaza del Sol. Eu vivi várias assembleias por *streaming*. A qualidade da minha experiência mediada é diferente da de Santi, que estava lá. Isso é inquestionável. Mas também a mim essa "interioridade comum" me *co-moveu*.

O giro tecnopolítico da multidão

Em 2011, por sua configuração urbana e comunicacional, vimos aparecer um novo ciclo de protestos: às revoluções cidadãs nos países árabes se seguiram mobilizações na Grécia e em Portugal, os Indignados na Espanha,

---

[24] S. López Petit, "Temblad, temblad, malditos", *Público*, 28 jun. 2011; disponível em: <http://blogs.publico.es/fueradelugar/650/temblad-temblad-malditos-por-santiago-lopez-petit>, acesso em 31 jul. 2018.

[25] "Essa interioridade comum é o próprio querer viver quando se gira sobre si mesmo, ou seja, quando se entende a sua dimensão coletiva. Ninguém sabe do que é capaz a interioridade ordinária quando se exterioriza como um desafio frente à inevitabilidade do que existe. O importante é estar conectado com a interioridade comum e então nós certamente nos daremos conta de que os nossos maiores inimigos são os velhos discursos políticos, o tédio, e o medo do vazio"; S. López Petit, "Temblad, temblad, malditos", cit.

[26] M. Garcés, *Un mundo común* (Barcelona, Bellaterra, 2013).

o Occupy nos Estados Unidos, o #Yosoy132 mexicano, as revoltas na Turquia e no Brasil, a Revolução dos Guarda-Chuvas em Hong Kong, a Nuit Debout na França... Cada luta, em cada continente e em cada país, com suas especificidades irredutíveis, mas tendo em comum a capacidade de criar espaços simbióticos no mundo físico e digital, conectando as ruas com os fluxos globais de indignação. A espacialidade urbana em multicamadas, multiescalas, dessas insurgências traz à tona uma exigência de democracia para além do que é ou não tolerável, mediante formas de ação mais prefigurativas do que programáticas ou ideológicas.

Essas mobilizações não usam a tecnologia como algo complementar, mas de forma sinergética. As pessoas que participam nas ruas já são corpos ciborgues, manifestam-se com suas extensões tecnológicas in-corporadas. Elas se autoconvocam e tomam decisões através de seus corpos em movimento e de suas redes digitais em efervescência. Isso é tecnopolítica, como explica Javier Toret, ou seja, é "a reapropriação das ferramentas e espaços digitais para a construção de estados de espírito e noções comuns necessárias para se empoderar e permitir comportamentos coletivos no espaço urbano que tomem as rédeas de assuntos em comum"[27].

A tecnopolítica, ao contrário de outras formas de ação coletiva, não é própria de ativistas mobilizados ou de pessoas politicamente conscientizadas. Tampouco é própria de especialistas em programação. É im-própria, inapropriada, é a emergência da política de *qualquer um*, de quem quer que seja. Toret a distingue de outras formas, "a tecnopolítica é para todos os públicos, é *user friendly* em relação ao hacktivismo. A tecnopolítica é massiva e coletiva e o hacktivismo requer conhecimentos mais específicos e técnicos. O hacktivismo é muitas vezes o laboratório de práticas de inovação que, em um dado momento, se tornam massivas e se incorporam ao repertório de ação coletiva tecnopolítica"[28].

Essas multidões, que têm um caráter inapreensível, evanescente, que mantêm sua diversidade e abertura, não constroem unidade ideológica. Elas se erigem nos "99%", tal como foi dito pelo Occupy de 2012 nos Estados Unidos, sem se restringir a uma classe ou invocar uma etnia ou nação. Elas adotam nomes comuns, e não nomes próprios: Occupy Gezi, YoSoy132, 15M... Uma *hashtag* não é própria nem apropriável, é uma etiqueta, um lugar de chegada e de partida para uma conversa, para uma relacionalidade.

---

[27] J. Toret, *Tecnopolítica*, cit., p. 45.

[28] Ibidem, p. 44.

370 • Tecnopolíticas da vigilância

As multidões são materializações dessas agregações de *qualquer um*, pessoas quaisquer, dos "muitos" sem unidade. Quando conectadas, podem cooperar sem a *co-presença*, o que lhes outorga uma maleabilidade inesperada para a ação e, ao mesmo tempo, uma impossibilidade de enclausuramento, de totalização. Não há um comando ou um comitê de direção, mas ao mesmo tempo há decisão (e esta não depende de assembleias, embora se legitime nelas). A multidão conectada se orienta sozinha. Por isso, cabe acrescentar o adjetivo "conectada" à ideia de multidão, precisamente para enfatizar sua qualidade ciborgue. O progressivo poder de desintermediação que toma a cena tem a ver com o fato de as tecnologias des-espacializarem a interação. Uma nova experiência de tempo e lugar afeta a concepção de política, de identidade, de sociabilidade[29].

O conceito de "multidão" usado por autonomistas italianos como Paolo Virno[30], Antonio Negri e Michael Hardt[31] para explicar os novos fenômenos de agregação política do início do século opõe-se à ideia de "povo" de Hobbes e, consequentemente, a todo o pensamento que justifica a criação da forma Estado propriamente moderna. Assim explica Paolo Virno:

> Ambas as polaridades, povo e multidão, reconhecem como pais putativos Hobbes e Espinosa. Para Espinosa, a multidão representa uma pluralidade que persiste como tal na cena pública, na ação coletiva, na atenção aos assuntos comuns, sem convergir em um Uno, sem se evaporar em um movimento centrípeto.[32]

Contra a teoria da hegemonia de Laclau[33], que apregoa a articulação de demandas sobre aquele que se erige em "significante vazio ou flutuante" e

---

[29] "As pessoas se tornam portáteis, elas podem ser localizadas em qualquer lugar para que interajam através da tecnologia. Assim, a comunicação pessoa a pessoa torna-se central e apoia a desfragmentação dos grupos e vizinhanças"; M. G. Ninova, "Comunidades, *software* social e individualismo conectado", *Athenea Digital*, n. 13, 2008, p. 303; disponível em: <http://atheneadigital.net/article/view/n13-georgieva/0>, acesso em 2 out. 2018.

[30] P. Virno, *Gramática de la multitud* (Madri, Traficantes de Sueños, 2003).

[31] M. Hardt; A. Negri, *Multitud, guerra y democracia en la era del imperio* (Madri, Debate, 2004), e *Commonwealth* (Cambridge, Belknap, 2009).

[32] P. Virno, *Gramática de la multitud*, cit., p. 21

[33] E. Laclau, "¿Por qué los significantes vacíos son importantes para la política?", em *Emancipación y diferencia* (Buenos Aires, Ariel, 1996), p. 69-86; *La razón populista* (Buenos Aires, FCE, 2005).

Multidões conectadas e movimentos sociais • 371

permite o surgimento de um sujeito unitário chamado "povo", o autonomismo italiano propõe o conceito de multidão como espaço dos muitos que não se tornam unidade superior, que não constroem uma identidade. Deleuze e Guattari contribuem com a ideia de rizoma e dizem que:

> É preciso fazer o múltiplo, não acrescentando sempre uma dimensão superior, mas, ao contrário, da maneira simples, com força de sobriedade, no nível das dimensões de que se dispõe, sempre n-1 (é somente assim que o uno faz parte do múltiplo, estando sempre subtraído dele). Subtrair o único da multiplicidade a ser constituída: escrever a n-1.[34]

A metáfora deleuziana de um exército sem comando central, de se subtrair a identidade, "n-1", deu lugar a uma das plataformas de redes sociais alternativas de mesmo nome.

Não é de se admirar que a *multidão* como um múltiplo irredutível tome a cena quando se mostra frágil a dicotomia público/privado. Virno explica: "No pensamento liberal, a inquietude levantada pelos 'muitos' foi acalmada pelo recurso à dupla público-privado. A multidão, antípoda do povo, toma uma aparência um tanto fantasmagórica e mortificante do chamado privado"[35].

Como construção epistêmica localizada historicamente e forjada "entre sangue e lágrimas em mil contendas teóricas e práticas"[36], as primeiras que sofreram com as consequências de tal divisão foram as mulheres, que se viram relegadas à esfera privada, encerradas como propriedade dos seus maridos e excluídas do "espaço público". O triunfo filosófico e sociológico da oposição indivíduo/sociedade seguiu a mesma direção. Contra o "*homo clausus*" e contra o funcionalismo estrutural da sociologia, Norbert Elias levantou a crítica ao apontá-los como parte do processo histórico de repressão e civilização que tende a esconder algo inevitável: "Os homens não são indivíduos isolados nem é a sociedade um ente alheio a eles, mas estão ligados através de 'correntes invisíveis' que formam o verdadeiro tecido social"[37]. Elias propõe a ideia de "configurações", como "treliças de interdependência

---

[34] G. Deleuze; F. Guattari, *Mil mesetas: capitalismo y esquizofrenia* (Valência, Pre-Textos, 1997), p. 12 [ed. bras.: *Mil platôs: capitalismo e esquizofrenia*, v. 1, trad. Aurélio Guerra Neto e Celia Pinto Costa, 2. reimp. São Paulo, Editora 34, 2000].

[35] P. Virno, *Gramática de la multitud*, cit., p. 24.

[36] Idem.

[37] H. Béjar, *La cultura del yo* (Madri, Alianza, 1993), p. 123.

compostas de indivíduos", não como categorias sociológicas hipostasiadas ou tipos ideais, mas que indicam "a orientação mútua dos homens entre si", com seus vínculos de conflito e cooperação, atravessados sempre por relações de poder e dependência[38]. Não existe um indivíduo atomizado dotado de uma intimidade incomunicável. Norbert Elias insiste em que não há nada no sistema nervoso que reflita uma diferença entre o interior e o exterior, estendendo sua crítica, até mesmo, à tendência da sociologia de sempre estudar os problemas no âmbito dos Estados, como se houvesse um dentro do Estado que eliminasse a dimensão internacional.

A multidão, como irredutível singular múltiplo, foi relegada historicamente à impossibilidade, à sua inexistência política. O povo, erigido como o coletivo legítimo, não aceita a multidão mais do que como impotência, desordem do indivíduo singular, incapaz de se articular politicamente para criar o Uno. O indivíduo (e seu corpo) é um excesso no espaço público, com sua singularidade, sua necessidade, sua dependência dos outros, seu desejo. Só pode aparecer convertido em equivalente universal: como número, como voto, um dia a cada quatro ou seis anos, quando convocado às urnas. Assim, "o indivíduo é o resto sem importância de divisões e multiplicações que se efetuam longe dele. Naquilo que tem de singular, o indivíduo é inefável. Como inefável, é a multidão na tradição social-democrata"[39].

É assim que a multidão corresponde ao aspecto feminino submetido e invisibilizado sob uma estrutura de poder patriarcal que nega a codependência, que remove todos os valores de reprodução e que esconde a necessidade e o cuidado. Uma cultura que vê o ser humano como indivíduo autógeno, que se dá à luz a si mesmo, sem a intermediação do útero da mulher. Soberano. Capaz do que se propõe. Dotado de uma razão instrumental que utiliza "o outro" (isto é, outras pessoas) como um meio para seus fins. Um ser contido, nunca transbordado. Com bordas bem definidas, invulneráveis em relação ao exterior.

É atraente então a ideia de burlar a noção de *homo clausus* (independente, privado, reificado e socializado) e substituí-la por *homo aperti* ou em rede, tal como proposto por Norbert Elias, ou seja, mutuamente entrelaçado.

> As relações das pessoas entre si não são um somatório. A sociedade não tem o caráter de um monte de ações individuais, como se fosse um monte de

---

[38] Elias crê que o cerne da sociologia é o poder; impossível uma sociologia sem conflito.

[39] P. Virno, *Gramática de la multitud*, cit., p. 25.

areia, nem o de um formigueiro de pessoas programadas para a concepção mecânica. Lembram mais *uma rede* de pessoas vivas, que dependem de modo muito diferente umas das outras. Os impulsos e sentimentos, os critérios e as ações de uma pessoa podem fortalecer os de outras ou desviá-las de sua finalidade original.[40]

Invisibilizada e deliberadamente ignorada, a multidão irrompe por seus caminhos com o novo século e as ferramentas técnicas do momento. Hoje, muitas das insurgências políticas adquirem essa forma incômoda, ou seja, uma multidão em rede, provida de extensões digitais, essas ferramentas da vida cotidiana, convertidas em armas de visibilidade em massa. Ao mesmo tempo, a multidão conectada possui um espaço de aparição, a cidade, com tudo o que tem de humano e anti-humano: caos, tráfego, fluxos econômicos constantes, corpos, carros. Pensar a multidão é situá-la; ela aparece como tal *in situ*. E ao mesmo tempo recupera sua qualidade *online*, constituindo uma constelação performativa multidimensional.

Considerações finais

O zapatismo, com seus sites e listas de *e-mails*, e o alterglobalismo, com os Indymedia, conseguiram colocar no mesmo palco muitas famílias ativistas e conectar coletivos, associações, sindicatos, ONGs de todo o mundo. No entanto, a partir da *web* 2.0, são as multidões conectadas que tomam as praças. E essas já não são mais coletivos organizados, e sim os *quaisquer* a título pessoal, sem mediação, que exigem participar das decisões políticas e econômicas, deter a leva de expropriação e democratizar sistemas supostamente democráticos capturados pelas elites e finanças tradicionais.

As "armas de visibilidade em massa", ou seja, as próteses eletrônicas de corpos nas ruas, em muitos casos servem de panópticos invertidos que monitoram o poder e o denunciam. Elas se aliam com o encontro de pessoas e sua vulnerabilidade física, suas vidas e seus empregos precários e jogam luz na necessidade de tomar as rédeas dos assuntos públicos. A simultaneidade de apresentação e representação põe em causa as instâncias intermediárias e as dicotomias modernas. Emergem novas concepções de política emancipatória que apelam ao "comum" para designar um terceiro excluído, uma existência prévia a toda apropriação, política por natureza no sentido de

---

[40] N. Elias, *Teoría del símbolo* (Barcelona, Península, 1994), p. 93.

374 • Tecnopolíticas da vigilância

ser gerenciada/produzida pelas pessoas e compartilhada: cada um é em si continuidade e parte dos demais, os que foram e os que estão; a vida não é um assunto privado, é realizada em um ambiente humano compartilhado e em um entorno ecológico do qual dependemos. Bens comuns, a reflexão sobre os *commons* se estende para muito além dos recursos naturais e impacta a construção de mundanidade, o mundo comum, como base da política. A inspiração feminista incorpora o sensível (vulnerável, interdependente, reprodutivo, sensorial, e não só racional), e não o ideológico nos espaços de luta que são agora mais prefigurativos que ideológicos. Opor indivíduo e coletivo não faz mais sentido quando se trata de configurações que irrompem em primeira pessoa e não delegam sua representação nem geram identidades, sendo sincronizações individuais e proliferantes, multidões que não constroem unidade. A questão da identidade, do Uno, o programa, o destino manifesto ou o sujeito revolucionário tornam-se irrelevantes. Os processos de luta e as subjetividades políticas são trânsitos, processos liminares, devires desidentificadores profundamente singulares e, precisamente por isso, funcionam como interpelações universalizantes, contagiosas.

Acima da divisão esquerda/direita está a performatividade de corpos que talvez expressem o "direito de qualquer pessoa a ter direitos"[41]. Por isso, não são revoltas marcadas por categorias sociais étnicas ou de classe, mas um exercício de algo que podemos designar como democracia em ação ou cidadania de apropriação: *performativa*, não concedida pela autoridade superior ou de qualquer Estado, mas tomada como se toma a praça, como se toma a rua, situada e local, singular e intransferível, mas globalmente conectada sem respeitar fronteiras nem limites estatais. Contra o poder das multidões conectadas que anunciam um outro mundo possível aqui e agora, aparece a violência incontida da repressão, a guerra e a expropriação capitalista. De 2015 até os dias de hoje, a potência da comunicação em rede tem sido manipulada como ferramenta contrainsurgente para gerar processos de identidade violenta e de medo do diferente. Esses fenômenos surgem contra as multidões emancipatórias que relatamos neste artigo. A era da pós-verdade, do *bullying* virtual, da manipulação mediante *bots* e das *fake news* promove multidões racistas, classistas, patriarcais e homofóbicas, que não são as multidões desses *quaisquer uns* com vontade democrática, mas as do indivíduo vingativo, ressentido, supremacista, em um devir

---

[41] H. Arendt, *La condición humana*, cit.

Multidões conectadas e movimentos sociais • 375

necropolítico que convém ao capitalismo baseado em armas, repressão e acumulação por desapropriação. Mas a deriva fascista do nosso mundo é assunto para outro trabalho.

Referências

ARENDT, H. *La condición humana*. Barcelona, Paidós, 1993.

AXEBRA, T. Ya nadie baila, todos son DJ. *Diagonal*, 11 dez. 2012. Disponível em: <https://www.diagonalperiodico.net/la-plaza/ya-nadie-baila-todos-son-dj.html>; acesso em 31 jul. 2018.

BÉJAR, H. *La cultura del yo*. Madri, Alianza, 1993.

CASTELLS, M. *Comunicación y poder*. Madri, Alianza, 2009.

_____. *Redes de indignación y esperanza*. Madri, Alianza, 2012.

DELEUZE, G.; GUATTARI, F. *Mil mesetas: capitalismo y esquizofrenia*. Valência, Pre-Textos, 1997 [ed. bras.: *Mil platôs: capitalismo e esquizofrenia*, v. 1. Trad. Aurélio Guerra Neto e Celia Pinto Costa. 2. reimp. São Paulo, Editora 34, 2000].

DOMÍNGUEZ, R. Digital zapatismo. *The Thing*, 1998. Disponível em: <https://www.thing.net/~rdom/ecd/DigZap.html>; acesso em 31 jul. 2018.

DOWNING, J. *Radical media: rebellious communications and social movements*. Thousand Oaks, Sage, 2001.

ELIAS, N. *Teoría del símbolo*. Barcelona, Península, 1994.

EJÉRCITO Zapatista de Liberación Nacional (EZLN). *Documentos y Comunicados 1*. Cidade do México, ERA, 1994.

EVHACK. Indymedia.org: la mayor red mediactivista contra la hegemonía informativa. In: *@rroba*, 4 maio 2006. Disponível em: <https://sindominio.net/xabier/textos/evhack/indymedia/EVhAck_-_Indymedia_-_maquetado_CC-by-sa.pdf>; acesso em 31 out. 2018.

FERNÁNDEZ SAVATER, A. Política literal y política literaria (Sobre ficciones políticas y 15M). *ElDiario*, 30 nov. 2012. Disponível em: <http://www.eldiario.es/interferencias/ficcion-politica-15-M_6_71452864.html>; acesso em 31 jul. 2018.

FUCHS, C. *Foundations of critical media and information studies*. Nova York, Routledge, 2011.

FUENTES, M. A. Performance constellations: memory and event in digitally enabled protests in the Americas". *Text and Performance Quarterly*, v. 35, n. 1, 2015, p. 24-42.

GARAIZAR SAGARMINAGA, P. Introducción al hacktivismo. *El Blog de Txipi*, 2004. Disponível em: <http://blog.txipinet.com/2006/07/30/8-ntroduccion-al-hacktivismo/>; acesso em 31 jul. 2018.

GARCÉS, M. *Un mundo común*. Barcelona, Bellaterra, 2013.

GRUESO, S. M. *15M.cc: "Excelente. Revulsivo. Importante"*. Madri, 15M.cc, 2012. Disponível em: <https://vimeo.com/58436072>; acesso em 2 out. 2018.

HARDT, M.; NEGRI, A. *Commonwealth*. Cambridge, Belknap, 2009.

_____. *Multitud, guerra y democracia en la era del imperio*. Madri, Debate, 2004.

HAYECK, D. El big bang Indymedia. In: PASQUINELLI, M. *Mediactivismo, activismo en los medios*. Roma, DeriveApprodi SRL, 2002.

376 • Tecnopolíticas da vigilância

HIER, S. P. Transformative democracy in the age of second modernity: cosmopolitanization, communicative agency and the reflexive subject. *New Media Society*, v. 10, n. 1, 2008, p. 27-44.

ISIN, E. F. Citizenship in the flux: the figure of the activist citizen. *Subjectivity*, n. 29, 2009, p. 367-88.

JAKOBSON, R. *Essais de linguistique générale*. Paris, Minuit, 1963.

KAPLAN, C. For their civil disobedience, the "sit-in" is virtual. *The New York Times*, 1º maio 1998. Disponível em: <http://www.nytimes.com/library/tech/98/05/cyber/cyberlaw/01law.html>; acesso em 31 jul. 2018.

LA BOÉTIE, É. *Sobre la servidumbre voluntaria*, 1548. Disponível em: <http://www.noviolencia.org/publicaciones/contrauno.pdf>; acesso em 31 jul. 2018.

LACLAU, E. *La razón populista*. Buenos Aires, FCE, 2005.

_____. ¿Por qué los significantes vacíos son importantes para la política? In: *Emancipación y diferencia*. Argentina, Ariel, 1996, p. 69-86.

LESSIG, L. *Por una cultura libre: como los grandes medios usan la tecnología y la ley para controlar la cultura y la creatividad*. Madri, Traficantes de Sueños, 2004.

LIZAMA MENDOZA, J. A. *Hackers en el contexto de la sociedad de la información*. Tese de doutorado em Ciências Políticas. Cidade do México, Universidad Nacional Autónoma de México, 2005.

LÓPEZ PETIT, S. Temblad, temblad, malditos. *Público*, 28 jun. 2011. Disponível em: <http://blogs.publico.es/fueradelugar/650/temblad-temblad-malditos-por-santiago-lopez-petit>; acesso em 31 jul. 2018.

NINOVA, M. G. Comunidades, software social e individualismo conectado. *Athenea Digital*, n. 13, 2008, p. 299-305. Disponível em: <http://atheneadigital.net/article/view/n13-georgieva/0>; acesso em 2 out. 2018.

PADILLA, M. *El kit de la lucha en internet*. Madri, Traficantes de Sueños, 2012.

PASQUINELLI, M. *Mediactivismo, activismo en los medios*. Roma, DeriveApprodi SRL, 2002.

PISANI, F. Arquitectura de participación y negocios. *El País*, 4 maio 2006. Disponível em: <http://elpais.com/diario/2006/05/04/ciberpais/1146707482_850215.html>; acesso em 31 jul. 2018.

POLANYI, K. *La gran transformación*. Madri, Ediciones La Piqueta, 1989.

ROVIRA, G. *Activismo en red y multitudes conectadas*. Barcelona, Icaria-UAMX, 2017.

_____. *Zapatistas sin fronteras: las redes de solidaridad con chiapas y el altermundismo*. Cidade do México, ERA, 2009.

SCOLARI, C. A. *Narrativas transmedia: cuando todos los medios cuentan*. Barcelona, Deusto, 2013.

TORET, J. *Tecnopolítica: la potencia de las multitudes conectadas – el sistema RED 15M un nuevo paradigma de la política distribuida*. Barcelona, Universitat Oberta de Catalunya, 2013.

VIRNO, P. *Gramática de la multitud*. Madri, Traficantes de Sueños, 2003.

WRAY, S. Worldwide Chiapas protest statistics: version 2.3. Mensagem eletrônica enviada para a lista Chiapas-l, recebida em 25 jan. 1998.

ESPECTRO LIVRE E VIGILÂNCIA[1]

Adriano Belisário Feitosa da Costa
Diego Vicentin
Paulo José O. M. Lara

Em tempos de vazamentos, grampos e revelações sobre complexos aparatos de monitoramento em massa, tornou-se um erro fatal tratar o tema da vigilância de modo displicente. O governo Dilma Rousseff e seu ocaso são prova viva disso: depois de ter sido vítima de espionagem da National Security Agency (NSA) [Agência de Segurança Nacional], a presidenta ainda teve ligações interceptadas pela própria Polícia Federal brasileira, pouco antes de perder seu mandato[2]. Mais recentemente, o vazamento de informações sobre a então candidata Hillary Clinton mostra que não estão imunes nem mesmo os presidenciáveis dos Estados Unidos. Na medida em que a vigilância se torna um fator-chave na geopolítica mundial, urge fortalecermos as iniciativas que pretendem constituir infraestruturas de informação e comunicação mais autônomas e que favoreçam o exercício da liberdade. É preciso refletir sobre o aparato de vigilância na internet e nas telecomunicações levando em conta os modos de funcionamento da infraestrutura técnica que concretiza o fluxo de dados, incluindo suas operações básicas, protocolos, cabos e antenas. Neste capítulo, vamos tratar especificamente de uma parte elementar dessa infraestrutura: o espectro eletromagnético.

O espectro eletromagnético é o conjunto de todas as possíveis frequências de radiação eletromagnética; trata-se de uma grandeza que se propaga no

---

[1] Este texto é a versão atual e modificada de um artigo publicado anteriormente, em que também foi tratada a relação entre espectro livre e vigilância; A. Belisário; P. J. O. M. Lara, "Comunicação, vigilância e infraestrutura: tecnopolíticas do espectro eletromagnético", *Liinc em Revista*, v. 12, 2016, p. 271-85.

[2] Carta da rede Lavits; disponível em: <http://outraspalavras.net/brasil/intimidade-devassada/>, acesso em 1º ago. 2018.

espaço em formato de onda, a partir de uma perturbação inicial. As ondas de rádio formam o subconjunto de ondas eletromagnéticas que se tornou absolutamente central para o funcionamento da infraestrutura contemporânea de informação e comunicação; elas se localizam no intervalo entre três hertz (3Hz) e três tera-hertz (3THz). Em termos econômicos, seria razoável prospectar que o espectro está para as telecomunicações no século XXI como as ferrovias estiveram para a indústria no século XIX, afinal ambos são o meio de transporte da riqueza mais valorada de sua época. O rádio, a televisão, o roteador Wi-Fi e os telefones celulares, bem como os satélites, os *drones* e o controle remoto da garagem, são todos objetos que dependem do espectro eletromagnético para operar. Mesmo que o rádio e a televisão ainda não tenham completado a transição para a tecnologia digital, uma variedade de transmissões digitais já trafega massivamente pelo espectro. Enreda-se uma complexa trama tecnopolítica em que se trava a disputa por seu controle, uso e gestão. Nas páginas que seguem, veremos como se constituiu o modelo que é atualmente hegemônico na gestão do espectro eletromagnético para, em seguida, apresentar os desafios colocados pelas novas tecnologias e as possibilidades de atualização do espectro eletromagnético, especialmente a partir das noções de "espectro aberto" e "espectro livre" e das suas implicações para o debate sobre autonomia e vigilância.

O rádio no século XX

A possibilidade de usar as ondas do rádio para a comunicação horizontal entre pontos já era algo bastante concreto no início do século XX. Antes de assumir as características de comunicação de massa, equipamentos de rádio eram usados na função de telégrafo sem fios. Noutras palavras, e para utilizar um vocabulário que se tornou comum com a internet, podemos dizer que o rádio nasceu como uma tecnologia P2P (*peer-to-peer*)[3]. O dramaturgo alemão Bertolt Brecht percebeu essa potência do rádio e elaborou

---

[3] O P2P (*peer-to-peer*, ou "ponta a ponta") se popularizou com o surgimento de programas de compartilhamento de arquivos, como o Napster, mas sua origem remonta à própria história da internet. O conceito designa uma arquitetura de rede de computadores em que cada ponto pode assumir não só a função de cliente (receptor de informação) como também a de servidor (disseminador ou produtor de informação). Para mais detalhes a respeito dessa noção, conferir o verbete da Wikipédia; disponível em: <https://en.wikipedia.org/wiki/Peer-to-peer>, acesso em 1º ago. 2018.

uma teoria sobre sua "função social" que continua atual mesmo tendo sido publicada originalmente nos anos 1930.

Em consonância com sua proposta para o teatro, Brecht[4] criticou a atrofia que o rádio sofre quando se elimina a capacidade de cada aparelho não só de receber como de transmitir informações – um tipo de funcionamento que distribui de modo desigual a capacidade de emitir sinais pelo espectro radioelétrico e de sair da posição de receptor passivo para entrar numa relação de comunicação ativa. Como observa Galloway[5], os escritos de Brecht a respeito do rádio foram bastante influentes sobre uma variedade de teóricos da comunicação, especialmente consolidando um modo de pensamento em que a comunicação bidirecional, de muitos para muitos, se coloca como libertária em relação ao sistema de distribuição que segue numa única direção, dividindo produtores e consumidores de mídia. O exercício da liberdade está atrelado à capacidade de produzir os meios de comunicação, de influir em sua tomada de forma.

O fato de o rádio ter sido convertido majoritariamente numa mídia de comunicação de massa, que distribui no lugar de comunicar, deve-se menos a uma limitação técnica do que a uma decisão política. Ainda no início do século XX, as emissoras comerciais representavam apenas uma pequena fração do total de emissões pelo espectro; havia um grande número de radioamadores e de estações de rádio não comerciais, educativas e religiosas. Nos Estados Unidos, Lessig[6] indica que o crescimento das rádios comerciais veio acompanhado de certa rejeição popular e que a propaganda no rádio não foi aceita com naturalidade pela audiência. Antes que houvesse regulação estatal, o espectro configurava-se como um bem comum autorregulado por seus utilizadores. Hoje, a tradição de ocupação do espectro como bem comum é atualizada por radioamadores, pelo movimento de rádios livres e pelas redes comunitárias.

Quando o Estado-nação toma para si o monopólio sobre o espectro eletromagnético, o fundo que justifica sua autoridade central refere-se ao

---

4   B. Brecht, "O rádio como aparato de comunicação: discurso sobre a função do rádio", *Estudos Avançados*, v. 21, n. 60, 2007; disponível em: <http://dx.doi.org/10.1590/S0103-40142007000200018>, acesso em 1º ago. 2018.

5   A. R. Galloway, *Protocol: how control exists after decentralization* (Cambridge, MIT Press, 2004), p. 82-3.

6   L. Lessig, *The future of ideas: the fate of the commons in a connected world* (Nova York, Random House, 2001).

380 • Tecnopolíticas da vigilância

problema da interferência. Partindo do princípio de que dois aparelhos que emitem simultaneamente na mesma frequência do espectro em áreas sobrepostas causam interferência recíproca, impedindo ou degradando uma comunicação, o Estado imputou a si mesmo o controle sobre as emissões de rádio em seu território, autorizando de modo exclusivo a utilização de certas faixas do espectro em áreas determinadas. Com isso, espectro é convertido em grandeza territorial que pode ser loteada e distribuída pelos governantes; assim, contorna-se o problema da interferência e o Estado ganha um ativo extremamente valioso.

Grosso modo, durante o século XX foram desenvolvidos dois grandes modelos de política pública para gestão do espectro eletromagnético. O primeiro é um modelo de concessão que se baseia em critérios arbitrários, o representante em exercício do poder estatal simplesmente concede essas autorizações para uso do espectro a partir de interesses pessoais ou afinidades ideológicas. Esse modelo foi (e ainda é) bastante comum, especialmente nas concessões para emissoras de rádio e televisão, que influenciam de modo decisivo a assim chamada "opinião pública" e, portanto, são alianças estratégicas dos governantes[7]. O segundo modelo, por sua vez, põe em prática um sistema de leilões no qual a riqueza econômica se torna o critério balizador: leva quem paga mais. Essa forma é frequentemente mobilizada no loteamento de faixas do espectro para telecomunicações, em que os altos preços fazem desses leilões um jogo para poucos. Ambos compartilham da premissa da utilização exclusiva do espectro, onde pessoas e empresas criam uma relação de propriedade privada com tais faixas de frequência.

Esse modelo de uso exclusivo do espectro de rádio sofreu uma pequena reversão no fim do século XX. Em faixas do espectro que eram consideradas de pouco valor para as telecomunicações, por suas características de propagação, o uso "não licenciado" foi autorizado tendo em vista fins médicos, científicos e industriais. Essa faixa ficou conhecida pelo rótulo de "bandas ISM" (*Industrial, Scientific and Medical*) e serviu de base para tecnologias que hoje são amplamente utilizadas, como o telefone sem fio, o *Bluetooth*, as redes Wi-Fi, o forno de micro-ondas, os aparelhos auditivos e outros tantos.

---

[7] O. Jambeiro, "A regulação da TV no Brasil, 75 anos depois, o que temos?", *Estudos de Sociologia*, v. 13, n. 24, 2008, p. 85-104; P. F. Liedtke, "Políticas públicas de comunicação e o controle da mídia no Brasil", *Revista Eletrônica dos Pós-Graduandos em Sociologia Política da UFSC*, v. 1, n. 1, 2003, p. 39-69.

Com variações ao redor do mundo, as bandas ISM geralmente incluem as frequências próximas a 2,4 giga-hertz (GHz) e 5 GHz.

A dispensa da obtenção de licença para o uso de certas faixas do espectro não equivale a dizer que o Estado abriu mão de sua regulação, mas sim que o modo como o controle regulatório é exercido muda: deixa de ser baseado no uso exclusivo e passa aceitar a interferência como constitutiva das comunicações via rádio. A interferência não deve ser evitada pelo uso exclusivo, mas controlada por técnicas de coexistência. Noutras palavras, a incapacidade de vários transmissores usarem a mesma frequência no mesmo espaço não é um fato natural incontornável, mas decorrência da adoção do modelo de uso exclusivo que pretende extirpar a interferência. A regulação, no caso do espectro não licenciado, passa a incidir sobre os objetos técnicos, os transceptores de rádio ou, como define a legislação brasileira, os "aparelhos de radiação restrita"[8]. Ao definir especificações básicas de funcionamento, a legislação garante que qualquer aparelho homologado pela agência reguladora pode funcionar em determinadas faixas do espectro sem que seja necessária a obtenção de licença. Algumas dessas especificações determinam a potência de emissão do sinal, outras fazem referência a técnicas de modulação digital, como a de "espalhamento espectral" utilizada pelo Wi-Fi[9].

Ainda são timidamente compreendidas pela comunidade acadêmica e pela sociedade civil as potencialidades de novas formas de comunicação sem fio, como o rádio cognitivo, o rádio definido por *software* e outras tecnologias para compartilhamento espectral. A seguir, buscaremos indicar o impacto desses avanços sobre o modelo de uso exclusivo do espectro a partir de duas propostas: a do espectro aberto (*open spectrum*) e a do espectro livre.

---

[8] Ainda que algumas mudanças estejam previstas para um futuro próximo, vale ressaltar que o artigo 163 da Lei Geral de Telecomunicações (LGT) estabelece que é livre de outorga o uso de radiofrequências por "equipamentos de radiação restrita", tal como definidos pela Anatel. Essa definição é feita na resolução n. 506 de 2008 da agência, que estabelece limites de potência na emissão do sinal e define as faixas de frequência apropriadas para o funcionamento dos equipamentos.

[9] K. R. Carter, "Unlicensed to kill: a brief history of the FCC's Part 15 Rules", *Info*, v. 11, n. 5, 2009, p. 8-18; disponível em: <http://papers.ssrn.com/abstract=1120465>, acesso em 1º ago. 2018; K. J. Negus; A. I. Petrick, "History of wireless local area networks (WLANs) in the unlicensed bands", *Info*, v. 11, n. 5, 2009, p. 36-56.

Espectro aberto

Na busca de uma maneira mais eficiente para gerir o espectro, Eli Noam[10] defende que "não vai demorar, historicamente falando, até que os leilões do espectro possam se tornar tecnologicamente obsoletos, economicamente ineficientes e legalmente inconstitucionais"[11]. Fazendo coro com outros pesquisadores norte-americanos, o professor de economia da Universidade de Chicago propõe que seja dado o "próximo passo" rumo a uma "alternativa de livre mercado" concebida por pesquisadores como "espectro aberto" (*open spectrum*). Segundo ele, a política de leilões tende a conformar uma estrutura de mercado oligopolista; de outro modo, seria mais vantajoso para o Estado e para o mercado realizar a concessão do uso do espectro de acordo com a demanda, de tal modo que os preços fossem controlados de forma algorítmica a partir do nível de disponibilidade das bandas desejadas.

Para Noam[12], "o fundamento do atual sistema de leilões tem como premissa uma analogia à propriedade da terra (ou arrendamento a longo prazo)", devido a "um estado relativamente primitivo da tecnologia, em que a informação era codificada (modulada) em uma única frequência de onda portadora ou, no máximo, uma faixa de frequências de pequeno porte". Assim, continua o autor, para evitar interferências, o espectro foi "fatiado, alocado para diferentes tipos de uso e atribuído a diferentes usuários".

> É como se uma rodovia fosse dividida em amplas faixas para cada tipo de uso [...] e depois em faixas ainda mais estreitas, uma para cada empresa de transporte. Uma vez que se aceita esse modelo para o espectro, pode-se argumentar sobre como distribuir as faixas, seja pela economia, política, sorte, prioridade, diversidade etc. Mas é importante não tomar esse modelo como dado e focar apenas em otimizá-lo. Para ficar com o exemplo: por que os tráfegos de vários usuários não se misturam?[13]

Resumidamente, o autor defende que os pacotes de informação devem carregar um código de autorização (*token*) para serem transmitidos pelo espectro. Os preços para obter esses *tokens* devem variar de acordo com a

---

[10] E. M. Noam, *Taking the next step beyond spectrum auctions: open spectrum access* (Nova York, Columbia University, 1995); disponível em: <www.columbia.edu/dlc/wp/citi/citinoam21.html>, acesso em 1º ago. 2018.

[11] Idem.

[12] Idem.

[13] Idem.

demanda. Em última instância, tais códigos funcionariam como uma espécie de pedágio, com a diferença de que esse "direito de circulação" poderia ser negociado como uma moeda eletrônica entre aqueles interessados em utilizar o espectro eletromagnético. Para regular tais trocas, Noam[14] inspira-se no modelo das câmaras de compensação (*clearing houses*), que regulam as trocas entre agentes do mercado financeiro.

Outro crítico da abordagem tradicional de loteamento e uso exclusivo do espectro, David Reed[15] apresenta indícios de que a capacidade do espectro pode aumentar de acordo com a quantidade de usuários, caso se adotem modelos de redes cooperativas. Isso quer dizer que a capacidade de transmissão de informação aumenta – e não diminui – de acordo com o número de utilizadores de determinadas faixas de frequência. David Reed[16] afirma que essas possibilidades de transmissão via rádio já estavam previstas na teoria da informação de Claude Shannon, elaborada na década de 1940, e afirma:

> Não sabemos qual será a "melhor" arquitetura cooperativa. [...] Então, qualquer novo regime deve encorajar também inovação em novas arquiteturas [...]. Creio que hoje é hora de olhar para trás, para os primeiros dias da internet, em busca de inspiração. [...] Nós precisamos de um regime que permita a redes de radiofrequência interoperarem e cooperarem no uso do espectro de forma aberta e experimental, tal como a internet fez.[17]

Assim como a internet, as tecnologias de compartilhamento do espectro também encontraram berço nas pesquisas militares. Nos últimos anos, o Exército norte-americano conduz pesquisas e desenvolve tecnologia nessa área, não só em projetos sigilosos, mas também em iniciativas de código-aberto. A agência militar responsável pelo provimento de soluções em tecnologia de informação para o Exército e o alto escalão do governo (Defense Information Systems Agency – Disa) mantém um "centro de excelência" para gerenciamento de espectro, conhecido como Defense Spectrum Organization (DSO), responsável (entre outras coisas) por identificar, monitorar e avaliar "tecnologias espectrais emergentes que se

---

14 Idem.

15 D. Reed, *Why spectrum is not property – The case for an entirely new regime of wireless communications policy*, 2001; disponível em: <http://coopcomm.dreamhosters.com/node/418>, acesso em 19 nov. 2018.

16 Idem.

17 Idem.

384 • Tecnopolíticas da vigilância

coloquem como um benefício ou uma ameaça aos acessos do Departamento de Defesa ao espectro eletromagnético"[18]. Como parte de um acordo com a Organização do Tratado do Atlântico Norte (Otan), esse órgão criou o Standard Spectrum Resource Format (SSRF)[19], um padrão para facilitar a interoperabilidade de tecnologias em diferentes frequências. O SSRF foi desenvolvido em colaboração com o Wireless Innovation Forum, entidade composta de órgãos de governo, associações industriais e empresas como Google, Nokia, Ericsson, Huawei e Qualcomm, entre outras. Se não é possível prever o impacto de longo prazo que a primazia de investimentos militares terá nas comunicações sem fio, especialmente em termos de vigilância, é evidente que há uma grande assimetria entre saber e poder sobre o espectro que opõe, de um lado, os Estados e as grandes corporações e, de outro, a sociedade civil.

Isso não quer dizer que os Estados e as corporações tenham uma relação pacífica no que diz respeito ao uso e à apropriação do espectro. Nas palavras de outro defensor do "espectro aberto", Yochai Benkler[20], o debate das últimas duas décadas opôs dois modelos que têm raízes em setores diferentes da indústria:

> a escolha tornou-se aquela entre (1) o modelo da internet, em que o mercado é construído sobre aparelhos inteligentes e os serviços que podem ser oferecidos a partir da interconexão desses aparelhos, e (2) o modelo dos serviços de telecomunicação em que os mercados são construídos com base no direito proprietário exclusivo sobre as frequências.[21]

As empresas provedoras de serviços de telecomunicação, cujo modelo de negócio sempre esteve baseado no licenciamento e uso exclusivo do espectro, viram com preocupação o crescimento das tecnologias que funcionam no espectro aberto, especialmente do Wi-Fi, sobretudo porque isso abre um

---

[18] Disponível em: <https://www.disa.mil/>, acesso em 19 nov. 2018.

[19] OpenSSRF é uma implementação do Standard Spectrum Resource Format (SSRF) em Java. O SSRF é o correspondente norte-americano do padrão usado pela Organização do Tratado do Atlântico Norte (Otan) para intercâmbio automatizado de dados sobre o espectro. Esse padrão é denominado Spectrum Management Automated Data Exchange Format (Smadef). O SSRF é o mecanismo pelo qual os sistemas de gerenciamento dos Estados Unidos e os dos demais países da Otan trocarão informações.

[20] Y. Benkler, "Open wireless vs. licensed spectrum: evidence from market adoption", *Harvard Journal of Law & Technology*, v. 26, n. 1, 2012.

[21] Ibidem, p. 83.

campo de concorrência em que empresas que não detêm direitos de uso sobre nenhuma parcela do espectro podem oferecer serviços de conexão (especialmente à internet) a partir do espectro aberto, não licenciado, até mesmo provendo mobilidade relativa pelo território. Nos Estados Unidos, a Comcast, por exemplo, é uma empresa que está baseada principalmente no provimento de conexão à internet por cabo e, desse modo, não detém nenhuma fatia significativa do espectro licenciado. No entanto, a empresa vem gradativamente oferecendo serviços de acesso sem fio que estão baseados nos próprios roteadores domésticos de seus usuários[22]. Uma rede Wi-Fi (WLAN) extensa pode produzir o mesmo efeito de conectividade que as redes móveis, de arquitetura celular, sem que seja preciso despender bilhões adquirindo licenças de uso do espectro. Trata-se de um processo de convergência entre as redes "móveis" (*mobile*) e "sem fio" (*wireless*) que toma corpo simultaneamente no plano tecnológico e no plano do mercado. O modelo adotado pela Comcast levanta questões de segurança da conexão residencial/privada dos usuários e também acerca da dinâmica de propriedade e apropriação da "última milha" da infraestrutura de rede[23]. Mas, de todo modo, ele atualiza uma possibilidade de uso do espectro que é alternativa ao modelo de licenciamento exclusivo.

As empresas cujo principal negócio não está na camada de conexão da rede, mas na camada de serviços e aplicações, também aderem à perspectiva de mercado do "espectro aberto". Gigantes como Google, Amazon, Facebook, Apple, Netflix e outras dependem da conexão do usuário final para manter seu negócio, uma vez que capturam valor justamente da atividade *online* desses usuários. Para elas, conectar o próximo bilhão[24] tornou-se um lema e uma preocupação primordial que é reverberada também por Estados e organizações de governança tecnológica que empunham a bandeira de universalização do acesso à internet. O espectro eletromagnético se coloca como recurso fundamental para realizar o projeto de conectividade ubíqua. Assim, as empresas

---

[22] Disponível em: <http://www.xfinity.com/wifi/hotspots.html>; acesso em 1º ago. 2018.

[23] D. Vicentin, "Shaping Wi-Fi's future: the wireless-mobile convergence", *Freedom to Tinker*, 17 jan. 2015; disponível em: <https://freedom-to-tinker.com/blog/vicentin/shaping-wi-fis-future-the-wireless-mobile-convergence/>, acesso em 1º ago. 2018.

[24] Disponível em: <http://www.intgovforum.org/cms/policy-options-for-connection-the-next-billion >; acesso em 1º ago. 2018.

386 • Tecnopolíticas da vigilância

conhecidas como ponto-com fazem frente ao modelo de licenciamento e uso exclusivo que serve de base às empresas de telecomunicação (teles) e que confere a estas poder centralizador sobre a infraestrutura de conexão à internet. As ponto-com sabem que as teles querem rentabilizar sua infraestrutura ao máximo, inclusive estendendo sua vida útil, de tal modo que a demanda por tráfego sempre excede a capacidade instalada de rede, sobretudo nas redes móveis. O embate entre empresas ponto-com e teles pela utilização do espectro possui várias nuances e complexidades que não necessariamente opõem esses dois setores da indústria das tecnologias de informação e comunicação (TICs). O que interessa, aqui, é assinalar que o "espectro aberto" se tornou uma alternativa importante para o mercado que surge com a internet, e é nessa chave que Benkler[25] se refere ao "modelo da internet".

Tomando de empréstimo a formulação de Gabriella Coleman[26], quando ela afirma que o empreendimento dos *commons*, em sua faceta mais moderada, "representa uma crítica liberal ampla à face neoliberal do capitalismo"[27], podemos dizer que o "espectro aberto", também em sua faceta mais moderada, representa uma crítica ao modelo de uso exclusivo do espectro feita por dentro do capitalismo de mercado. Nessa perspectiva, o "espectro aberto" coloca-se como uma espécie de *commons*, que é o fundamento de uma nova economia, mais colaborativa, na qual o uso exclusivo dá lugar à coexistência, e a interferência dá lugar à conectividade[28]. De acordo com Silvio Rhatto,

> o espectro aberto em uma concepção técnica prevê um rádio cognitivo, ou seja, um rádio que seja esperto o suficiente para achar as melhores frequências de transmissão, para identificar outros rádios que estão transmitindo. Isso é um lado técnico, mas, se você levar o princípio do *open spectrum* para o limite mercadológico, o que teremos é este "uso racional", eficiente e automático de concessões.[29]

---

[25] Y. Benkler, "Open wireless vs. licensed spectrum", cit.

[26] E. G. Coleman, *Coding freedom: the ethics and aesthetics of hacking* (Princeton/Oxford, Princeton University Press, 2013).

[27] Ibidem, p. 196.

[28] D. Weinberger, *Why open spectrum matters: the end of the broadcast nation*, 2003; disponível em: <http://apps.fcc.gov/ecfs/document/view;ECFSSESSION=W0sFW JVWD77rh5HXdgLyLJnBG6kVV1Zx2rPPk1nR2pmshdvWnbnd!310921635!-54 3955373?id=6513404739>, acesso em 1º ago. 2018.

[29] S. Rhatto, *Transcrições do II ESC – Espectro Sociedade e Comunicação*, 2013; disponível em: <http://bit.ly/2bFEXBi>, acesso em 1º ago. 2018.

No limite, em sua perspectiva moderada, o *open spectrum* promete implantar um modelo de negócio baseado na suposta neutralidade do "livre mercado", que seria regulado por algoritmos computacionais e garantiria conectividade ubíqua e acesso ilimitado ao espectro.

No entanto, a perspectiva de mercado não é a única que faz uso da noção de "espectro aberto". Num texto tão curto quanto luminoso, Aaron Swartz[30] mobilizou o termo para propor a criação de uma rádio-internet livre que apresentaria autonomia relativa diante das infraestruturas proprietárias através das quais nossos dados atualmente trafegam. Swartz está pouco interessado em defender a retórica militar ou princípios comerciais; seu texto radicaliza a noção de espectro aberto como bem comum, ou *commons*. Sua proposta é uma rede em malha (*mesh*) que opere a partir da interconectividade entre pontos próximos: "Na internet você não precisa da permissão de ninguém para falar, você necessita apenas de uma conexão de internet. O mesmo é verdade para essa internet em rádio; basta você começar a enviar mensagens para seus vizinhos, e eles passam adiante"[31]. Para Swartz, a FCC[32] deveria interromper imediatamente qualquer iniciativa de tornar o espectro uma propriedade privada de uso exclusivo. De outro modo, é preciso incentivar pesquisas sobre uso eficiente e compartilhado do espectro eletromagnético. "Nós precisamos definir as ferramentas para uma internet cooperativa em rádio (*cooperative radio internet*). Assim como o Protocolo da Internet (IP) agregou várias redes para formar a internet, nós precisamos de ferramentas similares para agregar as várias bandas do espectro numa internet em rádio."[33]

Espectro livre

Propomos que a noção de espectro livre esteja de algum modo relacionada com a concepção mais radical do espectro aberto, já que coloca acima dos interesses comerciais os direitos a comunicação, informação e liberdade de expressão. O acesso ao espectro eletromagnético é requisito necessário

---

[30] A. Swartz, *Open spectrum: a global pervasive network*, 2003; disponível em: <www.logicerror.com/openSpectrum>, acesso em 1º ago. 2018.

[31] Idem.

[32] Federal Communications Committee (FCC), agência regulatória do setor de telecomunicações nos Estados Unidos.

[33] A. Swartz, *Open spectrum*, cit.

para a concretização desses direitos; ademais, sua interdição não pode mais estar embasada na interferência como impeditivo natural à coexistência, muito menos no argumento da "tragédia do *commons*"[34]. As técnicas de compartilhamento espectral baseadas em rádio cognitivo e as possibilidades abertas pelo rádio definido por *software* (SDR) desmantelam o princípio da escassez espectral. O espectro livre pretende afirmar a abundância espectral e a possibilidade de coexistência no espectro, que pode ser instaurada a partir da definição de princípios operatórios básicos que possibilitem uma ocupação equitativa do espectro.

Como vimos, a ideia de exercer a liberdade de comunicação e informação via espectro eletromagnético não é exatamente nova. Se o espectro livre inexiste em termos regulatórios, isso não quer dizer que ele não se atualize em iniciativas de comunicação que ocupem o espectro livremente e, assim, tornem o espectro liberto (localmente, circunstancialmente) das constrições de uso e ocupação que incidem sobre ele, das normas de concessão, do poder estatal e do poder econômico. São iniciativas que fazem valer o artigo 19 da Declaração Universal de Direitos Humanos e que multiplicam a capacidade de "falar", de emitir e receber sinais pelo espectro.

Novamente, se o espectro livre inexiste em termos regulatórios, isso não quer dizer que não haja nenhum amparo legal para sua existência. Além do supracitado artigo 19, podemos utilizar como fundo de legitimidade para a ocupação livre do espectro o artigo 223 da Constituição Federal brasileira, que afirma a complementaridade entre três tipos de serviço de comunicação social: público, privado e estatal. O espectro livre deve responder aos serviços de comunicação de caráter público; deve servir de base ao interesse público e contribuir para sua definição.

Numa comparação com o artigo 223 da Constituição brasileira, Novaes e Gama[35] apontam para uma divisão que também é tríplice na Constituição

---

[34] O argumento em questão pressupõe que indivíduos que agem de forma independente e de acordo com seus próprios interesses produzem condições desfavoráveis à preservação de bens comuns. A noção de "tragédia dos comuns" popularizou-se a partir do artigo "The tragedy of the commons", publicado pelo ecologista Garrett Hardin em 1968; disponível em: <http://www.garretthardinsociety.org/articles_pdf/tragedy_of_the_commons.pdf>, acesso em 1º ago. 2018.

[35] T. Novaes; J. Gama, "Espectro livre, transparência e vigilância: por uma apropriação dos meios digitais na Amazônia", *PoliTICs*, n. 23, 2016; disponível em: <https://www.politics.org.br/edicoes/espectro-livre-transpar%C3%AAncia-e-vigil%C3%A2ncia-

do Equador, ainda que com termos diferentes dos da Constituição brasileira, uma vez que se coloca entre "público, privado e comunitário". Os autores estendem a comparação à legislação Argentina, mais especificamente à "Lei n. 26.522, de serviços de comunicação audiovisual, de 2009, [que] assim dispõe, em seu artigo 89: 33% dos espaços radioelétricos disponíveis, em todas as bandas de radiodifusão sonora e de televisão terrestres, em todas as áreas de cobertura, para pessoas jurídicas sem fins de lucro"[36]. Por fim, referem-se também ao caso da Bolívia, onde o espectro foi dividido de modo a resguardar uma parcela significativa ao uso "social comunitário" e também dos "povos indígenas originários, campesinos [e] comunidades interculturais e afro-bolivianas"[37]. Vale ainda incluir o exemplo do México, que recentemente concedeu uma licença social de validade temporária para o uso de certas frequências do espectro em comunidades do território de Oaxaca, que mantém redes comunitárias de comunicação celular[38].

No caso de Oaxaca, como em outros, a ocupação do espectro por iniciativas livres acontece antes da legislação que regulamenta essa ocupação. É nesse sentido que algumas redes comunitárias se encontram politicamente com as rádios livres pela liberação do espectro em ato, via ocupação. O contexto latino-americano é um ambiente privilegiado para observar iniciativas desse tipo, especialmente por seu histórico de concentração dos meios de comunicação e de resistência a essa concentração. A conjuntura torna o assunto ainda mais urgente na medida em que os principais grupos de mídia da região vêm exercendo papel decisivo na instabilidade política do "subcontinente", influenciando inclusive a queda de presidentes, como no caso do Brasil.

Além disso, tais grupos sempre exerceram poder decisivo na rejeição de qualquer proposta que representasse um risco para o domínio de seu oligopólio. A concentração acontece não apenas nos veículos de comunicação de massa, como rádio e TV, mas também sobre a infraestrutura de telecomunicações que suporta o funcionamento da internet e da comunicação móvel. Para se ter uma ideia, vale lembrar que mais de 70% do mercado

---

por-uma-apropria%C3%A7%C3%A3o-dos-meios-digitais-na-amaz%C3%B4nia>, acesso em 1º ago. 2018.

[36] Ibidem, p. 4.

[37] Idem.

[38] Sobre o caso de Oaxaca, especificamente sobre a obtenção de licenças sociais, ver: <http://wiki.rhizomatica.org/index.php/Legal_and_social>; acesso em 1º ago. 2018.

latino-americano de redes móveis está concentrado nas mãos de apenas dois grupos: América Móvil (empresa mexicana, detentora das marcas Net e Claro, no Brasil) e Telefônica (empresa espanhola, dona da marca Vivo, no Brasil). Essa concentração tem implicações, como dissemos na abertura deste capítulo, no problema da vigilância, na medida em que, no fundo, trata da (im)possibilidade de comunicação autônoma.

Não por menos, defendemos que os problemas relativos à ocupação do espectro eletromagnético, à implementação de estratégias antivigilância e às iniciativas de comunicação autônoma devam ser pensados em conjunto, levando em conta as particularidades sociais e tecnológicas da América Latina. Uma região que é comumente vista na chave do "atraso" ou da "falta" – na medida em que a infraestrutura de informação e comunicação não encontra o mesmo alcance que na maior parte da Europa e dos Estados Unidos – vem produzindo experiências e iniciativas que fortalecem práticas autônomas. No contexto latino-americano, não encontramos o tema marcado pela retórica *high-tech*: ao contrário, parece estar em jogo justamente uma "baixa tecnologia", que é baixa não por ser menor, mas por ser minoritária, desviante ou resistente ao modelo hegemônico voltado ao mercado e à concentração oligopolista[39].

Nos primórdios da rede MetaReciclagem, em julho de 2002, Daniel Pádua fez uma provocação seminal, propondo a criação de uma rede local sem fio, independente da internet, "usando placas Wi-Fi de segunda mão, antenas repetidoras feitas com latas de batatas Pringles" e computadores reciclados rodando *softwares* livres para servirem de pontos de acesso em escolas públicas e associações comunitárias: "criando um '*backbone* de lixo' usando Wi-Fi dá pra pelo menos conectar você com aqueles seus amigos lá do outro lado da cidade. Porque o lance nem é a internet, mas a criação de uma rede local"[40]. De lá para cá, diversas iniciativas sugiram na América

---

[39] "A rádio livre é uma utilização inteiramente diferente da mídia rádio. Não se trata de fazer como a rádio dominante – nem melhor nem na mesma direção que a rádio dominante. Trata-se de encontrar um outro uso, uma outra relação de escuta, uma forma de *feedback* e de fazer falar línguas menores. Trata-se ainda de promover um certo tipo de criação que não poderia acontecer em nenhum outro lugar"; F. Guattari; S. Rolnik, *Micropolítica: cartografias do desejo* (Petrópolis, Vozes, 1996), p. 106.

[40] Citado em F. Fonseca, "Um berço colaborativo", *Mutirão da Gambiarra*, 2009, p. 31; disponível em: <https://mutgamb.github.io/metalivro/historia/berco-colaborativo. html>, acesso em 2 out. 2018.

Latina com o intuito de implantar infraestruturas de comunicação autônoma sem fio. Assim, o "espectro livre" emerge como uma rede e um conceito que estão longe de serem fechados, mas que já contam com o acúmulo de debates realizados pelo Rizoma de Rádios Livres e pelas três edições do seminário ESC (Espectro, Sociedade e Comunicação)[41].

Além da rede Espectro Livre e do Rizoma de Rádios Livres, já mencionados, cabe destacar outras referências importantes nos contextos brasileiro e latino-americano. Não nos propomos a fazer um mapeamento exaustivo das iniciativas de comunicação livre e autônoma, mas a dar uma pequena amostra da vitalidade e do potencial desse campo. O Rizoma de Redes Livres agrega discussões e iniciativas voltadas para internet comunitária e redes *mesh*, servindo de fórum de discussões sobre a tecnologia e de plataforma para troca de experiências.

Outro projeto pioneiro instalou estações de rádio digital na Reserva Extrativista do Alto do [rio] Juruá, no município de Marechal Thaumaturgo (Acre). As estações são equipadas com transceptores capazes de realizar transmissões de dados ponto a ponto utilizando ondas curtas, opção que se mostrou bastante adequada, dadas as características de propagação das ondas curtas e a larga distância entre as estações[42]. A distância entre as comunidades conectadas via rádio digital pode chegar a até um dia de deslocamento de barco, dependendo das condições climáticas e da estação do ano. As estações são alimentadas por painéis solares, uma vez que não há rede elétrica disponível. Outra característica que chama a atenção refere-se ao fato de que a rede de rádio digital independe da infraestrutura da internet. Assim, a rede é autônoma na medida em que é operada por seus utilizadores, que contribuíram diretamente para sua instalação e configuração. Combinando essas características com a utilização de criptografia, é possível construir um sistema de comunicação seguro, de largo alcance e resistente a ataques que atentem contra a privacidade.

---

[41] A primeira edição do seminário ESC foi realizada na Unicamp, em Campinas, no ano de 2011. A segunda e a terceira edições aconteceram em 2013 e 2014, na cidade do Rio de Janeiro, respectivamente na PUC-Rio e na UFRJ; disponível em: <http://conferences.telemidia.puc-rio.br/esc2013/doku.php?id=start>, acesso em 19 nov. 2018.

[42] F. A. Caminati; R. Diniz, "Rede Fonias Juruá: tecnologia, território e cultura para além da última milha da rede mundial", *III Encontro Brasileiro de Pesquisa e Cultura*, 10 out. 2015.

392 • Tecnopolíticas da vigilância

Na Argentina, vale citar a experiência da rede Altermundi[43], que atua com o desenvolvimento e a implementação de redes *mesh* em comunidades rurais sem acesso à internet, e a Red Nacional de Medios Alternativos[44], que reúne e estimula iniciativas comunitárias e populares de rádio e televisão, com atenção especial para o saber-fazer envolvido na implementação e manutenção das infraestruturas físicas de comunicação. No México, já nos referimos ao exemplo de Oaxaca, onde funcionam redes de telefonia celular comunitárias em localidades "esquecidas" pelas operadoras comerciais. As redes comunitárias de Oaxaca surgiram de uma iniciativa do grupo Rhizomatica[45], que promove a expansão do modelo comunitário de comunicação. Assim, a partir dessa experiência, organizou-se uma iniciativa para implementar um serviço semelhante no distrito de Fumaça, em Visconde de Mauá (RJ). O encontro foi organizado pela Nuvem[46], *hacklab* rural que desenvolve um projeto de rede, em parceria com o Rhizomatica, evidenciando também o intercâmbio de experiências e práticas entre tais iniciativas. Na ocasião, além da rede de telefonia móvel, também foi instalada uma rede Wi-Fi em malha (*mesh*), a fim de estender o alcance da internet na vila, até então restrita à sua praça principal.

Tendo em vista as particularidades de tais experiências, bem como a polissemia da noção de espectro aberto (*open spectrum*), a noção de espectro livre é útil, sobretudo a fim de evitar confusões entre propostas que buscam o fortalecimento do "bem comum" (*commons*) e as novas iniciativas de apropriação privada e mercadológica desse recurso. A distinção evoca outra, clássica, bastante reforçada pela Fundação do Software Livre para apontar as diferenças em relação às iniciativas ligadas ao código aberto (*open source*).

De modo geral, apesar de compartilharem muitos pressupostos, como indica o movimento Floss (*free, libre, open source software*), que abarca ambos, os defensores do *software* livre costumam apontar uma inflexão mercadológica no discurso e nas práticas dos defensores do *open source*. No caso do espectro eletromagnético, parece-nos que se passa algo semelhante: enquanto a noção de espectro aberto parece se associar majoritariamente ao discurso do espectro não licenciado como uma oportunidade de mercado,

---

[43] Disponível em: <http://www.altermundi.net/>, acesso em 1º ago. 2018.

[44] Disponível em: <http://www.rnma.org.ar/>, acesso em 1º ago. 2018.

[45] Disponível em: <http://wiki.rhizomatica.org>, acesso em 1º ago. 2018.

[46] Disponível em: <http://nuvem.tk/>, acesso em 1º ago. 2018.

o espectro livre é forjado no debate de pesquisadores e ativistas, muitos dos quais ligados ao movimento de *software* livre na América Latina. Aqui, trata-se de compreender a liberdade menos a partir da gratuidade no uso do espectro eletromagnético e mais nos termos da liberdade de expressão em todos os meios.

Referências

ALENCAR, M. S. et al. Evolução histórica das comunicações no Brasil, do Império à República. *Dimensões, Revista de História da UFES*, n. 7, 1998. Disponível em: <http://www. periodicos.ufes.br/dimensoes/article/view/2283>; acesso em 1º ago. 2018.

BELISÁRIO, A.; LARA, P. J. O. M. Comunicação, vigilância e infraestrutura: tecnopolíticas do espectro eletromagnético. *Liinc em Revista*, v. 12, 2016, p. 271-85.

BENKLER, Y. Open wireless vs. licensed spectrum: evidence from market adoption. *Harvard Journal of Law & Technology*, v. 26, n. 1, 2012.

BRECHT, B. O rádio como aparato de comunicação: discurso sobre a função do rádio. *Estudos Avançados*, v. 21 n. 60, 2007. Disponível em: <http://dx.doi.org/10.1590/S0103-40142007000200018>; acesso em 1º ago. 2018.

CAMINATI, F. A.; DINIZ, R. Rede Fonias Juruá: tecnologia, território e cultura para além da última milha da rede mundial. *III Encontro Brasileiro de Pesquisa e Cultura*. 10 out. 2015.

CARTER, K. R. Unlicensed to kill: a brief history of the FCC's Part 15 Rules. *Info*, v. 11, n. 5, 2009, p. 8-18. Disponível em: <http://papers.ssrn.com/abstract=1120465>; acesso em 1º ago. 2018.

COLEMAN, E. G. *Coding freedom: the ethics and aesthetics of hacking*. Princeton/Oxford, Princeton University Press, 2013.

FONSECA, F. Um berço colaborativo. *Mutirão da Gambiarra*, 2009. Disponível em: <https://mutgamb.github.io/metalivro/historia/berco-colaborativo.html>; acesso em 2 out. 2018.

GALLOWAY, A. R. *Protocol: how control exists after decentralization*. Cambridge, MIT Press, 2004.

GUATTARI, F.; ROLNIK, S. *Micropolítica: cartografias do desejo*. Petrópolis, Vozes, 1996.

HARDIN, G. The tragedy of the commons. *Science*, n. 13, v. 162, dez. 1968, p. 1.243-8. Disponível em: <http://www.garretthardinsociety.org/articles_pdf/tragedy_of_the_commons.pdf>; acesso em 1º ago. 2018.

JAMBEIRO, O. A regulação da TV no Brasil, 75 anos depois, o que temos? *Estudos de Sociologia*, v. 13, n. 24, 2008, p. 85-104.

LARA, P. J. O. M.; CAMINATI, F. A.; BELISÁRIO, A. Activism in landscapes: culture, spectrum and Latin America. *Spheres Journal for Digital Cultures*, v. 3, 2016, p. 1-13.

LESSIG, L. *The future of ideas: the fate of the commons in a connected world*. Nova York, Random House, 2001.

LIEDTKE, P. F. Políticas públicas de comunicação e o controle da mídia no Brasil. *Revista Eletrônica dos Pós-Graduandos em Sociologia Política da UFSC*, v. 1, n. 1, 2003, p. 39-69.

394 • Tecnopolíticas da vigilância

NEGUS, K. J.; PETRICK, A. l. History of wireless local area networks (WLANs) in the unlicensed bands. *Info,* v. 11, n. 5, 2009, p. 36-56.

NOAM, E. M. *Taking the next step beyond spectrum auctions: open spectrum access.* Nova York, Columbia University, 1995. Disponível em: <www.columbia.edu/dlc/wp/citi/citinoam21. html>; acesso em 1º ago. 2018.

NOVAES, T.; GAMA, J. Espectro livre, transparência e vigilância: por uma apropriação dos meios digitais na Amazônia. *PoliTICs,* n. 23, 2016. Disponível em: <https://www. politics.org.br/edicoes/espectro-livre-transpar%C3%AAncia-e-vigil%C3%A2ncia-por-uma-apropria%C3%A7%C3%A3o-dos-meios-digitais-na-amaz%C3%B4nia>; acesso em 1º ago. 2018.

REED, D. *Why spectrum is not property: the case for an entirely new regime of wireless communications policy,* 2001. Disponível em: <http://coopcomm.dreamhosters.com/node/418>; acesso em 19 nov. 2018.

RHATTO, S. *Transcrições do II ESC – Espectro Sociedade e Comunicação,* 2013. Disponível em: <http://bit.ly/2bFEXBi>; acesso em 1º ago. 2018.

SWARTZ, A. *Open spectrum: a global pervasive network,* 2003. Disponível em: <www.logicerror.com/openSpectrum>; acesso em 1º ago. 2018.

VICENTIN, D. Shaping Wi-Fi's future: the wireless-mobile convergence. *Freedom to Tinker,* 17 jan. 2015. Disponível em: <https://freedom-to-tinker.com/blog/vicentin/shaping-wi-fis-future-the-wireless-mobile-convergence/>; acesso em 1º ago. 2018.

WEINBERGER, D. *Why open spectrum matters: the end of the broadcast nation,* 2003. Disponível em: <http://apps.fcc.gov/ecfs/document/view;ECFSSESSION=W0sFWJVW D77rh5HXdgLyLJnBG6kVV1Zx2rPPk1nR2pmshdvWnbnd!310921635!-543955373?id=6513404739>; acesso em 1º ago. 2018.

DIO: O MAPEAMENTO COLETIVO DE CÂMERAS DE VIGILÂNCIA COMO VISIBILIZAÇÃO DA INFORMATIZAÇÃO DO ESPAÇO URBANO

Rafael de Almeida Evangelista
Tiago C. Soares
Sarah C. Schmidt
Felipe Lavignatti

Introdução

As câmeras de vigilância são tecnologias de uso rápido e crescente na sociedade contemporânea. Somente no Reino Unido, pioneiro na instalação de sistemas de vigilância públicos dependentes de imagens remotas, as estimativas em 2013 apontam para até 5,9 milhões de câmeras no território, somando-se as de uso pelo poder público e por entes privados[1].

As justificativas dadas para sua utilização passam, principalmente, por preocupações de segurança. Nos lugares mais pobres, com maior ênfase no controle da criminalidade urbana; nos mais ricos, pelo combate ao terrorismo. É o caso das câmeras instaladas em Manhattan, pela polícia de Nova York. São 4 mil fontes de imagens, públicas e privadas, instaladas em uma região específica da cidade. Um sistema semelhante, porém menor, teria sido usado para identificar os perpetradores dos ataques terroristas de 2013 em Boston, também nos Estados Unidos[2].

As preocupações com o vigilantismo e as dúvidas sobre a real efetividade desses sistemas no combate à violência tornam seu uso polêmico. Nos países democráticos, organizações sociais que zelam pela observância

---

[1] D. Barret, "One surveillance camera for every 11 people in Britain, says CCTV survey", *The Telegraph*, 10 jul. 2013; disponível em: <http://www.telegraph.co.uk/technology/10172298/One-surveillance-camera-for-every-11-people-in-Britain-says-CCTV-survey.html>, acesso em 28 jun. 2016.

[2] H. Kelly, "After Boston: The pros and cons of surveillance cameras", *CNN*, 26 abr. 2013; disponível em: <http://edition.cnn.com/2013/04/26/tech/innovation/security-cameras-boston-bombings/>, acesso em 28 jun. 2016.

dos direitos civis têm criticado a multiplicação de seu uso como violadora de direitos de privacidade. A Aclu (União Americana pelas Liberdades Civis), por exemplo, aponta que: 1) as câmeras seriam suscetíveis a abusos; 2) não teriam efetividade comprovada; 3) haveria falta de limites e controle sobre o seu uso; e 4) teriam um efeito paralisante na vida pública[3].

Na América Latina, a ausência de regulação específica e a fragilidade do sistema legal se combinam com a escassez de um debate público sobre o tema[4]. Em países como o Brasil, sede de recentes eventos internacionais, como a Copa do Mundo de 2014 e os Jogos Olímpicos de 2016, a intensificação no uso de sistemas de monitoramento por câmeras partindo do poder público está, no discurso, associada à prevenção de ataques terroristas. Matéria da revista de tecnologia *Motherboard* mostra esse sistema, instalado no Rio de Janeiro, cidade sede dos Jogos Olímpicos.

> As transmissões das centenas de câmeras de vigilância do Rio de Janeiro podem ser acompanhadas em uma tela panóptica de 85 metros quadrados no Centro Integrado de Comando e Controle (Cicc), ou na telona igualmente enorme do Centro de Operações Rio (COR), na capital fluminense. São verdadeiros cinemas da vigilância.
>
> Basta dar uma olhadela nessas transmissões na hora certa para ver passar um ou dois jipes lotados de oficiais armados até o pescoço. Capaz que você até veja a polícia prender os manifestantes que estão execrando aquilo que muitos chamam de golpe contra a presidente Dilma Rousseff. Ou, quem sabe, você não flagra um militar ou policial matando um jovem negro em uma favela ou invadindo uma das dezenas de escolas ocupadas por estudantes ativistas que visam melhorar o sistema educacional brasileiro, subfinanciado. [...]
>
> O Cicc é um centro de inteligência administrado em conjunto por várias agências brasileiras, incluindo a polícia e o Exército, e tem acesso à transmissão de pelo menos 3.200 câmeras de vigilância fixas e móveis. O COR, um centro municipal, fornece dados de 560 câmeras à polícia. Apesar desses olhos onipresentes e dos milhões investidos em segurança pelo Estado e governo federal, as preocupações com segurança persistem.[5]

---

[3]   Aclu, "What's wrong with public video surveillance?". Disponível em: <https://www.aclu.org/whats-wrong-public-video-surveillance>; acesso em 28 jun. 2016.

[4]   R. J. Firmino, M. M. Kanashiro; F. Bruno; R. Evangelista, "Fear, security, and the spread of CCTV in Brazilian cities: legislation, debate, and the market", *Journal of Urban Technology*, v. 20, n. 3, 2013, p. 65-84.

[5]   D. Kayyali, "As Olimpíadas estão transformando o Rio em um Estado de vigilância e repressão", *Motherboard*, 13 jun. 2016. Disponível em: <http://motherboard.vice.

A matéria contém ainda a informação de que o processo se iniciou pouco antes da Copa do Mundo de 2014, que trouxe "*drones*, óculos de reconhecimento facial capazes de ler 400 rostos por segundo e compará-los a uma base de dados de até 13 milhões de imagens, e 122 helicópteros de vigilância, muitos deles equipados com câmeras HD e infravermelho". Toda essa tecnologia tem sido usada também na repressão de manifestações políticas.

Historicamente, porém, a maior parte das câmeras que se espalham pelo Brasil cumpre funções mais corriqueiras, nem sempre somente nas mãos do Estado, ligadas, no discurso, à prevenção de crimes e à coleta de provas para investigação e processos legais. No dia a dia, a prevenção da violência se mistura a práticas de segregação e higienização social. O barateamento da tecnologia e a consequente popularização do uso desses equipamentos tornaram quase impossível circular por espaços urbanos sem ser alvo das câmeras em algum momento. As novas tecnologias digitais de processamento de imagem potencializam práticas de identificação. O uso disseminado e descontrolado interfere na administração de espaços públicos pela intensificação do policiamento preventivo, permitindo abusos ligados ao chamado *racial profiling* e à gentrificação. Praças públicas, por exemplo, cuja seleção dos circulantes interessa ao setor imobiliário, são monitoradas para dar base à expulsão de populações indesejadas[6].

Em se tratando de câmeras que alvejam espaços públicos como praças, ruas e calçadas, podemos dizer que a maioria se divide no cumprimento de dois propósitos: o combate à violência e à criminalidade, sendo instaladas e controladas por particulares ou por órgãos públicos; e a administração e o disciplinamento do trânsito de veículos, estando essas sob a responsabilidade das autoridades de trânsito, mas podendo ser administradas e instaladas por empresas privadas terceirizadas. Há situações específicas em que uma acaba fazendo a função da outra, como quando câmeras de controle de tráfego capturam "por acidente" algum evento significativo acontecendo.

---

com/pt_br/read/as-olimpiadas-estao-transformando-o-rio-em-um-estado-de-vigilancia>; acesso em 28 jun. 2016.

[6] M. M. Kanashiro, *Sorria, você está sendo filmado: as câmeras de monitoramento para segurança em São Paulo* (dissertação de mestrado em Sociologia, Campinas, Unicamp, 2006); disponível em: <http://repositorio.unicamp.br/handle/REPOSIP/281523?locale=pt_BR>, acesso em 3 out. 2018.

Uma das modalidades de moradia que mais têm crescido no Brasil, os condomínios fechados – já representam quase 2% do total de domicílios[7] – têm na segurança, tipificada pelo monitoramento por câmeras, um de seus principais atrativos. Em países subdesenvolvidos, o medo da violência urbana está entre os principais atrativos dessa modalidade de moradia, e o uso de algum tipo de "technical fix"[8] complementar ao cercamento físico da área é frequente[9].

Quando voltadas para as áreas de circulação comum do empreendimento – como elevadores, salas de convívio e espaços abertos de lazer –, as câmeras podem dar margem a abusos, tanto contra os próprios moradores como contra o corpo de funcionários do condomínio. No entanto, além disso, elas também costumam estar voltadas a espaços públicos, como ruas e calçadas, servindo para mapear e prevenir a aproximação de pessoas indesejadas.

Nos *shoppings centers*, em bares e em estabelecimentos comerciais, as câmeras vigiam, para diversos fins, trabalhadores e clientes frequentadores desses espaços, que nada podem fazer para evitar sua identificação e seu monitoramento. Os benefícios econômicos da vigilância por câmeras sobre clientes e funcionários fazem parte dos argumentos das empresas vendedoras dessas tecnologias. Uma delas, por exemplo, argumenta como "gerentes podem estudar os hábitos de compras dos consumidores analisando os vídeos gravados por sistemas de vigilância"[10].

---

[7] F. Uchinaka, "Em uma década, número de moradias aumenta mais que o dobro que o crescimento da população", *UOL*, 29 abr. 2011; disponível em: <http://noticias.uol.com.br/cotidiano/ultimas-noticias/2011/04/29/em-uma-decada-numero-de-moradias-aumenta-mais-que-o-dobro-que-o-crescimento-da-populacao.htm>, acesso em 28 jun. 2016.

[8] "Technical fix" se refere à tentativa de utilização de reparos tecnológicos para problemas de outra ordem, em geral bastante mais complexos; E. Morozov, *The net delusion: the dark side of internet freedom* (Nova York, PublicAffairs, 2011).

[9] R. J. Firmino; M. M. Kanashiro; F. Bruno; R. Evangelista, "Fear, security, and the spread of CCTV in Brazilian cities", cit.

[10] "Why does your business need video surveillance: top 8 reasons"; disponível em: <https://reolink.com/why-does-your-business-need-video-surveillance/>, acesso em 3 out. 2018.

Visibilizar a vigilância

A tensão articulada nas relações entre poder, vigilância e liberdade é presente em momentos diversos da conformação do que, em termos amplos, é costumeiramente entendido como "cibercultura". Uma profunda preocupação com liberdade de expressão e autonomia individual, em contraposição às dinâmicas tecnocráticas de controle e censura, eram, já na década de 1960, presentes nas movimentações que, nos Estados Unidos, galvanizariam as comunidades que, nas décadas seguintes, promoveriam os experimentos sociais, artísticos e tecnológicos que culminariam na revolução do microcomputador e nos arranjos culturais mediados pelas novas tecnologias digitais[11]. Do Movimento pela Liberdade de Expressão, na Universidade de Berkeley, nos anos 1960, passando pelos clubes voltados a *hobbies* e pelas comunidades experimentais autônomas espalhados pela Califórnia, nos anos 1970-1980, o hegemônico modelo de gestão do conhecimento que emergiu do Vale do Silício no último quarto do século passado colocou no centro do *grid* tecnocientífico a noção de apropriação tecnológica no âmbito individual. Tornado dispositivo entrelaçado às preferências cognitivas de cada usuário(a), o "computador" ganhou no imaginário público um significado que se descolou da ideia dos gigantescos *mainframes* que, em meados do século XX, eram, para os operadores da contracultura californiana, sinônimo de controle, automatização e grande burocracia. Dos computadores de mesa aos *laptops* e, finalmente, aos *smartphones*, o computador se conformou como artefato de aumento tecnológico, como um dispositivo a se integrar de modo único a cada usuário, libertando suas potencialidades latentes.

Esse movimento, com seus acenos às proposições experimentais e anti-hegemônicas de grupos de tecnólogos do Vale do Silício influenciados por teóricos radicais, como Ivan Illich[12], nos anos 1970, desenha, porém, uma potente tensão interna. Ao mesmo tempo que o cada vez mais sofisticado controle individual de dispositivos tecnológicos oferece, com os novos espaços de organização da internet e da *web*, possibilidades de invenção e de ruptura ante estruturas de poder assimétricas, o colossal volume de dados gerado por esses mesmos dispositivos abre caminho para novas

---

[11] F. Turner, *From counterculture to cyberculture: Stewart Brand, the whole earth network, and the rise of digital utopianism* (Chicago, University of Chicago Press, 2010).

[12] I. Illich, *Tools for conviviality* (Londres, Calder & Boyars, 1990).

400 • Tecnopolíticas da vigilância

ferramentas de monitoramento e controle. Na esfera do Estado ou de grupos independentes, a articulação em rede de ferramentas como IMSI Catchers (interceptadores de baixo custo utilizados em redes de celular), redes *mesh*, e *toolkits* de *hardware/software* para monitoramento remoto conforma um horizonte no qual não apenas se intensifica o controle por parte de governos, mas também são postas em movimento ações de disputa e resistência agenciando grupos diversos da sociedade civil, num jogo perpétuo a contrapor poder e contrapoder.

Bruno[13] nos lembra da intersecção entre a cultura da vigilância (da videovigilância e das redes sociais na internet) e a sociedade do espetáculo, com vínculos entre vigilância, flagrante e prazer. Certamente, as câmeras de vigilância basicamente repetem as tecnologias de captura de imagens (e às vezes sons) que formam a base dos produtos de entretenimento mais populares do século XX e início do século XXI. Observar por meio delas e ser observado por elas envolve um disciplinamento de corpos e atitudes, mas também práticas associadas à diversão e à expressão.

Nesse jogo e nessa relação entre quem vigia e quem é vigiado, destacam-se, para o exercício do poder, fatores como a visibilidade ou invisibilidade dos dispositivos de vigilância. Ao mesmo tempo que a presença manifesta e evidente disciplina os sujeitos e as ações, o apagamento ou a ausência de debate público sobre seus usos são parceiros da proliferação desregulada dessa tecnologia, que dá margem a casos concretos de abuso. Discuti-las e mapeá-las é parte de um esforço de resistência a seu poder. Bruno[14] aponta que o "princípio de dissociação do par ver-ser visto, associado ao princípio de 'inverificabilidade' do poder", é decisivo para que se cumpra um dos efeitos da máquina panóptica apontada por Foucault, o funcionamento automático do poder.

> Se posso discernir o olhar que me espia, domino a vigilância, eu a espio também, aprendo suas intermitências, seus deslizes, estudo suas regularidades, posso despistá-la. Se o Olho está escondido, ele me olha, ainda quando não me esteja vendo.[15]

---

[13] F. Bruno, *Máquinas de ver, modos de ser: vigilância, tecnologia e subjetividade* (Porto Alegre, Sulina, 2014).

[14] Idem.

[15] Jacques-Alain Miller, "A máquina panóptica de Jeremy Bentham", citado em F. Bruno, *Máquinas de ver, modos de ser*, cit. p. 60.

DIO • 401

Então se colocam algumas questões: dada a penetração dessas tecnologias de videovigilância em nossa sociedade contemporânea e a ampla, global, utilização de dispositivos portáteis de computação pessoal em rede, o que podemos desenvolver para evidenciar materialmente muitos desses equipamentos, de forma a reconhecê-los, na medida do possível, não somente em sua existência mas também em suas potencialidades? Ainda, como desnaturalizar a presença desses dispositivos de vigilância e processamento informacional no espaço urbano, de modo a discuti-los para que possamos discipliná-los socialmente? Hoje, é impossível dissociar as redes digitais da dinamização, em seus efeitos, desses dispositivos. As imagens e sons, digitalizados, circulam pelas redes, formando a matéria-prima de produtos de entretenimento ou jornalísticos. Algoritmos analisam o conteúdo digitalizado e nele reconhecem padrões, que são inter-relacionados com bancos de dados de outra natureza.

Nesse sentido, pensamos a proposta de desenvolvimento de um aplicativo para celular[16] que, dialogando com as potencialidades técnicas e contra-hegemônicas a informar a história da computação pessoal e a emergência dos novos arranjos comunitários em rede, integre mapas do espaço urbano públicos e livres e tecnologias de realidade aumentada, em um ambiente jogável, numa plataforma colaborativa de mapeamento coletivo de câmeras de vigilância em espaços de circulação pública. Pretendemos que esse jogo seja de uso cotidiano, de modo que a circulação das pessoas (portando seus aparelhos de celular) por espaços vigiados por câmeras seja contabilizável e acessível pelo jogador. Com isso, pretendemos dar visibilidade e discutir a presença e o uso desses equipamentos, dando ênfase ao modo como a circulação no dia a dia é objeto dessa vigilância.

Mais do que se pretender um mapa acurado das câmeras, apontando exatamente quantas e quais são, objetivamos torná-las itens em um ambiente *online*, no qual se pode interagir com eles, mas que existem materialmente e têm efeitos para além desse espaço. Ao mesmo tempo, propomos um resgate de aspectos do debate sobre reapropriação tecnológica, que, na crítica às

---

[16] O aplicativo já está em desenvolvimento e possui financiamento da Fundação Ford, dentro de um projeto mais amplo intitulado Rede Latino-Americana de Estudos sobre Vigilância, Tecnologia e Sociedade (Lavits): interseções entre pesquisa, ação e tecnologia, que é desenvolvido pela Lavits; disponível em: <www.lavits.org>; acesso em 1º ago. 2018.

dinâmicas burocráticas e de controle da tecnocracia industrial-militar do século XX, colocavam em questão o uso de novas tecnologias e sua relação com as estruturas de poder. Nessa interconexão entre o ambiente, o jogo e o mundo concreto, queremos visibilizar esses dispositivos e discuti-los.

Para articular o debate proposto, oferecemos, como elemento a orientar a ação dos jogadores, uma história de fundo em cujo desenrolar é pretendida a contextualização e experiência de aspectos da inter-relação entre usos e produção da tecnologia na sociedade contemporânea, como a sociedade de vigilância[17], a apropriação tecnológica e os usos políticos e econômicos dos dados pessoais.

Storytelling e desenvolvimento

O *software* de mapas utilizado como plataforma para o jogo é, em sua arquitetura, baseado em soluções comumente aplicadas a ferramentas utilitárias de georreferenciamento para dispositivos móveis (como celulares, sistemas de localização para carros etc.). As ações dos usuários no que diz respeito à entrada de dados, classificação, navegação e processamento da base de dados administrada pela ferramenta são, em sentido estrito, semelhantes às dinâmicas de usabilidade presentes em aplicativos de restaurantes, relacionamentos, táxis ou carona. Partindo da familiaridade com ferramentas de geolocalização por parte de usuários de dispositivos móveis, o uso do *storytelling* busca elaborar uma nova "camada" de uso, acionando, no território lúdico informado pela trama do jogo, um imaginário de reapropriação tecnológica e reflexão crítica sobre o uso político da tecnologia. Trata-se de uma narrativa que, articulada ao seu uso prático, como ferramenta, acena não apenas ao debate da vigilância em espaços públicos mas também aos usos e às possibilidades de ferramentas tecnológicas cuja presença é "naturalizada" no cotidiano. É interessante recordar, afinal, que as estruturas transnacionais de vigilância apontadas por Edward Snowden[18] neste início de século se apoiam, em parte não desprezível, em ações como o monitoramento de dispositivos pessoais, como *laptops* e *smartphones*.

---

[17] D. Lyon, *Surveillance society: monitoring everyday life* (Buckingham/Filadélfia, Open University Press, 2001).

[18] G. Greenwald, *No place to hide: Edward Snowden, the NSA, and the US surveillance state* (Nova York, Macmillan, 2014).

A elaboração da estrutura narrativa, técnica e funcional do jogo teve como base uma série de oficinas conceituais envolvendo a equipe responsável pelo projeto. A estas, foram agregadas conversas com técnicos e especialistas no debate sobre tecnologia e política, além de investigações sobre o estado da arte dos jogos digitais experimentais realizados por grupos de pesquisa no país, com o acompanhamento de comunicações em simpósios[19].

O universo a emergir das discussões realizadas nas oficinas conceituais foi o ciberpunk. A escolha parece óbvia à primeira vista – a estética, familiar ao universo dos *games*, apontaria a um suposto reforço no potencial de engajamento. A decisão, porém, tem também um sentido de contextualização histórica: situar o ciberpunk como herdeiro dos movimentos de reinvenção da tecnologia computacional como ferramenta de organização contra-hegemônica, remetendo à tradição do debate crítico sobre política e tecnologia que, nos anos 1960 e 1970, lançaria mão da ficção científica e dos experimentos com tecnologia computacional como ferramentas de questionamento à tecnocracia[20]. Ecoando Ballard no manifesto que, nas décadas finais do século XX, sintetizou o que veio a se desenhar na *New Wave of Science Fiction* e em sua interface entre contracultura e ficção científica, "os maiores desenvolvimentos do futuro imediato acontecerão não na Lua ou em Marte, mas na Terra, e é o espaço *interior*, e não o sideral, que deve ser explorado. O único planeta realmente alienígena é a Terra".

Para a transição da proposição conceitual a uma plataforma jogável, a equipe do projeto passou a pesquisas sobre narrativa e jogabilidade utilizadas em jogos de gerações variadas, além de referências estéticas em documentações e produtos associados aos *videogames* e à sua apropriação na cultura popular. Num esforço complementar, foram realizadas, também, investigações sobre temáticas e dinâmicas narrativas no cinema e na literatura de ficção científica. Os dados levantados foram sistematizados em eixos conceituais a serem implementados no desenvolvimento do jogo, a partir

---

[19] Congresso Brasileiro de Informática na Educação (CBIE), *Anais dos Workshops do Congresso Brasileiro de Informática na Educação* (Porto Alegre); disponível em: <http://www.br-ie.org/pub/index.php/wcbie>, acesso em 1º ago. 2018; Conferência Latino-Americana de Objetos e Tecnologias de Aprendizagem, *Anais temporários do Laclo 2015*; disponível em: <http://www.br-ie.org/pub/index.php/teste/issue/view/135>, acesso em 1º ago. 2018.

[20] L. Felsenstein, *Explorations in the underground 1964-1970*; disponível em: <http://www.leefelsenstein.com/?page_id=50>, acesso em 1º ago. 2018.

404 • Tecnopolíticas da vigilância

de testes de arquitetura de informação e aplicação funcional feitos com a equipe técnica do projeto.

Argumento e dinâmica

O jogo e seu universo buscam acionar um imaginário que acena para o funcionamento dos *role playing games* tradicionais, aberto e negociado pelos usuários e seus grupos de colaboração. A construção da narrativa e da história pessoal de cada jogador na trama do jogo se dá no simples gerenciamento da plataforma de georreferenciamento e de seus dados, num mundo aberto, sem a utilização de elementos de navegação orientada ou de níveis de jogo "fechados".

O cenário proposto aos jogadores é um futuro próximo. Uma realidade em que a inteligência artificial é empregada pelos governos como ferramenta de controle social. O terrorismo é apresentado como fator central de ameaça à ordem social, uma prática corrente em grupos oposicionistas, chegando aos espectros radicais da luta contra o totalitarismo tecnológico.

Para combater esses grupos,os governos e as empresas utilizariam tecnologias de vigilância baseadas em imageamento dos espaços físicos e monitoramento das redes digitais. Para aprimorar esse sistema, é lançado um projeto público-privado de cooperação multinacional para a produção de um padrão tecnológico de integração dos dispositivos públicos de vigilância espalhados pelo planeta. O Digital Information Operative (DIO) é o esforço para a produção de um protocolo técnico inteligente que integre câmeras, formando um sistema em que todas as unidades sejam acessíveis remotamente. Lançado com pouco alarde, o projeto recebe a colaboração da maioria das empresas e de muitos técnicos, que acreditariam no esforço global, desdenhando de alertas sobre violação de direitos. Pouco tempo depois, a iniciativa seria encerrada, também sem alarde, e oficialmente o projeto não entra em operação.

Tudo não passaria, porém, de uma farsa. Assim que iniciados os testes, a inteligência artificial que faria a integração dos dispositivos se teria mostrado incontrolável. Com todas as câmeras integradas, era impossível retirá-las da rede por um período longo de tempo, uma vez que o DIO se incumbia de restabelecer essa conexão. Publicamente, o projeto foi descontinuado e a existência autônoma do DIO nunca foi admitida, por medo da repercussão negativa de um sistema cujo pertencimento não é opcional. Todas as câmeras do mundo estariam sujeitas ao controle do DIO.

As imagens das câmeras, de todo modo, estariam *online*, disponíveis numa espécie de *deep web* acessível a grupos de operação do poder político, econômico e tecnológico. Não seria possível desligá-las: governos e corporações poderiam, enfim, vigiar a todos: seria o fim da privacidade. O DIO seria a transparência total dos mais fracos, enquanto os poderosos se esconderiam. As imagens integradas nessa rede continuariam a ser utilizadas pelos governos. Após uma eficiente campanha de desinformação, a existência do DIO seria vista como um boato.

O que para a opinião pública não passaria de teoria da conspiração seria uma realidade para grupos de resistência. Esta se dividiu em duas, com filosofias diferentes. O grupo Blind acredita que o caminho é cegar todas as câmeras, que a própria tecnologia de captação seria nociva. O grupo Lens acredita que o caminho seja restaurar a autonomia dos dispositivos e de seus donos: se as câmeras são desconectadas do DIO, os proprietários originais dos equipamentos poderiam fazer bom uso dele. Os dois grupos aplicam essas percepções diferentes não para lutar entre si, mas para combater o DIO. Porém, o DIO se autorregenera e reativa ou reincorpora as câmeras à rede após certo tempo. Os grupos continuam lutando enquanto não encontram uma solução definitiva.

As ações dos jogadores e de seu grupo se relacionam ao cenário proposto na história de fundo por uma arquitetura de *input* de dados intrajogo (entre perfis de jogadores cadastrados) e extrajogo (entre jogadores e dispositivos urbanos a serem mapeados e, então, inseridos como elementos jogáveis). Os dispositivos móveis a partir dos quais o jogo é operado ganham no imaginário proposto pelo DIO, também, nova dimensão. Na trama, o aplicativo do DIO se apresenta como um *hack* fictício, que oferece aos jogadores um novo controle sobre seus *smartphones*. "Blindando" os protocolos de vigilância do DIO e dando a seus donos poderes de ação e resistência sobre esse *grid* tecnológico global, os *smartphones* são, no universo do DIO, dispositivos de reapropriação tecnológica e ação política.

Aos jogadores, de ambas as facções da resistência, a ação se dá a) na catalogação e geolocalização de câmeras de vigilância espalhadas por espaços públicos; b) na disputa pela "posse" de cada uma das câmeras catalogadas. Para catalogar e geolocalizar a câmera, o jogador deve ir até ela, com o GPS de seu celular ligado, e fotografá-la, opcionalmente indicando ainda algumas informações, como para onde a câmera está apontada (lugar público ou privado, por exemplo) ou sua marca/modelo.

406 • Tecnopolíticas da vigilância

Para disputar a posse das câmeras, o jogador deve ir até um raio de cinquenta metros do objeto geolocalizado, com o GPS ligado, para então com ele interagir. Cada interação sua, que pode ser feita em intervalos predefinidos de tempo, aumenta o raio de dominância sobre o objeto. Se, por exemplo, a câmera estiver sob o controle do grupo Lens, quando um jogador do grupo Blind passar por essa área, este perderá pontos, e vice-versa.

A interação, o *hack*, de uma equipe na câmera anula a interação da rival. As câmeras/objetos possuem um limite preestabelecido de área de atuação máxima.

A arquitetura de funcionamento do jogo estava ainda em fase experimental quando da elaboração deste texto, e são previstas novas implementações e ajustes no comportamento de ferramentas de jogo ao longo do contínuo processo de desenvolvimento.

Uso econômico de dados pessoais

O DIO é um jogo *online* multiusuários. A dinâmica do jogo implica que cada jogador tenha um nome de usuário e uma quantidade de pontos cumulativa. O acúmulo de pontos permite a aquisição de novos itens jogáveis, que aumentam as potencialidades de cada jogador e a contribuição que pode dar ao seu grupo. Pretendemos também que o jogador possa administrar seus dados de vigilância coletados pelo jogo. Por exemplo: que cada usuário possa visualizar os trajetos que fez, em quais dias e horários e passando por quais câmeras, e perceber que essas informações podem ser armazenadas também por outros aplicativos, refletindo sobre isso.

Essa funcionalidade nos permite abordar a questão do uso econômico dos dados pessoais coletados por meio de vigilância. Do mesmo modo como pensamos a visibilidade dos dispositivos de videovigilância no contexto do jogo, pretendemos dar visibilidade para a coleta de dados, necessária para o funcionamento do próprio jogo.

O uso econômico de dados pessoais na internet se constitui, assim como as câmeras de vigilância, como uma questão social polêmica e que tem sido alvo de novas propostas legislativas. Ela põe em cena três atores principais: os cidadãos, usuários de serviços na internet; as empresas provedoras desses serviços, que utilizam os dados como matéria-prima de análises de inteligência voltadas para o comércio e fonte de lucros; e os governos, que utilizam os dados coletados para a prestação de serviços públicos e práticas de repressão política e de segurança.

Estima-se que, em 2020, o mercado de "identidades digitais" possa trazer lucros anuais de até 1 trilhão de euros somente no continente europeu[21]. As empresas têm feito um esforço significativo para se distanciarem da imagem negativa ligada aos governos e à vigilância política. Pretendem colocar-se como detentoras de menor poder sobre o cidadão do que os governos. Argumentam que, dada a livre concorrência, os cidadãos são livres para escolher serviços alternativos e que à legislação cabe apenas coibir o mau uso e os eventuais vazamentos de dados pessoais[22].

Pode-se argumentar, entretanto, que a troca de serviços com redes sociais não é tão simples. "Se todos os seus amigos são membros de um serviço em especial, é difícil que você saia, mesmo que o provedor mude os ajustes de privacidade de uma maneira com a qual você não concorde", lembra Peter Schaar, *chairman* da Academia Europeia pela Liberdade de Informação e Proteção de Dados[23]. Os lucros astronômicos projetados pela indústria da informação são outro contra-argumento. O controle e o armazenamento de dados pessoais, que têm sido chamados de novo petróleo, significam um poder econômico significativo que afeta a economia global e, consequentemente, as relações sociais. Mais do que nunca, informação é poder. Como assinalado por Ceglowski[24]:

> Em nossa tentativa de alimentar o *software* com o mundo, construímos o maior aparato de vigilância que o mundo já viu. Ao contrário de esforços anteriores, esse é totalmente mecanizado e, em um grande sentido, autônomo. Seu poder é latente, presente nas vastas quantidades de dados pessoais de populações inteiras permanentemente armazenados.

---

[21] Boston Consulting Group (BCG), "The value of our digital identity", *Liberty Global Policy Series*; disponível em: <https://www.bcg.com/publications/2012/digital-economy-consumer-insight-value-of-our-digital-identity.aspx>; acesso em 2 out. 2018.

[22] N. Ashton-Hart, "The internet is not incompatible with data protection, but the debate we currently have about privacy largely is", *Multistakeholder Internet Dialog (Mind)*, v. 7, 2014.

[23] P. Schaar, "The internet and big data: incompatible with data protection?", *Multistakeholder Internet Dialog (Mind)*, v. 7, 2014.

[24] M. Ceglowski, "The moral economy of tech", Society for the Advancement of Socio-Economics Annual Conference (Sase), Berkeley, 26 jun. 2016; disponível em: <http://idlewords.com/talks/sase_panel.htm>, acesso em 1º ago. 2018.

408 • Tecnopolíticas da vigilância

Começamos a recolher essa informação por acidente, como parte do nosso projeto para automatizar tudo, mas logo percebemos que ela tinha valor econômico. Poderíamos utilizá-la para tornar esse processo autofinanciável. E então a vigilância mecanizada se tornou a base econômica da moderna indústria tecnológica.

Argumentar e convencer o público de que seus dados pessoais têm valor econômico é uma tarefa difícil. Do ponto de vista do indivíduo, os dados parecem informações muito triviais. A preocupação recai apenas sobre dados sensíveis, como informações bancárias, que podem ser roubadas por criminosos interessados em transferir fundos ilegalmente[25]. Com o jogo DIO, é possível demonstrar, por meio de itens jogáveis, como os dados agregados, mesmo que anonimizados, podem falar sobre os indivíduos. O que é mais importante, podemos demonstrar como os dados pessoais se tornaram mercadorias comercializáveis. O acúmulo dos dados de outros usuários significa lucros que crescem exponencialmente. Ao mesmo tempo, oferecer essas informações a outrem significa perda de poder.

Em uma fase posterior de desenvolvimento do aplicativo, alguns recursos novos que utilizem essas informações podem ser implementados. É possível criar um sistema em que os jogadores troquem conjuntos de informações, agregadas de acordo com tempo de jogo e anonimizadas, por pontos no jogo. O mercado para essas trocas não seria o "oficial", à administração do jogo caberia apenas regular minimamente a natureza das trocas.

A recompensa em pontos não seguiria uma progressão linear, mas exponencial, enfatizando assim o valor de estar em posse de grandes bases de dados. A ideia é demonstrar o quanto o potencial de poder de uma base de dados não cresce aritmeticamente, mas geometricamente. Quanto mais dados, mais o poder é multiplicado. Da mesma forma, a jogabilidade daqueles que possuem poucos pontos pode ser dificultada, assinalando assim que aqueles que têm mais informação e mais pontos possuem mais poder e mais facilidades.

A criação dessas novas funcionalidades deve se basear, na medida do possível, nas características reais do mercado de dados pessoais. Desse modo, utilizando recursos narrativos da história e funcionalidades do jogo, podemos utilizá-lo como ferramenta de discussão sobre privacidade e dados pessoais.

---

[25] R. J. Firmino, M. M. Kanashiro, F. Bruno, *Social effects of data processing and regulation of personal data in Latin America*, cit.

Propósitos

Há diversos elementos na história que desenvolvemos para o jogo que dialogam com questões sociais relevantes na atualidade, envolvendo privacidade, vigilância e poder. É esse o caso da disseminação descontrolada não somente de câmeras mas de sensores capazes de capturar informações sobre pessoas, grupos sociais, deslocamentos e o espaço urbano, ou da aproximação e troca de dados sem critério entre organismos estatais de repressão e guerra e grandes grupos econômicos de tecnologia da informação; e até mesmo da divisão dos grupos da resistência, entre aqueles que pregam o controle social sobre a tecnologia e os que pretendem um rompimento mais radical.

A história que desenhamos para o jogo está aberta e novos elementos podem ser agregados com novas ferramentas para os jogadores. Os celulares se tornaram, hoje, um poderoso sensor, que produz e transmite dados continuamente, contando com a colaboração do usuário dono do aparelho ou à sua revelia. Esses dados são utilizados economicamente pelas empresas de tecnologia[26]. Pretendemos desenvolver, no jogo, elementos da história e itens jogáveis que ressaltem esse fato.

Para além da denúncia e do debate público sobre a vigilância, que também são necessários, é preciso desenvolver estratégias e ferramentas que permitam à sociedade perceber sua presença e impactos na vida cotidiana e coletiva. Junto com os alertas sobre as implicações e os efeitos sociais das tecnologias, pensamos que há a possibilidade de construção de estratégias que explorem demonstrações práticas, ainda que recorrendo a instâncias lúdicas como os jogos para celulares, que ilustrem esses efeitos. No caso das câmeras de vigilância no espaço urbano, em particular, estas nos parecem ser um ótimo ponto de partida para demonstrações sobre a crescente malha de informatização a se estender sobre as cidades, povoadas agora por sensores dedicados à inspeção, ao monitoramento, ao controle e à valorização econômica dos fluxos.

Referências

ACLU. What's wrong with public video surveillance? Disponível em: <https://www.aclu.org/whats-wrong-public-video-surveillance>; acesso em 28 jun. 2016.

---

[26] R. de A. Evangelista; F. Fonseca, "Reconhecimento e superação da exploração capitalista em redes criativas de colaboração e produção", *Liinc em Revista*, v. 12, n. 1, 2016.

ASHTON-HART, N. The internet is not incompatible with data protection, but the debate we currently have about privacy largely is. *Multistakeholder Internet Dialog (Mind)*, v. 7, 2014.

BALLARD, J. G. Which way to inner space. In: *A user's guide to the millennium: essays and reviews*. Nova York, Macmillan, 1997.

BARRET, D. One surveillance camera for every 11 people in Britain, says CCTV survey. *The Telegraph*, 10 jul. 2013. Disponível em: <http://www.telegraph.co.uk/technolo gy/10172298/One-surveillance-camera-for-every-11-people-in-Britain-says-CCTV-survey.html>; acesso em 28 jun. 2016.

BOSTON CONSULTING GROUP (BCG). The value of our digital identity. *Liberty Global Policy Series*. Disponível em: <https://www.bcg.com/publications/2012/digital-economy-consumer-insight-value-of-our-digital-identity.aspx>; acesso em 2 out. 2018.

BRUNO, F. *Máquinas de ver, modos de ser: vigilância, tecnologia e subjetividade*. Porto Alegre, Sulina, 2014.

CEGLOWSKI, M. The moral economy of tech. Society for the Advancement of Socio--Economics Annual Conference (Sase), Berkeley, 26 jun. 2016. Disponível em: <http://idlewords.com/talks/sase_panel.htm>; acesso em 1º ago. 2018.

CONFERÊNCIA LATINO-AMERICANA DE OBJETOS E TECNOLOGIAS DE APRENDIZAGEM (LACLO). *Anais temporários do Laclo 2015*. Disponível em: <http://www.br-ie.org/pub/index.php/teste/issue/view/135>; acesso em 1º ago. 2018.

CONGRESSO BRASILEIRO DE INFORMÁTICA NA EDUCAÇÃO (CBIE). *Anais dos Workshops do Congresso Brasileiro de Informática na* Educação. Porto Alegre. Disponível em: <http://www.br-ie.org/pub/index.php/wcbie>; acesso em 1º ago. 2018.

EVANGELISTA, R. de A.; FONSECA, F. Reconhecimento e superação da exploração capitalista em redes criativas de colaboração e produção. *Liinc em Revista*, v. 12, n. 1, 2016.

FELSENSTEIN, L. *Explorations in the underground 1964-1970*. Disponível em: <http://www.leefelsenstein.com/?page_id=50>0; acesso em 1º ago. 2018.

FIRMINO, R. J.; KANASHIRO, M. M.; BRUNO, F. *Social effects of data processing and regulation of personal data in Latin America*. Relatório técnico. IDRC, 2011.

FIRMINO, R. J.; KANASHIRO, M. M.; BRUNO, F.; EVANGELISTA, R. Fear, security, and the spread of CCTV in Brazilian cities: legislation, debate, and the market. *Journal of Urban Technology*, v. 20, n. 3, 2013, p. 65-84.

GREENWALD, G. *No place to hide: Edward Snowden, the NSA, and the US surveillance State*. Nova York, Macmillan, 2014.

ILLICH, I. *Tools for conviviality*. Londres, Calder & Boyars, 1990.

KANASHIRO, M. M.; SANTOS, l. G. dos. *Sorria, você está sendo filmado: as câmeras de monitoramento para segurança em São Paulo*. Dissertação de mestrado em Sociologia. Campinas, Unicamp, 2016. Disponível em: <http://repositorio.unicamp.br/handle/REPOSIP/281523?locale=pt_BR>; acesso em: 3 out. 2018.

KAYYALI, D. As Olimpíadas estão transformando o Rio em um Estado de vigilância e repressão. *Motherboard*, 13 jun. 2016. Disponível em: <http://motherboard.vice.com/pt_br/read/as-olimpiadas-estao-transformando-o-rio-em-um-estado-de-vigilancia>; acesso em 28 jun. 2016.

KELLY, H. After Boston: The pros and cons of surveillance cameras. *CNN*, 26 abr. 2013. Disponível em: <http://edition.cnn.com/2013/04/26/tech/innovation/security-cameras-boston-bombings/>; acesso em 28 jun. 2016.

LYON, D. *Surveillance society: monitoring everyday life.* Buckingham/Filadélfia, Open University Press, 2001.

MOROZOV, E. *The net delusion: the dark side of internet freedom.* Nova York, PublicAffairs, 2011.

SCHAAR, P. The internet and big data: incompatible with data protection? *Multistakeholder Internet Dialog (Mind)*, v. 7, 2014.

TURNER, F. *From counterculture to cyberculture: Stewart Brand, the whole earth network, and the rise of digital utopianism.* Chicago, University of Chicago Press, 2010.

UCHINAKA, F. Em uma década, número de moradias aumenta mais que o dobro que o crescimento da população. *UOL*, 29 abr. 2011. Disponível em: <http://noticias.uol.com.br/cotidiano/ultimas-noticias/2011/04/29/em-uma-decada-numero-de-moradias-aumenta-mais-que-o-dobro-que-o-crescimento-da-populacao.htm>; acesso em 28 jun. 2016.

WHY does your business need video surveillance: top 8 reasons. Disponível em: <https://reolink.com/why-does-your-business-need-video-surveillance/>; acesso em 28 jun. 2016.

SAFER NUDES
GUIA SENSUAL DE SEGURANÇA DIGITAL

O CELULAR VIBRA. PODE SER SPAM DA OPERADORA, CORRENTE DE WHATSAPP, MAS É UM PEDIDO:

MANDA MANDA MANDA MANDA NUDES! NUDES! NUDES! NUDES!
MANDA MANDA MANDA MANDA NUDES! NUDES! NUDES! NUDES!
MANDA MANDA MANDA MANDA NUDES! NUDES! NUDES! NUDES!
MANDA MANDA MANDA MANDA NUDES! NUDES! NUDES! NUDES!
MANDA MANDA MANDA MANDA NUDES! NUDES! NUDES! NUDES!
MANDA MANDA MANDA MANDA NUDES! NUDES! NUDES! NUDES!
MANDA MANDA MANDA MANDA NUDES! NUDES! NUDES! NUDES!
MANDA MANDA MANDA MANDA NUDES! NUDES! NUDES! NUDES!
MANDA MANDA MANDA MANDA NUDES! NUDES! NUDES! NUDES!
MANDA MANDA MANDA MANDA NUDES! NUDES! NUDES! NUDES!

ARRISCARÍAMOS DIZER QUE A GROSSA MAIORIA DE NÓS DESEJA ARDENTEMENTE ENVIAR E RECEBER NUDES

TODOS OS DIAS, O DIA INTEIRO.

E TAMBÉM ACREDITAMOS QUE A PRIVACIDADE DA SUA COMUNICAÇÃO É UM DIREITO, E QUE QUEM DEVE ESCOLHER SE SEUS NUDES DEVEM SER GUARDADOS OU PUBLICADOS É VOCÊ.

PENSANDO NISSO, REUNIMOS ALGUMAS DICAS SOBRE COMO ENVIAR SEUS NUDES DE MANEIRA UM POUCO MAIS SEGURA.

GUIA SENSUAL DE SEGURANÇA DIGITAL

Fazer e mandar nudes é um direito e também pode ser uma prática de resistência prazerosa contra o machismo, o conservadorismo, o racismo e a heteronormatividade. Publicá-los ou não deve ser uma escolha exclusivamente sua, no exercício do seu direito à privacidade. Por isso, aqui estão algumas estratégias e ferramentas que podem nos ajudar a espalhar nossos nudes por aí de forma um pouco mais segura:

 ## AUTOCURTIÇÃO

Use a câmera do seu celular pra trabalhar seus melhores ângulos. Ninguém melhor que você pra descobrir esse caminho. Fotografe intensamente e tenha a confiança de que não há regras ou constrangimentos estéticos em jogo. Um nude não precisa ser necessariamente uma foto pornográfica ou das partes mais imediatamente associadas ao sexo. No papel duplo de câmera e modelo, é você quem diz o que vale e o que não vale. Sinta-se totalmente confortável e sexy.

 ## ANONIMIZE!

Caso os nudes sejam destinados a alguém que você não confia totalmente, é bom tomar cuidado para não mostrar seu rosto, tatuagens, marcas de nascença, cicatrizes, móveis da sua casa etc. A internet fez de todos nós stalkers e você nunca saberá os limites da síndrome de detetive de alguém. Existem aplicativos, como o Obscuracam, que pixelizam rostos e alteram detalhes da foto que não queremos mostrar. Toda vez que você tira uma foto, ficam marcados dados de localização, horário, tipo de disposivo e outras informações que podem servir para te identificar - são os chamados metadados. Existem editores de metadados, como o Photo Exif Editor (disponível para iPhone e Android), que apagam ou modificam essas informações e são fáceis de usar

 ## USE CANAIS "SEGUROS" NA HORA DE COMPARTILHAR

Um aplicativo realmente confiável combinaria: encriptação ponta a ponta; bloqueio de screenshot; fotos e mensagens autodestrutivas nos dispositivos e servidores; login sem necessidade de email, telefone ou nome real; bloqueio da lista de contatos; e código aberto do app - combinação que não encontramos em nenhum dos aplicativos citados aqui. Tudo que testamos até agora tem suas vantagens e riscos. O importante é você conhecê-los e saber o que está em jogo na hora de usá-los.
Evite mandar nudes por SMS, iMessage, Whatsapp, Telegram, Facebook (pelo amor das deusas), Tinder, Happn ou qualquer outro aplicativo de chat que vá mostrar seu número ou deixar o arquivo ser facilmente salvo por quem recebê-lo. Também é melhor evitar aplicativos que não usam criptografia ponta a ponta, já que isso facilita que terceiros interceptem o canal e bisbilhoteiem o que não devem. Aplicativos como o Confide e o Wickr têm esse tipo de criptografia e fazem que suas fotos se autodestruam imediatamente depois de vistas - o que não acontece no Snapchat, que requer número de telefone para o cadastro e mantém as imagens no ar por 24h. Com algum malabarismo, é possível printar a imagem no Confide e no Wickr, mas você será avisada caso aconteça. No Confide, a foto só é revelada parcialmente conforme você desliza o dedo sobre ela, o que ajuda a dificultar a identificação. Com o aviso de print, você fica sabendo quem tentou trapacear.
Esses dois aplicativos permitem que você se cadastre sem associar seu número de celular. Lembre-se que associar sua conta com o Facebook ou Gmail automaticamente associará seus nudes a elas.

 ## DESCONFIE E USE SENHAS FORTES

Use senhas fortes (de preferência usando palavras longas, em línguas diferentes, com números e alternância entre caixa alta e baixa) no bloqueio de tela e, se possível, criptografe seu telefone (Android e iPhone). Não forneça sua senha a ninguém e sempre desconfie se alguém em quem você não confia te pedir o seu celular emprestado. Uma pessoa mal-intencionada pode roubar tuas fotos e instalar apps que te "espiam". Tome cuidado ao usar conexões WiFi compartilhadas em lugares públicos; elas podem ser armadilhas para roubar seus dados. Se for inevitável usá-las, procure sites e apps que forneçam conexões criptografadas (identificados com httpS na barra de endereço) ou baixe um aplicativo de VPN, como o Bitmask (disponível para Android) ou o OpenVpn. Por último, não se esqueça que toda foto enviada para um app é enviada para um servidor de uma empresa ao qual você não tem acesso, mas a empresa e o governo têm. Apesar de muitos aplicativos prometerem segurança, sabemos que vazamentos de informações podem acontecer (vide Ashley Madison e Snapchat).

DELETE OU ESCONDA BEM

Aceitar a efemeridade da vida e apagar tudo imediatamente depois de usar é a forma mais segura de evitar surpresas. Mas guardar os nudes em uma pasta criptografada no seu computador também é uma boa opção. Lembre-se de que seu celular pode criar backups das suas fotos em vários lugares e é sempre importante checar cada recôndito. Um aplicativo que ajuda a apagar os traços de seus arquivos é o Ccleaner, disponível para Android, Windows e Mac OS. Se for salvar suas fotos no computador, assegure-se de que a pasta está criptografada e que só você tem acesso à senha (ou frase-passe). O estado da arte - que protege sua bunda até da NSA - é usar a suíte PGP. Tem pra Windows, Linux ou MacOs. É só criar as chaves, guardar sua chave privada, distribuir sua chave pública e usar sempre que transmitir ou guardar seus arquivos.

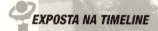

EXPOSTA NA TIMELINE

Ter seus nudes publicados pode não ser necessariamente ruim, desde que isso seja uma decisão sua. Se é você quem publica e banca essa atitude, ninguém deveria poder usar isso contra você. Mas, infelizmente, ainda não chegamos lá.

Além de maravilhosos, nossos nudes também podem provocar uma discussão importante sobre nossos corpos e nossos desejos de como olhá-los, exibi-los e usá-los. Se apropriar e ressignificar a linguagem pornográfica - avassaladoramente machista - para nosso próprio protagonismo e prazer tem que ser um caminho possível. Artistas como Aleta Valente (@ex_miss_febem), Fannie Sosa têm explorado essa possibilidade e usado seus corpos para abrir espaços na rede.

No caso de terem publicado seus nudes contra sua vontade, há formas de recorrer. A Constituição Federal assegura os direito da personalidade. Entre eles, os direitos à privacidade, imagem, honra e dignidade. Neste sentido, legislações mais específicas como o Código Penal (crimes contra a honra), a Lei Maria da Penha (violência psicológica) e o Marco Civil da Internet podem te ajudar. Você pode respirar fundo e recorrer à justiça para tentar retirar o conteúdo da rede e ser indenizada pelos danos sofridos. Conhecer uma advogada sempre ajuda.

Se este guia te fez parar o trabalho pra mandar uns nudes, lembre-se destas humildes palavras: Pose, fotografe, encripte e peça a proteção da nossa senhora das perseguidas.

PRIVACIDADE

Há quem diga que a internet transformou a ideia de privacidade em coisa do passado. Por outro lado, mais e mais temos visto pessoas que questionam identidade de gênero e sexualidade sendo alvos de "doxxing", pornografia de vingança e perseguições off-line e online. Na maioria das vezes, esses ataques se aproveitam da abundância de dados que deixamos como rastros digitais. Esses dados podem ser usados para ofender, ameaçar e traumatizar. Na internet, nossos gestos, gostos e momentos íntimos são registrados como bits e bytes que são transmitidos e armazenados sem que saibamos por quem, onde e por quanto tempo. Mesmo assim, ainda podemos fazer escolhas. Privacidade é o poder de escolher quem tem acesso às nossas informações pessoais e em que circunstâncias. Isso pode ser excercido através das escolhas de quais tecnologias de comunicação utilizamos.

Proteger suas comunicações e dados não é coisa de hacker ou nerd. É uma questão de empoderamento pela curiosidade e pela liberdade de escolha. Ferramentas de criptografia e segurança digital estão disponíveis e são fáceis de utilizar. Este guia apresenta algumas delas para o contexto da troca de imagens privadas. Mais informações sobre o assunto podem ser encontradas no www.antivigilancia.org

UM GRITO ÀS MÃES CRIADORAS DE ESPELHOS

Por Fannie Sosa

"if you want to make a human being into a monster, deny them, at the cultural level, any reflection of themselves." -Junot Diaz #makingmirrors" - SCZ, @decolonisedmindz

Quando a Natasha me escreveu pedindo um texto sobre auto-representação, hesitei um pouco antes de aceitar. Senti uma resistência aguda a gerar mais discurso sobre selfies como instrumento de empoderamento. Precisei parar por um momento e observar esse sentimento. Percebi que já tinha lido vários artigos defendendo ou condenando selfies como ferramenta crítica e que o que mais me incomodava era a configuração do debate no qual esses textos se inserem. Pesquisando meu desconforto, encontrei um texto acadêmico que começava com a frase: "Selfies já não têm graça e, portanto, finalmente se tornaram interessantes". Então entendi exatamente o que me pesava na consciência: o leitor branco, cis e financeiramente estável que mediria minhas palavras contra todos os artigos do Buzzfed que citam estudos científicos que dizem que fazer selfies é patológico, narcísico, irresponsável e/ou imaturo.
Para mim, não se trata de um debate. Selfies feitas pela comunidade QTIAPOC (queer, transgender, intergender, agendered person of color) ao meu redor não são nada sem graça. Nunca foram e nunca serão. Estou absolutamente cansada de ouvir discursos que classificam práticas de auto-afirmação envolvendo corpos queer e de cor como "contraditoriamente subversivas", isto é, discutíveis em sua capacidade de abrir espaço. Da mesma maneira que estou cansada de falar com pessoas brancas que querem falar de raça usando números e ideias que negam a ideologia racista da supremacia branca e de homens cis que vêm falar sobre privilégios das mulheres. Esse tipo de discussão já começa de maneira desonesta, em condições de desigualdade nas quais alguns detêm a verdade com seus números, referências científicas e dominância sócio-cultural, enquanto outros são vistos como mesquinhos, emotivos, irracionais, auto-vitimizados e narcisistas.
Gostaria de dizer aqui algo que agora é muito claro pra mim. Se você está organizando debates ou se perguntando se "selfies podem ser um ato crítico?", é preciso olhar em volta: Se não há corpos negros ao seu redor se esforçando para serem vistos, é bem possível que você seja branco, financeiramente estável e cis. Este texto não pretende gastar mais tinta discutindo a natureza paradoxal das selfies. O que estou fazendo aqui é uma narrativa e um gesto de gratidão. Eu gostaria de espalhar as histórias de auto-representação como as de Ana Mendieta, Carrie Mae Weems e Frida Kahlo que abriram caminho para que eu conseguisse capturar meu corpo e alma sem sentir vergonha, sabendo agora o que essas imagens teriam significado para a criança e adolescente emo que fui (aliás, fui emo porque crescer mestiça, mulher e gordinha é difícil). E gostaria de fazer isso enquanto olho pra tras, por cima da minha bunda mestiça, e mando ir se foder o olhar masculino e branco que quis diminuir o valor da nossa expressão.

Quando um corpo feminino de cor faz uma selfie, são 3 as ações subversivas em jogo:

1. Encontrar espaço, tempo e tecnologia para se capturar. Para várias de nós, isso é uma conquista em si, financeiramente falando.
2. Fortalecer corpos QTIAPOC mais jovens que, por opressão, pensam que não podem querer ser amados/desejados/admirados, ou o que não podem ser protagonistas da própria vida.
3. Reclamar espaços de presença sólida onde os estereótipos racistas da supremacia branca nos reduziram a versões desbotadas de nós mesmas.

Este texto é para criar um reflexo, construir e segurar um espelho em frente aos corpos que não se vêem representados em sua inteireza, incluindo eu mesma quando criança e adolescente. É para dizer: você não não é uma órfã. Você tem mães e irmãs por aí criando espelhos e todas elas querem saber mais sobre você.

EDIÇÃO E TEXTO NATASHA FELIZI E
JOANA VARON
TEXTO FANNIE SOSA
ARTE GALATEA LA LLORONA
FOTOS FANNIE SOSA,
CARRIE MAE WEEMS
ALETA VALENTE
ANA MENDIETA
ILUSTRAÇÕES ANA PANDS
COLABORAÇÃO YASO CÓRDOVA
AGRADECIMENTOS FER SHIRA, LAURA
SOBENES E JOÃO PAULO REYS

@CODINGRIGHTS @ANTIVIGILANCIA

HACKING TEAM NA AMÉRICA LATINA*

Derechos Digitales

É crescente o interesse pela espionagem digital por parte dos governos da América Latina. Essa é uma das conclusões de "Hacking Team: malware de espionaje en América Latina". Esse novo relatório, realizado por Derechos Digitales, revela que a maioria dos países da região esteve envolvida com a Hacking Team, questionada empresa italiana criadora do Remote Control System (RCS), um *software* espião vendido a organizações governamentais ao redor do mundo.

Brasil, Chile, Colômbia, Equador, Honduras, México e Panamá compraram licenças para o uso de Galileo ou DaVinci, os nomes comerciais de RCS. Argentina, Guatemala, Paraguai, Peru, Uruguai e Venezuela entraram em contato com a empresa e negociaram preços, no entanto não há informação quanto à concretização das vendas.

As compras e negociações foram realizadas por meio de empresas intermediárias. As mais recorrentes foram Robotec, na Colômbia, no Equador e no Panamá, e Nice Systems, na Colômbia, em Honduras e na Guatemala.

As negociações ocorreram em segredo, até que, em 5 de julho de 2015, se expuseram publicamente 400 GB de informação da empresa, incluindo *e-mails*, faturas, documentação interna e parte do código da Hacking Team.

RCS é um *software* capaz de acessar qualquer tipo de informação contida em um computador ou telefone celular: senhas, mensagens e *e-mails*, contatos, chamadas e áudios de telefone, microfone e *webcam*, informação de aplicativos como Skype e outras plataformas de *chat*, localização geográfica em tempo real, informação armazenada em disco rígido, cada uma

---

* Tradução de Luciana Santos Guilhon Albuquerque. (N. E.)

das teclas apertadas e cliques de *mouse*, *screenshots* e sites visitados e muito mais. Em outras palavras, praticamente tudo o que é executado em um computador pessoal.

A partir da análise das normas vigentes em cada país que se relacionou com a Hacking Team e pelas notícias na imprensa que surgiram na região após as revelações, o relatório conclui que o *software* da Hacking Team é contrário às normas legais de cada país, bem como viola os direitos à privacidade, à liberdade de expressão e ao devido processo legal. Considerando a relação próxima que nossa região tem com o autoritarismo, é especialmente preocupante que as autoridades contem com ferramentas desse tipo.

No Equador, a tecnologia da Hacking Team foi utilizada para vigiar Carlos Figueroa, opositor do governo de Rafael Correa. No México, país que vive uma séria crise de direitos humanos, oito das dez autoridades que compraram RCS não estavam autorizadas a exercer atividades de vigilância. O Centro de Investigación y Seguridad Nacional (Cisen), uma agência de inteligência, realizou 2.074 ordens judiciais para poder utilizar o *software*; até a data, não se sabe se sua utilização era justificada.

O vazamento de informações também revelou que a informação da Hacking Team permitiu saber que a Drug Enforcement Agency (DEA) dos Estados Unidos intercepta todas as comunicações de todos os cidadãos colombianos. Do mesmo modo, suspeita-se que ferramentas desse tipo tenham sido utilizadas contra Vicky Dávila, jornalista que investiga uma rede de prostituição masculina no interior da polícia.

No Panamá, o ex-presidente Ricardo Martinelli esteve pessoalmente ciente das negociações com a Hacking Team. No Chile, por outro lado, a Polícia de Investigaciones disse, em um comunicado, que a vigilância foi realizada com fins estritamente legais e sob ordem judicial. No entanto, as ordens judiciais, nesse caso, não são suficientes para garantir a utilização legítima do *software* espião.

Em termos legais, esse tipo de *software* não está regulamentado, explicitamente, em nenhum país. No México e na Colômbia existem disposições amplas a respeito, mas com linguagem vaga e imprecisa.

Ainda que a interceptação de comunicações sob ordem judicial esteja regulamentada em todos os países, com maiores ou menores salvaguardas, isso não é suficiente, pois o *software* da Hacking Team é muito mais invasivo que uma mera interceptação: abarca o acesso a documentos, *webcam*, disco rígido, teclado e geolocalização das equipes afetadas. Como isso não é parte da legislação, e duvidosamente faz parte da ordem judicial, o direito ao devido processo também se vê violado.

Cabe ressaltar que, em quase todos os países analisados, existem sanções penais contra quem invade ou intervém em sistemas de computador ou em comunicações privadas de uma pessoa fora da legalidade de uma investigação. No entanto, apenas o Panamá abriu processos a esse respeito.

O problema de espionagem indevida vai muito além da Hacking Team, implica um mercado global que abusa da tecnologia de vigilância nas mãos de governos ao redor do mundo. Nesse sentido, deve existir maior transparência no uso e na aquisição dessas ferramentas, uma discussão aberta sobre as normas que devem reger essa tecnologia e, além disso, sanções penais nos casos em que se aplicam.

HACKING TEAM NA AMÉRICA LATINA

COMO TEU GOVERNO TE VIGIA?

Em meados de 2015, a empresa italiana de software espião Hacking Team foi hackeada e seus negócios na América Latina, expostos.

QUAL É O PODER DESSE SOFTWARE VENDIDO A NOSSOS PAÍSES?

O nome do software de espionagem é Remote Control System (RCS, também conhecido como Galileu, da Vinci e Phanton), e ele permite uma vigilância altamente intrusiva dirigida às pessoas. Sete países na América Latina o compraram: Brasil, Chile, Colômbia, Honduras, México, Panamá e Equador.

O Remote Control System pode infectar computadores, telefones inteligentes e tablets que usam os principais sistemas operativos, como iOS, OS X, Windows, Windows Phone, Linux, Android e BlackBerry.

Umas das formas mais comuns de infectar os dispositivos é através do phishing.

No phishing, um vínculo malicioso chega como e-mail falso. Um clique basta para infectar o dispositivo.

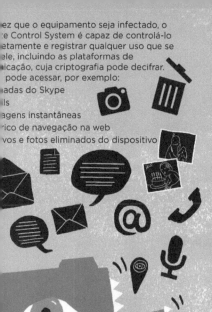

ez que o equipamento seja infectado, o
te Control System é capaz de controlá-lo
etamente e registrar qualquer uso que se
ele, incluindo as plataformas de
icação, cuja criptografia pode decifrar.
pode acessar, por exemplo:
- adas do Skype
- ils
- agens instantâneas
- rico de navegação na web
- vos e fotos eliminados do dispositivo

Além disso, é capaz de controlar microfones e câmeras de seus dispositivos e usá-los para espiar em qualquer momento.

Tudo de forma silenciosa, sem que se perceba.

Em muitos dos países da América Latina que compraram o Remote Control System há antecedentes de espionagem a ativistas e dissidentes políticos. **Em outros, não há clareza sobre a legalidade de sua compra e uso.**

UE A SEGURANÇA NÃO SEJA JUSTIFICATIVA PARA VIOLAR DIREITOS HUMANOS!

A PRIVACIDADE É UM DIREITO

SOBRE OS AUTORES E ORGANIZADORES

Adriano Belisário Feitosa da Costa é jornalista, mestre em Comunicação Social pela Universidade Federal do Rio de Janeiro (UFRJ), coordenou diversos projetos na área de Tecnologia da Informação e é colaborador da agência de jornalismo investigativo Pública.

Anna Bentes é mestre em Comunicação e Cultura pelo programa de pós-graduação em Comunicação e Cultura da Universidade Federal do Rio de Janeiro e, atualmente, é doutoranda no mesmo programa. Possui graduação em Psicologia pela UFRJ e formação complementar em Artes pela Escola de Artes Visuais do Parque Lage. É pesquisadora do MediaLab.UFRJ e membro da Rede Latino-Americana de Estudos de Vigilância, Tecnologia e Sociedade (Lavits). Atua também como coordenadora do projeto educativo Dynamic Encounters International Art Workshops.

Antoinette Rouvroy é doutora em Ciências Jurídicas pelo European University Institute e pesquisadora do Fonds de la Recherche Scientifique (FNRS) para o Centre de Recherhe Information, Droit et Société (Crids). É autora de *Human genes and neoliberal governance: a foucauldian critique* (Londres, Routledge-Cavendish, 2007).

Bruno Cardoso é doutor em Ciências Humanas, professor do programa de pós-graduação em Sociologia e Antropologia da Universidade Federal do Rio de Janeiro, coordenador de pesquisas efetivo do Núcleo de Estudos de Cidadania, Conflito e Violência Urbana (NECVU – IFCS/UFRJ) e membro da Rede Latino-Americana de Estudos sobre Vigilância, Tecnologia e Sociedade (Lavits).

Coding Rights é um *think (and do) tank* fundado pela pesquisadora Joana Varon, membro do grupo ciberfeminista DeepLab, criado para promover o entendimento e contribuir para a proteção e a promoção de direitos humanos no mundo digital, e visa avançar na aplicação destes no mundo digital por meio da integração de usos e percepção da tecnologia nos processos de formulação de políticas.

Danilo Doneda é professor de Direito Civil da Faculdade de Direito da Universidade do Estado do Rio de Janeiro (Uerj).

David Lyon dirige o Surveillance Studies Centre, da Queen's University, no Canadá, é professor de Sociologia e Direito na mesma universidade; detém uma cátedra em Estudos de Vigilância na Queen's Research.

Derechos Digitales é uma organização não governamental chilena dedicada à defesa e à promoção de direitos fundamentais no ambiente digital. Fundada em 2004 por um grupo de advogados ligados à Faculdade de Direito da Universidade de Chile, atuou em assuntos como direitos autorais, privacidade, liberdade de expressão, *software* livre e governo eletrônico, entre outros.

Diego Vicentin é doutor em Sociologia e professor da Faculdade de Ciências Aplicadas (FCA) da Unicamp. Membro da rede Lavits e membro fundador da Rede de Pesquisa em Governança da Internet (REDE). Seus interesses de pesquisa se concentram na relação entre tecnologia e política com ênfase nas Tecnologias de Informação e Comunicação (TICs).

Felipe Lavignatti é jornalista, mestrando em Divulgação Científica e Cultural pela Universidade Estadual de Campinas (Unicamp).

Fernanda Bruno é doutora em Comunicação, com pós-doutorado na Sciences Po, em Paris. Professora do programa de pós-graduação em Comunicação e Cultura e do Instituto de Psicologia da Universidade Federal do Rio de Janeiro. Coordenadora do MediaLab.UFRJ, pesquisadora do CNPq e membro-fundadora da Rede Latino-Americana de Estudos em Vigilância, Tecnologia e Sociedade (Lavits).

Flavia Costa é doutora em Ciências Sociais pela Universidad de Buenos Aires (UBA), professora-associada no Seminário de Informática e Sociedade da Carreira de Ciências da Comunicação (UBA, cátedra Ferrer) e docente de pós-graduação na Universidad de Buenos Aires e na Universidad Nacional de General San Martín (Unsam). Trabalha como pesquisadora do Consejo Nacional de Investigaciones Científicas y Técnicas (Conicet), com sede no Instituto de Altos Estudios Sociales (Idaes) da Unsam. Pertence ao grupo editorial da revista *Artefacto. Pensamientos sobre la técnica*, assim como à equipe de Ludión – exploratório argentino de poéticas/políticas tecnológicas.

Guiomar Rovira Sancho é professora e pesquisadora da Universidad Autónoma Metropolitana, do México. Autora, entre outros, dos livros *Activismo en red y multitudes conectadas* (Barcelona, Icaria, 2017) e *Zapatistas sin fronteras: las redes de solidaridad con Chiapas y el altermundismo* (Cidade do México, ERA, 2009).

Henrique Zoqui Martins Parra atualmente realiza pós-doutorado no Instituto Brasileiro de Informação em Ciência e Tecnologia, no Rio de Janeiro, com estágio internacional no Instituto de História do Consejo Superior de Investigaciones Científicas (CSIC), em Madri, com apoio da Capes. É professor do curso de Ciências Sociais da Universidade Federal de São Paulo (Unifesp) e do programa de pós-graduação em Ciências Sociais. Coordena o Pimentalab – Laboratório de Tecnologia, Política e Conhecimento – onde desenvolve ações de pesquisa e extensão.

Lucas Melgaço é professor adjunto do Departamento de Criminologia da Vrije Universiteit Brussel (VUB) em Bruxelas e doutor em Geografia Humana pela USP e pela Universidade de Paris 1 – Panthéon Sorbonne (cotutela). Tem pós-doutorado pela VUB, pela Universidade Federal do Rio de Janeiro (UFRJ) e também junto ao Surveillance Studies Centre, da Queen's University, no Canadá. Tem se dedicado a traduzir e apresentar a teoria do géografo brasileiro Milton Santos ao mundo anglófono; é editor chefe da revista *Criminological Encounters*.

Luciana Guilhon é psicóloga, psicanalista e doutora em Psicologia pela Universidade Federal do Rio de Janeiro (UFRJ).

Marta Mourão Kanashiro é pesquisadora da Universidade Estadual de Campinas (Unicamp), onde atua como coordenadora do programa de pós-graduação do Laboratório de Jornalismo (Labjor) e professora colaboradora do programa de pós-graduação em Sociologia (Instituto de Filosofia e Ciências Humanas). Atuou como *visiting scholar* no Surveillance Studies Centre, da Queen's University, no Canadá, desenvolvendo pesquisas na área de monitoramento de dados pessoais e vigilância, temas de seus trabalhos desde 2001. Suas pesquisas também abrangem internet, cibercultura, ativismo e redes sociais, vigilância e privacidade, sociologia da tecnologia e comunicação da ciência.

Nelson Arteaga Botello é doutor em Sociologia e professor pesquisador e coordenador de Pós-Graduação e Investigação da Facultad Latinoamericana de Ciencias Sociales (Flacso), no México. Membro do Sistema Nacional de Investigadores e da Academia Mexicana de Ciencias.

426 • Tecnopolíticas da vigilância

Pablo de Soto é arquiteto e pesquisador, doutor pela Escola de Comunicação da Universidade Federal do Rio de Janeiro (UFRJ) e professor visitante no programa de Arquitetura e Urbanismo da Universidade Federal da Paraíba (UFPB). Trabalha na interseção de arquitetura com mídia digital, humanidades ambientais e artes. Sua pesquisa liderada por práticas utiliza tecnologias emergentes, incorpora trabalho de campo, cartografia radical e epistemologias críticas para produzir conhecimento espacial e investigar as condições políticas e ambientais urgentes do nosso tempo, em colaboração com outros profissionais espaciais, artistas inovadores e os movimentos sociais.

Pablo Esteban Rodríguez é doutor em Ciências Sociais pela Universidade de Buenos Aires (UBA) e pesquisador do Consejo Nacional de Investigaciones Científicas y Técnicas (Conicet).

Paula Sibilia é professora de graduação em Estudos de Mídia e de pós-graduação em Comunicação na Universidade Federal Fluminense (UFF). Pesquisadora bolsista do CNPq, é mestre em Comunicação (UFF), doutora em Comunicação e Cultura (UFRJ) e em Saúde Coletiva (Uerj), com pós-doutorado na Université Paris VIII.

Paulo Faltay é doutorando no programa de pós-graduação em Comunicação e Cultura na Escola de Comunicação da Universidade Federal do Rio de Janeiro (UFRJ) e integrante da equipe do MediaLab.UFRJ. Mestre em Comunicação e Semiótica pela Pontifícia Universidade Católica de São Paulo (PUC-SP)

Paulo José O. M. Lara é doutorando no Centre for Cultural Studies do Goldsmiths College, da University of London, membro do grupo de pesquisa Informação, Comunicação, Tecnologia e Sociedade (ICTS) e professor da graduação em Direito da Universidade Paulista (Unip).

Paulo Tavares é arquiteto, professor de Design e Teoria Espacial na Escola de Arquitetura, Design e Artes da Pontifícia Universidad Católica del Ecuador, em Quito, e *research fellow* no projeto Forensic Architecture.

Rafael de Almeida Evangelista é cientista social, doutor em Antropologia pela Universidade Estadual de Campinas (Unicamp), pesquisador do Núcleo de Desenvolvimento da Criatividade (Nudecri) e professor coordenador do Mestrado em Divulgação Científica e Cultural da Unicamp.

Rodrigo José Firmino é professor titular do programa de pós-graduação em Gestão Urbana e do curso de Arquitetura e Urbanismo da Pontifícia Universidade Católica do Paraná (PUCPR). Possui doutorado em Planejamento Urbano e Regional pela Newcastle University, Reino Unido, mestrado em

Arquitetura e Urbanismo pela Universidade de São Paulo (USP/São Carlos) e graduação em Arquitetura e Urbanismo pela Universidade Estadual Paulista Júlio de Mesquita Filho (Unesp).

Rosa Maria Leite Ribeiro Pedro, Ana Paula da Cunha Rodrigues, Antonio José Peixoto Costa, Cristina de Siqueira Gonçalves, Jéssica da Silva David, Luciana Santos Guilhon Albuquerque, Paulo Afonso Rheingantz e Rafael Barreto de Castro fazem parte do Núcleo de Pesquisa Cultura Contemporânea: Conhecimento, Subjetividade e Tecnologia (Necst), coordenado pela professora Rosa Pedro no âmbito do programa de pós-graduação em Psicologia (PPGP) do Instituto de Psicologia da Universidade Federal do Rio de Janeiro (UFRJ).

Sarah C. Schmidt é jornalista, pesquisadora em Comunicação, mestre em Divulgação Científica e Cultural pela Universidade Estadual de Campinas (Unicamp).

Shoshana Zuboff é professora emérita de Administração de Negócios pela Harvard Business School. É doutora em Psicologia Social pela Harvard e bacharel em Filosofia pela Universidade de Chicago. Em 2014 e 2015, foi docente associada do Berkman Center for Internet and Society, na Harvard Law School. Sua carreira foi dedicada ao estudo da ascensão dos *digital rights*, individuais, organizacionais e sociais, e sua relação com a história e o futuro do capitalismo. Ela também fundou e liderou o programa de educação executiva Odyssey: School for the Second Half of Life.

Thomas Berns é professor de Filosofia Política e Ética na Universidade de Bruxelas, pesquisador para o Centro Perelman de Filosofia do Direito e diretor do Centro de Pesquisa em Filosofia (IHP) da Université Libre de Bruxelles. É autor de *Law, sovereignty and governmentality* (Paris, Leo Scheer, 2005) e *Governing without govern: a political archeology of statistics* (Paris, PUF, 2009).

Tiago C. Soares é pesquisador de Comunicação e jornalista, doutorando em História Econômica pela Universidade de São Paulo (USP).

Virgílio A. F. Almeida é professor do Departamento de Ciência da Computação da Universidade Federal de Minas Gerais (UFMG), Brasil, e atualmente professor visitante da Harvard University.

OUTRAS PUBLICAÇÕES DA BOITEMPO

ARSENAL LÊNIN

Conselho editorial: Antonio Carlos Mazzeo, Antonio Rago, Fábio Palácio, Ivana Jinkings, Marcos Del Roio, Marly Vianna, Milton Pinheiro e Slavoj Žižek

Esquerdismo, doença infantil do comunismo
VLADÍMIR ILITCH LÊNIN
Tradução de Edições Avante!
Prefácio de Atilio A. Borón
Orelha de Sâmia Bomfim
Apoio de Fundação Maurício Grabois

BIBLIOTECA LUKÁCS

Coordenação: José Paulo Netto e Ronaldo Vielmi Fortes

Estudos sobre Fausto
GYÖRGY LUKÁCS
Tradução de NÉLIO SCHNEIDER
Revisão técnica de Ronaldo Vielmi Fortes
Apresentação de Luiz Barros Montez
Orelha de Jorge de Almeida

*Estética: a peculiaridade do estético –
volume 1*
GYÖRGY LUKÁCS
Tradução de Nélio Schneider
Revisão técnica de Ronaldo Vielmi Fortes
Apresentação de José Paulo Netto
Orelha de Ester Vaisman

ESCRITOS GRAMSCIANOS

Conselho editorial: Alvaro Bianchi, Daniela Mussi, Gianni Fresu, Guido Liguori, Marcos del Roio e Virgínia Fontes

Vozes da terra
ANTONIO GRAMSCI
Organização e apresentação de Marcos Del Roio
Tradução de Carlos Nelson Coutinho e Rita Coitinho
Notas da edição de Rita Coitinho e Marília Gabriella Borges Machado
Orelha de Giovanni Semeraro

ESTADO DE SÍTIO

Coordenação: Paulo Arantes

Colonialismo digital
DEIVISON FAUSTINO E WALTER LIPPOLD
Prefácio de Sérgio Amadeu da Silveira
Orelha de Tarcízio Silva

MARX-ENGELS

O essencial de Marx e Engels
KARL MARX E FRIEDRICH ENGELS
Organização de Marcello Musto
Tradução de Nélio Schneider e outros
Apresentação de José Paulo Netto
Orelha de Marilena Chaui e
Jorge Grespan (v. 1);
Leda Paulani e Alfredo Saad Filho (v. 2);
Virgínia Fontes e Lincoln Secco (v. 3)

Para a crítica da economia política
KARL MARX
Tradução de Nélio Schneider
Apresentação de Jorge Grespan
Orelha de Hugo da Gama Cerqueira

MUNDO DO TRABALHO

Coordenação: Ricardo Antunes
Conselho editorial: Graça Druck, Luci Praun, Marco Aurélio Santana, Murillo van der Laan, Ricardo Festi, Ruy Braga

*As novas infraestruturas produtivas:
digitalização do trabalho, e-logística e
Indústria 4.0*
RICARDO FESTI E JÖRG NOWAK (ORGS.)
Orelha de Maria Aparecida Bridi

PONTOS DE PARTIDA

Lênin: uma introdução
JOÃO QUARTIM DE MORAES
Orelha de Juliane Furno

Lukács: uma introdução
JOSÉ PAULO NETTO
Orelha de João Leonardo Medeiros

COLEÇÃO

ESTADO de SÍTIO

coordenação Paulo Arantes

OUTROS TÍTULOS DA COLEÇÃO

Até o último homem
Felipe Brito e Pedro Rocha de Oliveira (orgs.)

Bem-vindo ao deserto do Real!
Slavoj Žižek

Brasil delivery
Leda Paulani

Cidades sitiadas
Stephen Graham

Cinismo e falência da crítica
Vladimir Safatle

Comum
Pierre Dardot e Christian Laval

As contradições do lulismo
André Singer e Isabel Loureiro (orgs.)

Ditadura: o que resta da transição
Milton Pinheiro (org.)

A era da indeterminação
Chico de Oliveira e Cibele Rizek (orgs.)

A escola não é uma empresa
Christian Laval

Estado de exceção
Giorgio Agamben

Evidências do real
Susan Willis

Extinção
Paulo Arantes

Fluxos em cadeia
Rafael Godoi

Guerra e cinema
Paul Virilio

Hegemonia às avessas
**Chico de Oliveira, Ruy Braga e
Cibele Rizek (orgs.)**

A hipótese comunista
Alain Badiou

Mal-estar, sofrimento e sintoma
Christian Ingo Lenz Dunker

A nova razão do mundo
Pierre Dardot e Christian Laval

O novo tempo do mundo
Paulo Arantes

Opus Dei
Giorgio Agamben

Poder e desaparecimento
Pilar Calveiro

O poder global
José Luís Fiori

O que resta da ditadura
Edson Teles e Vladimir Safatle (orgs.)

O que resta de Auschwitz
Giorgio Agamben

O reino e a glória
Giorgio Agamben

Rituais de sofrimento
Silvia Viana

Saídas de emergência
**Robert Cabanes, Isabel Georges,
Cibele Rizek e Vera S. Telles (orgs.)**

São Paulo
Alain Badiou

O uso dos corpos
Giorgio Agamben

Videologias
Maria Rita Kehl e Eugênio Bucci

Silhueta do drone TIKAD, desenvolvido pela Duke Robotics para o governo de Israel. Imagem: divulgação Duke Robotics.

Fechado em novembro de 2018, mês em que foi anunciada a viagem conjunta de Wilson Witzel e Flávio Bolsonaro (eleitos governador e senador do Rio de Janeiro, respectivamente) a Israel para adquirirem drones equipados com armas de fogo, este livro foi composto em Adobe Garamond Pro, corpo 10,5/13,5, e reimpresso em papel Avena 80 g/m² pela gráfica Forma Certa, para a Boitempo, em fevereiro de 2025, com tiragem de 300 exemplares.